EXAMINATION FOR JAPANESE UNIVERSITY ADMISSION
FOR INTERNATIONAL STUDENTS

일본유학시험대비
완전마스터
종합과목

JAPAN AND THE WORLD

머 리 말

일본유학시험(EJU)은 일본의 대학 등에 입학을 희망하는 유학생을 대상으로 대학 등에서 학습에 필요한 일본어 능력 및 각 과목의 기초 학력을 평가하기 위한 시험입니다. 연간 2회, 6월과 11월에 실시되고 있습니다.

일본유학시험에서는 기초적인 지식뿐만 아니라 종합적인 고찰력, 사고력이 필요합니다. 또한 한정된 시간 속에서 신속하게 정답을 찾아내는 독해력, 판단력도 요구됩니다. 이러한 필요와 요구에 대응하기 위해서는 사전 준비가 반드시 필요합니다.

이 책은 상기와 같은 점을 전제로 과거에 출제된 문제를 철저하게 연구·분석하여 작성된, 일본유학시험을 수험하는 유학생을 위한 '교과서'입니다. 부디 이 책을 반복하여 읽고 이해를 깊게 하시기 바랍니다.

코치학원에서는 각 교과의 교재 전문 연구원이 매일같이 교과 내용을 연구·분석하여 일본 대학 등으로 입학을 희망하는 유학생에게 유용한 교재 개발에 힘쓰고 있습니다.

해외교육사업단에서는 일본유학시험 '기출문제집'을 비롯하여 이와 같은 참고서 발행에 앞장서고 있으며, 이번에 코치학원의 최신판 종합과목 '교과서'를 발행하게 되었습니다. 이 책이 여러분의 일본유학시험 공략에 많은 도움이 되시기를 바랍니다.

2021년 9월

해외교육사업단

이 책에 대해서

코치학원은 지금까지 일본유학시험에 출제된 문제를 오랜 세월에 걸쳐 분석하고 수험생 여러분이 어떻게 학습하면 효과적으로 시험에 대응하는 실력을 가질 수 있는지를 연구해 왔습니다. 이 책은 그러한 성과를 집대성하여 일본유학시험 '종합과목'의 출제 분야를 망라한 '교과서'로 발행하는 것 입니다.

'종합과목'은 지리, 역사, 경제, 정치 등 폭넓은 분야를 출제의 대상으로 하고 있습니다. 분야가 폭넓다고 하는 것 자체가 수험생의 부담을 무겁게 하고 있습니다. 게다가 일본의 역사(경제사, 정치사)와 헌법, 정치 제도 등, 일본에 관한 사항이 출제 범위에 포함되어 있다는 점도 더욱 큰 부담이 되고 있습니다. 또한 최근 시험 문제는 이전과 비교하면 현저히 어려워지고 있어 이 점에서도 수험생의 부담은 증가하고 있을 뿐입니다.

그러한 부담을 크게 경감하기 위해 이 책은 아래의 특색을 가지고 편집되었습니다. 이 책을 효과적으로 활용하여 '종합과목'에서 고득점하시기 바랍니다.

이 책의 특색

1 학습 분야를 네 분야로 구분

일본유학시험의 출제 범위에는 '종합과목'은 크게 세 분야로 구분되어 있습니다만 이 책에서는 구분을 명확하게 하기 위해 경제, 정치, 역사, 지리의 네 분야로 나누었습니다.

2 그림·표·그래프를 풍부하게 게재

경제 분야와 지리 분야에서는 통계에 관한 문제나 지도에 관한 문제가 자주 출제됩니다. 이 책은 다양한 데이터에 대해 집필 시점에서의 최신 통계를 표나 그래프로 나타내고 있습니다. 또한 지도도 많이 게재하고 있습니다.

3 연습 문제

각 장의 끝 부분에 연습 문제가 있습니다. 그 장의 내용을 이해하였는지를 판단하는 기준이 되므로 꼭 도전해 보십시오. 또한 이 책의 제 6부에 문제의 해답, 해설을 게재하고 있으므로 잘 읽고 이해를 깊게 하시기 바랍니다.

이 책의 구성

Point란을 설치
각 장의 첫머리에 시험에 자주 나오는 중요한 포인트를 제시했습니다. 짧은 기술로 정리해 두었으므로 시험 직전 복습 등에 활용해 주십시오.

영어 표기의 채용
많은 수험생이 가타카나를 읽는 것을 싫어하기 때문에 가타카나의 인명과 용어에 대해서는 각 장(그리고 부록의 일부)의 본문 첫 등장시에 영어 표기를 추가하였습니다. 또한 국가명과 도시명 등에도 각 장의 본문 첫 등장시에 영어 표기를 추가하고 있습니다.

참조 페이지 표시
연관 있는 페이지를 참조할 수 있도록 페이지를 나타냈습니다.

중요 어구를 명시
시험에 자주 나오는 중요한 어구는 **빨간색 글씨**와 **검정색 굵은 글씨**로 나타내고 있습니다.

컬러로 보기 쉬운 도표
국가나 항목으로 색을 바꾸는 등 시각적으로 내용을 파악하기 쉽게 하고 있습니다.

본문 외부에 보조 설명
이해를 깊게 하는데 도움이 되는 사항에 대해서는 본문 외부에서 설명하고 있습니다.

확인란의 설치
충분히 이해하기를 바라는 것은 確認 라는 항목을 두어 해설하고 있습니다.

※국가 명 표기에 대해
이 책에서는 세계의 대부분의 국가 명칭을 생략하여 기술하고 있습니다.

目 次

第1部 経済分野

第1章 資本主義経済

1 資本主義経済の歴史 …… 2
2 経済学者 …… 5
練習問題 …… 6

第2章 経済理論

1 経済主体 …… 7
2 株式会社 …… 8
3 市場メカニズム …… 10
4 市場の失敗 …… 13
練習問題 …… 15

第3章 国民所得と経済成長

1 ストック(stock)とフロー(flow) …… 16
2 国民所得 …… 16
3 経済成長 …… 18
4 インフレーション(inflation)と デフレーション(deflation) …… 20
練習問題 …… 21

第4章 金融

1 直接金融と間接金融 …… 22
2 金本位制と管理通貨制度 …… 23
3 日本銀行の金融政策 …… 24
4 信用創造 …… 25
5 金融の自由化と金融再生のための政策 …… 25
6 近年の日本銀行の金融政策 …… 26
練習問題 …… 27

第5章 財政

1 財政の機能 …… 28
2 日本の財政 …… 28

목 차

제1부 경제 분야

제1장 자본주의 경제

1 자본주의 경제의 역사 …… 2
2 경제학자 …… 5
연습 문제 …… 6

제2장 경제 이론

1 경제 주체 …… 7
2 주식회사 …… 8
3 시장 메커니즘 …… 10
4 시장의 실패 …… 13
연습 문제 …… 15

제3장 국민 소득과 경제 성장

1 스톡(stock)과 플로(flow) …… 16
2 국민 소득 …… 16
3 경제 성장 …… 18
4 인플레이션(inflation)과 디플레이션(deflation) …… 20
연습 문제 …… 21

제4장 금융

1 직접 금융과 간접 금융 …… 22
2 금 본위제와 관리 통화 제도 …… 23
3 일본은행의 금융 정책 …… 24
4 신용 창조 …… 25
5 금융 자유화와 금융 재생을 위한 정책 …… 25
6 최근 일본은행의 금융 정책 …… 26
연습 문제 …… 27

제5장 재정

1 재정의 기능 …… 28
2 일본의 재정 …… 28

| ③ 租税 … 29
| ④ 国債 … 31
| ■ 練習問題 … 34

第6章 日本経済の歩み

| ① 第二次世界大戦(WWⅡ)前の日本経済 … 35
| ② 第二次世界大戦後の日本経済 … 38
| ■ 練習問題 … 45

第7章 労働問題と社会保障

| ① 労働三権と労働三法 … 47
| ② 日本の労働問題 … 48
| ③ 社会保障 … 51
| ■ 練習問題 … 54

第8章 国際経済

| ① 貿易の形態 … 55
| ② 比較生産費説 … 56
| ③ 貿易依存度 … 57
| ④ 国際収支 … 57
| ⑤ 為替レート … 61
| ⑥ 国際経済体制の歩み －通貨－ … 64
| ⑦ 国際経済体制の歩み －貿易－ … 66
| ⑧ 地域的経済統合 －EU(欧州連合)－ … 67
| ⑨ 地域的経済統合 －その他－ … 70
| ⑩ 日本が結んだEPA … 72
| ⑪ 南北問題 … 72
| ⑫ ODA(政府開発援助) … 74
| ■ 練習問題 … 76

第9章 地球環境問題

| ① 地球環境問題 … 79
| ② 国際社会の取り組み … 80
| ■ 練習問題 … 82

第2部 政治分野

第1章 民主政治の基本原理

| ① 国家 … 84
| ② 民主政治の成立 … 86
| ③ 人権の歴史的展開 … 89
| ■ 練習問題 … 91

| ③ 조세 … 29
| ④ 국채 … 31
| ■ 연습 문제 … 34

제6장 일본 경제의 행보

| ① 제2차 세계대전(WWⅡ) 전의 일본 경제 … 35
| ② 제2차 세계대전 후의 일본 경제 … 38
| ■ 연습 문제 … 45

제7장 노동문제와 사회보장

| ① 노동 삼권과 노동 삼법 … 47
| ② 일본의 노동 문제 … 48
| ③ 사회 보장 … 51
| ■ 연습 문제 … 54

제8장 국제 경제

| ① 무역의 형태 … 55
| ② 비교 생산비 설 … 56
| ③ 무역 의존도 … 57
| ④ 국제 수지 … 57
| ⑤ 환율 … 61
| ⑥ 국제 경제 체제의 행보 －통화－ … 64
| ⑦ 국제 경제 체제의 행보 －무역－ … 66
| ⑧ 지역적 경제 통합 －EU(유럽 연합)－ … 67
| ⑨ 지역적 경제 통합 －그 외－ … 70
| ⑩ 일본이 맺은 EPA … 72
| ⑪ 남북 문제 … 72
| ⑫ ODA(정부 개발 원조) … 74
| ■ 연습 문제 … 76

제9장 지구 환경 문제

| ① 지구 환경 문제 … 79
| ② 국제 사회의 대처 … 80
| ■ 연습 문제 … 82

제2부 정치 분야

제1장 민주 정치의 기본 원리

| ① 국가 … 84
| ② 민주 정치의 성립 … 86
| ③ 인권의 역사적 전개 … 89
| ■ 연습 문제 … 91

第2章 世界の政治体制

- ① イギリス(UK)の政治体制 ……… 92
- ② アメリカ(USA)の政治体制 ……… 93
- ③ 半大統領制 ……………………… 94
- ④ 連邦制を採用している国 ………… 94
- ■ 練習問題 ………………………… 95

第3章 日本国憲法の基本原理

- ① 大日本帝国憲法 ………………… 96
- ② 日本国憲法の制定 ……………… 97
- ③ 国民主権 ………………………… 98
- ④ 基本的人権の尊重 ……………… 99
- ⑤ 平和主義 ……………………… 104
- ■ 練習問題 ……………………… 106

第4章 日本の政治機構

- ① 三権分立の原則 ………………… 107
- ② 国会 …………………………… 108
- ③ 内閣 …………………………… 110
- ④ 裁判所 ………………………… 112
- ⑤ 地方自治 ……………………… 114
- ■ 練習問題 ……………………… 118

第5章 政党と選挙制度

- ① 政党 …………………………… 120
- ② 日本の政党政治 ………………… 121
- ③ 選挙制度 ……………………… 126
- ■ 練習問題 ……………………… 130

第6章 国際政治

- ① 国際法 ………………………… 131
- ② 安全保障 ……………………… 132
- ③ 国際連盟 ……………………… 133
- ④ 国際連合(UN) ………………… 134
- ⑤ PKO(平和維持活動) ………… 137
- ⑥ NGO(非政府組織) …………… 138
- ⑦ 核兵器と軍縮 ………………… 139
- ⑧ 難民問題 ……………………… 141
- ■ 練習問題 ……………………… 142

제2장 세계의 정치 체제

- ① 영국(UK)의 정치 체제 ………… 92
- ② 미국(USA)의 정치 체제 ………… 93
- ③ 반 대통령제 …………………… 94
- ④ 연방제를 채택하고 있는 국가 … 94
- ■ 연습 문제 ……………………… 95

제3장 일본국 헌법의 기본 원리

- ① 대일본제국 헌법 ……………… 96
- ② 일본국 헌법의 제정 …………… 97
- ③ 국민 주권 ……………………… 98
- ④ 기본적 인권의 존중 …………… 99
- ⑤ 평화주의 ……………………… 104
- ■ 연습 문제 ……………………… 106

제4장 일본의 정치 기구

- ① 삼권 분립의 원칙 ……………… 107
- ② 국회 …………………………… 108
- ③ 내각 …………………………… 110
- ④ 재판소 ………………………… 112
- ⑤ 지방 자치 ……………………… 114
- ■ 연습 문제 ……………………… 118

제5장 정당과 선거 제도

- ① 정당 …………………………… 120
- ② 일본의 정당 정치 ……………… 121
- ③ 선거 제도 ……………………… 126
- ■ 연습 문제 ……………………… 130

제6장 국제 정치

- ① 국제법 ………………………… 131
- ② 안전 보장 ……………………… 132
- ③ 국제 연맹 ……………………… 133
- ④ 국제 연합(UN) ………………… 134
- ⑤ PKO(평화 유지 활동) ………… 137
- ⑥ NGO(비정부 조직) …………… 138
- ⑦ 핵병기와 군축 ………………… 139
- ⑧ 난민 문제 ……………………… 141
- ■ 연습 문제 ……………………… 142

第3部 歴史分野

第1章 市民革命と産業革命
1. 絶対王政 …… 146
2. イギリスでの市民革命 …… 146
3. 産業革命 …… 147
4. アメリカ独立革命(American Revolution) …… 149
5. フランス革命(French Revolution) …… 151
6. ナポレオンのヨーロッパ制覇への挑戦 …… 153
■ 練習問題 …… 155

第2章 国民国家の形成
1. ウィーン会議(Congress of Vienna) …… 156
2. ウィーン体制の動揺 …… 158
3. ウィーン体制の崩壊 …… 160
4. イギリスにおける選挙法改正と植民地政策 …… 160
5. ナポレオン3世(Napoleon III) …… 161
6. イタリアの統一 …… 162
7. ドイツの統一 …… 163
8. クリミア戦争 …… 165
9. アメリカの領土拡大 …… 166
10. 南北戦争(American Civil War) …… 167
■ 練習問題 …… 170

第3章 帝国主義の成立
1. 東南アジア(Southeast Asia)の植民地化 …… 172
2. アヘン戦争(First Opium War) …… 173
3. 帝国主義 …… 174
■ 練習問題 …… 176

第4章 日本の近代化
1. 開国 …… 177
2. 近代化の推進 …… 178
3. 日清戦争(First Sino-Japanese War) …… 179
4. 日露戦争(Russo-Japanese War) …… 179
■ 練習問題 …… 180

第5章 第一次世界大戦
1. 列強の同盟と対立 …… 181
2. 第一次世界大戦 …… 183
3. ロシア革命(Russian Revolution) …… 184

제3부 역사 분야

제1장 시민 혁명과 산업 혁명
1. 절대 왕정 …… 146
2. 영국에서의 시민 혁명 …… 146
3. 산업 혁명 …… 147
4. 미국 독립 혁명(American Revolution) …… 149
5. 프랑스 혁명(French Revolution) …… 151
6. 나폴레옹의 유럽 제패에 대한 도전 …… 153
■ 연습 문제 …… 155

제2장 국민 국가의 형성
1. 빈 회의(Congress of Vienna) …… 156
2. 빈 체제의 동요 …… 158
3. 빈 체제의 붕괴 …… 160
4. 영국에서의 선거법 개정과 식민지 정책 …… 160
5. 나폴레옹 3세(Napoleon III) …… 161
6. 이탈리아의 통일 …… 162
7. 독일의 통일 …… 163
8. 크림 전쟁 …… 165
9. 미국의 영토 확대 …… 166
10. 남북 전쟁(American Civil War) …… 167
■ 연습 문제 …… 170

제3장 제국 주의의 성립
1. 동남아시아(Southeast Asia)의 식민지화 …… 172
2. 아편 전쟁(First Opium War) …… 173
3. 제국 주의 …… 174
■ 연습 문제 …… 176

제4장 일본의 근대화
1. 개국 …… 177
2. 근대화의 추진 …… 178
3. 청일 전쟁(First Sino-Japanese War) …… 179
4. 러일 전쟁(Russo-Japanese War) …… 179
■ 연습 문제 …… 180

제5장 제1차 세계대전
1. 열강의 동맹과 대립 …… 181
2. 제1차 세계대전 …… 183
3. 러시아 혁명(Russian Revolution) …… 184

4	第一次世界大戦の終結と ベルサイユ(Versailles)体制の成立 ⋯ 185
5	アジア・太平洋地域の秩序再編 ⋯ 186
6	国際協調の進展 ⋯ 186
7	第一次世界大戦終結後の主な国・ 地域の情勢 ⋯ 187
■	練習問題 ⋯ 189

4	제1차 세계대전의 종결과 베르사유(Versailles)체제의 성립 ⋯ 185
5	아시아・태평양 지역의 질서 재편 ⋯ 186
6	국제 협조의 진전 ⋯ 186
7	제1차 세계대전 종결 후의 주요 국가・ 지역의 정세 ⋯ 187
■	연습 문제 ⋯ 189

第6章 世界恐慌から第二次世界大戦へ

1	世界恐慌(Great Depression) ⋯ 190
2	世界恐慌後のドイツ ⋯ 192
3	スペイン(Spain)内戦 ⋯ 192
4	第二次世界大戦 ⋯ 193
■	練習問題 ⋯ 197

제6장 세계 공황에서 제2차 세계대전으로

1	세계 공황(Great Depression) ⋯ 190
2	세계 공황 후의 독일 ⋯ 192
3	스페인(Spain)내전 ⋯ 192
4	제2차 세계대전 ⋯ 193
■	연습 문제 ⋯ 197

第7章 冷戦と冷戦後の世界

1	国際連合(UN)の発足 ⋯ 199
2	ヨーロッパの東西分断 ⋯ 199
3	ドイツの東西分断 ⋯ 200
4	軍事同盟 ⋯ 201
5	第二次世界大戦後の主な国の情勢 ⋯ 201
6	終戦後のアジア(Asia) ⋯ 202
7	「雪どけ」 ⋯ 204
8	キューバ危機(Cuban Missile Crisis) ⋯ 204
9	ベトナム戦争(Vietnam War) ⋯ 205
10	「アフリカの年」(Year of Africa) ⋯ 205
11	中東(Middle East)の情勢 ⋯ 206
12	冷戦の終結 ⋯ 207
13	冷戦後の世界 ⋯ 209
14	地域紛争 ⋯ 211
■	練習問題 ⋯ 213

제7장 냉전과 냉전 후의 세계

1	국제 연합(UN)의 발족 ⋯ 199
2	유럽의 동서 분단 ⋯ 199
3	독일의 동서 분단 ⋯ 200
4	군사 동맹 ⋯ 201
5	제2차 세계대전 후의 주요 국가의 정세 ⋯ 201
6	종전 후의 아시아(Asia) ⋯ 202
7	'해빙' ⋯ 204
8	쿠바 위기(Cuban Missile Crisis) ⋯ 204
9	베트남 전쟁(Vietnam War) ⋯ 205
10	'아프리카의 해'(Year of Africa) ⋯ 205
11	중동(Middle East)의 정세 ⋯ 206
12	냉전의 종결 ⋯ 207
13	냉전 후의 세계 ⋯ 209
14	지역 분쟁 ⋯ 211
■	연습 문제 ⋯ 213

第8章 第二次世界大戦後の日本

1	占領下の日本 ⋯ 215
2	占領政策の転換と講和条約 ⋯ 215
3	主権回復後の外交・安全保障条約 ⋯ 216
■	練習問題 ⋯ 218

제8장 제2차 세계대전 후의 일본

1	점령 하의 일본 ⋯ 215
2	점령 정책의 전환과 강화 조약 ⋯ 215
3	주권 회복 후의 외교・안전 보장 조약 ⋯ 216
■	연습 문제 ⋯ 218

第 4 部　地理分野

第 1 章　地図と時差
- 1 地球のすがた ……………… 220
- 2 図法 …………………………… 221
- 3 GIS(地理情報システム) …… 222
- 4 時差 …………………………… 223
- ■ 練習問題 …………………… 226

第 2 章　地形
- 1 地形を形成する力 ………… 227
- 2 地震 …………………………… 231
- ■ 練習問題 …………………… 232

第 3 章　気候
- 1 気候 …………………………… 234
- 2 気候区分 …………………… 236
- ■ 練習問題 …………………… 242

第 4 章　農業と食料問題
- 1 世界の農業 ………………… 244
- 2 その他の農産物 …………… 246
- 3 世界の畜産業 ……………… 247
- 4 主な国・地域の農業 ……… 248
- 5 森林・林業 ………………… 249
- 6 水産業 ………………………… 250
- 7 食料自給率 ………………… 251
- ■ 練習問題 …………………… 253

第 5 章　工業・産業
- 1 アメリカ(USA)の工業 …… 255
- 2 中国(China)の工業 ……… 255
- 3 産業別人口構成 …………… 256
- ■ 練習問題 …………………… 257

第 6 章　資源・エネルギー
- 1 一次エネルギーと二次エネルギー … 258
- 2 石炭・石油・天然ガス …… 259
- 3 鉄鉱石 ………………………… 260
- 4 電力 …………………………… 261
- 5 再生可能エネルギー ……… 262
- ■ 練習問題 …………………… 263

제 4 부　지리 분야

제1장　지도와 시차
- 1 지구의 모습 ………………… 220
- 2 도법 …………………………… 221
- 3 GIS(지리 정보 시스템) …… 222
- 4 시차 …………………………… 223
- ■ 연습 문제 ………………… 226

제2장　지형
- 1 지형을 형성하는 힘 ……… 227
- 2 지진 …………………………… 231
- ■ 연습 문제 ………………… 232

제3장　기후
- 1 기후 …………………………… 234
- 2 기후 구분 …………………… 236
- ■ 연습 문제 ………………… 242

제4장　농업과 식료 문제
- 1 세계의 농업 ………………… 244
- 2 그 밖의 농산물 …………… 246
- 3 세계의 축산업 ……………… 247
- 4 주요국・지역의 농업 ……… 248
- 5 삼림・임업 ………………… 249
- 6 수산업 ………………………… 250
- 7 식료 자급률 ………………… 251
- ■ 연습 문제 ………………… 253

제5장　공업・산업
- 1 미국(USA)의 공업 ………… 255
- 2 중국(China)의 공업 ……… 255
- 3 산업별 인구 구성 ………… 256
- ■ 연습 문제 ………………… 257

제6장　자원・에너지
- 1 1차 에너지와 2차 에너지 … 258
- 2 석탄・석유・천연가스 …… 259
- 3 철광석 ………………………… 260
- 4 전력 …………………………… 261
- 5 재생 가능 에너지 ………… 262
- ■ 연습 문제 ………………… 263

第 7 章 　貿易

1. 主な国の輸出・輸入の上位 5 品目 266
2. 主な国の貿易相手国・地域 268
- 練習問題 269

第 8 章 　人口・宗教

1. 世界の人口 271
2. 宗教 275
- 練習問題 278

第 9 章 　世界の国々

1. アジア(Asia) 281
2. アフリカ(Africa) 285
3. ヨーロッパ(Europe) 287
4. 北アメリカ(North America) 291
5. 南アメリカ(South America) 293
6. オセアニア(Oceania) 295
- 練習問題 297

第 10 章 　日本

1. 日本の領域 299
2. 日本の人口 302
3. 日本の自然環境 303
4. 日本の気候 305
5. 日本の農業 307
6. 日本の漁業 309
7. 日本の工業 309
8. 日本の交通 311
9. 日本の貿易 312
- 練習問題 314

第 5 部 　付録

1. 世界と日本の主な出来事 318
2. 世界地図 322
3. 日本地図 324
4. 世界の主な湖 326
5. 世界の新しい動き 327

제 7 장 　무역

1. 주요 국가의 수출・수입 상위 5품목 266
2. 주요 국가의 무역 상대국・지역 268
- 연습 문제 269

제 8 장 　인구・종교

1. 세계의 인구 271
2. 종교 275
- 연습 문제 278

제 9 장 　세계의 국가들

1. 아시아(Asia) 281
2. 아프리카(Africa) 285
3. 유럽(Europe) 287
4. 북아메리카(North America) 291
5. 남아메리카(South America) 293
6. 오세아니아(Oceania) 295
- 연습 문제 297

제 10장 　일본

1. 일본의 영역 299
2. 일본의 인구 302
3. 일본의 자연 환경 303
4. 일본의 기후 305
5. 일본의 농업 307
6. 일본의 어업 309
7. 일본의 공업 309
8. 일본의 교통 311
9. 일본의 무역 312
- 연습 문제 314

제 5 부 　부록

1. 세계와 일본의 주요 사건 318
2. 세계 지도 322
3. 일본 지도 324
4. 세계의 주요 호수 326
5. 세계의 새로운 움직임 327

第6部 解答解説

- 経済分野 ……………………………… 330
- 政治分野 ……………………………… 332
- 歴史分野 ……………………………… 334
- 地理分野 ……………………………… 336

索引 ………………………………………… 338

제6부 해답해설

- 제1부 경제 분야 …………………… 330
- 제2부 정치 분야 …………………… 332
- 제3부 역사 분야 …………………… 334
- 제4부 지리 분야 …………………… 336

색인 ………………………………………… 338

第1部

経済分野
ECONOMY

경제분야

第1章 資本主義経済

Point		
❶	アダム・スミスの主張	人々の自由な経済活動が社会を発展させる
❷	ケインズの主張	不況から脱するには政府が経済に介入して有効需要を増やすべき
❸	新自由主義の主張	規制緩和を行うなどして「小さな政府」に戻すべき

1 資本主義経済の歴史

資本主義経済の確立

　市場における自由な競争，生産手段(機械・建物・原材料など)の私有，利潤の追求などによって特徴づけられる経済体制のことを**資本主義経済**という。資本主義経済は，18世紀後半にイギリス(UK)で起こった**産業革命**(➡p.147)をきっかけとして確立した。

　確立期の資本主義経済では，多くの小規模な企業による自由競争が行われていた。これを**産業資本主義**という。

アダム・スミス(Adam Smith)の経済学

　イギリスの経済学者**アダム・スミス**(➡p.5)は『国富論』において，自らの利益を追求する個人や企業の自由な経済活動が「(神の)見えざる手」に導かれて社会全体の利益を増大させると主張した。そのため，国防・司法・公共事業のような必要最小限度の活動を除き，政府は経済に介入するべきではないとして，**自由放任**を説いた❶。このような考え方は，後に「**小さな政府**」❷と呼ばれ，19世紀の標準的な国家観となった。

---

❶ 16〜18世紀の絶対王政の国では，国が積極的に経済に介入して自国を富ませる経済政策がとられた。この経済政策は**重商主義**と呼ばれ，最初のうちは，金や銀を富とみなし，これらをできるだけ増やすことを目的としたが，後に，輸入を抑えて輸出を増やすことによって富を増やすことを目的とするようになった。アダム・スミスは重商主義を批判し，自由放任を主張した。

❷ ドイツ(Germany)の政治学者ラッサール(Ferdinand Lassalle)は，国防，司法，公共事業のような必要最小限度の活動のみ行う国家を，**夜警国家**と名づけて批判した。

独占資本主義への移行

19世紀後半になると，資本主義経済の国では，自由競争の結果，好況・不況など景気の変動が起こるようになり，不況による失業者の発生や，資本家と労働者の貧富の格差の拡大などの問題が見られるようになった。また，重工業の市場では，資本を大規模化させて競争に勝ち残った企業によって，独占(monopoly)や寡占(oligopoly)(➡p.13)が引き起こされるようになった。さまざまな市場経済にこのような問題点が生じてきた時期の資本主義経済を，**独占資本主義**という。

また，ヨーロッパ(Europe)の主な国では，国内の企業が生産物の販売先を国外に求めるようになった。政府もこれを後押しし，植民地獲得競争に乗り出した。これを帝国主義(➡p.174)という。

修正資本主義への移行

1929年10月，ニューヨーク(New York)の株式市場(ウォール街(Wall Street))で起きた株価の大暴落をきっかけにして，アメリカ(USA)はすさまじい恐慌にみまわれた。アメリカは第一次世界大戦(WWⅠ)後に世界経済の中心となっていたため，アメリカで起こった恐慌は世界に波及し，**世界恐慌**(Great Depression)(➡p.190)となった。

アメリカの**フランクリン・ローズベルト**(Franklin Roosevelt)**大統領**は，世界恐慌後の不況を克服するために，**ニューディール**(New Deal)**政策**(➡p.191)をとった。ニューディール政策は，大規模な公共事業の実施など，国家が積極的に経済活動に介入することで景気を調整し，労働者の失業や社会保障などの問題に対処するという内容であった。ニューディール政策は，先進国が「小さな政府」から「**大きな政府**」へと変化するきっかけになった。

政府が積極的に経済活動に介入する資本主義経済のことを，**修正資本主義**(混合経済)という。

ケインズ(John Maynard Keynes)の**経済学**

イギリスの経済学者**ケインズ**(➡p.5)は，1936年に『**雇用・利子及び貨幣の一般理論**』を著して，不況や失業(非自発的失業)の原因は**有効需要**(実際の貨幣の支出をともなう需要のこと)の不足にあるとした。そして，景気を回復させて失業の問題を解決する(完全雇用を実現する)ためには，公共事業などの政府の積極的な財政政策によって有効需要を増やすことが必要であると主張した。

ケインズの主張は第二次世界大戦(WWⅡ)後，資本主義経済をとる国に広く受け入れられ，「大きな政府」・**福祉国家**[1]が定着していった。

---

[1] 福祉国家とは，国民の幸福の実現のため，経済の安定的な成長と社会保障制度の充実をめざす国家のことである。

新自由主義

　1960年代になると，ケインズの主張に基づく政策を行うことにより，物価の持続的な上昇（インフレーション(inflation)）や財政赤字の拡大が起こりやすくなることが問題となった。そして，1970年代の**第一次石油危機**(Oil Crisis)（→p.206）後に，先進諸国では不況と物価の上昇が同時に進行する**スタグフレーション**(stagflation)が起こった。

　こうした中で，ケインズの理論を批判し，**規制緩和，国営企業の民営化，社会保障費の削減**などを行い，「**小さな政府**」への転換を求める**新自由主義**が登場した。❶ 新自由主義の代表的な経済学者であるフリードマン(Milton Friedman)は，経済成長率に合わせて貨幣供給量を一定に保つことを重視するマネタリズム(monetarism)を提唱した。

▼資本主義経済の移り変わり

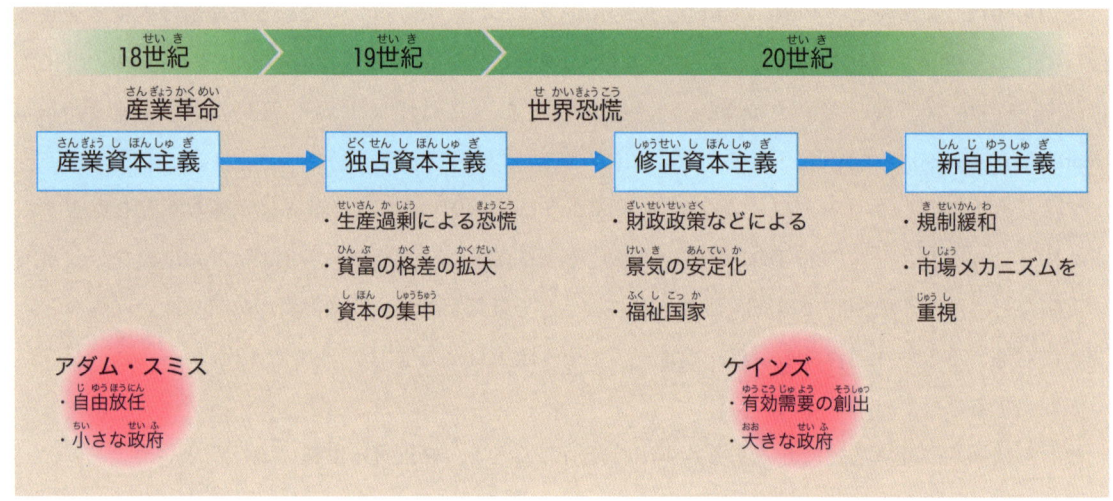

---

❶　1970年代から1980年代には，イギリスのサッチャー(Margaret Thatcher)政権，アメリカのレーガン(Ronald Reagan)政権，日本の中曽根康弘内閣が新自由主義に基づく経済政策を採用した。サッチャー政権の新自由主義的な政策はサッチャリズム(Thatcherism)，アメリカのレーガン政権の新自由主義的な政策はレーガノミクス(Reaganomics)と呼ばれる。

2 経済学者

主な経済学者

代表的な経済学者の主な著書と主張の概要を、以下に示す。

経済学者	主な著書(刊行年)	主張の概要
アダム・スミス (➡p.2)	『国富論』(1776年)	人間の利己心に基づく市場での経済活動は、「見えざる手」の作用によって、社会全体の利益を増大させる。
マルサス (Thomas Robert Malthus)	『人口論』(1798年)	人口の増加率は食料生産の増加率を上回る(人口は幾何級数的に増加するが、食料は算術級数的にしか増加しない)ため、その結果として貧困が発生する。
リカード (David Ricardo) (➡p.56)	『経済学及び課税の原理』(1817年)	外国との貿易において、各国が**比較優位**にある商品の生産に特化し、それを互いに輸出すれば、両国が利益を得られる。
リスト (Friedrich List)	『経済学の国民的体系』(1841年)	発展途上国が自国の産業を育成するためには、**保護貿易政策**が必要である。
マルクス (Karl Marx)	『資本論』(1867年)	資本主義経済では貧富の格差や失業の問題は解決できないため、資本家と労働者の対立のない**社会主義経済**❶に移行しなければならない。
ワルラス (Léon Walras)	『純粋経済学要論』(1874〜1877年)	財(商品)の価値は、生産のために投下された労働の量ではなく、限界効用❷の大きさによって決まる。
シュンペーター (Joseph Schumpeter)	『経済発展の理論』(1912年)	企業家が**イノベーション**(技術革新)を繰り返すことによって、経済は発展する。
ケインズ	『雇用・利子及び貨幣の一般理論』(1936年)	不況から脱出するためには、政府の積極的な財政政策などにより**有効需要**を作り出すべきである。
フリードマン	『選択の自由』(1980年)	物価の安定のためには、通貨の安定的な供給が必要である。

❶ 社会主義経済では、土地や工場などの生産手段の私有は認められず(生産手段の社会的所有)、財の生産や分配は政府が決定する計画に従って行われる(計画経済)。
❷ 限界効用とは、財の消費量を1単位増やした時の効用(個人の主観的満足度)の増加分を意味する。ワルラス、ジェボンズ(William Stanley Jevons)、メンガー(Carl Menger)はほぼ同時期に、それぞれ独自に、財の消費量の増加とともに限界効用が減少していくと主張した。

第1章 練習問題

解答 ➡ p.330

問1 主な経済学者に関する記述として最も適当なものを、次の①〜④の中から一つ選びなさい。

① アダム・スミス(Adam Smith)は、資本主義経済では資本家が労働者に対して圧倒的に優位に立つため、資本家と労働者が平等な社会主義経済へ移行すべきと主張した。

② リカード(David Ricardo)は、自由貿易論は先進工業国に有利な理論であるとして、関税や輸入制限による幼稚産業保護の必要性を説いた。

③ マルクス(Karl Marx)は、個人が利己心を自由に発揮して活動すれば、「見えざる手」によって社会の調和が保たれ、全体の利益も増大すると説いた。

④ ケインズ(John Maynard Keynes)は、景気が悪い時には、政府による公共支出の増大や減税などにより有効需要を増やすべきと主張した。

問2 新自由主義的な政策の例として最も適当なものを、次の①〜④の中から一つ選びなさい。

① 貧富の格差を是正するために、所得の再分配政策を強化する。

② 不況対策のために、国債を大量に発行して公共事業を盛んに行う。

③ 財政支出の削減のために、社会保障制度を改革して給付を減らす。

④ 国民の利便性を高めるために、公共サービスを拡充する。

問3 次の文章中の空欄 a , b に当てはまる語の組み合わせとして最も適当なものを、下の①〜④の中から一つ選びなさい。

オーストリア(Austria)出身の経済学者 a は、著書『経済発展の理論』において、企業家による新しい生産技術の開発や導入などの b が経済発展の原動力であると唱えた。

	a	b
①	シュンペーター	イノベーション
②	シュンペーター	依存効果
③	フリードマン	イノベーション
④	フリードマン	依存効果

(注)シュンペーター(Joseph Schumpeter),
　　フリードマン(Milton Friedman)

第2章 経済理論

Point

① **株式会社の仕組み** 　最高意思決定機関は株主総会，株主は有限責任

② **需要曲線と供給曲線** 　価格が上がれば供給量は増加し需要量は減少する
価格が下がれば需要量は増加し供給量は減少する

③ **供給曲線のシフト** 　原材料価格が上昇すると供給曲線は左(上)にシフトする
技術革新が起こると供給曲線は右(下)にシフトする

1 経済主体

社会には，経済活動に参加する主体として，**家計，企業，政府**という三つの**経済主体**がある。

家計は，土地・労働力・資本を提供し，賃金や配当を用いて財・サービスを購入する消費活動を行っている❶。

企業は，土地・労働力・資本を使って，財・サービスの生産活動を行い，支払いを受けることで，**利潤**を得ることをめざしている❷。

政府は，家計や企業から租税などを得て，そのお金を元に道路や港などを造り，また，警察・消防のような公共サービスを提供する財政活動を担っている。

これらの経済主体が互いに財・サービスを取引することによって，経済が動いている。

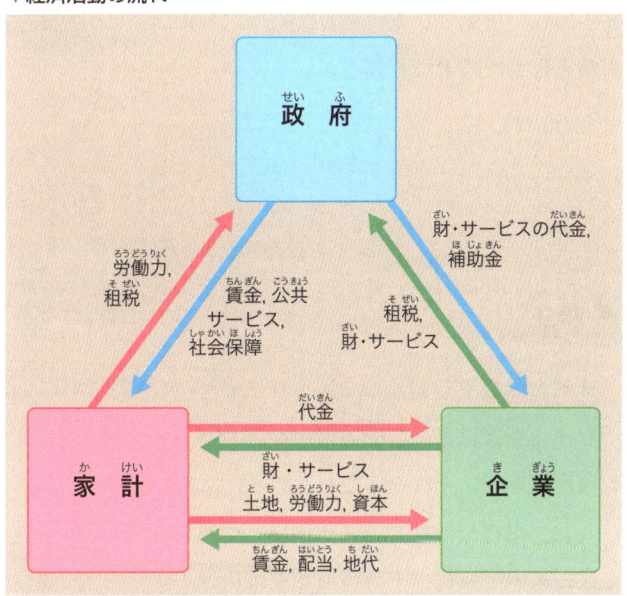

▼経済活動の流れ

---

❶ 家計において，所得から租税や社会保険料を引いたものを可処分所得と呼び，可処分所得から消費を引いたものが貯蓄である。また，家計の消費支出に占める食料費の割合をエンゲル係数(Engel's coefficient)といい，一般に，所得が高くなるにつれてエンゲル係数は低くなる。

❷ 近年では，企業に対して，自らの利潤を追求するだけではなく，環境保護や社会的な貢献活動をすることにも責任を持つという「企業の社会的責任」(CSR)が求められるようになってきた。

2 株式会社

株式会社とは

企業にはさまざまな形態があるが、現代の経済において最も重要な役割を果たしている企業は、**株式会社**である。

株式会社は、出資者から集めた資本を元にして設立され、その資本(資本金)を使って企業活動を行う。出資者は出資額に応じて**株式**[1]を割り当てられる。株式会社の場合、株式を発行することで、多くの人々からの少額の出資が可能となる。そのため、大規模な事業を行うための資金調達がしやすい。

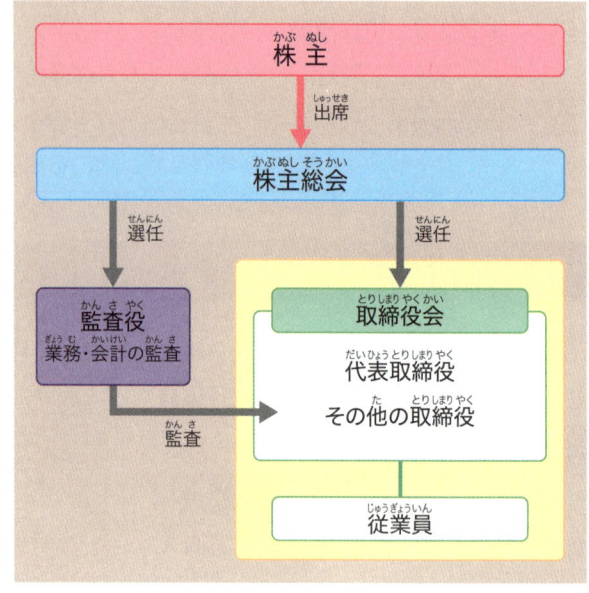

▼株式会社の仕組みの例

株主

株式を保有する個人や企業を**株主**といい、株主は株式会社の所有者として位置づけられる。株主は、所有する株式に応じて**配当**(会社が上げた利益の一部の分配)を受けとることができる。ただし、業績が悪ければ配当を受けとれないこともある。また、原則として、株式の譲渡(売買)は自由である[2]。

なお、出資した株式会社が倒産してその債務(借金)を支払いきれなくても、株主は出資金を失うことにはなるが、それ以上の負担をする(個人の財産を会社の債務の支払いにあてる)必要はない。これを**有限責任**という。

株主総会

株主総会は、株式会社における**最高意思決定機関**である。株主総会では、会社の経営方針の決定や、**取締役の選任**などを行う。株主は、原則として、株主総会で1株につき1票の議決権を持っている。したがって、株式を多く持っているほど株主総会での立場が強くなる。たとえば、一人が全株式の過半数を持っている場合、その一人の賛成で一般的な議題は可決されることになる。

---

[1] 株式の発行や内部留保によって得た資金を自己資本という。内部留保とは、利益から配当や税金などを支払った残りの金額を会社内に積み立てたもののことである。また、社債の発行や、金融機関からの借り入れにより得た資金を他人資本という。他人資本は、得た資金の全額だけでなく、利息を支払う義務を負う。

[2] 自社の株式を証券取引所で売買できるようにすることを上場という。上場するには厳しい条件を満たさなければならないが、上場すると金融機関以外からの資金調達がしやすくなり、また、社会的信用や知名度が高まるという効果もある。

取締役と取締役会

取締役は，原則として，株式会社の具体的な業務に関する意思決定を行う。取締役会が設置されている株式会社であれば，取締役会がそれを行う。

取締役会は，特別な形態をとる株式会社を除き，取締役の中から代表取締役(社長)を選定しなければならない。代表取締役は株式会社を代表する権限を持つ者である。

所有と経営の分離

現代の大規模な株式会社では，多くの株主は自ら経営に関わる意思を持たず，経営の具体的な方針は取締役などの経営者に任せるという形態が見られることがある。この形態を，**所有と経営の分離**と呼ぶ。

しかし，所有と経営の分離が進むと，株主の経営への影響力が弱まるため，取締役が株主の利益よりも自らの利益を優先させることがある。そのため，近年では株主などが会社の経営を監督する仕組みを作る動きも見られる。この仕組みをコーポレート・ガバナンス(corporate governance，企業統治)といい，その例として，**社外取締役**(会社の外部から選任した取締役)の選任や財務情報などの情報の開示(ディスクロージャー(disclosure))がある。さらに，企業に対しては，法令や社会の規範の遵守(コンプライアンス(compliance))など，さまざまな要請が社会的になされている。

合同会社

近年の日本で設立数が増えている会社形態として，合同会社がある。合同会社は，株式会社よりも設立手続きが簡素であり，また，利益の分配や議決権などについては会社の規則で決めることができるため，経営の自由度が高いという特徴がある。なお，合同会社の出資者が負う責任は，株式会社の株主と同様に，有限責任である。

中小企業

株式会社などの企業は，資本金や従業者数の規模によって，大企業と中小企業に分けられる。日本の企業のほとんどは中小企業で，その企業数の割合は全民間企業の99.7%にもなる(2016年)。また，中小企業で働く従業者数は，民間の全従業者数の68.8%を占める(2016年)。中小企業の多くは，**下請け**として大企業から注文を受けて部品の製造・加工やサービスの提供を行っている。

日本では，大企業と中小企業の間には，生産性や賃金などの面で大きな格差がある。この格差は，日本経済の二重構造と呼ばれる。

3 市場メカニズム

市場とは

市場[1]とは、売り手(生産者)と買い手(消費者)の間で、商品としての財やサービス(以下、財と表記する)が売買される場所である。どれくらいの価格でどれだけの量の財が売買されるかは、原則として、市場における需要と供給[2]の関係で決まる。市場において、需要と供給が一致した時に成立する価格を均衡価格という。

需要曲線・供給曲線

右のグラフは、ある財の市場における需要と供給を示したものである。横軸は財の数量、縦軸は財の価格をそれぞれ表している。右のグラフで、右下がりの曲線は、需要曲線である。需要曲線が右下がりになるのは、財の価格が下がれば、消費者が需要を増やすためである。一方、右上がりの曲線は、供給曲線である。供給曲線が右上がりになるのは、財の価格が上がれば、生産者が供給を増やすためである。そして、生産者の売りたい数量と消費者の買いたい数量が等しくなる点(需要曲線と供給曲線の交点)において、均衡価格が成立する。右のグラフでは、均衡価格は需要と供給の一致したPに、取引される数量(均衡数量)はQになる。

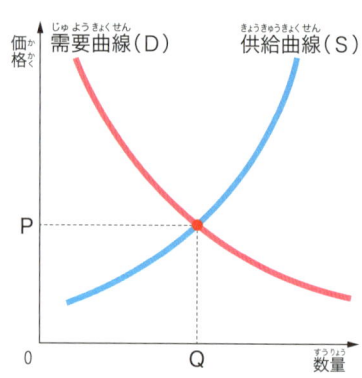

超過需要・超過供給

市場においては、需要が供給を上回る時(超過需要)は価格が上がり、供給が需要を上回る時(超過供給)は価格が下がる。超過需要がなくなるまで価格が上がると、需要が減少して供給は増加する。また、超過供給がなくなるまで価格が下がると、需要が増加して供給は減少する。そのため、需要と供給に差がある時には、価格の変化を通して超過需要や超過供給が自然に解消される。

このように、価格には財の需要と供給を自動的に調整する作用がある。このような価格の自動調節作用を市場メカニズムといい、社会全体の資源の最適な配分を実現させる働きをしている。

---

[1] 第2章で扱っている「市場」は、完全競争市場を想定している。完全競争市場とは、①売り手と買い手が多数存在していること、②買い手が商品の完全な情報を与えられていること、③商品がすべて同質であること、④市場への参入・退出が自由であること、という条件が満たされた市場である。ただし、完全競争市場は現実の世界には存在しないと言われている。

[2] 需要とは市場において財やサービスを買おうとすることであり、供給とは財やサービスを売るために市場に出すことである。

✓確認 需要と供給の関係

右のグラフでは，価格がP_0の時，数量(需要量・供給量)がQ_0個で等しくなっている。もし，価格がP_0よりも高いP_2であるとすると，需要量はQ_1個，供給量はQ_4個となり，(Q_4-Q_1)個の**超過供給**が生じる。

この状態では商品が売れ残ってしまうので，市場では価格が下がっていく。超過供給がある限り価格は下がるので，結局，価格はP_0まで下がる。

反対に，価格がP_0よりも安いP_1であるとすると，需要量はQ_3個，供給量はQ_2個となり，(Q_3-Q_2)個の**超過需要**が生じる。

この状態では商品を欲しい人の方が多いので，市場では価格が上がっていく。超過需要がある限り価格は上がるので，結局，価格はP_0まで上がる。

✎ 需要曲線のシフト

右のグラフでは，ある財について，需要曲線Dの時に価格P_0でQ_0の需要がある。**財の流行，所得の増加，代替財❶の値上がり，補完財❷の値下がり**などの理由によりその財の需要が増加すると，需要曲線が**右(上)にシフト**し(D_1)，人々は価格P_1でQ_1の量を買おうとする(均衡価格はP_1に上昇する)。また，**財の流行の終わり，所得の減少，代替財の値下がり，補完財の値上がり**などの理由によりその財の需要が減少すると，需要曲線が**左(下)にシフト**し(D_2)，人々は価格P_2でQ_2の量を買おうとする(均衡価格はP_2に下落する)。

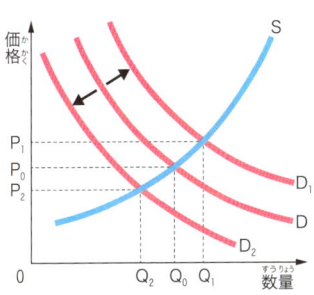

✎ 供給曲線のシフト

右のグラフでは，ある財について，供給曲線Sの時に価格P_0でQ_0の供給がある。**技術革新**などで生産性が上昇し，その財の供給が増加した場合は，供給曲線が**右(下)にシフト**し(S_2)，生産者は価格P_2でQ_2の量を供給しようとする(均衡価格はP_2に下落する)。また，**原材料価格の上昇や税率の引き上げ**などによりその財の供給が減少した場合は，供給曲線が**左(上)にシフト**し(S_1)，生産者は価格P_1でQ_1の量を供給しようとする(均衡価格はP_1に上昇する)。

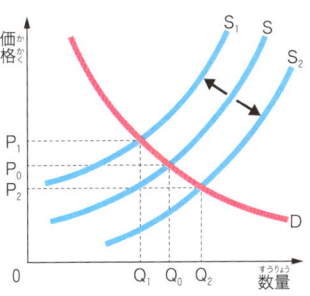

---

❶ 対象となる二つの財がほぼ同じような満足を与えてくれる財を，代替財という。その財の価格が高くなり需要が減少すれば，もう一方の財の需要が増加する関係にある。コーヒーと紅茶，バターとマーガリンが代替財の例である。

❷ 二つの財の間において，一方の需要が増加すると他方の需要も増加し，一方の需要が減少すると他方の需要も減少するという関係にある財を補完財という。コーヒーと砂糖が補完財の例である。

需要の価格弾力性

需要の価格弾力性[1]とは、価格の変化によって需要がどれほど変化したかを表す数値である。

右のグラフ①②では、価格がP_1の時の需要量をQ_1またはQ'_1で、価格がP_2の時の需要量をQ_2またはQ'_2で表している。①の需要曲線は傾きが急で、②の需要曲線は傾きが緩やかとなっている。

①の需要曲線では、価格が下がってもそれほど需要量が増えていないのに対して、②の需要曲線では需要量が大きく増えている。このことから、価格が変化した場合、①の需要曲線では需要の反応が小さい（需要の価格弾力性が小さい）のに対して、②の需要曲線では需要の反応が大きくなっている（需要の価格弾力性が大きい）といえる。

一般に、**生活必需品**（日本では米など）は、価格の変化に対して需要の変化がそれほど大きくないため、需要の価格弾力性は小さい[2]。一方、宝飾品などの**ぜいたく品**は価格に合わせて需要が大きく変化するため、需要の価格弾力性が大きい。

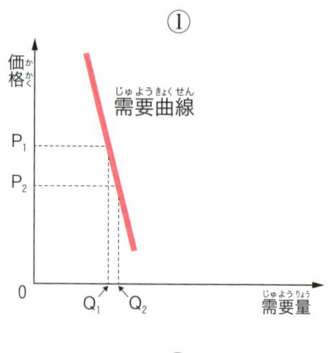

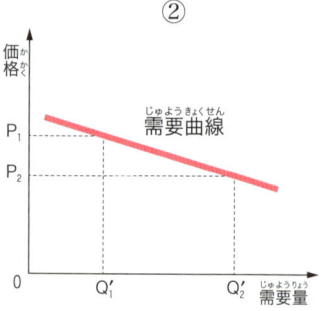

供給の価格弾力性

供給の価格弾力性とは、価格の変化によって供給がどれほど変化したかを表す数値である。

右のグラフ③④では、価格がP_1の時の供給量をQ_1またはQ'_1で、価格がP_2の時の供給量をQ_2またはQ'_2で表している。③の供給曲線は傾きが急で、④の供給曲線は傾きが緩やかとなっている。

③の供給曲線では、価格が上がってもそれほど供給量が増えていないのに対して、④の供給曲線では供給量が大きく増えている。このことから、価格が変化した場合、③の供給曲線では供給の反応が小さい（供給の価格弾力性が小さい）のに対して、④の供給曲線では供給の反応が大きくなっている（供給の価格弾力性が大きい）といえる。

一般に、**農産物**は、価格の変化に応じて供給の増減を行いにくいため、供給の価格弾力性は小さい。一方、**工場で大量に生産される商品**は価格に合わせて供給を大きく変化させられるため、供給の価格弾力性が大きい。

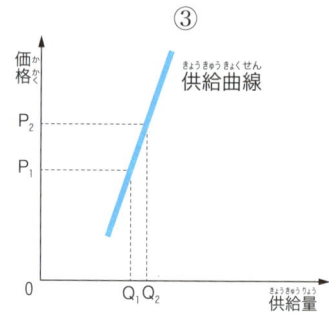

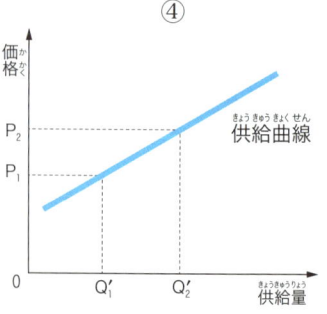

---

[1] 価格弾力性の値が1より小さいと「弾力性が小さい」といい、1より大きいと「弾力性が大きい」という。

[2] 農産物に対する需要の価格弾力性は小さいため、豊作になると農産物の価格が大きく下落し、豊作であるにもかかわらず農家の収入が減少してしまうという現象が見られる。これを「豊作貧乏」という。

4 市場の失敗

市場の失敗(market failure)とは

市場では，需要と供給が一致するところで価格が決まり，その価格の下で取引が行われると，資源の最適配分が達成される。しかし，そうした市場メカニズムが有効に機能しないことがあり，これを**市場の失敗**と呼ぶ。市場の失敗の主な例として，公共財，外部効果，寡占(oligopoly)・独占(monopoly)がある。

公共財

道路，公園，消防，国防などは**公共財**と呼ばれる。公共財は，多くの人が同時に利用できるという性質(非競合性)や，誰もその利用を制限されないという性質(非排除性)がある。そのため，公共財は利用者から利用料をとるのが難しく，市場に任せても供給がされにくい。

外部効果

外部効果とは，ある経済主体の行動が，市場における取引を通さずに，他の経済主体に対して直接に利益または不利益を与えることをいう。利益を与える場合は**外部経済**，不利益を与える場合は**外部不経済**と呼ばれる。

外部不経済の例として，工場の生産活動により発生した**公害**(水質汚濁や大気汚染)がその地域の住民に悪影響を及ぼすというものがある。この場合は，外部不経済を引き起こしている企業が対策のための費用を負担していないため，社会的に望ましい水準よりも財が過大に供給される。このように，外部不経済をもたらす行為に対しては，政府が汚染物質の排出量を規制するか，課税により排出を抑制することが有効である。

外部経済の例としては，隣接する養蜂場と果樹園において，ミツバチが果樹の受粉を助ける一方，果樹から蜜を得てハチミツの生産量が増加するというものがある。

寡占・独占

少数の企業が市場を支配している状態を**寡占**，一つの企業が市場を支配している状態を**独占**[1]と呼ぶ。市場において寡占化が進むと，企業の市場支配力が強まり，管理価格(一つの有力企業が設定した価格に他の企業が追従して形成する価格)が設定されることがある。そのため，寡占市場では，需要が減少しても価格が下がりにくくなる。これを，**価格の下方硬直性**という。

---

[1] 鉄道や電力のように，非常に大きな初期投資が必要な産業では，規模の経済(生産量が拡大するほど1単位当たりの生産費を安く抑えることができること)が働くため，独占が生じやすくなる。

寡占市場では，**非価格競争**が行われやすくなる。非価格競争とは，利潤や市場占有率を高めるために，価格以外の面で各企業が競争することであり，具体的には，商品の品質・デザイン・広告・宣伝などの面で競争が行われる。

寡占や独占により消費者が不利益を受けるようになると，市場メカニズムを働かせるために，企業間の健全な競争を維持するための法律が必要と考えられるようになった。日本では，1947年に**独占禁止法**（→p.38）が制定され，その目的を達成するための行政委員会として**公正取引委員会**が設置されている。

▼独占の形態

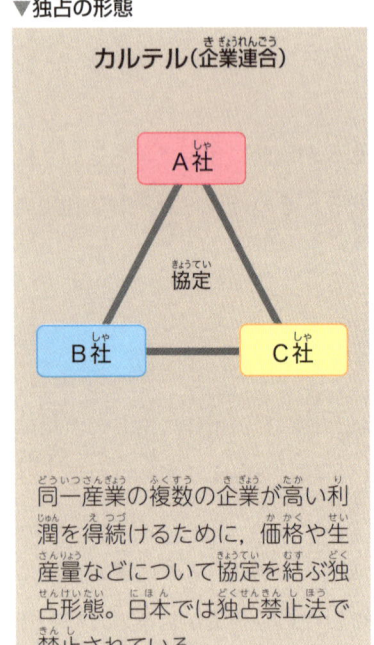

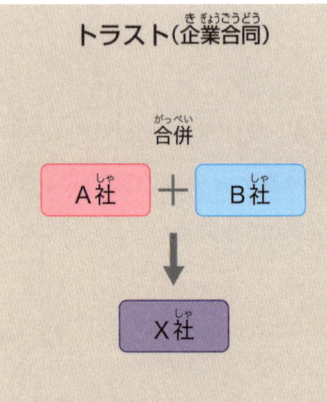

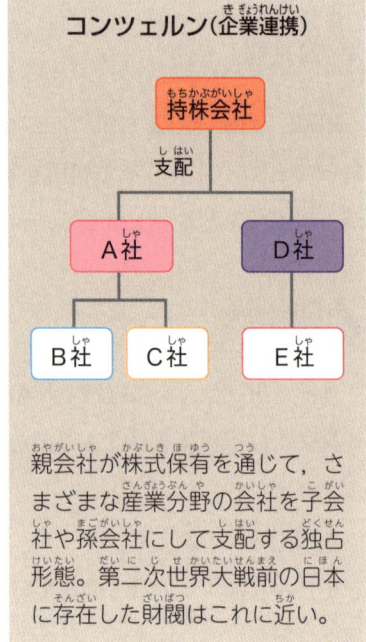

（注）カルテル（cartel），トラスト（trust），コンツェルン（concern）

第2章 練習問題

解答 ➡ p.330

問1 株式会社に関する記述として最も適当なものを，次の①〜④の中から一つ選びなさい。

① 株式会社の最高意思決定機関は，株主総会である。
② 株式会社の株主は，その株式会社が倒産して会社の財産では債務を返済しきれない場合，自らの財産をもって支払わなければならない。
③ 株主は，株主総会において，一人につき一票の議決権が与えられる。
④ 株式の発行により調達された資金は資本金に組み込まれ，株主が出資金の返済を求めた場合は，資本金から支払われる。

問2 次のグラフは，ある工業製品の需要曲線と供給曲線を示したものである。技術革新が起こり，この工業製品をより少ない費用で生産できるようになると，グラフはどのように変化するか。最も適当なものを，下の①〜④の中から一つ選びなさい。

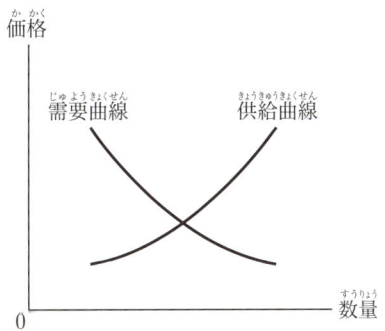

① 需要曲線が右に移動する。
② 需要曲線が左に移動する。
③ 供給曲線が右に移動する。
④ 供給曲線が左に移動する。

第3章 国民所得と経済成長

Point

❶	ストックとフロー	ストックは積み重ねられてきた経済活動の量，フローは一定期間の経済活動の量
❷	インフレーション・デフレーションの影響	インフレーションは預貯金を実質的に減少させ，デフレーションは債務者の負担を実質的に重くする

1 ストック(stock)とフロー(flow)

一国の経済の規模は，**ストック**と**フロー**の両面から評価することができる。ストックは，これまでの経済活動で蓄積されてきた量のことであり，フローは，一定期間における経済活動の量のことである。ストックとフローの主な例として，以下のものがある。

ストックの例	政府債務残高(国債発行残高)，外貨準備高，家計の貯蓄
フローの例	GDP(国内総生産)，国際収支，家計の年収，国債の発行額

2 国民所得

✏ GDP(国内総生産)

フローの代表的な指標に，**GDP(国内総生産)**がある。GDPは，一定期間(通常は1年間)内に国内で生み出された付加価値の総計と定義され，国全体の経済規模を示す重要な経済指標となっている。国内での総生産額から，原材料や燃料などの中間生産物の額を差し引くことで求めることができる❶。

✏ GNP(国民総生産)

一定期間(通常は1年間)内において国民が生産した付加価値の総計は**GNP(国民総生産)**と呼ばれる。GNPは，GDPに海外からの純所得(「海外から受け取った所得」から「海外へ支払った所得」を引いた分)を加えることで求めることができる。ただし，現在の日本ではGNPでの表示はされておらず，代わって，分配面から見た指標としてGNI(国民総所得)が用いられるようになっている。

GNPから固定資本減耗(減価償却費)❷を差し引いたものをNNP(国民純生産)という。さらに，NNPから間接税を差し引き，政府の補助金を加えたものをNI(国民所得)と呼ぶ。

---

❶ GDPの計測の対象となるものは，市場で取引される財やサービスである。ただし，例外として，農家の自家消費(農家が自分の田畑で作ったものを自分で消費すること)や警察や消防のような公共サービスなどは，市場で取引されたと想定してGDPの計測の対象とする。

❷ 資本は時間がたつにつれて摩耗，または減価する。この減価分を固定資本減耗という。

> ### ✓確認 国民所得の計算式
>
> GDP（国内総生産）＝国内の総生産額－中間生産物の額
> GNP（国民総生産）＝GDP＋海外からの純所得
> NNP（国民純生産）＝GNP－固定資本減耗
> NI（国民所得）＝NNP－間接税＋補助金

三面等価の原則

　国民所得は，生産・分配・支出の三つの側面から捉えることができ，それぞれの金額は一致する。これを，三面等価の原則という。

　このうち，生産国民所得は，第一次産業，第二次産業，第三次産業のそれぞれで新たに生み出された付加価値と海外からの純所得の合計を示している。

　分配国民所得は，生産された所得がどのように分配されたかを示している。

　支出国民所得は，各経済主体が所得をどのように支出したかを示している。

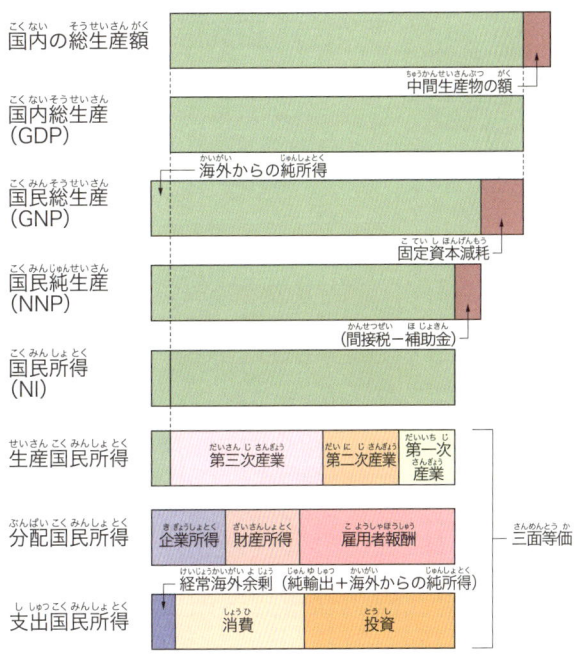

▼国民所得の相互関係

GDPと一人当たりGNI

　GDPが世界1位の国はアメリカ(USA)で，2位が中国(China)，3位が日本である。GDPは，各国の経済状況の比較を行ううえで有益な指標である。ただし，人口が増えればGDPは大きくなるため，国民の平均的な生活水準を測る指標としては，GDPよりも国民の得た所得に注目する一人当たりGNI(GNIをその国の人口で割った値)の方が適切な場合もある。一人当たりGNIは，人口が少なく，金融業が発達していると高くなりやすいため，2018年では世界1位の国はリヒテンシュタイン(Liechtenstein)，2位がモナコ(Monaco)，3位がノルウェー(Norway)となっている❶。一方，人口が多い中国やインド(India)は低めになっている。

---

❶　ルクセンブルク(Luxembourg)は，一人当たりGNIや一人当たりGDP(GDPをその国の人口で割った値)が高い国として知られている。

▼主な国のGDP(2018年)

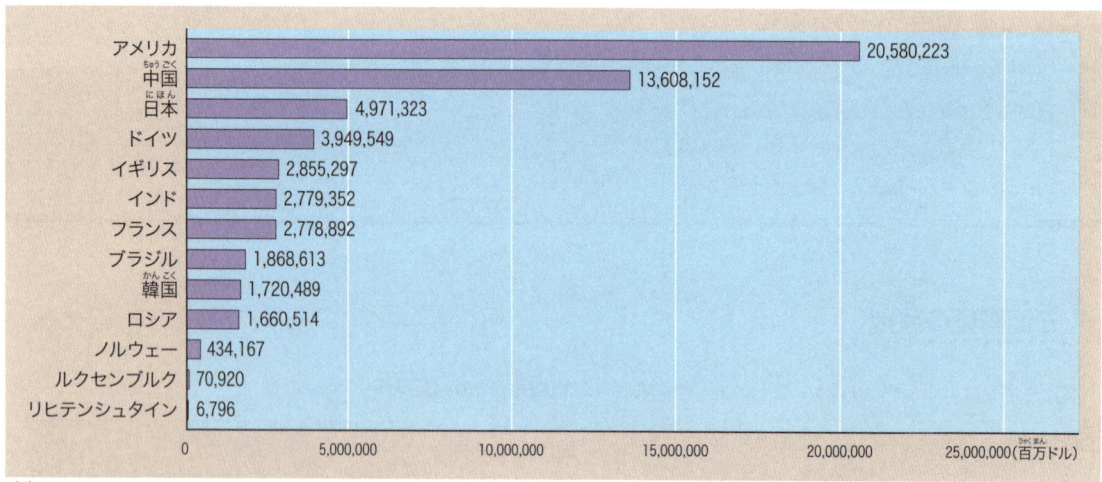

(注)ドイツ(Germany), イギリス(UK), フランス(France), ブラジル(Brazil), 韓国(South Korea), ロシア(Russia)

矢野恒太記念会編『世界国勢図会2020/21年版』より作成

▼主な国の一人当たりGNI(2018年)

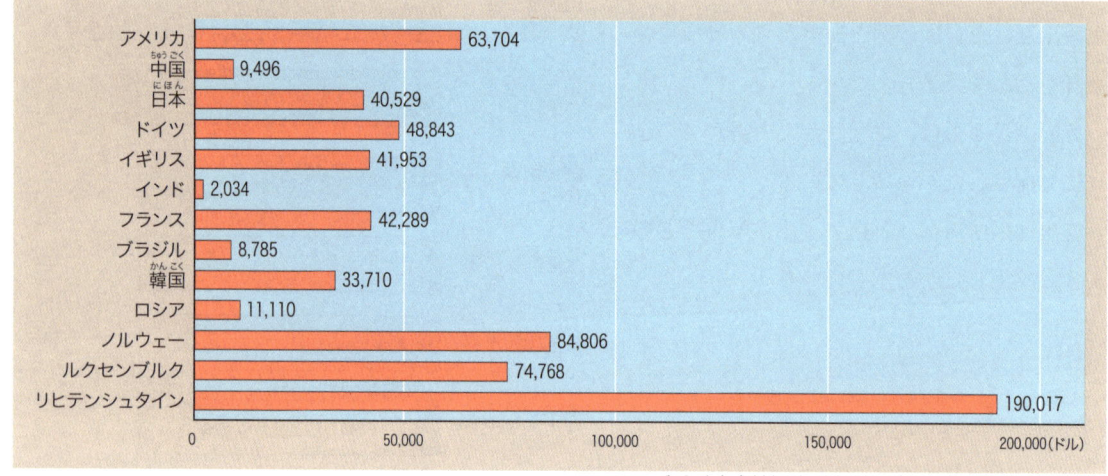

矢野恒太記念会編『世界国勢図会2020/21年版』より作成

3 経済成長

経済成長率

　一定期間内(通常は1年間)における経済規模の拡大の割合を経済成長率という。経済成長率はGDPの増加率で示されることが多い。

　物価変動を考慮しない経済成長率は**名目経済成長率**, 物価変動を考慮した成長率は**実質経済成長率**と呼ばれる。

　経済成長率は, (ある年のGDP－前の年のGDP)÷前の年のGDP×100という計算式で求めることができる。なお, 名目GDPから実質GDPを求めるための総合的な物価指数がGDPデフレーターであり, 名目GDP÷GDPデフレーター×100という計算式で実質GDPが求められる。

主な国の実質経済成長率の推移

近年の主な国の実質経済成長率の推移を見ると，先進国は低めである。一方，国情が安定しており工業化が進んでいる発展途上国は高めになりやすい。しかし，2020年は新型コロナウイルスの爆発的な感染拡大が世界経済に深刻な影響を及ぼし，ほとんどの国がマイナス成長[1]になると予想される。

▼主な国の実質経済成長率の推移

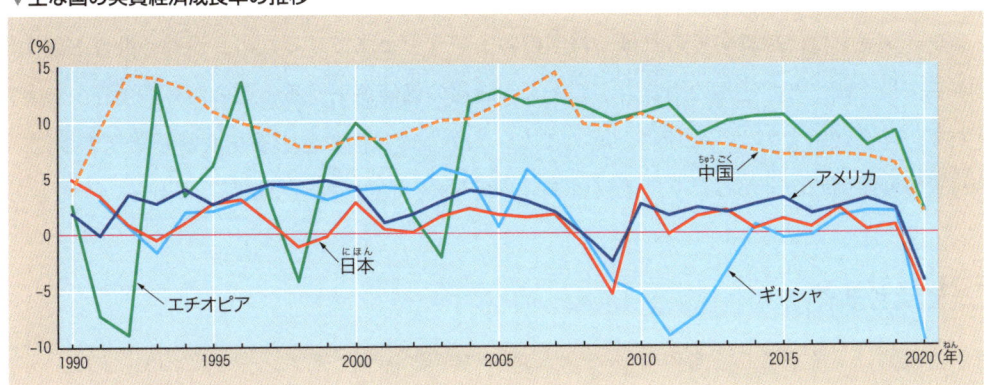

(注)2020年の数値はIMFの予測値。エチオピア(Ethiopia)，ギリシャ(Greece)

IMF, "World Economic Outlook Database, October 2020" より作成

景気変動(景気循環)

経済活動は，ある程度規則的に拡大と縮小を繰り返す。そのような経済の動きを**景気変動(景気循環)**と呼ぶ。景気循環は，**好況・後退[2]・不況・回復**の局面に分けられる。

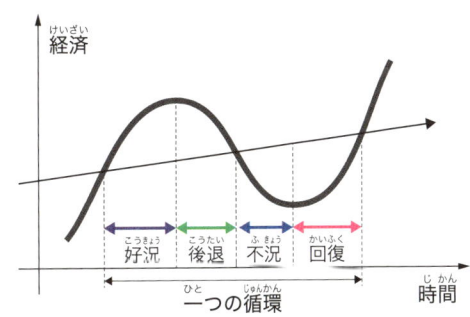

主な景気変動の波

景気変動は，その周期の長さに応じて，主に以下の四つに区分される。

名称	周期	要因
キチンの波(Kitchin cycle)	約40か月	在庫投資の変動(在庫の増減)
ジュグラーの波(Juglar cycle)	約10年	設備投資の変動
クズネッツの波(Kuznets cycle)	約20年	建設投資の変動(建物や施設の建て替え)
コンドラチェフの波(Kondratiev cycle)	約50年	技術革新[3]

[1] 実質経済成長率が0％を下回りマイナスになることを，マイナス成長という。
[2] 急激な後退のことを，恐慌と呼ぶ。
[3] 技術革新が起こると，資本や労働などの生産要素の投入量が一定であっても，付加価値をそれまでよりも多く生み出すことができるようになり，生産要素当たりの付加価値が高くなる。そのため，技術革新は生産性を向上させ，経済発展を導くと考えられている。

第1部｜第3章　国民所得と経済成長

4 インフレーション(inflation)とデフレーション(deflation)

インフレーション

物価[1]が持続的に上昇することを**インフレーション（インフレ）**という。インフレーションが起こる要因には，賃金や原材料費などのコストの上昇，通貨の過剰発行，需要の増大などがある。

インフレーションは，緩やかであれば，将来の値上がりを予測できるため，消費や投資を活性化させる。しかし，長く続くと，通貨の購買力が低下し，**通貨の価値が下がる**。そのため，預貯金が実質的に減少したり，年金受給者のような所得が増えにくい人たちの生活に悪影響を及ぼしたりする。一方で，土地や株式の資産価値が上がったり，債務（借金）の負担が実質的に軽くなったりするという面もある。

デフレーション

物価が持続的に下落することを**デフレーション（デフレ）**という。デフレーションは，主に，需要が供給よりも不足すると生じる。デフレーションになると，通貨の購買力が上昇し，**通貨の価値が上がる**。

デフレーションは資産所得を得ている人や年金受給者には有利であるが，一方では住宅ローンなどの負債を抱える家計の負担が増え，生活が苦しくなるという悪影響を与える。

また，家計は商品の値段（物価水準）が今後も下がると予想して買い控えをするため，消費が低迷する。デフレーションの局面では，企業の利潤が減少して，賃金の低下を引き起こし，消費や投資を低迷させることになる。その結果，デフレーションと不況の悪循環が続くことがある。この悪循環を，**デフレスパイラル**(deflationary spiral)という。

スタグフレーション(stagflation)

スタグフレーションは，インフレーションと不況（景気の停滞）が同時に進行する現象である。1973年に第一次石油危機(Oil Crisis)が発生すると，先進国は，石油価格の高騰によりスタグフレーションにみまわれた（➡p.206）。

物価とGDP

物価が上昇すると，名目GDPは増大する。名目GDPは，市場取引での価格を用いて算出する。そのため，ある年とその1年後の名目GDPを比べた場合，生産量が同じままであっても，物価が上がれば1年後の名目GDPは増大してしまう。そこで，経済状況を正確に把握するには，物価変動の影響を取り除いて算出する実質GDPが用いられる。

---

[1] 物価とは，個々の財やサービスの価格の平均的な水準のことである。

第3章 練習問題

解答 ➡ p.330

問1 ストックの例として最も適当なものを，次の①〜④の中から一つ選びなさい。

① 国民総所得(GNI)

② 公債残高

③ 企業の年間売上高

④ 国際収支

問2 インフレーションやデフレーションに関する記述として最も適当なものを，次の①〜④の中から一つ選びなさい。

① インフレーションが発生すると，名目賃金は下落する。

② インフレーション下では，債務者の債務負担は実質的に重くなる。

③ デフレーションが進行すると，預金の実質的な価値は上昇する。

④ デフレーション下では経済活動が盛んになるので，国の税収が増える。

問3 A国の経済が，小麦を生産する農家，小麦粉を作る製粉業社，パンを焼くパン屋から成り立っているとする。A国において，パン屋が50万円でパンを生産した。そのパン屋は，パンを作るために20万円で小麦粉を製粉業社から購入した。製粉業社は，10万円で農家から小麦を購入した。この場合におけるA国のGDP(国内総生産)の額として最も適当なものを，次の①〜④の中から一つ選びなさい。

① 20万円

② 30万円

③ 50万円

④ 80万円

第4章 金融

Point

① 金本位制と管理通貨制度の比較 　金本位制では通貨の発行量は金の保有量に左右されるが，管理通貨制度では左右されない

② 公開市場操作 　買いオペレーションは不況・デフレーション時に行う

1 直接金融と間接金融

　金融とは，資金不足の経済主体(借り手)と資金に余裕のある経済主体(貸し手)との間で行われる資金の貸し借りのことである。
　企業の資金調達の方法として，主に**直接金融**と**間接金融**がある。

直接金融	企業が株式や社債[1]を発行して，それらの買い手から資金を調達する方式
間接金融	企業が，銀行などの金融機関を通して必要な資金を借り入れる方式

▼直接金融と間接金融

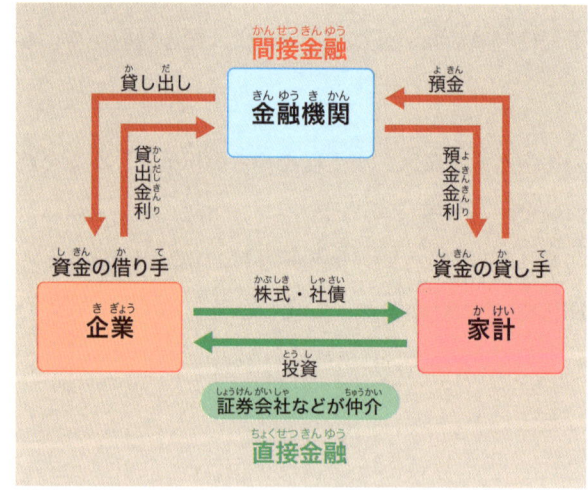

---

[1] 社債とは，企業が発行する債券のことである。

2 金本位制と管理通貨制度

金本位制（金本位制度）

通貨の発行制度には，金本位制と管理通貨制度がある。**金本位制**は，金を通貨の価値の基準とする制度である。金本位制の下では，中央銀行が発行する銀行券は金との交換が保証された兌換紙幣であるため，**通貨価値が安定しやすい**という長所があるが，一方で，一国の通貨量は中央銀行の保有する金の量に左右されるため，**金融政策を行うのが困難となる**という短所がある。

金本位制から管理通貨制度への移行

19世紀後半から1930年代の初めまでは，主な国々は，一時的な中断はあったものの，金本位制を採用していた。しかし，金本位制の下では，不況対策としての金融政策には限界があった。そのため，1929年に世界恐慌（Great Depression）（➡p.190）が起こると，各国は管理通貨制度に移行していった。

管理通貨制度

管理通貨制度の下では，中央銀行は金との交換を保証しない不換紙幣を発行する。そのため，通貨の発行量は中央銀行の保有する金の量によって制限されない。管理通貨制度には，**景気の変化に合わせて迅速・柔軟に金融政策を行える**という長所があるが，過度の金融緩和政策が行われると通貨量が増大してインフレーション（inflation）が引き起こされやすいという短所がある。

▼金本位制と管理通貨制度

	金本位制	管理通貨制度
特徴	金の保有量以上に通貨を発行できない	金の保有量と関係なく通貨を発行できる
通貨	兌換紙幣	不換紙幣
長所	通貨価値は安定，インフレーションの危険性が少ない	通貨供給量を政策的に調節できて，景気調整がしやすい
短所	通貨供給量を柔軟に調節できず，景気調整が難しい	通貨価値は不安定，インフレーションの危険性がある

3 日本銀行の金融政策

金融政策とは

　景気や通貨価値の安定を図るために通貨供給量を調節するのが**金融政策**であり，各国の**中央銀行**[❶]が金融政策を行っている。日本の中央銀行は，**日本銀行**である。

　通貨量を増やす場合（不況対策）を金融緩和政策，通貨量を減らす場合（景気過熱対策）を金融引き締め政策という。

　日本銀行の代表的な金融政策として，**公開市場操作**がある。

公開市場操作

　公開市場操作は，日本銀行が金融市場において，民間の金融機関に対して国債などの有価証券を売買することで政策金利[❷]を調節し，金融市場の資金量を変化させる政策である。**買いオペレーション**(buying operation)と**売りオペレーション**(selling operation)がある。

買いオペレーション	日本銀行が民間の金融機関から国債などの有価証券を買い入れ，その代金を支払うことで，市中に流通するお金の量を増加させる政策。**金融緩和政策**である。
売りオペレーション	日本銀行が民間の金融機関に国債などの有価証券を売り，その代金を受け取ることで，市中に流通するお金の量を減少させる政策。**金融引き締め政策**である。

▼公開市場操作

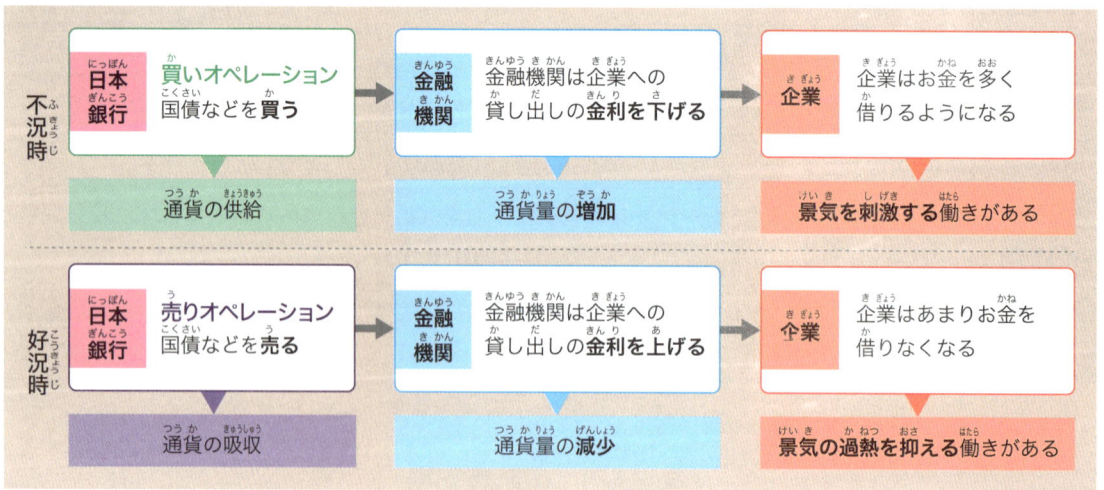

[❶] 中央銀行には，銀行券を独占的に発行できる「発券銀行」，民間の金融機関に対して預金の受け入れや資金の貸し出しを行う「銀行の銀行」，国庫金の管理などを行う「政府の銀行」としての機能がある。ほとんどの国の中央銀行は，この三つの役割を担っている。

[❷] 公開市場操作が対象としている政策金利は，無担保コールレート翌日物（短期金融市場において，民間の金融機関の間で資金を貸し借りする際の金利）である。1990年代以降，無担保コールレート翌日物が金融政策の主な操作目標となっていった。

預金準備率操作

　民間の金融機関は，受け入れた預金のうちの一定割合(預金準備率または支払準備率という)を準備金として日本銀行に預金しなければならないが，それ以外の資金は貸し出しや投資に回している。日本銀行は，預金準備率を上げ下げすることによって，民間の金融機関が貸し出しや投資に回せる資金の量を調整する。これを預金準備率操作という。金融引き締めの時は預金準備率を引き上げ，金融緩和の時は引き下げる。ただし，日本銀行は1991年以降，この政策を行っていない。

4 信用創造

　銀行は預金を受け入れると，その一部を準備金として残し，残りは貸し出そうとする。貸し出された資金は企業間の取引などにも使われるが，他の銀行に預金される額も多い。その銀行は，この預金を元にして貸し出そうとする。このような預金と貸し出しの繰り返しが，社会全体では，最初に預け入れた預金の何倍もの貸し出しを生み出す。これを，**信用創造**と呼ぶ。

　たとえば，本源的預金(最初に受け入れた預金)が100億円で，預金準備率が10％の場合，信用創造の額は，本源的預金÷預金準備率－本源的預金という式で求められるので，100億円÷0.1－100億円＝900億円になる。

5 金融の自由化と金融再生のための政策

金融の自由化

　日本では長く，大蔵省(現在の財務省)により，金融機関を破綻させないための保護政策がとられていた。この政策は，**護送船団方式**と呼ばれる。しかし，1980年代になると，金融の国際化と自由化が進み，日本も対応を迫られた。そのため，日本政府は，銀行が金利を自由に設定できるようにする金利の自由化と，銀行・信託・証券・保険の相互参入を認める金融業務の自由化を進めた。

　さらに，1990年代後半，橋本龍太郎内閣はフリー(free，市場原理が働く自由な市場)・フェア(fair，透明で信頼できる市場)・グローバル(global，国際的で時代を先取りする市場)を理念として「**日本版金融ビッグバン**」を掲げた。これは，外国為替取引の自由化などにより金融業界に競争原理を導入して，金融機関の経営効率を高めることを主な目的とするものであり，1998年制定の金融システム改革法に基づき実行された。

金融再生

　日本は1990年代に入ると，バブル経済の崩壊によって不況となり，企業が金融機関から借りていた資金の返済が遅れるようになった。そのため，金融機関は巨額の不良債権(回収不能または困難な貸付金)を抱えるようになり，破綻するものもあらわれた。これに対して，政府は1998年に**金融再生法**などを制定し，経営体力の低下した金融機関に公的資金を注入するなどして，混乱した金融システムの安定化をめざした。

ペイオフ(pay off)

ペイオフとは，金融機関が破綻して預金者に払い戻しができなくなった場合，預金保険機構が預金者一人につき元本1000万円とその利息を限度として払い戻しをする制度である。

ペイオフは1971年に導入されたが，金融不安が高まった1996年に政府はペイオフを凍結し，預金を全額保護することとして，預金者の不安を抑えようとした。

その後，2005年に一部の例外を除き，再びペイオフが適用されることになった。

6 近年の日本銀行の金融政策

ゼロ金利政策・量的緩和政策

日本は，バブル経済崩壊後の1990年代以降，長い不況に苦しんだ。これに対して日本銀行は，政策金利を0％に近づけることで通貨量の増加を図る**ゼロ金利政策**や，各金融機関の日本銀行当座預金[1]の残高を高めることで通貨量の増加を図る**量的緩和政策**など，さまざまな金融政策を実施した。ゼロ金利政策は1999年に初めて実施され，以降，断続的に行われている。量的緩和政策は2001～2006年に実施された。これら二つの政策は，買いオペレーション(➡p.24)により資金を市場に大量に供給することで行われる。

量的・質的金融緩和

2013年になると，日本銀行は「量的・質的金融緩和」を掲げ，金融政策の操作目標をマネタリーベース(monetary base，現金通貨[2]と日本銀行当座預金の残高の合計)の増加量とするとともに，インフレターゲット[3](inflation targeting)の達成をめざすことを発表した。

2016年1月には，金融機関が預け入れる日本銀行当座預金の一部にマイナスの利回りを適用する，マイナス金利政策を導入した。これは，金融機関が企業への貸し出しを増やすことを目的としている。

新型コロナウイルスの感染拡大にともなう2020年の景気後退に対し，日本銀行はそれまでよりもさらに大規模な金融緩和政策を実施した。これにより，2020年後半には年初に比べてマネタリーベースやマネーストック(企業や家計，地方公共団体など(金融機関と中央政府を除く)が保有している通貨の総量)が大きく増加した。

---

[1] 民間の金融機関が日本銀行に預け入れている預金を，日本銀行当座預金という。
[2] 通貨には，現金通貨と預金通貨がある。現金通貨は，紙幣と硬貨からなる。預金通貨は，普通預金と，主に小切手での支払いに用いられる当座預金などからなる。預金通貨の量は，現金通貨の量よりはるかに多い。
[3] インフレターゲットとは，物価上昇率に一定の目標値を定めることをいう。日本銀行は2013年，消費者物価の前年比上昇率2％(消費税率引き上げの影響を除く)を，今後2年程度のできるだけ早い時期に実現するという目標を掲げた。

第4章 練習問題

解答 ➡ p.330

問1 通貨・金融制度の説明として最も適当なものを、次の①〜④の中から一つ選びなさい。

① 金本位制の下では、中央銀行が発行する銀行券は金と一定比率での交換が保証された兌換紙幣であるため、通貨の価値が安定しやすい。

② 金本位制の下では、中央銀行は金融政策によって国内の通貨量を調整できるが、インフレーションを引き起こしやすい。

③ 管理通貨制度の下では、中央銀行が発行する銀行券は不換紙幣であるため、金融政策を行いにくい。

④ 管理通貨制度の下では、景気が不況の局面であっても、中央銀行は通貨量を増やすことができない。

問2 日本銀行の金融政策に関する記述として最も適当なものを、次の①〜④の中から一つ選びなさい。

① 民間の企業や家計が保有する通貨量を増やすために、信用創造を行う。
② 景気引き締めのために増税を行い、政府の税収を増やす。
③ 景気引き締めのために預金準備率を引き下げ、民間銀行が企業に融資をしやすいようにする。
④ デフレーションから脱するために国債などの有価証券を買い入れ、通貨の総量を増加させる。

問3 1990年代後半の日本の金融の状況に関する記述として最も適当なものを、次の①〜④の中から一つ選びなさい。

① 金融再生法の制定により、金融機関への公的資金の注入が可能になった。
② 独占禁止法の改正により、金融持株会社の設立が禁止された。
③ 日本銀行が、金融引き締め政策としてゼロ金利政策を実施した。
④ 金融機関が破綻した場合に一定額以上の預金は保護しないという制度が作られた。

第5章 財政

Point

① **国税・地方税，直接税・間接税の区別**　所得税は国税・直接税，消費税は国税・間接税，固定資産税は地方税・直接税

② **日本の国債**　バブル経済崩壊後の国債の大量発行で債務残高が膨大に

1 財政の機能

政府(国や地方公共団体)が，収入を得て，支出する経済活動を，財政という。財政には，以下の三つの機能がある。

資源配分の調整	市場の失敗(➡p.13)の一つである，公共財の供給不足を是正する。公共財は，市場を通じてでは，適切に供給されにくい。そこで，**政府が公共財を提供する**。
所得の再分配	所得の移転を行うことで，所得の不平等を是正する。政府は，高所得者に対しては所得税に累進課税制度❶を適用して高い税を課し，一方で，低所得者に対しては社会保障制度を通じて最低限度の生活水準を保障しようとする。
経済の安定化(景気の調整)	ビルト・イン・スタビライザー(built-in stabilizer，景気の自動安定化装置)とフィスカル・ポリシー(fiscal policy，裁量的財政政策)❷により，景気変動をある程度緩和する。

2 日本の財政

日本の財政制度

国の活動は，会計年度ごとの歳入と歳出❸の計画である**予算**に基づいて行われる。日本における予算の会計年度は4月1日から翌年の3月31日までである。

国の予算は，内閣が作成し，国会での審議を経て議決されたうえで執行される。予算は，大きく分けて**一般会計予算**と**特別会計予算**からなる。一般会計予算は一般行政に関わる財政活動の予算であり，特別会計予算は特定の事業を行う場合や特定の資金を運用する場合の予算である。

---

❶ 所得が高いほど高い税率を適用する制度を，累進課税制度という。
❷ 累進課税制度や社会保障制度には，不況期には所得や消費の減少を抑えて不況が深刻になるのを防ぎ，好況期には租税負担の増加や失業給付の減少によって景気の過熱を抑えるという機能がある。この機能を，ビルト・イン・スタビライザーという。フィスカル・ポリシーとは，政府が租税制度や財政支出を調整して有効需要を適切に管理することである。
❸ 一会計年度における収入を歳入と呼び，一会計年度における支出を歳出と呼ぶ。

歳入と歳出

　一般会計予算の歳入の中心は，租税と公債金である。歳出の主な項目には，社会保障関係費，国債費がある。歳出を見ると，近年は，高齢化の進行を反映して，社会保障関係費の割合が最も高い。また，国債費の割合は20％前後の水準が続いており，25％に迫る年度もある。

▼一般会計歳出の主要経費別割合の推移

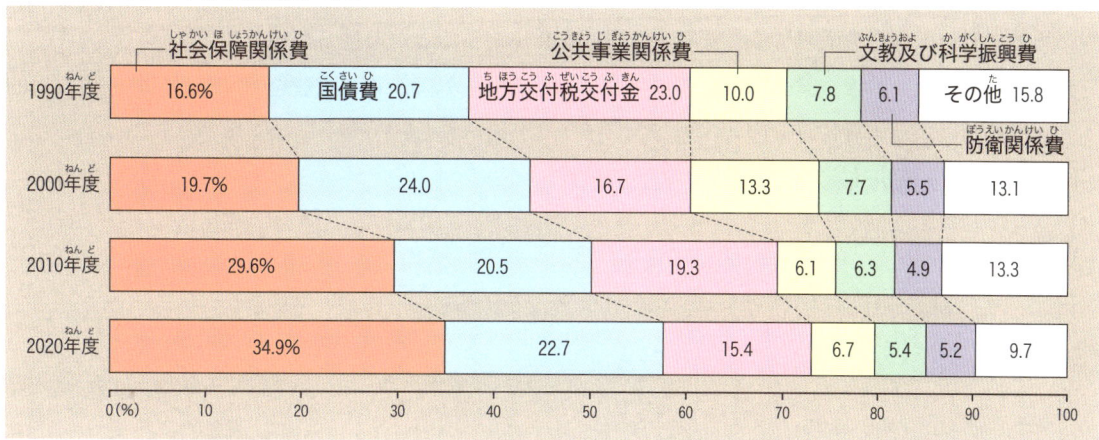

矢野恒太記念会編『日本国勢図会2019/20年版』，財務省ウェブサイトより作成

3 租税

租税の体系

　歳入の中心となるのは**租税**である。租税は納税先が政府か地方公共団体かによって，**国税**と**地方税**に分けられる。また，**直接税**と**間接税**という分け方もある。直接税は納税者と税負担者が同一であり，間接税は納税者と税負担者が異なる。

主な租税

　日本には，主に以下のような租税がある。

国税	直接税	所得税	個人の所得に対して課される税。累進課税制度を適用。
		法人税	企業など，法人の所得に対して課される税。
		相続税	相続時の財産の移転に対して課される税。累進課税制度を適用。
	間接税	消費税[1]	財やサービスの購入に対して課される税。
地方税	直接税	住民税	都道府県・市町村によって個人・法人の所得に対して課される税。
		固定資産税	土地や建築物など固定資産に対して課される税。

[1] 消費税は，所得に関わりなく同率で課税される。よって，低所得者ほど所得に占める税負担の割合が高くなるという逆進性の問題がある。

租税の税収

消費税導入後の日本の国税収入の内訳は，所得税が最も多く，次いで法人税，消費税となる年度が多かったが，2000年代後半からは消費税が法人税を上回るようになった。そして，消費税は2020年度の当初予算で所得税を上回り，初めて最大の税目となった。

消費税の税収が伸びている理由には，税率の引き上げがたびたび行われていることや，所得税や法人税に比べて景気の影響を受けにくく安定した税収が見込めることがあげられる。

なお，法人税は，日本企業の国際競争力を高めることや，外国からの投資を呼び込むことを主な目的として，税率が引き下げられている。

▼日本の主な租税の税収の推移

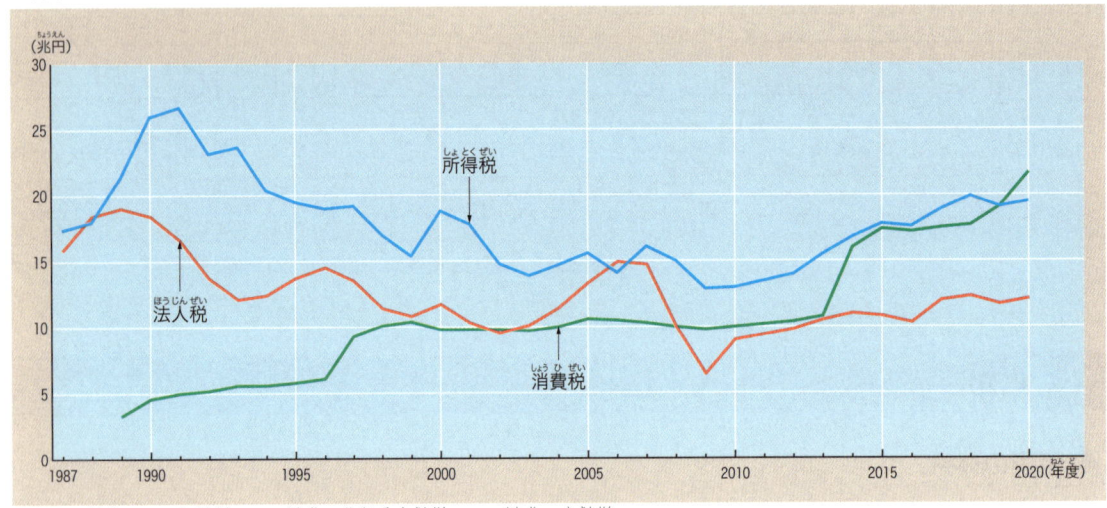

(注) 2018年度までは決算額, 2019年度は補正後予算額, 2020年度は予算額である。

財務省『日本の財政関係資料(令和2年7月)』より作成

直間比率

租税収入における直接税と間接税の割合を，直間比率という。第二次世界大戦前の日本は間接税の割合が高かったが，1949年のシャウプ勧告(Report on Japanese taxation by the Shoup Mission)を受け入れ，**直接税中心**に改められた。しかしその後，少子高齢化の進行などにより間接税の重要性が見直され，1989年に間接税である消費税が導入された。なお，消費税の税率は段階的に引き上げられており，日本は間接税の割合が高まりつつある。

▼直間比率の国際比較(会計年度)

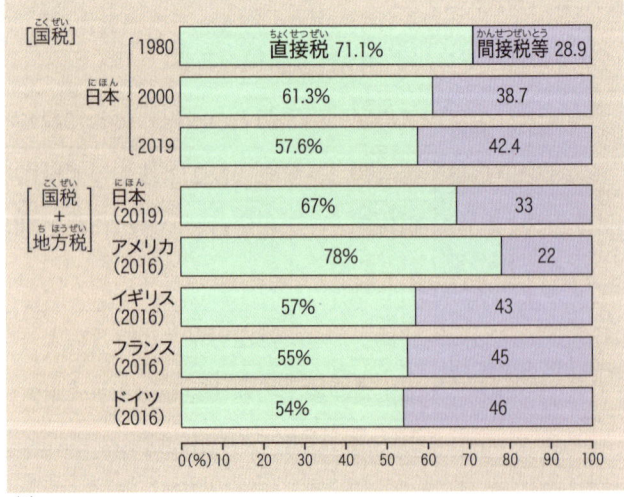

(注) アメリカ(USA), イギリス(UK), フランス(France), ドイツ(Germany)

矢野恒太記念会編『日本国勢図会2020/21年版』より作成

4 国債

公債

財政支出(歳出)を税収でまかなうことができない場合，その不足分は，**公債**の発行によって(借金をして)まかなわれる。国が発行する公債が**国債**，地方公共団体が発行する公債が地方債である。

国債の種類

国債には，以下の二種類がある。

建設国債	道路や港湾の建設のような公共事業費などの財源として発行される国債。
赤字国債	一般的な経費をまかなうために発行される国債。財政法で発行が禁止されているため，発行するには特例法を制定する必要がある。

市中消化の原則

原則として，日本銀行が国債を直接に引き受ける(買い取る)ことは禁止されている。これを，**市中消化の原則**という。

中央銀行が国債を直接に買い取り，その代金を政府に支払うことを始めると，通貨を発行するのは中央銀行であるから，通貨の増発を制限できなくなり，過度(悪性)のインフレーション(inflation)が引き起こされるおそれがある。そのため，国債は金融市場において個人や民間の金融機関によって購入されている。

国債発行額の推移

第二次世界大戦後しばらくの間、国債は発行されなかったが、1964～1965年の不況を背景に1966年に建設国債が発行された。以後、**建設国債は毎年発行されている**。

赤字国債は、1974年の不況をきっかけとして、1975年から恒常的に発行されるようになり、その後、発行量が増加していった。なお、1980年代後半からのバブル経済による税の自然増収などにより、1990年代初めの数年は、赤字国債は発行されなかった。

しかし、バブル経済の崩壊後は深刻な長期不況に陥り、景気回復のために国債の発行高が増加し、**国債依存度**(一般会計歳入に占める国債発行額の割合)が高まっていった。

▼国債発行額と国債依存度の推移(会計年度)

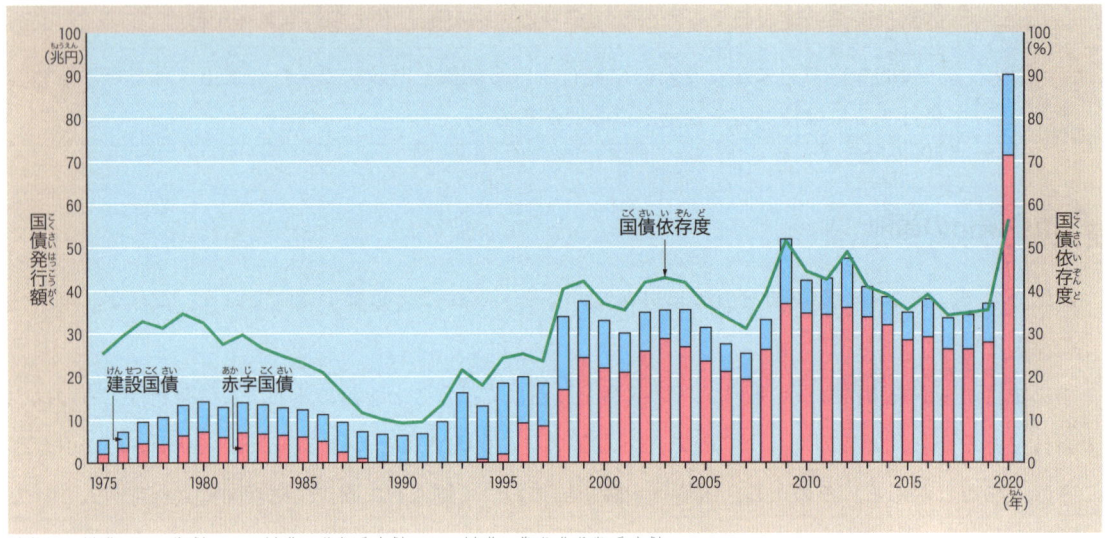

(注)2018年度までは決算、2019年度は補正後予算、2020年度は第二次補正後予算による。

財務省『日本の財政関係資料(令和2年7月)』より作成

▼債務残高の対GDP(国内総生産)比の推移

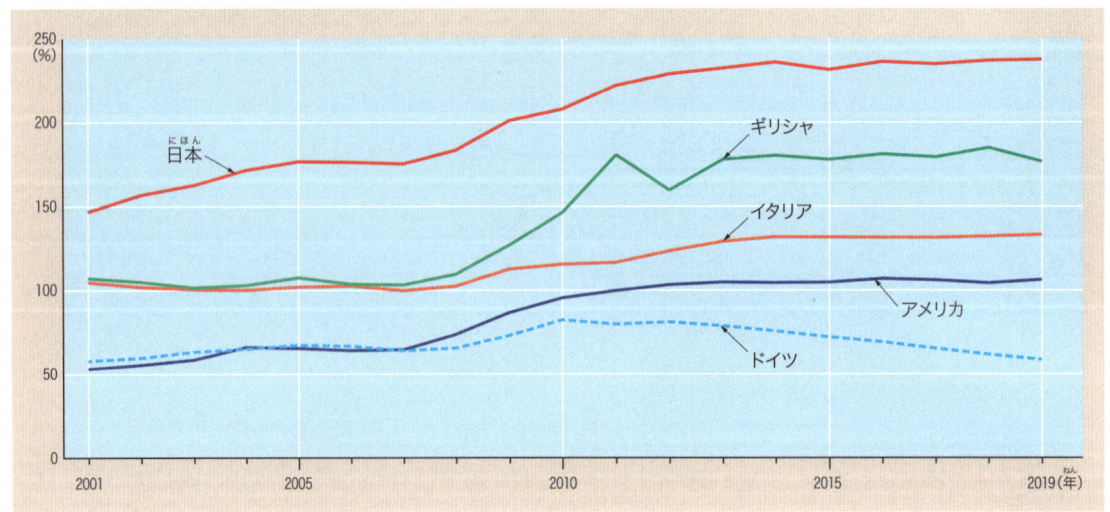

(注)ギリシャ(Greece)、イタリア(Italy)

IMF "World Economic Outlook Database, October 2019" より作成

プライマリーバランス(primary balance)

　日本では、財政赤字の削減が重要な課題となっており、公債金(国債の発行による収入)を除く税収などの歳入から、国債費を除いた歳出を差し引いた収支額である、**プライマリーバランス**(基礎的財政収支)の黒字化が目標とされている。

　右の図では、「税収など」の額よりも「一般歳出など」の額の方が大きいため、プライマリーバランスは赤字である。

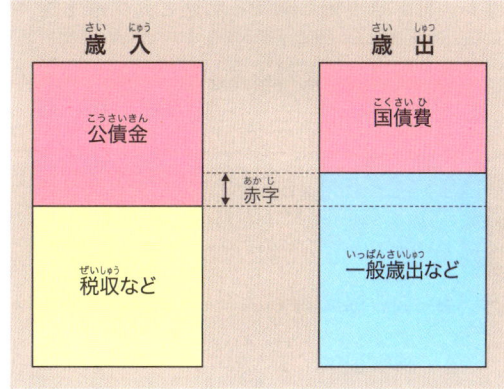

▼プライマリーバランスが赤字の状態のイメージ

国債濫発の問題点

国債を大量発行すると、以下のような問題が生じる。

財政の硬直化	歳出総額に占める国債費の割合が大きくなると、政府の自由に使えるお金が少なくなる。
将来世代への負担の転嫁	国債の発行により現在世代は恩恵を受けられるが、国債費返済の負担は将来世代に残される。そのため、将来における社会保障給付の減少や租税負担の増加につながる。
クラウディング・アウト (crowding out)	政府が国債を発行すると、金融市場では国債が多く買われる。すると、金融市場における資金供給が不足して金利が上がり、企業の資金調達が困難になることで設備投資が抑制され、景気を悪化させる。

第5章 練習問題

解答 → p.330

問1 日本の租税に関する記述として最も適当なものを、次の①〜④の中から一つ選びなさい。

① 政府は、所得格差を是正するため所得税に累進課税制度を採用し、社会保障制度により再分配を図っている。

② 日本の間接税が税収に占める割合は、第二次世界大戦後の経済政策により、直接税を上回るように改められた。

③ 消費税は、所得が高くなるほど所得に対する税負担の割合が高くなる傾向がある。

④ 消費税は、法人税に比べて景気変動の影響を受けやすい。

問2 日本の国債に関する記述として最も適当なものを、次の①〜④の中から一つ選びなさい。

① 日本銀行は、国債を直接引き受けることにより、景気の回復を図っている。

② 一般会計における国債依存度が50%を超えた年度がある。

③ 日本の国債の発行残高は、対GDP(国内総生産)比で見ると、近年では100%を割っている。

④ 日本の国債を最も多く保有しているのは、海外の金融機関である。

問3 次の表は、A国のある年における国の予算の歳入と歳出の内訳を示したものである。A国のこの年のプライマリーバランス(primary balance)として最も適当なものを、下の①〜④の中から一つ選びなさい。

単位：億ドル

歳入		歳出	
租税収入	350	一般歳出等	480
その他の収入	50	国債費	170
公債金	250		
合計	650	合計	650

① 180億ドルの黒字

② 230億ドルの黒字

③ 80億ドルの赤字

④ 130億ドルの赤字

第6章 日本経済の歩み

Point

①	日米修好通商条約の問題点	関税自主権の欠如
②	初期の貿易	主な輸出品は生糸・茶，横浜が貿易の中心地
③	復興期の日本経済	傾斜生産方式とドッジ・ライン
④	高度経済成長	新幹線や高速道路などの社会資本の整備が進む一方で，過疎化・過密化が進行
⑤	日米貿易摩擦	主な品目は繊維製品，鉄鋼，カラーテレビ，自動車，半導体

1 第二次世界大戦(WWⅡ)前の日本経済

「開国」

17世紀半ば以降，日本は中国(清)やオランダ(Netherlands)など，限られた国や地域とのみ関わりを持つ「鎖国」政策(➡p.177)をとった。

その後，1854年のアメリカ(USA)との条約により日本は「開国」したが，この条約では貿易を認めなかった。

1858年，日本とアメリカは**日米修好通商条約**(The Treaty of Amity and Commerce between the United States and Japan)を結び，さらに，日本は同様の条約をオランダ・ロシア(Russia)・イギリス(UK)・フランス(France)とも結んだ。これらの条約に基づき，日本は貿易を開始することになった。しかし，これらの条約は，関税について外国と協議して定める制度が採用される(**関税自主権がない**)など，不平等な内容を抱えていた(➡p.178)。

初期の貿易

貿易は，1859年から横浜を中心にイギリスを主な相手国として始まった。当時の主な輸出品は**生糸**(raw silk)❶・茶，主な輸入品は毛織物・綿織物であった。貿易開始直後の日本の経済は，輸出超過による品不足で物価が上昇するなど，大きく混乱した。

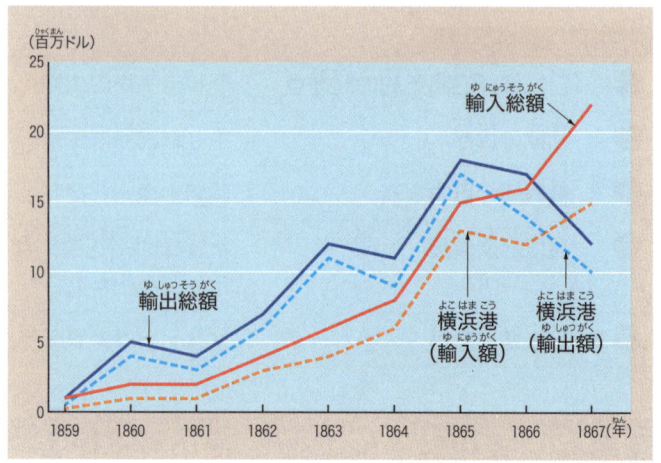

▼初期の貿易額

横浜税関ウェブサイトより作成

日本の産業革命

日本では，1870年代は政府が主導して産業を発展させようとしていたが(殖産興業)(→p.178)，1880年代後半になると，民間の資金が紡績業(綿糸を生産する産業)などの近代産業部門に盛んに投資されるようになった。

紡績業では，1880年代に近代的な工場が次々に設立された。この結果，1890年代には綿糸の国内自給が可能となり，さらに輸出もされるようになった。

製糸業では，蒸気を用いた生糸の生産が拡大し，アメリカ向けを中心に生糸の輸出が増大した。そして，1909年に日本は世界最大の生糸輸出国となった。

こうした工場生産の拡大にともなって資本主義経済が発展し，軽工業で**産業革命**が進行していった。

また，1890年代後半には，鉄道の敷設や軍備増強のために鉄鋼の需要が高まった。その需要に応えるため，政府が経営する**八幡製鉄所**が福岡県に設立され，1901年に操業を開始した。さらに，民間の製鉄所も次々に設立され，鉄鋼の国内生産が本格的に行われるようになった。

❶ 蚕の繭から取った繊維を合わせて糸としたもの(未加工のもの)を，生糸という。生糸は1876年から1933年にかけて品目別輸出額で1位であり，外貨の獲得源となるなど，日本の近代化に大きく貢献した。

大戦景気

　第一次世界大戦(WWⅠ)が1914年に起こると(➡p.183)、日本経済は好況となった。その要因として、戦場にならなかったアメリカへの生糸の輸出が伸びたことがある。また、ヨーロッパ(Europe)からの輸入が途絶えた東アジア(East Asia)・東南アジア(Southeast Asia)への綿織物の輸出が伸びたことも大きい。これらにより、貿易は1915〜1918年にかけて大幅な輸出超過となり、1920年には日本は債務国(対外負債が対外資産を上回っている国)から債権国(対外資産が対外負債を上回っている国)に転換した。

金本位制への復帰と再離脱

　第一次世界大戦中、主な国は次々に金本位制(➡p.23)を取りやめ、日本も1917年に取りやめた❶。大戦後、世界各国は徐々に金本位制に復帰したが、日本はたびたび発生した恐慌により復帰を見送っていた。その後、日本は1930年に金本位制に復帰したが、1930年は恐慌❷が世界的に広がっていく過程にあり、日本は急激な恐慌とデフレーション(deflation)にみまわれ、経済に大きな打撃を受けた。

　これに対し政府は、1931年に金本位制を取りやめて管理通貨制度(➡p.23)に移行した。すると円安が急速に進んだため、輸出が増加した。また、政府は赤字国債の発行による積極財政を行って景気の回復を図った。これらの要因により、1933年頃には世界恐慌(Great Depression)以前の水準を回復した。

　しかし、その後の長い戦争により、日本経済は壊滅的な打撃を受けた。

---

❶ 日本は、1897年から金本位制を採用していた。
❷ 1929年にアメリカで起こった恐慌のこと。この恐慌はやがて世界恐慌(➡p.190)となった。

2 第二次世界大戦後の日本経済

経済の民主化

第二次世界大戦の敗戦により、日本はGHQ(連合国軍最高司令官総司令部)の占領下に入った。GHQは、日本経済の民主化と近代化を進めるために、以下の三つを軸とする経済民主化政策を行った。

財閥解体	敗戦までは、財閥と呼ばれる企業グループが日本の主な製造業や商業、銀行などを支配していた。そこでGHQは1945年11月、日本政府に対し財閥の解体を指令した。1947年には財閥の復活を防ぐために、独占禁止法❶などが制定された。
農地改革	1945年12月のGHQの指示により、農地改革が本格的に実施された。敗戦までは、土地を地主から借りて耕作する農家が多かった。農地改革により、国が農地を地主から買い取って農家に安く売り渡した。そのため、多くの農家が自分の土地を持てるようになった。
労働の民主化	1945年から1947年にかけて労働組合法、労働関係調整法、労働基準法(これらを「労働三法」という)が制定された(➡p.47)。これによって、労働組合数や組合員数が大幅に増えた。

経済の復興

政府は1946年、崩壊した生産基盤を立て直すために、限られた資材、資金、労働力を石炭や鉄鋼などの基幹産業に重点的に注ぎ込むという傾斜生産方式を採用した。しかし、傾斜生産方式のための資金は政府系金融機関の債券の発行によって調達され、日本銀行がその債券の大部分を引き受けたため、終戦直後に発生していたインフレーション(inflation)がますます激しくなった。

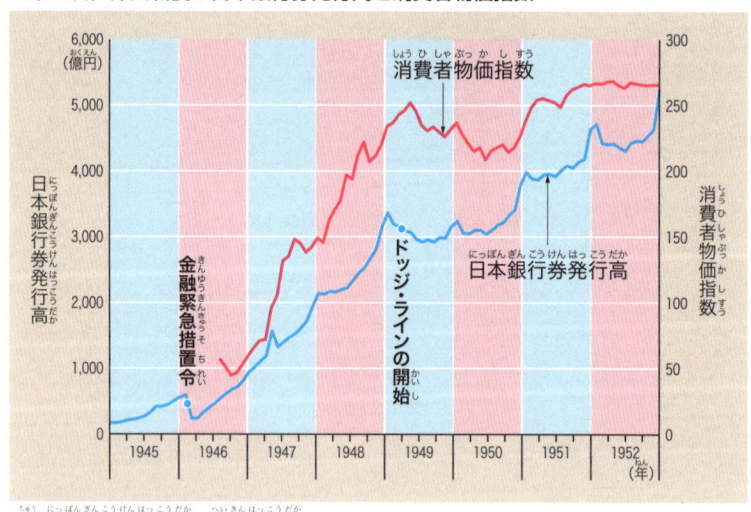

▼第二次世界大戦後の日本銀行券発行高と消費者物価指数

(注)日本銀行券発行高は平均発行高。
消費者物価指数は1934〜1936年平均を1としたもの。
財務省財務総合政策研究所ウェブサイトより作成

---

❶ 独占禁止法の制定時は、財閥の復活を防ぐため、持株会社の設立は禁止されていた。持株会社とは、ほかの会社の株式を、事業活動の支配のために保有する会社である。1990年代になり、グローバル化が進むと、企業の国際競争力を強化するために1997年に独占禁止法が改正され、持株会社の設立が可能になった。

ドッジ・ライン(Dodge Line)

インフレーションを抑えて経済を安定させるため，GHQの指示に基づき，1949年に**ドッジ・ライン**が実施された。ドッジ・ラインでは，**超均衡予算**[1]の策定や，**1ドル＝360円の単一為替レート**の設定が実行された。これにより，インフレーションは収まったが，日本経済は一転して深刻な不況になった。

不況から脱出するきっかけになったのは，1950年に起こった**朝鮮戦争**(Korean War)である(➡p.202)。アメリカを中心とする「国連軍」が武器・弾薬など大量の物資とサービスを日本に発注することで，**特需（特別需要）**が発生したのである。これにより，日本の景気は急速に回復していった。

高度経済成長

日本は，特に1950年代半ばから1970年代初めまで急速な経済成長を続けた。この期間は，**高度経済成長期**と呼ばれる。

経済成長が続く中の1960年，**池田勇人**内閣は，国民所得を10年間で2倍にするという「**国民所得倍増計画（所得倍増計画）**」を閣議決定し，経済成長政策を積極的に推進した。中でも，1964年の東京オリンピック開催に向けて，東海道新幹線や高速道路などの社会資本の整備が進められた。

日本は高度経済成長期に，年平均約10％の経済成長率を実現した[2]。そして，1968年に日本のGNP（国民総生産）(➡p.16)は西ドイツ(West Germany)を抜いて，アメリカに次ぐ**資本主義国第2位**となった。

高度経済成長が実現した主な要因として，以下のものがある[3]。

国民の高い貯蓄率	金融機関は，低い利息で企業に資金を供給できた。
企業の積極的な設備投資	特に大企業で積極的に行われた。
安くて質の高い豊富な労働力	良質な商品を低賃金で大量に生産できた。
政府の経済政策	財政投融資(この当時は，郵便貯金や年金積立金などを原資として，政府系金融機関が社会資本の整備などのために資金を融資した)や税制優遇措置などを推進した。

---

[1] 超均衡予算とは，歳入が歳出を上回っており，余ったお金で政府の債務を返済しようとする予算のことである。

[2] 日本は，アメリカ主導の自由貿易体制に参加するために，1952年にIMF(国際通貨基金)(➡p.64)に加盟し，1955年にはGATT(関税及び貿易に関する一般協定)(➡p.66)に加盟した。高度経済成長期には，日本は貿易の自由化政策を積極的に推進し，1963年には国際収支上の理由で輸入制限ができないGATT11条国となり，その翌年の1964年には国際収支上の理由で為替制限ができないIMF8条国に移行した。さらに同年，日本はOECD(経済協力開発機構)(➡p.73)へも加盟し，資本の自由化(国際間の資本取引を自由化すること)を義務づけられることとなった。

[3] 高度経済成長が始まった頃の日本では，好況時に原材料や燃料の輸入が増大した。そのため，支払いのための外貨が不足するおそれがたびたびあった。その対策として政府と日本銀行は，やむを得ず，金融政策などによって景気を引き締めなければならなかった。このことを，「国際収支の天井」という。しかし，1960年代後半以降は，付加価値の高い製品を輸出してより多くの外貨を獲得できるようになり，「国際収支の天井」は解消されていった。

高度経済成長が日本に及ぼした影響 —過疎化と過密化—

高度経済成長期以降は，農業をやめて，農業よりも所得の高い工業やサービス業に就業する人が増えたため，農村の**過疎化**が進行した。同時に，東京・大阪・名古屋の三大都市圏を中心とする都市に人口が集中し，都市の**過密化**（→p.302）が大きな問題となった。

また，石炭や原油など，原料を輸入に頼ることが多い日本では，関東から九州までの太平洋側の臨海部に製鉄所や石油コンビナートが造られるなど，工業地域や工業地帯が帯状に形成された。これらの臨海型の工業地域を**太平洋ベルト**（→p.309）と呼ぶ。

高度経済成長が日本に及ぼした影響 —公害—

高度経済成長期には，洗濯機や冷蔵庫，テレビのような耐久消費財が普及して，多くの国民の生活水準は向上した。しかし，一方で，重化学工業の発展にともなってさまざまな**公害問題**が各地で発生し，深刻な社会問題となった。特に，水俣病(熊本県)，新潟水俣病(新潟県)，四日市ぜんそく(三重県)，イタイイタイ病(富山県)は四大公害といわれている。

当初は重化学工業の発展を優先していた政府も，公害問題の深刻さを見て方針を転換した。そして，1967年に公害対策基本法❶が制定され，1971年には環境庁❷が設置された。

1972年には，水質汚濁防止法や大気汚染防止法が改正され，企業の活動により公害が発生したと認められれば，その企業は無過失責任を負う（過失がなくても責任を負う）と定められた。

▼四大公害の発生地

- 新潟水俣病（新潟県）
- イタイイタイ病（富山県）
- 四日市ぜんそく（三重県）
- 水俣病（熊本県）

---

❶ 1993年には複雑化する環境問題に対応するため，公害対策基本法が廃止され，環境基本法が制定された。2000年には，廃棄物の排出抑制や資源の循環利用・適正処分を促進するため，循環型社会形成推進基本法が制定された。
❷ 環境庁は2001年に環境省（→p.111）に改組された。

高度経済成長が日本に及ぼした影響 ―消費者問題―

　高度経済成長期に確立した大量生産・大量消費によって，日本の消費者の生活は豊かになった。しかし，その一方で有害な商品や欠陥商品が販売されるなど，消費者の生活・健康・生命をおびやかす問題（消費者問題）も起こるようになった。

　これに対し，1968年に**消費者保護基本法**が制定され，国・地方公共団体・企業の消費者に対する責任と，消費者の役割が定められた❶。

高度経済成長の終わり

　1971年，アメリカのニクソン(Richard Nixon)**大統領は金とドルの交換停止**(➡p.64)を発表した(**ニクソン・ショック**(Nixon Shock))。これにより固定相場制の維持が困難となり，やがて，主な国は変動相場制に移行した。日本も1973年に変動相場制に移行した。変動相場制に移行すると，為替レートは円高に向かったため，日本の輸出産業は打撃を受けた。

　また，1973年に**第四次中東戦争**(Yom Kippur War)が起こると，中東(Middle East)の産油国は原油の生産制限や原油価格の引き上げを行い，**第一次石油危機**(Oil Crisis)が起こった(➡p.206)。これにより，石炭から石油へとエネルギー源を変化させていた日本経済は大きな影響を受けた❷。

　こうした中，日本経済は，田中角栄内閣が掲げた「日本列島改造論❸」の影響もあり，狂乱物価と呼ばれる激しいインフレーションにみまわれた。そして，インフレーションが収まらないうちに不況が訪れ，**スタグフレーション**(stagflation)になった。

　1974年には，第二次世界大戦後初めて実質GNP(国民総生産)が前年より減少する**マイナス成長**(➡p.19)を記録し，高度経済成長は終わった。

---

❶ その後，1994年に製造物責任法(製造物の欠陥により消費者が損害を被った場合，製造業者は，自らに過失がない場合でも消費者に対して責任を負うと定められた)が，2000年に消費者契約法(不当な勧誘など事業者の不適切な行為により消費者が結んだ契約について，消費者がその契約を取り消すことができると定められた)が，2004年に消費者基本法(消費者保護基本法を全面改正して成立した法律で，消費者の権利の尊重と自立の支援を基本理念とする)が，それぞれ制定された。

❷ 第一次石油危機後の1975年，経済政策を協調して行うため，アメリカ，日本，イギリス，フランス，西ドイツ，イタリア(Italy)を構成メンバーとして，サミット(summit，先進国首脳会議)が開催された。以後，サミットは構成メンバーを変えつつ，年1回開かれている。

❸ 日本列島改造論では，首都圏と主な地方都市を高速道路や新幹線で結ぶことで企業の地方への立地を促し，過疎・過密問題や公害問題を解決することがめざされた。

安定成長

日本は第一次石油危機の後，1970年代半ばから1980年代半ばまで，年間の実質経済成長率が3～5％という安定成長の時代に入った。

1979年には，イラン革命(Iranian Revolution)をきっかけとして第二次石油危機(→p.207)が発生した。この二度の石油危機をきっかけとして，日本の産業構造は，重化学工業を中心とする資本集約型産業から，半導体などの先端産業を中心とする知識集約型産業へと転換した。

日米貿易摩擦

1973年に変動相場制に移行した後，為替レートは円高傾向になったが，日本の企業は省エネルギー技術の開発や経営合理化などにより国際競争力を高めた。特に自動車や電気製品の輸出が伸び，1970年代後半の日本は大幅な貿易黒字になった。しかし，このことはアメリカとの間の貿易摩擦を深刻化させることになった。日米貿易摩擦をまとめたものが，以下の表である。

年代	品目	日本の対応など
1950年代～	繊維製品	1972年に繊維製品の輸出自主規制を内容とする協定に調印。
1960年代～	鉄鋼	1969年に輸出自主規制開始。
1970年代～	カラーテレビ	1977年に輸出自主規制開始。
1970年代～（1980年代に激化）	自動車	1981年に輸出自主規制開始(～1994年)。
1980年代～	半導体	1986年と1991年に，日本における外国系半導体の市場参入機会拡大などを内容とする協定に調印。1996年に協定の期限終了。

プラザ合意(Plaza Accord)とバブル経済(economic bubble)

1980年代前半，アメリカは，財政赤字と経常収支赤字という「双子の赤字」に苦しんだ。そこで1985年，G5(アメリカ，日本，西ドイツ，イギリス，フランス)はドル高を是正することに合意した。これをプラザ合意(→p.65)という。この合意に基づき，各国が外国為替市場に協調介入した結果，急速にドル安・円高が進んだ。日本では円高により輸出品が競争力を失ったため，輸出産業を中心に大きな打撃を受け，不況になった。日本政府は，不況対策として大型公共事業を推進した。また，日本銀行は低金利政策を実施し，1987年2月には公定歩合[1]を2.5％に引き下げた。

---

[1] 日本銀行が民間の金融機関に資金を貸し出す時の利子率を，公定歩合と呼んだ。公定歩合操作は，日本銀行が公定歩合を景気の動向に合わせて上げ下げし，市中の金利を望ましい方向に誘導するというものである。当時は，公定歩合を変えると市中の金利も同じように変わった。しかし，現在の日本では金利が自由化されており，公定歩合と市中の金利が連動していないため，公定歩合操作は行われていない。

しかし，積極的な財政政策と低金利を維持する金融政策が，実際の経済状況とは関係なく長く続いたため，民間企業などでは資金が余るようになり，その資金は設備投資だけでなく土地や株式の購入にも使われた。これにともなう土地や株式の価格の大きな値上がりは，資産効果[1]による消費の大きな増加をもたらした。こうして，1980年代後半，日本はバブル経済となった[2]。

これに対し，政府と日本銀行は，過熱を続ける景気を抑えるため，新しい税を作ったり，金融引き締め（公定歩合の最大6％への引き上げ）を行ったりした。その結果，土地や株式の価格が急速に値下がりして，1990年代初めにバブル経済は崩壊し，景気は急激に落ち込んだ。

▼公定歩合と無担保コールレート翌日物の推移

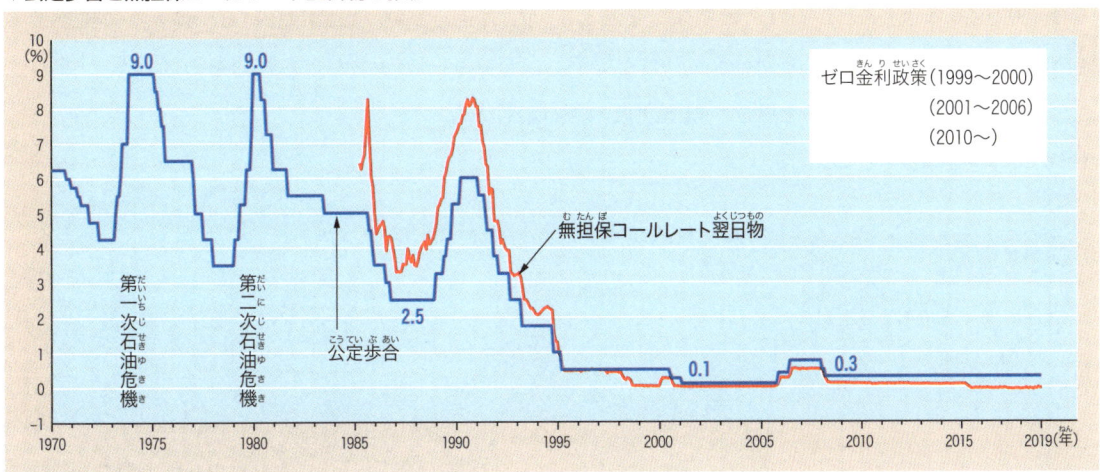

（注）公定歩合は，2006年から「基準割引率及び基準貸付利率」と呼ばれている。

日本銀行ウェブサイトより作成

「失われた10年」

バブル経済が崩壊すると，多くの金融機関は不良債権（→p.25）を大量に抱えて，経営不振に陥った。金融機関は企業に対する融資条件を厳しくして，貸付を中止・減額する貸し渋り[3]を行った。そのため，企業は経営のための資金を確保できず，倒産が相次いだ。

また，企業は，人員削減や生産拠点の海外移転などのリストラ（restructuring）によって経営の立て直しを図った。こうした結果，賃金が低下するとともに完全失業率が上昇した。

1997年にはアジア通貨危機（Asian Financial Crisis）が起こったり（→p.74），橋本龍太郎内閣による消費税率の3％から5％への引き上げが行われたりしたことから，日本経済はさらに深刻な不況になった。このような，バブル経済崩壊後に日本経済が陥った長期の低迷状態は，「失われた10年」といわれている。

---

[1] 家計は，保有する株や土地などの価格が上がると，自分の持つ資産が増えたと考えて消費を増やす傾向がある。これを，資産効果という。
[2] バブル経済の時の日本では，円高と貿易摩擦を背景として，日本企業の海外進出や海外企業の買収が進むなど，対外直接投資が増加した。このことにより，日本国内の産業の空洞化が進んだ。
[3] 銀行の中には，BIS規制によって定められた自己資本比率（国際業務を営む銀行であれば8％）を満たすことを目的に，貸し渋りを行うものもあった。

2000年以降の日本経済

　2001年に発足した小泉純一郎内閣は、規制緩和や民営化などの新自由主義的な政策(➡p.4)によって、低迷の続く日本経済を活性化しようとした。日本経済は、不良債権処理の進展やアメリカ経済の好調などにより、2002年から2007年にかけて緩やかな好況が続いた。しかし、2007年からのアメリカにおける**サブプライム・ローン問題**(subprime mortgage crisis)の表面化、そして2008年のリーマン・ショック(Bankruptcy of Lehman Brothers)にともなう世界金融危機の影響(➡p.65)で、景気は後退していった。

　2012年に発足した安倍晋三内閣は、金融緩和を積極的に進める「大胆な金融政策」、公共投資を増やす「機動的な財政政策」、そして規制緩和などを通じた「成長戦略」という「三本の矢」を一体として推進する経済政策である「**アベノミクス**(Abenomics)」を提唱し、デフレーションからの脱却をめざした。「アベノミクス」は、円安や株価上昇を導き、景気回復のきっかけとなった。

▼日本の実質経済成長率の推移

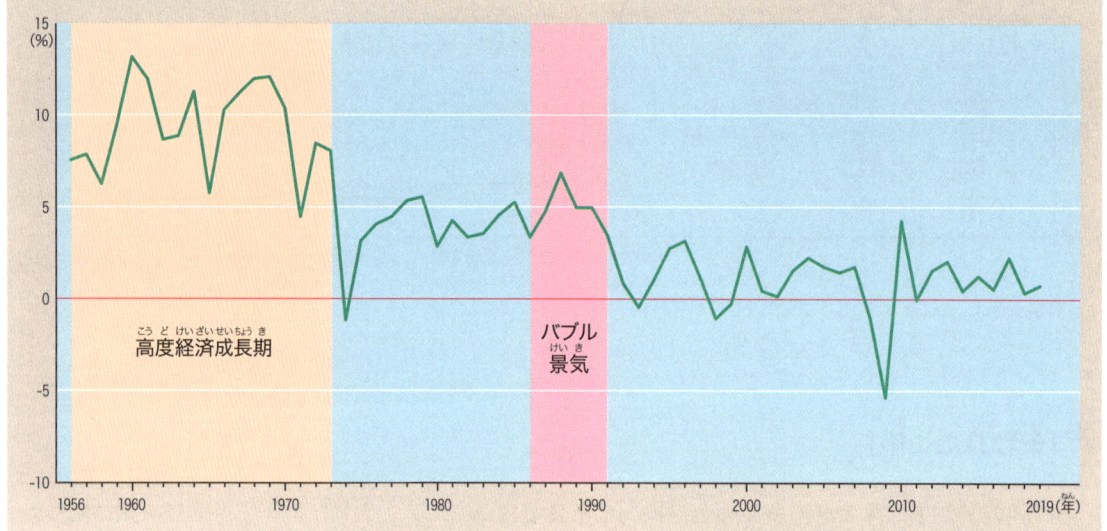

内閣府『令和2年度　年次経済財政報告』より作成

第6章 練習問題

解答 ➡ p.331

問1 横浜港において，1859年の開港以来長く輸出額1位であった品目として最も適当なものを，次の①〜④の中から一つ選びなさい。

① 綿織物
② 鉄鋼
③ 茶
④ 生糸

問2 第二次世界大戦後の復興期における日本政府の政策に関する記述として最も適当なものを，次の①〜④の中から一つ選びなさい。

① 限られた資源を石炭・鉄鋼などの基幹産業に重点的に投入する傾斜生産方式が採用され，その財源は，増税でまかなわれた。
② 労働争議で経済が混乱することを防ぐため，全国の労働組合を統合して労使協調的な労働組合を結成させた。
③ 農地改革により多くの自作農が創出され，農家間の所得の平等化が進んだ。
④ 財閥は経済の民主化の妨げになると考えられたため，ドッジ・ライン(Dodge Line)に基づき解体された。

問3 日本の高度経済成長期に関する記述として最も適当なものを，次の①〜④の中から一つ選びなさい。

① プラザ合意(Plaza Accord)により為替レートが円安に進んだため，アメリカ(USA)への輸出が増加した。
② 海外旅行が自由化されたことを受けて，国内旅行においても航空機の利用者数が鉄道の利用者数を上回った。
③ 人々や企業が都市に集中し，都市では過密化が，地方では過疎化がそれぞれ問題になった。
④ 天然ガスの採掘が各地で大規模に進められたことにより，周辺地域の大気汚染問題が深刻になった。

第6章 練習問題

解答 → p.331

問4 次の文章中の空欄 a , b に当てはまる語の組み合わせとして最も適当なものを，下の①～④の中から一つ選びなさい。

日本とアメリカの間の貿易摩擦においては，1950年代から1970年代にかけての a ・鉄鋼，1970年代のカラーテレビ・ b ，1980年代の半導体というように，対象品目が変化してきた。日本の産業界は，アメリカの激しい反発に対して，輸出の自主規制などで対応した。

	a	b
①	魚介類	医薬品
②	魚介類	自動車
③	繊維製品	医薬品
④	繊維製品	自動車

問5 日本経済に関する次の出来事A～Dを年代順に並べたものとして最も適当なものを，下の①～④の中から一つ選びなさい。

A　IMF8条国への移行

B　ゼロ金利政策の導入

C　変動相場制への移行

D　独占禁止法の制定

　　(注) IMF(国際通貨基金)

①　A→B→D→C

②　B→C→A→D

③　C→D→B→A

④　D→A→C→B

第7章 労働問題と社会保障

Point

①	法定労働時間	1日8時間，週40時間
②	非正規雇用労働者の増加	バブル経済崩壊後に増加
③	ベバリッジ報告（イギリス，1942年）	福祉国家化の進行
④	日本の社会保障制度の四本柱	社会保険・公的扶助・社会福祉・公衆衛生

1 労働三権と労働三法

　日本の労働運動は，工業化が進んだ1890年代に盛んになった。しかし，当時の政府は労働運動を規制する方針をとった。

　第二次世界大戦（WWⅡ）後の日本は，GHQ（連合国軍最高司令官総司令部）による民主化政策の下で労働組合の保護・育成が進められた。これにより，労働組合が数多く結成され，労働運動も活発になった。制度面においても，日本国憲法第27条において**勤労権**が，第28条において**団結権・団体交渉権・団体行動権（争議権）**という**労働三権**（➡p.101）がそれぞれ保障された。

団結権	労働者が団結して労働組合を作る権利。
団体交渉権	労働者の労働条件や待遇の改善のため，労働組合が使用者または使用者団体と交渉する権利。
団体行動権（争議権）	労働者の労働条件や待遇の改善のため，労働組合がストライキなどの争議行為をする権利。

　さらに，労働者の権利を保障する**労働三法**（➡p.38）として，労働組合法・労働関係調整法・労働基準法が制定された。

労働組合法 （1945年制定）	団結権・団体交渉権・団体行動権などの組合活動に関する労働者の権利を保障する法律。また，使用者の組合活動に対する妨害などを，不当労働行為として禁止している。
労働関係調整法 （1946年制定）	労働者と使用者の関係の調整を図ることを目的とする法律。争議行為によって労働者と使用者の対立が激しくなった場合，労働委員会が第三者の立場から斡旋・調停・仲裁を行うことで問題の解決を図る。
労働基準法 （1947年制定）	労働時間や休日などの労働条件❶に関して，その最低基準を定めた法律。**法定労働時間を1日8時間，週40時間**としている。また，15歳未満の労働を禁止している。

❶ 賃金については，最低賃金法に基づいて，使用者が労働者に支払うべき最低賃金額が決められている。

2 日本の労働問題

日本的経営

高度経済成長期には，大企業を中心に**日本的経営**（日本的雇用慣行）という独特の経営方式が普及し，経営と雇用の安定をもたらした。日本的経営は，以下の三つの点で特徴づけられる。

終身雇用制	企業が従業員を定年まで雇用すること。
年功序列型賃金	年齢や勤続年数に応じて賃金や職位が上がっていくこと。
企業別組合	企業ごとに労働組合が組織されること[1]。

非正規雇用労働者の増加

1990年代初めにバブル経済（economic bubble）が崩壊（➡p.43）すると，年功序列に基づかない職能給[2]や成果給[3]などの賃金制度を採用する企業が増加した。また，企業は正社員を減らし始め，代わりにパートタイマーやアルバイト，派遣労働者といった**非正規雇用**の労働者を多く雇用するようになった。非正規雇用の労働者は，景気の変化に応じて企業が増やしたり減らしたりしやすいうえ，正社員に比べると賃金が格段に低いため，急激に増加した。非正規雇用の労働者の割合は，2010年代後半では全雇用者の4割近くに至っている。

労働時間と失業率

日本の労働者の労働時間は，OECD（経済協力開発機構）加盟国の中でも長いことが指摘されている。近年では，アメリカ（USA）よりはやや下回っているが，ドイツ（Germany）やフランス（France）とは大きな開きがある。

日本の失業率は，2000年代に5％台の年はあるが，ほかの主な国と比べると低い水準で推移している。

---

[1] 資本主義経済をとる国の労働組合の多くは，横断的な職業別組合または産業別組合である。
[2] 労働者の職務を行う能力に応じて賃金を決める制度を，職能給という。
[3] 労働者の実績に応じて賃金を決める制度を，成果給という。

▼主な国の労働時間の推移

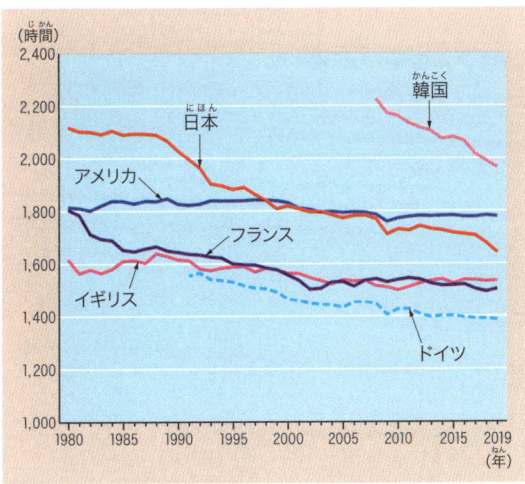

(注)ただし，日本では，パートタイマーの労働時間を除いた一般の労働者の労働時間は，2,000時間前後を推移している。
韓国(South Korea)，イギリス(UK)

OECDウェブサイトより作成

▼主な国の失業率の推移

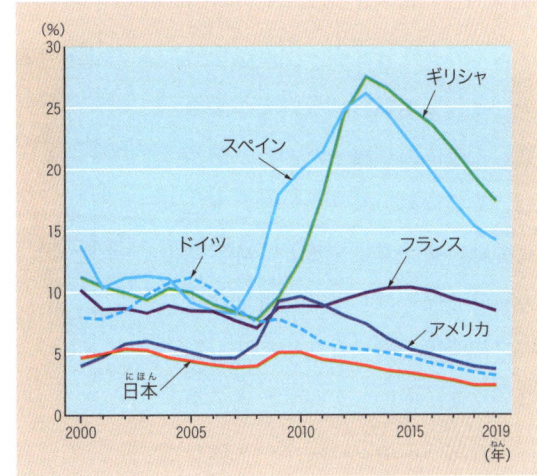

(注)スペイン(Spain)，ギリシャ(Greece)

ILOSTATより作成

労働組合の組織率の低下

日本の労働組合推定組織率は，1970年代半ば以降，低下傾向にある。

▼労働組合数，労働組合員数，労働組合推定組織率の推移(各年6月末現在)

	1970年	1980年	1990年	2000年	2010年	2019年
労働組合数	60,954	72,693	72,202	68,737	55,910	49,925
労働組合員数(千人)	11,605	12,369	12,265	11,539	10,054	10,088
労働組合推定組織率(％)	35.4	30.8	25.2	21.5	18.5	16.7

(注)労働組合数は単位労働組合の数，労働組合員数は単一労働組合の組合員数を示している。

厚生労働省ウェブサイトより作成

女性の労働問題

日本の女性は妊娠・出産をきっかけとして退職し、子育てが落ち着いた後に再び働きだすことが多い。そのため、女性の労働力率を年齢別にグラフにすると、M字型カーブを描く。しかし、近年は妊娠・出産後も働く女性や、結婚しない女性が増加しており、就業率は上昇傾向にある。また、女性の晩婚化・晩産化を主な理由として、M字の底が、1978年は「25〜29歳」であったが、2019年には「35〜39歳」へと移っている。

ほかの国と比べてみると、韓国では日本と同様にM字型カーブを描いているが、ヨーロッパ(Europe)諸国やアメリカではM字型カーブは見られない。

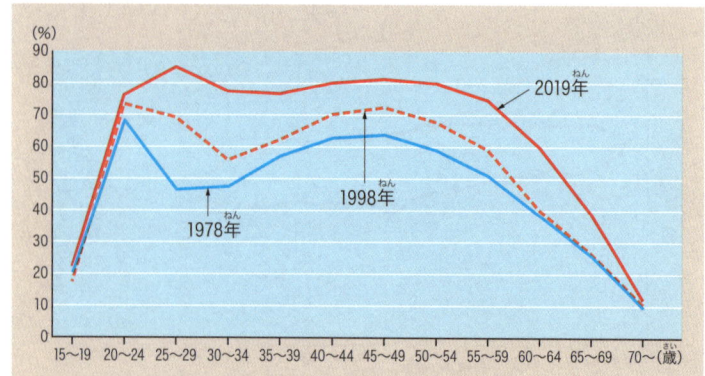

▼女性の年齢階級別労働力率の変化及び推移

内閣府『令和元年版 男女共同参画白書』、内閣府『令和2年版 男女共同参画白書』より作成

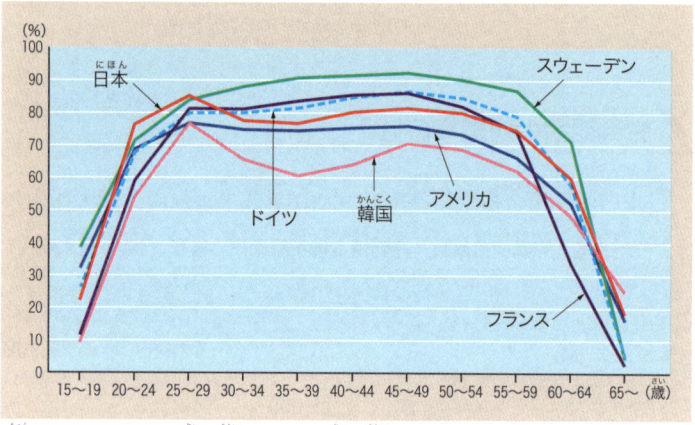

▼主な国の女性の年齢階級別労働力率(2019年)

(注)アメリカの15〜19歳の値は、16〜19歳の値。
スウェーデン(Sweden)

内閣府『令和2年版 男女共同参画白書』より作成

男女雇用機会均等法

日本の女性の労働者の半数以上は非正規雇用である。また、雇用や賃金において、男女間で格差がある。そのため、女性も男性と同等の機会・待遇で働けるように、**男女雇用機会均等法**が1985年に制定された[1]。この法律はその後たびたび改正され、現在では、募集・採用、配置・昇進における性別を理由とする差別の禁止、結婚や妊娠・出産を理由とする不利益取り扱いの禁止、ポジティブ・アクション(positive action、男女間の格差を解消するために、企業が女性を優遇する取り扱い)は違法ではないこと、企業がセクシュアル・ハラスメント(sexual harassment)を防止する措置をとる義務などが定められている。

---

[1] 男女雇用機会均等法は、女子差別撤廃条約(Convention on the Elimination of all Forms of Discrimination against Women)批准のために、国内法の整備の一環として制定されたという面もある。

3 社会保障

社会保障の歴史

社会保障とは，貧困，病気，失業，老齢など，さまざまな生活上の危機や困難を，避けたり軽くしたりするための制度である。

社会保障は，1601年のイギリスで成立したエリザベス救貧法(Elizabethan Poor Law)に由来するといわれる。エリザベス救貧法は公的扶助の起源とされ，病人や高齢者など自立できない人々に対する救済を目的とするものであった。

19世紀後半になると，ドイツではビスマルク(Otto von Bismarck)の下で疾病保険法などが制定され，世界で初めての**社会保険制度**が整備された❶(➡p.164)。

ドイツでは続いて，**社会権(生存権)** の保障が明記された**ワイマール憲法**(Weimar Constitution)が1919年に制定された(➡p.89)。

1929年に世界恐慌(Great Depression)が起こると，各国の経済は危機的な状況になった。これに対応するため，アメリカでは**フランクリン・ローズベルト**(Franklin Roosevelt)**大統領**の下で**ニューディール**(New Deal)**政策**(➡p.191)が始められ，その一環として1935年に社会保障法が制定された❷。

イギリスでは，1942年に**ベバリッジ報告**(Beveridge Report)がまとめられた。これに基づき，第二次世界大戦後，国民の生活を生涯にわたって支えるということを意味する「ゆりかごから墓場まで("*From the Cradle to the Grave*")」をスローガンに，国の責任として全国民の生活を保障するための社会保障制度が整備された。

資本主義経済をとる国はベバリッジ報告から大きな影響を受け，第二次世界大戦後，国民の福祉の充実をめざす福祉国家が増えていった。

---

❶ ただし，ビスマルクによる社会保険制度の整備は，「アメとムチの政策」のうちの「アメ」としての政策であり，社会主義者鎮圧法という「ムチ」が同時期に制定されていた。
❷ 社会保障法は，失業保険・老齢年金保険からなる社会保険や，高齢者・障害者への公的扶助などを内容としている。

日本の社会保障制度の四本柱

第二次世界大戦後の日本では、日本国憲法第25条の生存権の保障を基本理念として、**社会保険、公的扶助、社会福祉、公衆衛生**という四つの分野において社会保障制度の整備がなされてきた。

社会保険	国民、事業主、政府が保険料を出し合うことで、病気になった人や事故にあった人、老齢の人などが、保険料に基づき一定額の給付やサービスを受けられる制度。病気やけがに備える医療保険[1]、年をとった時などに年金を支給する年金保険、仕事上の病気・けがに備える労災保険、失業に備える雇用保険、高齢で介護が必要になった時の介護保険がある。1961年に国民皆保険・皆年金(国民を強制的に公的保険・公的年金に加入させる制度)が実現した。
公的扶助	自力で生活できない困窮者を救済し、自立を助ける制度で、所得の状況が一定の水準を下回った場合にその不足分が公費から支給される。生活保護法に基づき、生活・教育・住宅・医療・介護・出産・生業・葬祭の八つの扶助を行っている。
社会福祉	子どもの保育や、障害者への福祉サービスなどを提供することにより、生活の安定や自己実現を支援する制度。
公衆衛生	病気の予防など、国民の健康を守る生活環境の整備・保全を目的とする制度。各地方公共団体に設置された保健所や保健センターが中心的な役割を果たしている。

日本の社会保障制度の現状

日本は少子高齢化が急速に進行しており、社会保険料を負担する現役世代が減少する一方で、高齢者などへの社会保障費用が増大している(→p.29)。

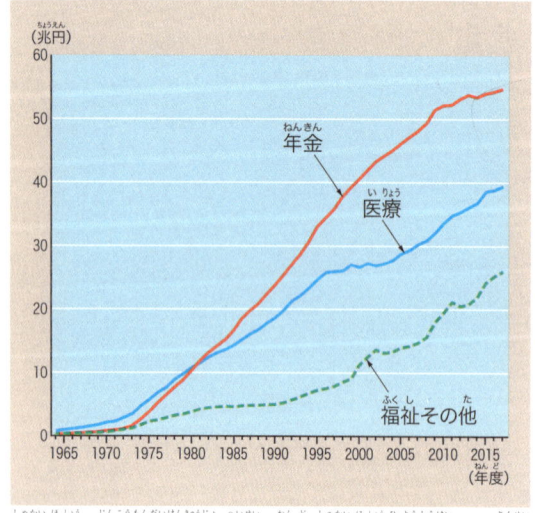

▼日本の社会保障給付費の部門別推移

社会保障・人口問題研究所「平成29年度 社会保障費用統計」より作成

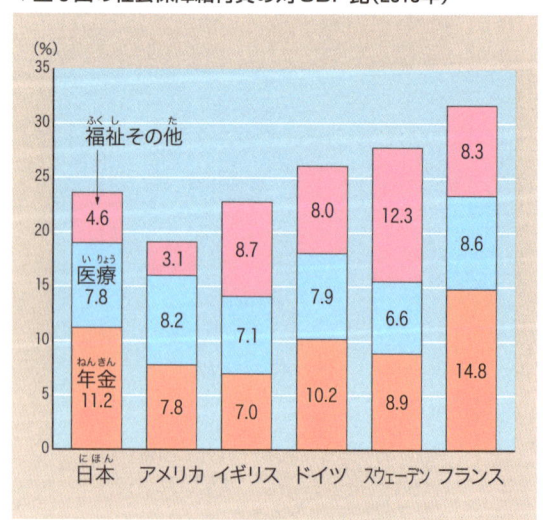

▼主な国の社会保障給付費の対GDP比(2013年)

厚生労働省ウェブサイトより作成

---

[1] 2008年、75歳以上の高齢者を対象として、その他の医療保険から独立した保険制度である、後期高齢者医療制度が導入された。

国民負担率

租税と社会保障負担の合計額が国民所得に占める割合を**国民負担率**という。日本の国民負担率は，アメリカより高く，ヨーロッパ諸国より低い。しかし，日本は少子高齢化が進んでいるため，国民負担率は今後上昇していくことが予想されている。

▼国民負担率の国際比較　　　　　　　　　　　　　　　　　　　　　　　　　　　　　単位：％

	日本	アメリカ	イギリス	ドイツ	スウェーデン	フランス
租税負担率	25.5	26.1	36.9	31.5	53.8	41.7
社会保障負担率	17.7	8.5	10.7	22.6	5.2	26.5
国民負担率	43.3	34.5	47.7	54.1	58.9	68.2
潜在的国民負担率	48.3	37.9	51.0	54.1	58.9	72.1

(注)潜在的国民負担率は，国民負担率に財政赤字対国民所得比を加えた値。
日本は2017年度の値。ほかの国は2017年の値。

財務省ウェブサイトより作成

社会保障制度の類型

社会保障制度は，以下のように類型化されることが多い。日本の社会保障制度は，北欧(Northern Europe)型と大陸型の中間に位置づけられる。

北欧型	全国民の最低限度の生活水準を保障しようとするもので，財源は公費(租税)の割合が高い。
大陸型	社会保険を主体とし，財源は保険料(事業主と被用者(従業員)が支払う)の割合が高い。
アメリカ型	自助努力を重視する。ただし，高齢者や低所得者には医療扶助がある。

▼社会保障財源の対GDP比の国際比較

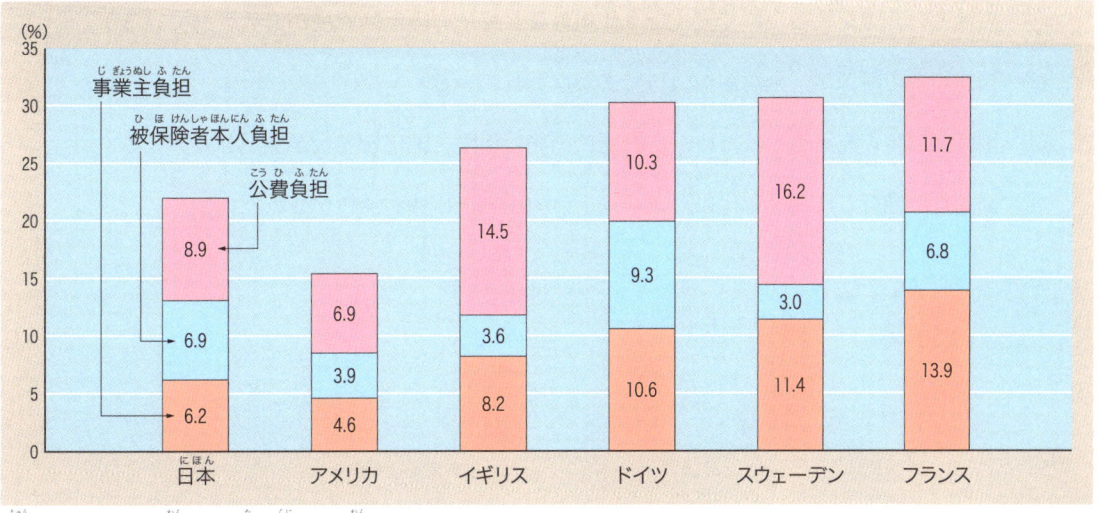

(注)アメリカは1995年。その他の国は2013年。

厚生労働省ウェブサイトより作成

第7章 練習問題

解答 ➡ p.331

問1 日本の労働環境に関する記述として最も適当なものを，次の①～④の中から一つ選びなさい。

① 現在の法定労働時間は，1日8時間，週48時間である。

② 男女雇用機会均等法では，採用・配置において男女差別が禁止されている。

③ 若者の雇用機会を確保するため，定年の引き下げを企業に求める法律が制定された。

④ 1990年代になると，多くの企業が非正規雇用労働者の正規雇用への転換を進めた。

問2 世界の社会保障制度の歴史について，出来事とそれが起こった国の組み合わせとして**適当でないもの**を，次の①～④の中から一つ選びなさい。

	出来事	起こった国
①	救貧法の制定(1601年)	イギリス
②	疾病保険法の制定(1883年)	ドイツ
③	社会保障法の制定(1935年)	ドイツ
④	ベバリッジ報告の発表(1942年)	イギリス

(注)ベバリッジ報告(Beveridge Report)，イギリス(UK)，ドイツ(Germany)

問3 日本の社会保険制度に関する記述として最も適当なものを，次の①～④の中から一つ選びなさい。

① 高齢者の介護を社会全体で支え合う仕組みとして，介護保険制度が導入されている。

② 公的年金の財源は，全額が保険料でまかなわれている。

③ 国民の福祉を充実させるため，占領期に国民皆保険・国民皆年金が実現した。

④ 高齢化が進行した2000年代に，70歳以上の国民の医療費が無料化された。

第8章 国際経済

Point

❶	比較生産費説	比較優位な商品への特化
❷	国際収支	経常収支＝貿易・サービス収支＋第一次所得収支＋第二次所得収支
❸	円高の要因・円高の影響	要因：日本からの輸出増加・日本への投資増加・日本が高金利 影響：貿易収支赤字・対外直接投資の増加・海外旅行者の増加
❹	IMF（国際通貨基金）	ブレトンウッズ協定で設立決定，主な目的は為替レートの安定
❺	プラザ合意（1985年）	ドル高の是正
❻	EU（欧州連合）	1993年発足，1998年ECB（欧州中央銀行）設置，2002年ユーロ流通開始
❼	BRICs（BRICS）	ブラジル・ロシア・インド・中国（・南アフリカ）
❽	アジア通貨危機（1997年）	タイでの通貨危機が発端，周辺のアジア諸国に波及

1 貿易の形態

貿易の形態には，主に以下の二つがある。

自由貿易	国家が貿易に対して制限を加えないという貿易形態（➡ p.66）。
保護貿易	高関税や輸入数量制限などの規制によって，自国の産業を保護・育成することが将来の発展につながるという考えをとる貿易形態❶。

---

❶ 経済学者のリスト（Friedrich List）は，自国の産業の生産性が他国よりも劣っている場合，自国は保護貿易政策をとるべきであると主張した（➡ p.5）。

2 比較生産費説

イギリス(UK)の経済学者**リカード**(David Ricardo)は，一国が必要な商品のすべてを自国で生産するより，それぞれの国が自国の得意とする(比較優位な)商品に**特化**し，貿易によって不足する商品を手に入れた方が両国ともに利益が生じるとする，**比較生産費説**を説いた。リカードは，このような国際分業を行うためには，各国が自由貿易を採用することが必要であると主張した。

> ✓確認 **比較生産費説の考え方**
>
> ①の表は，A国，B国で，毛織物とぶどう酒をそれぞれ1単位生産するのに必要な労働者数を示している。現在，A国とB国は，ともに毛織物とぶどう酒を1単位ずつ生産している。A国の総労働者数は220人，B国の総労働者数は170人である。
>
> ①
>
> | | A国 | B国 |
> |---|---|---|
> | 毛織物1単位の生産に必要な労働量 | 100人 | 90人 |
> | ぶどう酒1単位の生産に必要な労働量 | 120人 | 80人 |
>
> (注)これらの生産には労働しか用いられないとする。また，各国の労働者は，それぞれの国のこの二つの財の生産で全員雇用されるとし，労働の質は同じで，両国間での移動はないものとする。
>
> ①の表からは，A国では1単位生産するために必要な労働者数は毛織物の方がぶどう酒よりも少なく，B国では1単位生産するために必要な労働者数はぶどう酒の方が毛織物よりも少ないことが分かる。したがって，A国が相対的に低い費用で作ることができるものは**毛織物**，B国が相対的に低い費用で作ることができるものは**ぶどう酒**ということになる。そこで，A国は毛織物の生産に，B国はぶどう酒の生産に，国内のすべての労働者をあてる(特化する)と，②の表のようになる。
>
> ②
>
> | | A国 | B国 |
> |---|---|---|
> | 毛織物の生産 | 220人の労働力で2.2単位 | — |
> | ぶどう酒の生産 | — | 170人の労働力で2.125単位 |
>
> このように，毛織物とぶどう酒の生産量は特化前(各2単位)よりもともに増加しており，貿易を行うことによって，両国はともに利益を得ることができる。

3 貿易依存度

GDP(国内総生産)に対する輸出額及び輸入額の割合を，**貿易依存度**という。一般に，貿易依存度が大きいと，その国の経済は外国の景気変動の影響を強く受ける。以下のグラフを見ると，**シンガポール**(Singapore)の貿易依存度の高さが際立っている。

▼主な国の貿易依存度(2018年)

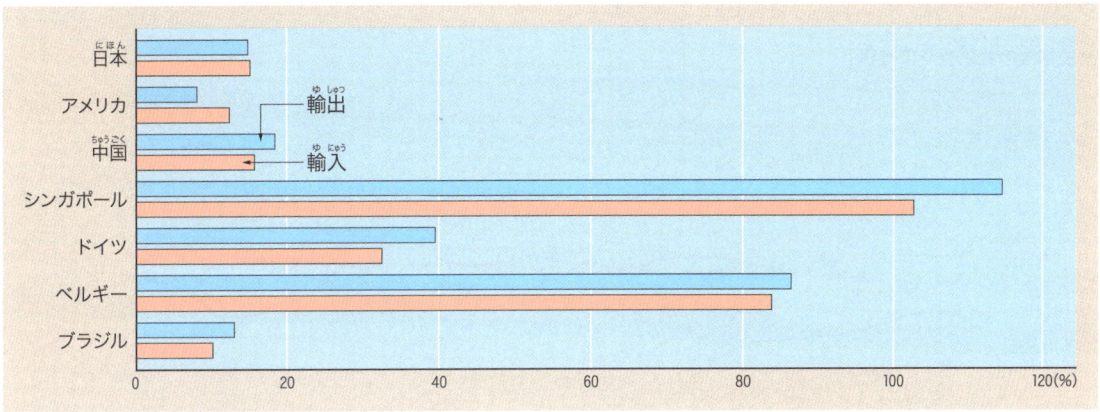

(注)アメリカ(USA)，中国(China)，ドイツ(Germany)，ベルギー(Belgium)，ブラジル(Brazil)

矢野恒太記念会編『世界国勢図会2020/21年版』より作成

4 国際収支

国際収支の項目

ある国の一定期間(通常は1年)における外国との経済取引の結果をまとめたものを，**国際収支**という。国際収支の項目は，大きく分けると，**経常収支**(財・サービスの貿易や投資収益に関する収支)(➡p.58)，**資本移転等収支**(港や道路の建設などの対外援助に関する収支)，**金融収支**(資金の対外取引に関する収支)(➡p.59)，から構成される。また，統計上の不一致を調整する項目として誤差脱漏が設けられている。

▼国際収支の体系

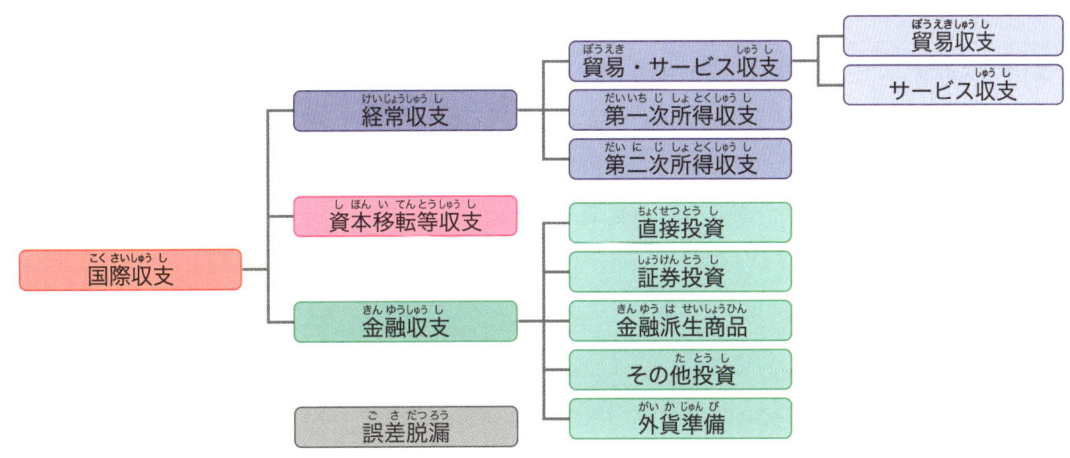

経常収支

経常収支は、**貿易・サービス収支**（商品の国際取引、旅行や輸送などのサービスの国際取引による収支）、**第一次所得収支**（外国への投資で得た利子・配当などの収支）、**第二次所得収支**（財・サービスなどの無償資金援助などの収支）に分かれる。つまり、貿易・サービス収支、第一次所得収支、第二次所得収支の合計が経常収支である。なお、貿易・サービス収支は、貿易収支とサービス収支にさらに分けることができる。以下のグラフを見ると、アメリカの貿易収支の赤字額がきわめて大きいことが分かる。

▼主な国の貿易収支の推移

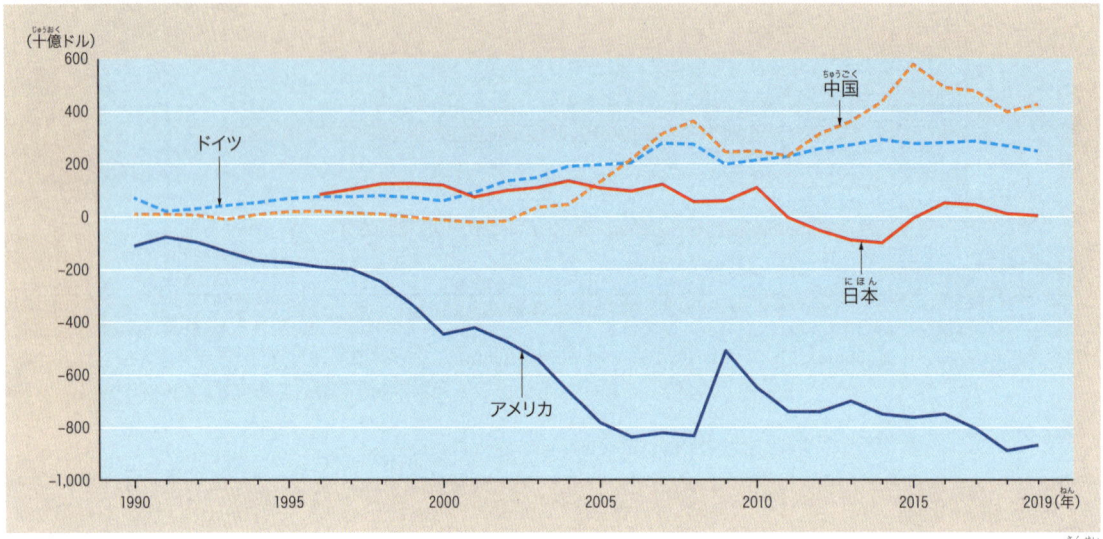

IMF, "Balance of Payments and International Investment Position Statistics" より作成

✓確認 経常収支

経常収支は、外国からの通貨の受け取りが支払いを上回れば黒字、下回れば赤字になる。したがって、経常収支を構成する各収支の黒字・赤字を判定する基準は、以下のようになる。

	黒字	赤字
貿易収支	財の輸出額＞財の輸入額	財の輸出額＜財の輸入額
サービス収支	サービスの輸出額＞サービスの輸入額	サービスの輸出額＜サービスの輸入額
第一次所得収支	利子・配当の受け取り＞利子・配当の支払い	利子・配当の受け取り＜利子・配当の支払い
第二次所得収支	無償援助の受け取り＞無償援助の提供	無償援助の受け取り＜無償援助の提供

（注）サービス収支とは、旅行、輸送、保険、知的財産権（著作権・特許権）などの収支である。

金融収支

金融収支は，直接投資，証券投資，金融派生商品，その他投資，**外貨準備**の五つの項目からなる。これらのうち，外貨準備とは，政府や中央銀行が保有している対外資産のことで，近年の大きな変化として，中国の外貨準備の量(外貨準備高)が2000年代後半から急速に増加したことがあげられる。

▼主な国の外貨準備高の推移

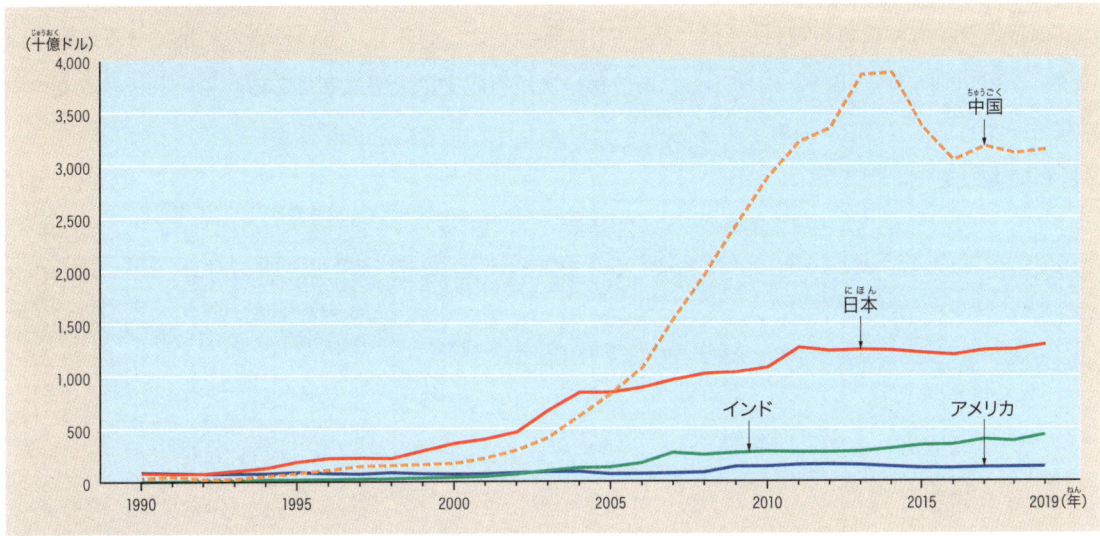

(注)インド(India)

IMF, "International Financial Statistics"より作成

なお，外貨準備の通貨別内訳を見ると，2019年12月時点で最も多く保有されているのがドルで，次いでユーロ，円の順になっている。

▼外貨準備の通貨別内訳(2019年12月時点)

	保有されている額(10兆ドル)	割合(%)
ドル	6,745.65	60.9
ユーロ	2,275.95	20.5
円	631.44	5.7
ポンド	511.81	4.6
人民元	217.67	2.0
カナダドル	207.98	1.9
オーストラリアドル	187.31	1.7
スイスフラン	16.98	0.2
その他	283.64	2.6

IMF "Currency Composition of Official Foreign Exchange Reserves"(COFER)より作成

日本の国際収支の特徴

日本の貿易収支は長期にわたり黒字であったが，輸入資源の高騰や円高の影響により，2011〜2015年は赤字となった。また，日本人は海外旅行に行く人が多く，サービス収支は赤字が続いていたが，外国人観光客の増加などにより2019年は黒字になった。

日本は外国への投資が多く，また，外国資産獲得のため日本から外国へ資本が移動している。このため，直接投資や証券投資を項目に含む金融収支は黒字のことが多く，その投資の結果である投資収益（海外への投資で得た利子・配当など）が項目にある第一次所得収支は大幅黒字である。第一次所得収支の黒字額は，2005年に貿易収支の黒字額を上回った。

▼日本の国際収支　　　　　　　　　　　　　　　　　　　　　　　　　　　　単位：億円

	2000年	2005年	2010年	2011年	2015年	2019年
経常収支	140,616	187,277	193,828	104,013	165,194	201,150
貿易・サービス収支	74,298	76,930	68,571	−31,101	−28,169	5,060
貿易収支	126,983	117,712	95,160	−3,302	−8,862	3,812
サービス収支	−52,685	−40,782	−26,588	−27,799	−19,307	1,248
第一次所得収支	76,914	118,503	136,173	146,210	213,032	209,845
第二次所得収支	−10,596	−8,157	−10,917	−11,096	−19,669	−13,755
資本移転等収支	−9,947	−5,490	−4,341	282	−2,714	−4,131
金融収支	148,757	163,444	217,099	126,294	218,764	243,055
直接投資	36,900	51,703	62,511	93,101	161,319	231,205
証券投資	38,470	10,700	127,014	−135,245	160,294	93,337
金融派生商品	5,090	8,023	−10,262	−13,470	21,439	3,778
その他投資	15,688	68,456	−89	44,010	−130,539	−113,305
外貨準備	52,609	24,562	37,925	137,897	6,251	28,039
誤差脱漏	18,088	−18,343	27,612	21,998	56,283	46,035

財務省ウェブサイトより作成

5 為替レート

外国為替市場

貿易が行われると，国と国の間での決済(支払いと受け取り)が必要になる。日本の円とアメリカのドルなどのように異なる通貨を持つ国同士での貿易の決済は，現金の輸送ではなく，外国為替手形を用いて，金融機関を仲介して行われる。

その決済では，外国通貨と自国通貨の交換が必要となる。この交換比率のことを**外国為替相場(為替レート)**といい，交換(売買)する場を**外国為替市場**という。為替レートは，1ドル＝100円のように示される。

為替レートの変動

為替レートは，外国為替市場における自国通貨と外国通貨の需要・供給の変化に応じて変動する。たとえば，日本でドルに対する需要が供給を上回ると，為替レートは**円安ドル高**の方向に動く。反対に，ドルの供給が需要を上回れば，**円高ドル安**に向かう。

例として，日本とアメリカの間の，貿易と為替レートの関係を考えてみる。為替レートは1ドル＝100円として，日本から自動車を輸出する。日本からアメリカへの商品の輸送コストはゼロとする。

もし日本の自動車の価格が日本国内で1台100万円ならば，アメリカに輸出すると1台10,000ドルの価格となる(1,000,000÷100＝10,000)。

その後，為替レートが1ドル＝50円に変動したとする。この変動は，ドルに対する円の価値が高くなったのであるから，**円高ドル安**である。この場合，1台100万円の自動車はアメリカでは1台20,000ドルの価格に変わる。アメリカ国内での価格が上がったので，日本のアメリカへの自動車の輸出台数は**減少**する。

逆に，為替レートが1ドル＝100円から1ドル＝200円に変動したとする。この変動は，円に対するドルの価値が高くなったのであるから，**円安ドル高**である。この場合，1台100万円の自動車はアメリカでは1台5,000ドルの価格に変わる。アメリカ国内での価格が下がったので，日本のアメリカへの自動車の輸出台数は**増加**する。

このように，為替レートの変動は貿易に大きな影響を及ぼす。

▼為替レートの変動

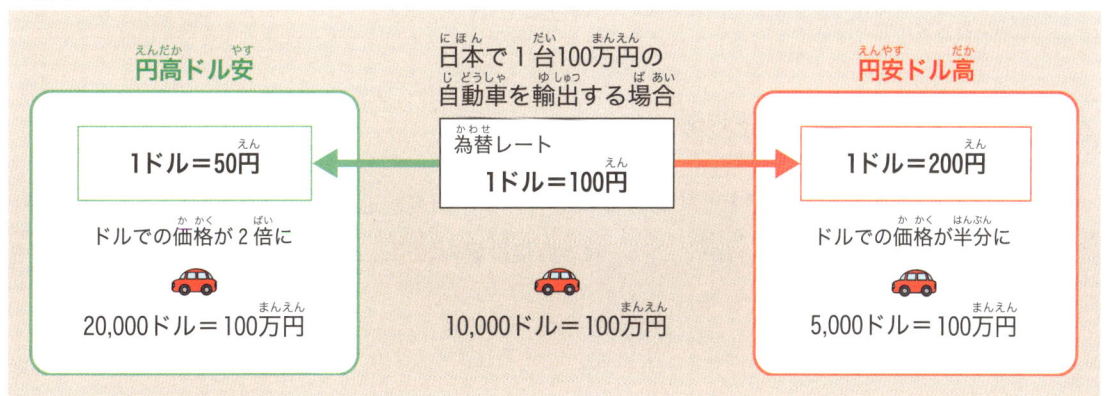

第1部｜第8章 国際経済

📝 円高になる要因

為替レートが円高になる主な要因として、以下のものがある。円の需要が増加すると、円高が進む。

日本からの**輸出の増加**	商品を売った日本の企業が円で支払いを受けるため、円の需要が増加する。
外国から日本への**投資の増加**	日本への投資には円が必要になるため、円の需要が増加する。
日本の方が外国よりも**金利が高い**	外国の通貨を円に換えて日本で預金する方が利益をより多く得られるので、円に換えようとする人が増え、円の需要が増加する。
日本国内の**物価が外国よりも下落**している	日本国内の物価が下落すると、外国の商品よりも相対的に価格が下がるので、日本からの輸出が増加する。商品を売った日本の企業は円で支払いを受けるため、円の需要が増加する。

📝 円安になる要因

為替レートが円安になるのは、円高になる場合の逆の要因である。つまり、日本からの**輸出の減少**、外国から日本への**投資の減少**、日本の方が外国よりも**金利が低い**こと、日本国内の**物価が外国よりも上昇**していることが主な要因としてあげられる。

📝 円高の進行が日本に及ぼす影響

円高の進行が日本に及ぼす主な影響として、以下のものがある。

貿易収支(または経常収支)が**赤字**に向かう	円高になると、外国での日本の商品の価格が上昇して売れにくくなる一方で、日本での外国の商品の価格が下落して買いやすくなるので、**輸出が減り、輸入が増える**。
対外直接投資の**増加**	円高になると、円安の時に比べて、同じ額の円でも投資先の国の通貨に換えた時に金額が大きくなるため、より多くの金額を投資先の国に投資することができる。
日本人の海外旅行者数の**増加**	円高になると、円安の時に比べて、同じ額の円でも海外旅行先の国の通貨に換えた時に金額が大きくなるため、より多くの金額を海外旅行で使うことができる。

📝 円安の進行が日本に及ぼす影響

円安の進行が日本に及ぼす影響としてあげられるものは、円高が進行する場合の逆である。つまり、貿易収支(または経常収支)が**黒字**に向かうこと、対外直接投資の**減少**、日本人の海外旅行者数の**減少**が主なものとしてあげられる。

円の対ドルレートの推移

以下のグラフは，1973年から2019年にかけての円の対ドルレートを示したものである。
1985年の**プラザ合意**(Plaza Accord)（➡p.42）以降に急速に**円高ドル安が進行した**こと（グラフの①），2008年のリーマン・ショック(Bankruptcy of Lehman Brothers)に端を発する世界金融危機（➡p.65）と2009年以降のギリシャ危機(Greek government-debt crisis)の影響を受けて円高ドル安傾向になったこと（グラフの②），2012年に発足した安倍晋三内閣が日本銀行とともに円高を止める姿勢を明確にしたため円安ドル高が進行したこと（グラフの③）が，グラフ中で注意すべき点である。

▼円ドル相場の推移（1973〜2019年）

日本銀行ウェブサイトより作成

6 国際経済体制の歩み －通貨－

ブレトンウッズ(Bretton Woods)体制

　ブロック経済[1](bloc economy)が第二次世界大戦(WWⅡ)を招く大きな要因となった(→p.191)という反省から，第二次世界大戦中に，自由貿易を柱とした国際経済体制を確立しようとする動きがアメリカを中心として起こった。そして，1944年のブレトンウッズ協定(Bretton Woods Agreements)により，**IMF**(国際通貨基金)と**IBRD**(国際復興開発銀行)の設立が決められた。ブレトンウッズ協定では，アメリカの通貨ドルと金の交換を固定比率で可能とすることでドルに信頼感を与え，さらに各国通貨とドルの交換比率も固定することで(**固定相場制**)[2]，世界経済を安定させようとした[3]。この国際経済体制を**ブレトンウッズ体制**という。

✓確認 IMFとIBRD

IMFとIBRDの概要は，以下の通りである。

IMF (国際通貨基金)	本部はワシントンD.C.(Washington, D.C.)にある。為替レートを安定させること，経常収支の赤字国に一時的な融資を行うことなどにより，国際通貨システムの安定を維持することを目的とする。
IBRD (国際復興開発銀行)	本部はワシントンD.C.にある。設立当初は戦災国の復興に対して長期間の融資を行っていたが，現在は発展途上国の開発に対して長期間の融資を行っている。

ブレトンウッズ体制の崩壊

　ブレトンウッズ体制が成立すると，アメリカの強大な経済力を背景に，世界経済は発展していった。しかし，1960年代になると，友好国への経済援助や**ベトナム戦争**(Vietnam War)(→p.205)などによる軍事支出の額が増加し，アメリカの国際収支は大幅に悪化した。さらに，ヨーロッパ(Europe)諸国や日本の経済力が強まったため，アメリカの経済力は相対的に低下した。そして，アメリカの対外債務は金の保有量を上回るようになった。その結果，ドルへの信用が揺らぎ，各国はドルと金の交換を要求し，アメリカ国外へ大量の金が流出した。この事態は，**ドル危機**と呼ばれる。

　アメリカはドル危機に対応しようとしたが，うまくいかず，ついに，1971年8月にニクソン(Richard Nixon)大統領が**金とドルの交換を停止する**と発表した。この事件を，**ニクソン・ショック**(Nixon Shock)と呼ぶ。これにより，固定相場制の維持は困難となり，ブレトンウッズ体制は崩壊した。

---

[1] 1929年の世界恐慌(Great Depression)後，イギリス，フランス(France)，アメリカなどの植民地保有国は，高い関税を設定して圏外からの輸入を抑制するなど，本国と植民地を閉鎖的・排他的な経済圏とする政策を採用した。これをブロック経済という。一方，植民地や資源の少ない日本，ドイツ，イタリア(Italy)は，侵略によって資源や市場を獲得しようとした。その結果，貿易は縮小し，大国間の経済対立が深まり，これに政治的な問題が加わって，第二次世界大戦が始まった。

[2] 固定相場制(固定為替相場制)は，1ドル＝360円というように，為替レートを一定の水準に維持する制度である。

[3] ブレトンウッズ体制では，ドルが基軸通貨(国際的な決済手段として広く用いられる通貨)とされた。

日本などの主要国は，1971年12月のスミソニアン協定(Smithsonian Agreement)に基づき固定相場制に戻したが，長く続けることはできず，1973年に**変動相場制**❶へ移行した。なお，変動相場制への移行は，1976年の**キングストン合意**(Kingston Agreement)によって正式に承認された。

プラザ合意

1980年代前半のアメリカでは，**レーガン**(Ronald Reagan)大統領が，大幅減税と高金利政策を柱とする**レーガノミクス**(Reaganomics)と呼ばれる政策を行った。レーガノミクスは，企業の設備投資を増やすことやインフレーション(inflation)を抑えることを目的としていた。しかし，結果として，税収が減少して財政が悪化しただけでなく，金利が上昇してドル高が進行し，経常収支も悪化した。経常収支の悪化(赤字化)と財政収支の悪化は，「双子の赤字」と呼ばれる(→p. 42)。

アメリカ国内では，経常収支を改善するため，保護貿易を行うべきだと主張する人が増え始めた。この傾向に危機感を感じたG5(アメリカ，日本，西ドイツ(West Germany)，イギリス，フランス)は1985年，外国為替市場に協調して介入し，**ドル高の是正**を行うことに合意した。この合意を**プラザ合意**という❷。

リーマン・ショック

2000年代のアメリカでは，低金利政策がとられており，住宅市場が活発になっていた。そこに，低所得者向けの住宅ローンとしてサブプライム・ローン(Subprime lending)が販売された。サブプライム・ローンは，複雑な過程を経て証券化商品(投資の対象となる金融商品)とされ，世界中で販売されていた。

しかし，2007年，アメリカで住宅バブルが崩壊し，サブプライム・ローンが不良債権化すると，証券化商品を購入していた投資家や金融機関の損失となり，金融機関は破綻が相次いだ(サブプライム・ローン問題(subprime mortgage crisis))。特に，アメリカの大手証券会社リーマン・ブラザーズ(Lehman Brothers)の破綻(2008年9月)は世界に衝撃を与えた(リーマン・ショック)。リーマン・ショックの衝撃は世界中に広がり，**世界金融危機**に発展した。

世界金融危機に対処するため，首脳会議としてのG20が2008年に初めて開かれた。G20はG7とEU(欧州連合)に新興国12か国が加わったもので，国際経済協力に関する第一のフォーラムとして位置づけられ，現在，1年に1回程度開かれている。

また，各国の中央銀行は政策金利の引き下げなどの金融緩和政策を採用し，金融システムの安定化を図った。

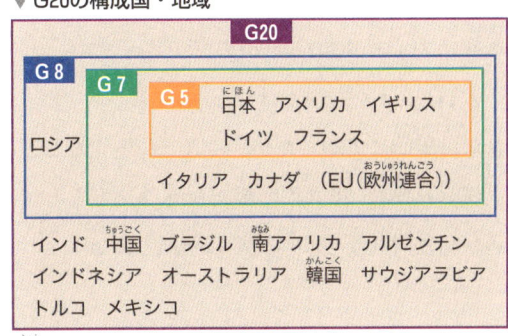

▼G20の構成国・地域

(注)サウジアラビア(Saudi Arabia)

---

❶ 変動相場制(変動為替相場制)は，外国為替市場における需要と供給の変化に応じて為替レートの水準が変動する制度である。
❷ プラザ合意後，急激にドル安が進んだため，1987年にG7(アメリカ，日本，西ドイツ，イギリス，フランス，イタリア，カナダ(Canada))は，ドル安を抑えることに合意した。これを，ルーブル合意(Louvre Accord)という。

7 国際経済体制の歩み －貿易－

1947年，主要国は自由貿易を促進するため，GATT(関税及び貿易に関する一般協定)に調印した(1948年発足)❶。GATTの基本原則は自由，無差別，多角である。

自由	貿易を制限する関税を引き下げたり，輸入数量制限などの非関税障壁を撤廃したりすること。
無差別	公平に貿易を行うこと。具体例としては最恵国待遇の原則❷がある。
多角	貿易上のルールは，多国間で行われる多角的貿易交渉(ラウンド(Round))で決めること。

ラウンド

GATTでは，ラウンドが8回にわたり行われた。そのうち重要なのは，以下の三つである。

ラウンド名	期間	主な合意内容
ケネディ・ラウンド (Kennedy Round)	1964～1967年	鉱工業品の関税を平均35%引き下げ
東京ラウンド	1973～1979年	鉱工業品の関税を平均33%引き下げ・非関税障壁の軽減
ウルグアイ・ラウンド (Uruguay Round)	1986～1994年	農産物市場の開放・知的財産権の保護・WTO(世界貿易機関)の発足

WTO(世界貿易機関)

ウルグアイ・ラウンドでの合意に基づき，1995年に，常設の国際機関としてWTO(世界貿易機関)が設立された。WTOは，物の貿易だけでなくサービス貿易や知的財産権も取り扱い，また，GATTと比べて**紛争処理手続きが大幅に強化された**。なお，WTOもGATTと同様に自由貿易の促進を目的としているが，輸入急増により国内産業に重大な損害が生じることを防止するために，一時的に輸入数量制限や関税引き上げによって輸入を制限するセーフガード(safeguard)を，加盟国が発動することを認めている。本部はスイス(Switzerland)のジュネーブ(Geneva)にある。

WTOには先進国だけでなく，中国や，多くの発展途上国も加盟している。そのため，自由貿易の理念は世界的に広がったが，加盟国が増えたことで，WTOでの貿易交渉で合意を得ることが難しくなった。

WTOでは，2001年に新たなラウンドとしてドーハ・ラウンド(Doha Round)が開始されたが，農業問題の利害対立などから交渉は難航し，2011年に分野ごとの合意をめざすこととされた。

---

❶ IMF(➡p.64)とGATTは同時期に発足したことから，第二次世界大戦後の国際経済体制は，ブレトンウッズ体制のほかにIMF・GATT体制とも呼ばれた。

❷ 最恵国待遇の原則とは，特定の国に関税免除などの有利な条件を与えた時，ほかの国にもその条件を与えるという原則のことである。

8 地域的経済統合 －EU（欧州連合）－

地域的経済統合とは

　WTOの加盟国が増え，各国の利害が対立するようになると，WTOにおける貿易交渉は合意が難しくなってきた。そのため，二国間または複数の国の間でFTA（自由貿易協定）やEPA（経済連携協定）❶を結び，経済的な結びつきを強める地域的経済統合が進みつつある。その代表的な例が，EU（欧州連合）である。

EU発足までの動き

　EUの始まりは，フランス，西ドイツ，イタリア，ベルギー，オランダ(Netherlands)，ルクセンブルク(Luxembourg)の6か国が，重要な資源である石炭と鉄鋼を共同で管理するために，1952年に発足させたECSC（欧州石炭鉄鋼共同体）にさかのぼる。その後，この6か国は，共同管理の範囲をほかの経済分野や原子力にも広げるため，1958年にEEC（欧州経済共同体）とEURATOM（欧州原子力共同体）を発足させた。そして，これら三つの組織を基に，1967年にEC（欧州共同体）が結成された。
　ECでは，関税同盟❷や共通農業政策(CAP)❸が成立するなど，経済統合がさらに進んだ。また，単一市場❹の発足にも合意し，1993年に実現させた。加盟国も増え，1973年にはイギリス，デンマーク(Denmark)，アイルランド(Ireland)の3か国が加盟し，1981年にはギリシャ(Greece)が，1986年にはスペイン(Spain)，ポルトガル(Portugal)が加盟して，ECは拡大していった。

EUの発足

　EUは，マーストリヒト条約(Maastricht Treaty)の発効により，1993年に発足した。EUでは，マーストリヒト条約に基づき通貨統合の動きが進められ，1999年に共通通貨ユーロが導入された（ただし，ユーロの現金（銀行券・硬貨）の流通が始まったのは2002年から）。その前年の1998年には，ユーロ導入国の金融政策を一元化するため，ECB（欧州中央銀行）が設置された。また，マーストリヒト条約では，加盟国間の自由な移動を認めるEU市民権が創設された。さらに，共通の外交・安全保障政策の実施や警察・刑事司法の協力も定められた。
　EUでは政治統合も強化され❺，2009年に発効したリスボン条約(Lisbon Treaty)に基づき，新たに欧州理事会常任議長(EU大統領)や外務・安全保障政策上級代表(EU外務大臣)が創設された。

---

❶ FTAは関税の撤廃を進めるなどして貿易の自由化をめざす協定である。EPAは貿易の自由化だけでなく，人や資本など幅広い分野での自由化をめざす協定である。
❷ 関税同盟とは，域内では関税を撤廃し，域外に対しては共通関税を採用する制度である。
❸ 共通農業政策(CAP)は，域内の農業を発展させるための政策である。当初は域内共通価格や補助金の支給，域外からの輸入制限などを内容としていたが，後にさまざまな改革がなされた。
❹ 商品だけでなく，サービス・人・資本の域内における自由化が，単一市場である。市場統合ともいう。
❺ 2004年，欧州憲法条約(Treaty establishing a Constitution for Europe)が調印された。しかし，フランスとオランダは国民投票で批准反対が多数を占めたため，批准しなかった。これは，この条約によって，各国の主権やアイデンティティを損なう懸念が高まっていたことが原因の一つと指摘されている。欧州憲法条約は，この影響を受け，発効に至らなかった。

EUの加盟国

EUは発足以来，拡大を続けた。ECSC発足以降の加盟国の変化をまとめたのが，以下の表である。2004年からは東欧(Eastern Europe)諸国が多く加わった❶。しかし，イギリスは，2016年の国民投票でEU離脱に賛成する票が過半数を占めたため，2020年1月にEUから離脱した❷。

組織名	年	加盟国	加盟国数
ECSC	1951	フランス，西ドイツ，イタリア，ベルギー，オランダ，ルクセンブルク	6
EC	1973	イギリス，デンマーク，アイルランド	9
	1981	ギリシャ	10
	1986	スペイン，ポルトガル	12
EU	1995	オーストリア(Austria)，フィンランド(Finland)，スウェーデン(Sweden)	15
	2004	キプロス(Cyprus)，チェコ(Czech Republic)，エストニア(Estonia)，ハンガリー(Hungary)，ラトビア(Latvia)，リトアニア(Lithuania)，マルタ(Malta)，ポーランド(Poland)，スロバキア(Slovakia)，スロベニア(Slovenia)	25
	2007	ブルガリア(Bulgaria)，ルーマニア(Romania)	27
	2013	クロアチア(Croatia)	28
	2020	(イギリスがEU離脱)	27

❶ 1987年，トルコ(Turkey)が当時のECに加盟申請をした。しかし，2020年現在においても，EU加盟は認められていない。その理由として，初めてのイスラム教(Islam)国の加盟であるということや，安い労働力がEU加盟国に流入することへの不安などが指摘されている。

❷ EU離脱に賛成する票が過半数を占めた要因として，2000年代にEUに加盟した東欧諸国から多くの移民が入国したことにより，イギリス国民の雇用が奪われ，また社会保障費を増加させているという不満や，EUの制度によりイギリス政府の政策が制約されることへの不満などがあげられている。

共通通貨ユーロ

EUの共通通貨であるユーロは，2020年現在，加盟国27か国のうち19か国で使用されている。ユーロはEU加盟国すべてが導入できるのではなく，GDP(国内総生産)に対する財政赤字の比率や物価の変動率など，いくつかの条件を満たした国のみが導入できる。なお，**イギリス，デンマーク，スウェーデン**は，国内世論の支持が得られなかったことなどにより，ユーロを導入しなかった。

ユーロの導入により，導入国間では両替手数料の消滅や価格の透明化など，さまざまな良い効果がもたらされた。しかし，ユーロ導入国は自国独自の通貨を放棄したことで，金融政策を自ら行うことができなくなった❶。

▼EU加盟国・ユーロ導入国(2020年2月現在)

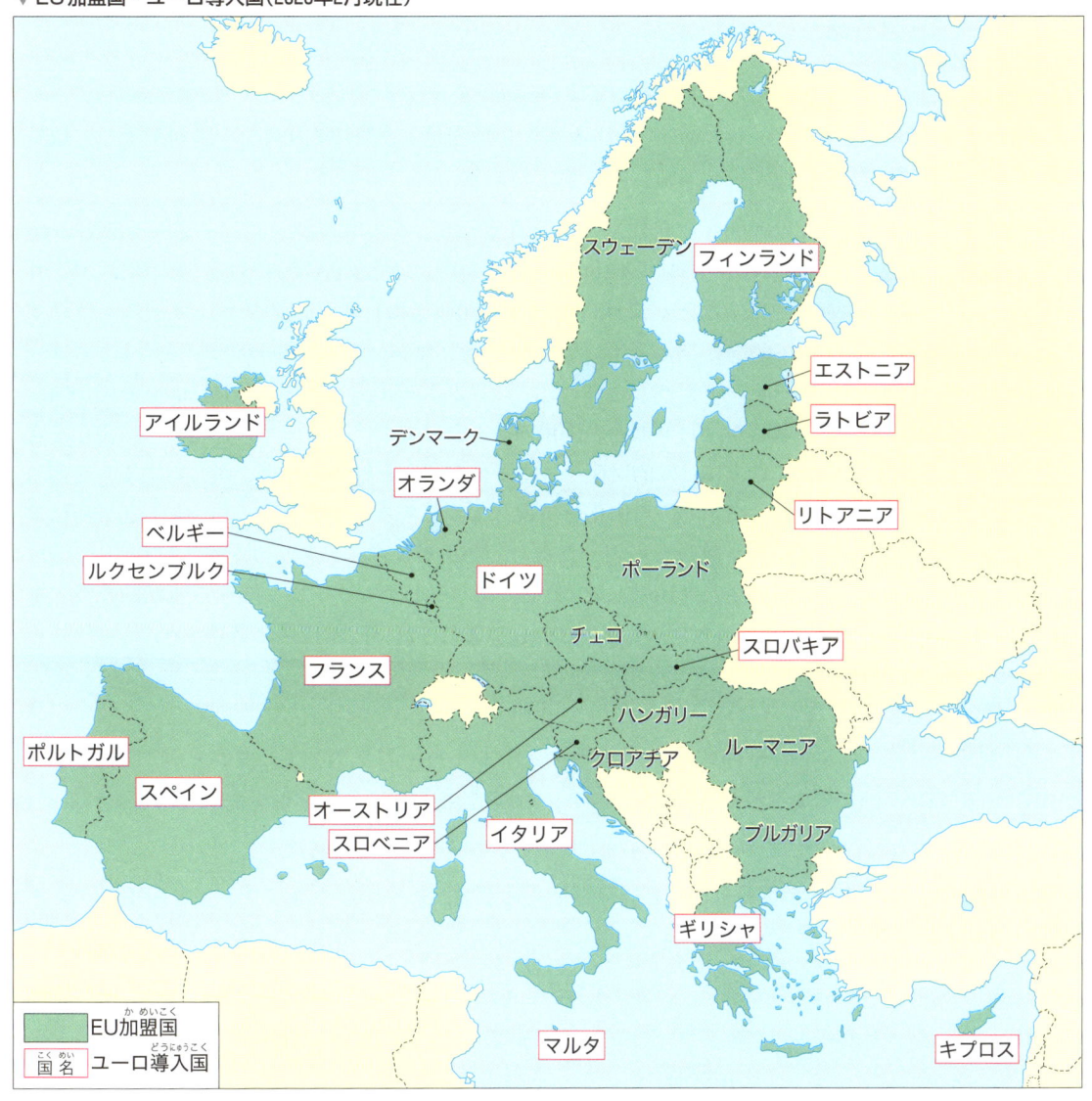

❶ 2009年にギリシャの財政が公表されていたものよりも悪化していることが明らかになると，ギリシャ国債の価格が急落し，ギリシャは財政危機になった。この財政危機は，アイルランドやイタリアなど数か国のユーロ導入国に波及した。そのため，ユーロへの信認が大きく揺らいだ。

9 地域的経済統合 －その他－

EU以外の主な地域的経済統合としては，以下のものがある。

EFTA（欧州自由貿易連合）	1960年発足。元はイギリスがEECに対抗するために作った組織であったが，現在，イギリスは脱退し，ノルウェー(Norway)，スイス，アイスランド(Iceland)，リヒテンシュタイン(Liechtenstein)の4か国で構成されている。工業製品の域内自由貿易を行っている。
NAFTA（北米自由貿易協定）	1994年発足。アメリカ，カナダ，メキシコ(Mexico)の3か国によって構成される。域内関税の段階的撤廃，金融や投資の自由化，知的財産権の保護などを目的とする。なお，NAFTAに代わる新しい貿易協定として，2020年7月にUSMCA(米国・メキシコ・カナダ協定)が発効した。
MERCOSUR（南米南部共同市場）	1995年に，アルゼンチン(Argentina)，ブラジル，ウルグアイ(Uruguay)，パラグアイ(Paraguay)を加盟国として発足した。❶ 域内関税を原則撤廃し，域外共通関税を実施している。
TPP(環太平洋パートナーシップ)協定	元は2006年に発効したシンガポール，チリ(Chile)，ニュージーランド(New Zealand)，ブルネイ(Brunei)の4か国によるEPAであった。そこに，アメリカや日本などが交渉に加わり，2016年に日本，アメリカ，オーストラリア(Australia)，ブルネイ，カナダ，チリ，マレーシア(Malaysia)，メキシコ，ニュージーランド，ペルー(Peru)，シンガポール，ベトナム(Viet Nam)の12か国が署名した。TPPは物の関税の撤廃だけでなく，サービス・投資の自由化を進め，さらには知的財産権，電子商取引など幅広い分野で新しい決まりを作るなど，高水準の自由化を実現しようとするものである。しかし，2017年にアメリカが離脱を表明したため，2018年3月，アメリカを除く11か国により，一部の条文を凍結した「環太平洋パートナーシップに関する包括的及び先進的な協定」(CPTPP，通称TPP11)が署名され，同年12月に発効した。

東南アジア(Southeast Asia)では，インドネシア(Indonesia)，カンボジア(Cambodia)，シンガポール，タイ(Thailand)，フィリピン(Philippines)，ブルネイ，ベトナム，マレーシア，ミャンマー(Myanmar)，ラオス(Laos)の10か国で構成される**ASEAN**(東南アジア諸国連合)が，域内の関税撤廃，サービス貿易や資本の移動などの自由化をめざすAEC(ASEAN経済共同体)を2015年に発足させた。

また，1989年には，域内の貿易自由化と経済発展をめざす，緩やかなつながりとして**APEC**(アジア太平洋経済協力会議)が発足した。APECには，日本，アメリカ，カナダ，中国，台湾(Taiwan)，香港(Hong Kong)，韓国(South Korea)，インドネシア，オーストラリア，ニュージーランド，パプアニューギニア(Papua New Guinea)，シンガポール，タイ，フィリピン，ブルネイ，ベトナム，マレーシア，ロシア(Russia)，メキシコ，チリ，ペルーといった広範囲な21か国・地域が参加している。

---

❶ なお，2012年に加盟したベネズエラ(Venezuela)は2016年に加盟資格停止となった。また，ボリビア(Bolivia)はすべての加盟国の議会の批准が済んだら正式加盟となる。

▼主な地域的経済統合（2020年2月現在）

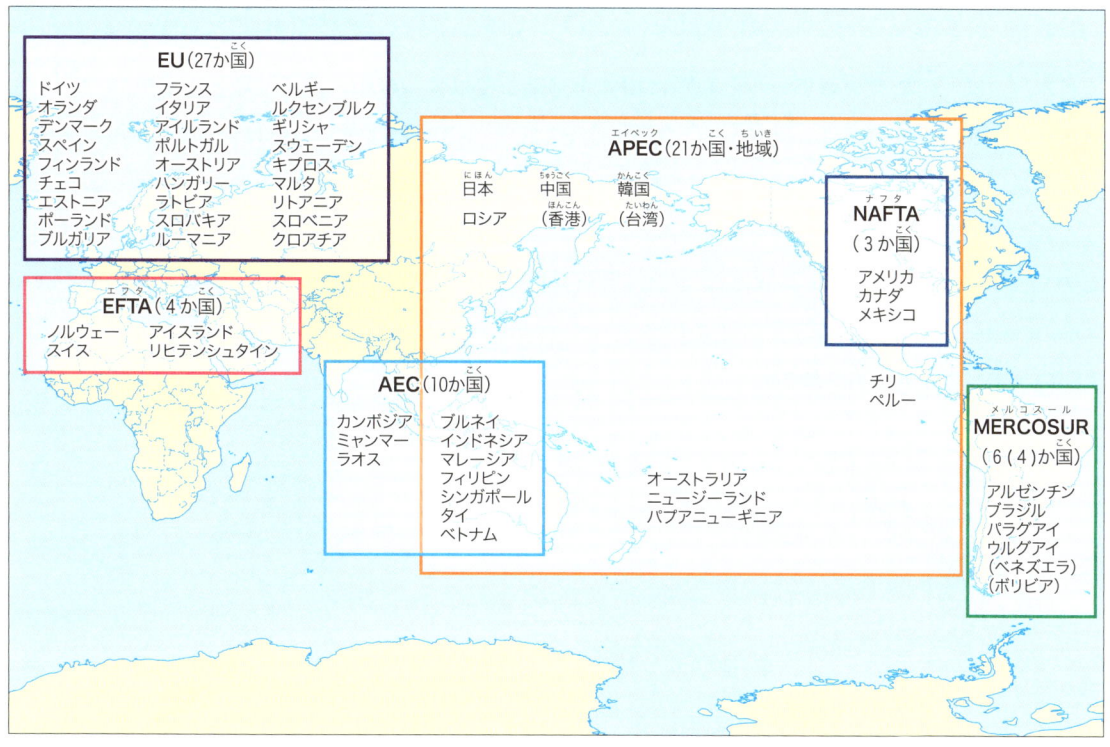

▼主な経済地域と日本・中国のデータ（2018年）

	面積(千km²)	人口(百万人)	名目GDP(億ドル)	貿易額(億ドル)	
				輸出	輸入
ASEAN	4,486	654	29,715	14,330	14,197
EU	4,374	512	187,758	59,939	57,471
NAFTA	21,783	490	235,162	25,626	35,203
MERCOSUR	13,921	304	27,356	3,643	3,024
日本	378	127	49,713	7,379	7,483
中国	9,600	1,428	136,082	25,013	21,340

矢野恒太記念会編『世界国勢図会2020/21年版』より作成

10 日本が結んだEPA

　日本は，2002年にシンガポールとの間にEPAを締結して以来，ほかの国や地域ともEPAの締結を進めている。2019年2月には，日本とEUのEPAが発効した。これにより，日本は巨大なEU市場への参加が容易になり，日本とEUの間で貿易や投資が活発になることが期待される。

　なお，日本とアメリカの二国間貿易をさらに大きく発展させるために，農産品と工業品のうち一定のものについて関税を撤廃または削減する日米貿易協定(Trade Agreement between Japan and the United States of America)が，2020年1月に発効した。

▼日本が締結したEPA等(年は発効年)

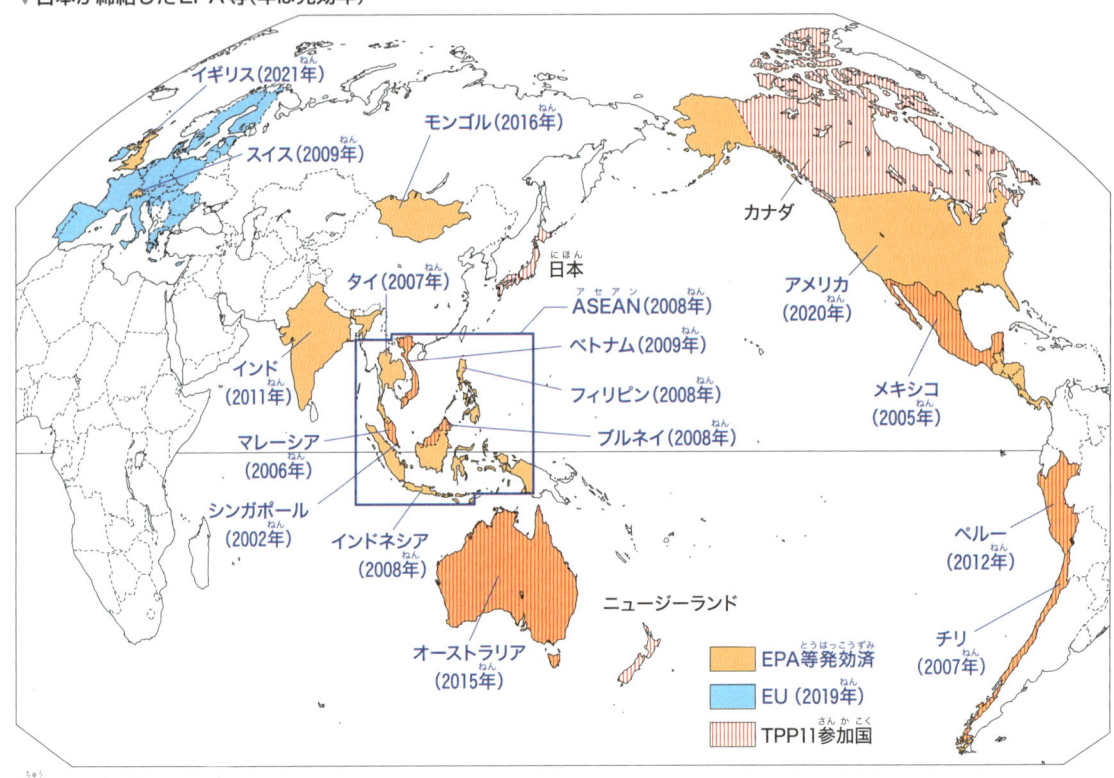

(注)モンゴル(Mongolia)

11 南北問題

南北問題とは

　第二次世界大戦後，アジア(Asia)やアフリカ(Africa)では多くの植民地が独立した。しかし，独立した国々の多くは，植民地時代から生産していた農産物や鉱産資源などの一次産品(→p.266)に依存する**モノカルチャー経済**(monoculture economy)からなかなか抜け出せず，発展途上国と位置づけられた。そして，発展途上国と先進国の経済格差は，固定化されていった。

　地理的に見ると，発展途上国は南半球に多く，先進国は北半球に多い。このことから，先進国と発展途上国の経済格差や，それにともなう諸問題を**南北問題**と呼ぶ。

解決への取り組み

　先進国は，経済成長，貿易の自由化，発展途上国の支援への貢献を目的とする**OECD(経済協力開発機構)** を1961年に設立した。そして，その下部機関として，発展途上国の援助を各国間で調整し，促進する**DAC(開発援助委員会)** を設置した。

　国際連合(UN)も，発展途上国と先進国の経済格差を縮小するため，貿易，援助，経済開発の交渉などを行う機関である**UNCTAD(国連貿易開発会議)** を，1964年に発展途上国の主導で設置した。UNCTADの第1回会議では，一次産品の価格安定，特恵関税❶の供与，GNP(国民総生産)比1%の援助目標の設定などを求める報告が発表された。

資源ナショナリズム(resource nationalism)

　1960年代後半になると，発展途上国が自国の資源に対する主権の確立を求める**資源ナショナリズム**の考えが強まってきた。これは，それまで先進国の多国籍企業❷に支配されていた自国の天然資源の開発や輸出を，自国の主権下に置こうとする動きである。

　1974年に開かれた国連資源特別総会では，**NIEO(新国際経済秩序)** 樹立に関する宣言が採択された。これは，発展途上国の天然資源に対する恒久主権や多国籍企業の規制強化などを内容とするものである。

多様化する発展途上国

　1970年代になると，先進国の資本や技術を導入して工業化を図り，急速な経済成長をとげる発展途上国・地域が現れた。これらの国・地域は，**NIES(新興工業経済地域)** と呼ばれる。アジアでは，韓国，台湾，香港，シンガポールが当てはまる。

　また，2000年代には**ブラジル，ロシア，インド，中国**の4か国が高い経済成長によって注目され，**BRICs**と呼ばれるようになった❸。この4か国はいずれも膨大な人口と広大な国土を持ち，鉱産資源にも恵まれている。

　一方，発展途上国の間では，産油国や工業化が比較的進んだ国と，資源が乏しく開発も遅れている国との経済格差が拡大した。このような，発展途上国間の格差を，**南南問題**という。

---

❶ 先進国が，発展途上国からの輸入品に対する関税の税率を他国に比べて低くすることを，特恵関税という。
❷ 一般に，複数の国に子会社を置き，世界的な規模で事業を行う企業を，多国籍企業という。
❸ 現在は，これら4か国に南アフリカ(South Africa)を加えて，BRICSと表記される。

アジア通貨危機(Asian financial crisis)

1980年代から1990年代前半にかけて，ASEAN諸国の経済は著しく発展した。しかし，これらの国の多くは，一種の固定相場制をとっており，また，大幅な経常収支赤字や財政赤字が続いていた。そのような状況の下，**タイ**の景気後退をきっかけとして1997年にヘッジファンド[1](hedge fund)が投機的資金を引きあげたため，通貨バーツの相場が急落した。その後，通貨危機はインドネシアや韓国などに波及し，アジア諸国の経済に大きな打撃を与えた。この通貨危機を，**アジア通貨危機**という。タイ，インドネシア，韓国は，IMFの支援を受けて経済の立て直しを図った。

12 ODA(政府開発援助)

先進国が，資金援助や技術援助を通して，発展途上国の経済・社会の発展を支援する仕組みを，**ODA(政府開発援助)**という。ODAには，発展途上国に対して直接行う二国間援助と，国際機関への出資や拠出を通じて行う多国間援助の二つがある。二国間援助は贈与と政府貸付からなる。贈与は無償資金協力と技術協力からなり，政府貸付として，有償資金協力(円借款)がある。

先進国はOECDの下部機関であるDACを通して発展途上国に対するODAを推進している。ODAの目標はGNI(国民総所得)の0.7％とされているが，日本やアメリカなど，多くの国は達成できていない。

日本のODA実績は，1991年から2000年までの10年間は世界最大であった。その後，徐々に順位を下げ，現在は世界4位または5位の位置を推移している。日本政府は2015年に「開発協力大綱」を定め，非軍事的協力による平和と繁栄への貢献，人間の安全保障の推進，自助努力支援と対話・協働による自立的発展に向けた協力をODAの基本方針とした。

▼主なDAC諸国におけるODA実績の国民一人当たりの負担額(2018年)

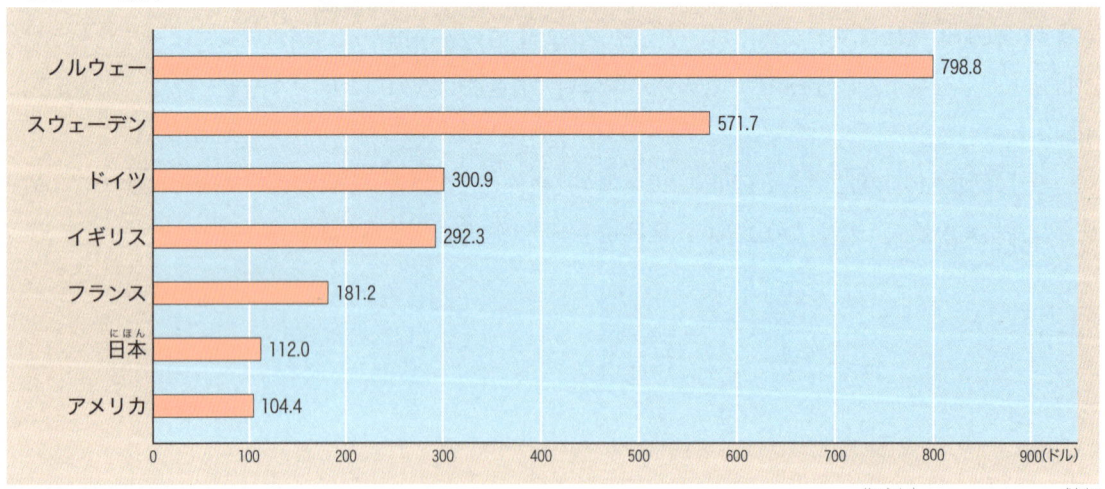

外務省ウェブサイトより作成

---

[1] 短期的な利益を求めてハイリスク・ハイリターンな資金運用を行う投資信託のことを，ヘッジファンドという。

▼主なDAC諸国のODA実績の推移

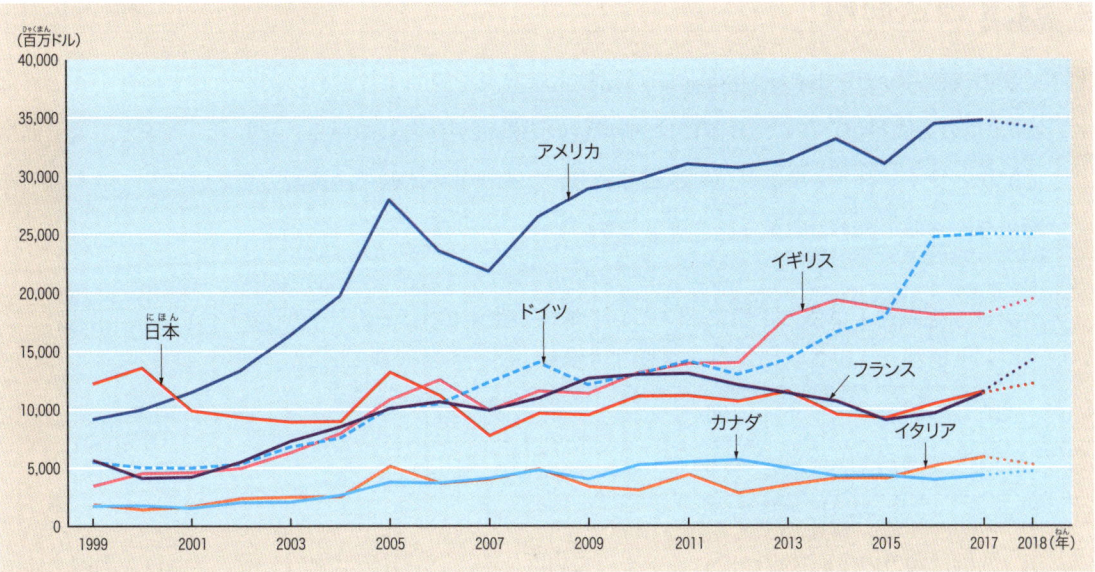

(注)2017年までは純額方式，2018年は贈与相当額計上方式で計上している。

外務省ウェブサイトより作成

▼主な国のODA実績

順位	国	贈与相当額(百万ドル)(2019年)	対GNI比(%)(2019年)	最も援助額が多い地域(2017年)
1	アメリカ	34,009	0.16	アフリカ(37.6%)
2	ドイツ	24,627	0.60	アジア(29.0%)
3	イギリス	19,829	0.70	アフリカ(33.8%)
4	日本	15,224	0.29	アジア(67.4%)
5	フランス	12,651	0.44	アフリカ(40.4%)
6	トルコ	8,751	1.15	アジア(89.6%)
7	スウェーデン	5,711	0.99	アフリカ(27.1%)
8	オランダ	5,429	0.59	アフリカ(19.8%)
9	イタリア	5,136	0.24	アフリカ(15.6%)
10	カナダ	4,684	0.27	アフリカ(36.2%)

(注)ただし、最も援助額が多い地域については、ドイツ、イタリア、スウェーデン、オランダは、不特定という項目の割合が最も高くなっている。
トルコはDAC非加盟国である。

OECDウェブサイトより作成

第8章 練習問題

解答 ➡ p.331

問1 次の表は、リカード(David Ricardo)の比較生産費説を説明するための例を示している。A国には220単位の労働量が存在し、B国には360単位の労働量が存在している。そして、各国とも貿易前は、毛織物とワインを各1単位ずつ生産している。リカードの比較生産費説の考え方として最も適当なものを、下の①〜④の中から一つ選びなさい。

	毛織物1単位の生産に必要な労働量	ワイン1単位の生産に必要な労働量
A国	100	120
B国	200	160

① A国は両方の生産技術が優れているので両財を輸出し、B国は両財を輸入すれば、両国全体で両財の生産量が増加する。

② B国は両方の生産技術が優れているので両財を輸出し、A国は両財を輸入すれば、両国全体で両財の生産量が増加する。

③ A国はワインの生産に特化し、B国は毛織物の生産に特化すれば、両国全体で両財の生産量が増加する。

④ A国は毛織物の生産に特化し、B国はワインの生産に特化すれば、両国全体で両財の生産量が増加する。

問2 外国為替相場が円高ドル安に向かう要因として最も適当なものを、次の①〜④の中から一つ選びなさい。

① 日本からアメリカ(USA)への輸出額が増加した。
② アメリカから日本に来る旅行者が減少した。
③ 日本の金利がアメリカの金利よりも低くなった。
④ 日本の物価がアメリカの物価よりも上昇した。

第8章 練習問題

解答 ➡ p.331

問3 次の表は，C国のある年の国際収支を示したものである。C国の経常収支として最も適当なものを，下の①〜④の中から一つ選びなさい。

項目	金額
貿易収支	200
サービス収支	−100
第一次所得収支	−500
第二次所得収支	200
資本移転等収支	50
金融収支	−200

① 100の黒字

② 400の黒字

③ 200の赤字

④ 350の赤字

問4 IMF(国際通貨基金)に関する記述として最も適当なものを，次の①〜④の中から一つ選びなさい。

① 1944年のブレトンウッズ会議(Bretton Woods Conference)において，ILO(国際労働機関)とともに設立することが決定された。

② 本部はイギリス(UK)のロンドン(London)に置かれ，イギリスの通貨ポンドが基軸通貨とされた。

③ 国際収支(経常収支)の赤字国への一時的な融資を，目的の一つとしている。

④ 固定相場制の維持を目的の一つとしていたが，先進国が変動相場制へ移行した後，廃止された。

第8章 練習問題

解答 ➡ p.331

問5 1985年のプラザ合意(Plaza Accord)に関する記述として最も適当なものを、次の①〜④の中から一つ選びなさい。

① 金とドルとの交換停止が合意された。

② ドル高を是正することが合意された。

③ 固定相場制から変動相場制への移行が合意された。

④ 管理通貨制度を採用することが合意された。

問6 EU(欧州連合)における次の出来事A〜Dを年代順に並べたものとして最も適当なものを、下の①〜④の中から一つ選びなさい。

A 東欧(Eastern Europe)諸国など10か国の加盟

B 共通通貨ユーロの流通開始

C マーストリヒト条約(Maastricht Treaty)の発効

D ECB(欧州中央銀行)の設置

① A→D→B→C

② A→D→C→B

③ C→D→B→A

④ C→D→A→B

問7 BRICs(BRICS)の構成国として**適当でないもの**を、次の①〜④の中から一つ選びなさい。

① ブラジル(Brazil)

② ロシア(Russia)

③ インドネシア(Indonesia)

④ 中国(China)

第9章　地球環境問題

Point

①	国連環境開発会議	1992年にブラジルのリオデジャネイロで開催，アジェンダ21などを採択
②	環境保護のための国際条約	オゾン層保護のためのモントリオール議定書 湿地保護のためのラムサール条約

1　地球環境問題

地球温暖化

地球温暖化は，石油・石炭などの化石燃料の大量消費にともなって排出される二酸化炭素（CO_2）などの**温室効果ガス**によって引き起こされ，海面上昇による低地・島の水没や異常気象の原因となるとされる[①]。インド洋のモルディブ（Maldives）や南太平洋のツバル（Tuvalu）などのサンゴ礁からなる低平な島国では，国土の水没が懸念されている。

▼世界の二酸化炭素（CO_2）の排出量の割合

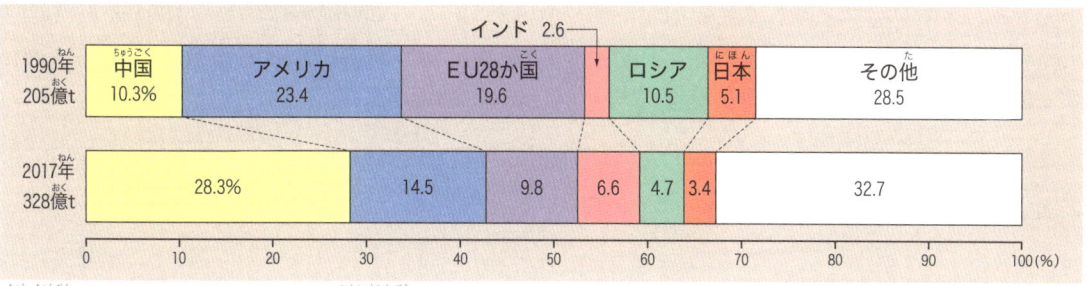

（注）中国（China），アメリカ（USA），EU（欧州連合），インド（India），ロシア（Russia）

矢野恒太記念会編『世界国勢図会2020/21年版』より作成

[①] 1990年にフィンランド（Finland）は，温室効果ガスの排出を抑えるため，環境税の一つとして炭素税（二酸化炭素の排出量に応じて課される税）を世界で初めて導入した。以後，ほかのヨーロッパ（Europe）の主な国も炭素税を導入していった。日本では，炭素税として2012年に地球温暖化対策税が導入された。

そのほかの地球環境問題

地球環境問題には，温暖化以外にも，**オゾン層の破壊**，**酸性雨**，砂漠化，熱帯林の破壊など，さまざまなものがある。

オゾン層を破壊する主な原因は，**フロン**（フロンガス）であり，オゾン層が破壊されると有害な紫外線が地表に降り注ぐことになる。

酸性雨の主な原因は，自動車の排気ガスや工場の煤煙などに含まれる窒素酸化物や硫黄酸化物である。

サハラ砂漠（Sahara）の南縁に広がるサヘル（Sahel）などでは，降水量の減少といった気候変動や，過放牧などの人為的な要因により，砂漠化が進んでいる。

熱帯地域にある発展途上国では，先進国向けに木材を輸出するための過伐採などで熱帯林の破壊が進行している。

2 国際社会の取り組み

国連人間環境会議

1972年，**スウェーデン**(Sweden)の**ストックホルム**(Stockholm)において，「かけがえのない地球("*Only one earth*")」をスローガンとして**国連人間環境会議**が開催され，**人間環境宣言**(Declaration of the United Nations Conference on the Human Environment)が採択された。人間環境宣言は，地球環境の保護が人類共通の目的であることを確認する宣言である。

また，国連人間環境会議の決議を受け，環境問題に取り組む機関として1972年に**国連環境計画**(UNEP)が設立された。

国連環境開発会議（地球サミット）

1992年，**ブラジル**(Brazil)の**リオデジャネイロ**(Rio de Janeiro)において，「**持続可能な開発**("*Sustainable Development*")」を基本理念として，**国連環境開発会議（地球サミット）**が開催された。

国連環境開発会議では，環境と開発に関する基本原則であるリオ宣言(Rio Declaration on Environment and Development)や，リオ宣言の諸原則を実施するための行動計画である**アジェンダ21**(Agenda21)などが採択された。また，生物の多様性の保全を目的の一つとする生物多様性条約(Convention on Biological Diversity)の署名なども行われた。

環境保護のための主な国際条約

自然環境や生態系❶を保護するために，以下のような条約が採択されている。

条約名	概要
ラムサール条約 (Ramsar Convention)	1971年採択，1975年発効。渡り鳥など水鳥の生息地として重要な湿地を登録・保護することを締約国に義務づける条約。
ワシントン条約 (Washington Convention)	1973年採択，1975年発効。絶滅のおそれのある野生動植物の国際取引を制限する条約。
モントリオール議定書 (Montreal Protocol)	1987年採択，1989年発効。オゾン層を破壊するおそれのある物質を指定し，これらの物質の製造・消費・貿易を規制することを目的とする。1985年採択の**ウィーン条約**(Vienne Convention)に基づく議定書。
バーゼル条約 (Basel Convention)	1989年採択，1992年発効。有害廃棄物の国境を越える移動や処分を規制する条約。
気候変動枠組条約 (United Nations Framework Convention on Climate Change)	1992年採択，1994年発効。温室効果ガスの削減をめざす条約。1995年から毎年締約国会議が開かれ，1997年の第3回締約国会議では京都議定書(Kyoto Protocol)❷が，2015年の第21回締約国会議ではパリ協定(Paris Agreement)❸がそれぞれ採択された。

持続可能な開発目標(SDGs)

2015年に国際連合(UN)において，「持続可能な開発のための2030アジェンダ」(The 2030 Agenda for Sustainable Development)が採択された。このアジェンダの中核が，「持続可能な開発目標」(SDGs)である。

SDGsは，2030年までに達成すべき17のゴールと169のターゲットから構成されている。17のゴールには，発展途上国に対する開発支援として，貧困や飢餓の撲滅，教育の完全普及，安全な水や健康な生活の確保などが掲げられている。また，先進国でも課題となっている，エネルギーの利用，働きがいのある人間らしい仕事に就くこと，持続可能な経済成長といったゴールもある。さらに，気候変動への対策，海洋資源や陸上の生態系の保護のように，地球環境を守るためのゴールも掲げられている。

SDGsは，「誰一人取り残さない」(leave no one behind)社会を実現するための，先進国と発展途上国がともに取り組むべき国際社会全体の目標である。

---

❶ アメリカの生物学者レイチェル・カーソン(Rachel Carson)は1962年の著書『沈黙の春』で，農薬や殺虫剤などの化学物質の大量使用が生態系を破壊し，人々の生活を脅かしかねないと訴えた。この本は環境問題に人々の目を向けさせ，環境保護運動が始まるきっかけになった。

❷ 京都議定書は先進国に温室効果ガス削減を数値目標つきで義務づけた条約である。2008年から2012年までの間に，1990年比で日本は6％，アメリカは7％，EUは8％削減することが定められた。ただし，アメリカは2001年に離脱した。京都議定書では，温室効果ガスの削減目標達成の手助けとなる手段として，排出権取引(排出量取引)やクリーン開発メカニズムなどの仕組みが採用された。

❸ パリ協定は，産業革命前からの気温上昇を2℃未満に抑え，さらに1.5℃未満に抑えるように努力するという目標を掲げた。また，発展途上国を含むすべての国・地域が温室効果ガス削減の自主目標を国際連合に提出し，国内対策を実施する義務を負うと定めた。

第9章 練習問題

解答 ➡ p.332

問1 次の文章中の空欄 a ～ c に当てはまる語の組み合わせとして最も適当なものを，下の①～④の中から一つ選びなさい。

1992年に開催された国連環境開発会議(地球サミット)では，「 a 」が基本理念に掲げられ，環境と開発に関するリオ宣言や，その行動計画である「 b 」などが採択された。また， c の署名も開始された。しかし，この会議では，環境保護を優先させようとする先進国と，先進国に追いつくための開発の権利を主張する発展途上国が激しく対立した。

	a	b	c
①	持続可能な開発	SDGs	砂漠化対処条約
②	持続可能な開発	アジェンダ21	生物多様性条約
③	かけがえのない地球	SDGs	生物多様性条約
④	かけがえのない地球	アジェンダ21	砂漠化対処条約

(注) SDGs(持続可能な開発目標)，アジェンダ21(Agenda21)，
砂漠化対処条約(Convention to Combat Desertification in Those Countries Experiencing Serious Drought and/or Desertification, Particularly in Africa)，
生物多様性条約(Convention on Biological Diversity)

問2 フロンの生産や貿易を規制し，オゾン層の破壊を防ぐことを目的とする条約として最も適当なものを，次の①～④の中から一つ選びなさい。

① モントリオール議定書(Montreal Protocol)

② 京都議定書(Kyoto Protocol)

③ ラムサール条約(Ramsar Convention)

④ バーゼル条約(Basel Convention)

第2部

政治分野
POLITICS

정치분야

第1章 民主政治の基本原理

Point

①	社会契約説	ホッブズは自然状態を「万人の万人に対する闘争」状態と表現 ロックは人民が政府への抵抗権を持つと主張 ルソーは一般意志という概念を提唱し，直接民主制を主張
②	法の支配	統治される者だけでなく統治する者も，正しい法には従わなければならない
③	モンテスキューの権力分立論	権力を立法権・行政権・司法権に分け，権力の抑制と均衡を図るべきである
④	立憲主義	民主主義（多数決）で人権をみだりに侵害されることがないよう，憲法によって権力を規制する仕組み

1 国家

国家の三要素

国家は，政治を行う最も重要な単位である。国家は，国民，領域，主権という三要素を持つ。

国民	国家を構成する個々人のこと。
領域	陸（領土）と海（領海）と空（領空）からなる。領土は，領域の中の陸地部分。領海は，基線から12海里まで❶。領空は，領土と領海の上空（ただし，宇宙空間（大気圏外）は含まれない）。
主権	国家の最終的な意思を決定する権力，人民と領土を統治する最高権力（統治権），他国からのどのような干渉も許さない独立した権力という三つの意味で用いられる。

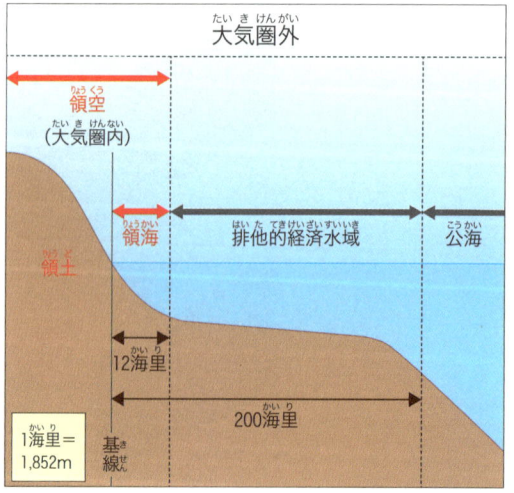

▼国家の主権・管轄権が及ぶ範囲

❶ 基線から200海里までの海域（領海を除く）を，排他的経済水域という。排他的経済水域では，漁業資源や鉱産資源に対して沿岸国の管轄権が認められている。なお，他国の船舶には自由な通航が認められている。

支配の三類型

国家は，決定した事項を国民に強制的に守らせる力（国家権力）を持つ。ドイツ（Germany）の社会学者ウェーバー（Max Weber）は，安定した力の行使は強制力だけでは成り立たず，国民が支配に正当性を認めることで成り立つと説き，支配の正当性を以下の三つの類型に分類した。

類型	内容	例
伝統的支配	支配者の血筋や，伝統となった慣習などの権威に基づく支配	君主制
カリスマ的支配	超自然的または超人間的な資質・能力に対する熱狂的な支持に基づく支配	ナポレオン
合法的支配	適正に制定された法（規則）の合法性への信頼に基づく支配	官僚制

（注）ナポレオン（Napoleon Bonaparte）

官僚制

近代の国家では，官僚制が大きく発達した。ウェーバーは，近代の官僚制の特徴として，以下のものをあげた。

規則主義・明確な権限	官僚の活動は，法律を始めとするさまざまな規則によって定められた明確な権限の下で行われる。
階層制	上級の機関は下級の機関を統制・監督する権限を持つ。
文書主義	官僚の職務は，文書によって管理される。
専門性	官僚の職務は，徹底的・専門的な訓練を前提として行われる。
公私の明確な区別	官僚は，私生活から切り離された仕事場で職務を行い，職務に専念する義務が課せられる。

ウェーバーは，資本主義経済の下では，国の行政機関だけでなく，民間企業などあらゆる組織においても官僚制が発達すると考えた。

法

古代ギリシャ（Greece）の哲学者アリストテレス（Aristotle）は，「人間は社会的動物である」という言葉を残した。しかし，人間が平穏に社会生活を送るためには，行動の基準になるさまざまなルール（規則）が必要である。これらのルールの中には，道徳，慣習，法といったものがあるが，このうち，法は国家により定められ，国家は法を適用することができる。ただし，国家は憲法や法律などの法により活動を規制される。

法を分類すると，人間の理性に基づく普遍的な性質を持つ自然法と，人間の行為によって作り出された実定法に大きく分けられる。実定法の中には，慣習が長く繰り返されることによって法として認められた慣習法や，明確な文章で規定された成文法などがある。

2 民主政治の成立

王権神授説

ヨーロッパ(Europe)は，16～18世紀の間，強大な権力を持つ国王が国家の意思を決定する絶対王政(➡p.146)の時代であった。絶対王政は，国王の権力は神から与えられたもので神聖不可侵であるとする王権神授説によって正当化された。

社会契約説

ヨーロッパでは，産業の発展にともなって市民階級が経済力をつけてきた。市民階級の人々は絶対王政をとる国王との対立を深め，自由・平等，政治への参加を求めて市民革命(➡p.146)を起こした。市民革命の正当性を支えた思想に，**社会契約説**がある。

社会契約説は，自然権[1]を持つ人々の間の合意(社会契約)によって国家が成立すると捉える。以下に，社会契約説を主張した代表的な思想家を示す。

思想家	ホッブズ (Thomas Hobbes)	ロック (John Locke)	ルソー (Jean-Jacques Rousseau)
主著	『リヴァイアサン』	『統治二論』(『市民政府二論』)	『社会契約論』
自然状態[2]	自己保存のため，「**万人の万人に対する闘争**」状態になっている。	基本的に人々は平和に暮らしているが，まれに強盗などにより自然権が脅かされる。	自由・平等が確保された状態。しかし，私有財産制の採用によりそれらは失われた。
自然権	自分の生命を守る権利(自己保存権)	生命・自由・財産権(所有権)	自由・平等
社会契約の内容	強力な統治者に絶対的権限を与えて平和を維持してもらう。	自然権を確実に守るため，契約を結んで政府を作り，その自然権の保全を政府に**信託**する。信託が裏切られた場合は，人民の**抵抗権**(革命権)を認める。	自由・平等を取り戻すために，人民は**一般意志**(一般意思)[3]によって契約を結び，共同体(政府)を作る。
影響	結果的に絶対王政を擁護することになった。	アメリカ独立宣言(Declaration of Independence)に強い影響を与えた。	主権の代表は不可能とする人民主権を説き，**直接民主制**を主張した。フランス革命(French Revolution)に影響を与えた。

[1] 人間が生まれながらにして持つ権利を自然権という。
[2] 社会契約説では，国家が成立する前の状態を自然状態と呼ぶ。
[3] 自己のための利益ではなく，万人に共通する利益を追求する意志のことを，一般意志という。

法の支配(rule of law)

「法の支配」とは，国家において，統治される者だけでなく統治する者も，正しい法には従わなければならないとする考え方であり，国民の自由や権利を守るために権力者の力を制限するものである[1]。法の支配の考えは，イギリス(UK)におけるコモン・ロー(common law，裁判所の判例などによって生まれた慣習法・普通法)を背景に発展した。

法の支配は，国王や君主などの権力者は法に従う必要はないとする「人の支配」と対立する考え方である。

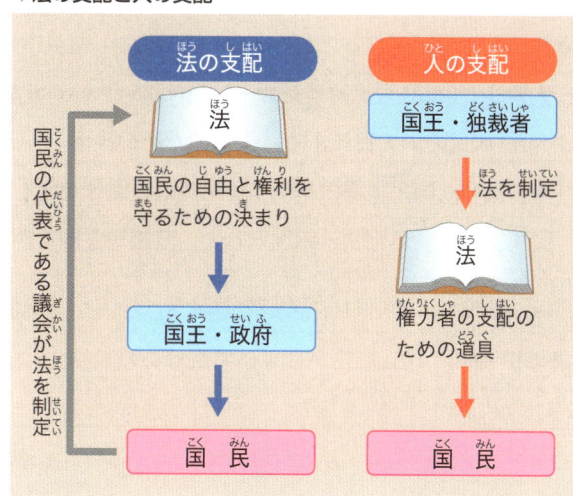

▼法の支配と人の支配

権力分立

国家権力を分割し，その担い手を分離独立させ，相互に抑制・均衡させることで，権力の濫用を防止する考え方を，権力分立という。

フランス(France)の法律家モンテスキュー(Charles-Louis de Montesquieu)は，『法の精神』において，立法・行政・司法の三権を分立させることにより，国家権力の抑制と均衡を図ることを主張した。

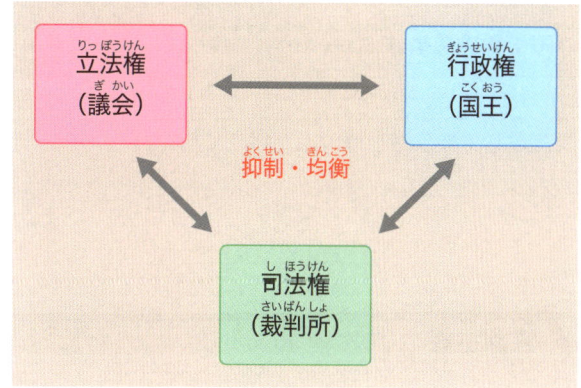

▼モンテスキューの権力分立論

---

[1] 17世紀前半のイギリスで，王権神授説を主張していた国王ジェームズ1世(James I)と議会の抗争に際して，裁判官コーク(Edward Coke)は，「王は何人の下にも立つことはない。しかし，神と法の下には立たなければならない。」("The king must not be under man but under God and under the law")という13世紀の法律家ブラクトン(Henry de Bracton)の言葉を引用し，法の支配を主張した。

国民主権

市民革命の後，国民主権が政治の原則の一つとなった。国民主権の原理は，国家の政治のあり方を決める権力が国民にあることを意味している。

アメリカ(USA)大統領リンカーン(Abraham Lincoln)が，ゲティスバーグ(Gettysburg)での演説(1863年)で述べた「人民の，人民による，人民のための政治」("government of the people, by the people, for the people")という言葉は，国民主権に基づく民主政治の原理を示したものとして知られている(➡p.168)。

国民主権を具体化する制度として，**直接民主制**と**間接民主制**がある。

直接民主制	国民自身が議論や議決などによって直接に政治的意思を表明する制度。
間接民主制	国民の選挙によって選ばれた議員が，国民の代表として政治のあり方について決定する制度。

民主政治を行う際，国政のすべてに全国民が直接関わることは難しい。したがって，多くの国では，間接民主制が採用されている❶。

また，国民主権を具体化する制度には，ほかに**参政権**がある。当初は財産を持つ人のみが参政権を認められていたが，しだいに多くの国で**普通選挙**(納税額や財産に関わりなく，一定の年齢に達した国民に選挙権を与える選挙のこと)が実現し，参政権を持つ人が増えていった❷。

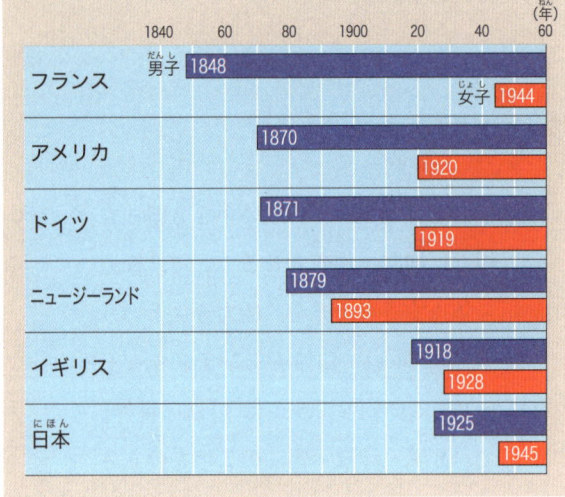

▼国別・男女別の，普通選挙が実現した年(数字は年)

(注)ニュージーランド(New Zealand)

立憲主義

国家の基本構造を定める憲法に基づいて，国家権力の活動を制限し，国民の基本的人権を保障するための政治を行うという考え方を，**立憲主義**という。

民主主義(民主政治)では，原則として多数決で法律の制定などの意思決定が行われる。しかし，多数決での意思決定により，個人の人権が侵害されることがありうる。適切な手続きにのっとっていても，基本的人権を侵害するような決定がなされれば，それは立憲主義に反するものになる。

このような問題から個人を守るために，多くの国の憲法は裁判所に**違憲審査権**(法律などが憲法に違反していないかどうかを判断する権限)を与えている。裁判所の違憲審査権は，立憲主義の実現にとって重要な意味を持つのである。

---

❶ 古代ギリシャのポリス(都市国家)のアテネ(Athens)では，紀元前6～5世紀にかけて直接民主制が成立していた。アテネでは，最高議決機関の民会で，行政，立法，経済，外交などの政治的な決定が市民の資格を持つ者により行われていた。
❷ イギリスで1837年に労働者が起こしたチャーティスト運動(Chartism)は，普通選挙を認めるべきであると要求した(➡p.160)。

3 人権の歴史的展開

自由権

市民革命の中で，アメリカではバージニア権利章典(Virginia Bill of Rights)や独立宣言が，フランスでは人権宣言(Declaration of the Rights of Man and of the Citizen)が採択されたが，これらにより人々が得た人権は，経済活動の自由や人身の自由など，国家からの自由を求める**自由権**が中心であった。

この時期の国家は，国防など必要最小限度の活動のみを行い，国民の私的生活や経済に介入しないようにすることが求められた。

社会権

19世紀になると，資本主義経済が発展するとともに，国民の間に貧富の差が拡大し，社会的な緊張が生じるようになった。そこで，従来の自由権の保障だけではなく，**生存権**(すべての人が人間らしい生活を営む権利)などを保障しようとする**社会権**の考え方が重要となった。社会権を初めて明文化した憲法は，第一次世界大戦(WWⅠ)後の1919年にドイツで制定された**ワイマール憲法**(Weimar Constitution)である。

社会権を保障するためには，国家が国民の私的生活や経済に介入し，社会的平等を図る必要がある。これを実現する国家が**福祉国家**(➡p.3)であり，福祉国家は第二次世界大戦(WWⅡ)後に増えていった。

▼近代民主政治の歩み

年	国	事項	概要
1215	イギリス	マグナ・カルタ(大憲章)	法の支配の兆しが見られる文書で，国王による恣意的な逮捕や課税を禁止した。
1628	イギリス	権利請願(➡p.146)	国王に，議会の同意のない課税や，不法な逮捕・投獄をしないことを認めさせた。
1642	イギリス	ピューリタン革命	国王が処刑され，共和政が成立した。
1688	イギリス	名誉革命(➡p.147)	絶対王政をとる国王を無血で追放し，権利章典を制定した。
1689	イギリス	権利章典	国民の基本的人権，財産権，議会が国王に優越する原則を示し，立憲君主制を確立した。
1776	アメリカ	バージニア権利章典	初めて自然権を成文化した。
1776	アメリカ	アメリカ独立宣言(➡p.150)	生命，自由，幸福の追求を天賦の人権と宣言し，抵抗権を明記した。
1789	フランス	フランス人権宣言(➡p.152)	自由，所有権，安全及び圧制への抵抗を自然権として示した。また，国民主権，法定手続きの保障，権力分立を明記した。
1919	ドイツ	ワイマール憲法	世界で初めて憲法に社会権を明文で定めた。

(注)マグナ・カルタ(Magna Carta)，権利請願(Petition of Right)，ピューリタン革命(Puritan Revolution)，名誉革命(Glorious Revolution)，権利章典(Bill of Rights)

人権の国際化

　第二次世界大戦後は、国内だけでなく、国際社会でも人権を保障すべきであるという考えが広がった。そのきっかけになったのが、1941年にアメリカのフランクリン・ローズベルト(Franklin Roosevelt)大統領が一般教書演説の中で提唱した「四つの自由」(言論・表現の自由、信仰の自由、欠乏からの自由、恐怖からの自由)である。

　1948年、国際的な人権保障の基準と理念を示した**世界人権宣言**(Universal Declaration of Human Rights)が、国際連合(UN)の総会で採択された。1966年には、世界人権宣言の理念を具体化するために、法的拘束力を持つ条約として**国際人権規約**(International Covenant on Human Rights)が採択された[❶]。

　また、国際連合では、人権の国際的保障をさらに進めるため、以下のような条約が採択され、発効している。

条約名	採択年	発効年	日本が批准した年
ジェノサイド条約	1948	1951	未批准
難民の地位に関する条約(難民条約)[❷](→p.141)	1951	1954	1981
人種差別撤廃条約	1965	1969	1995
女子差別撤廃条約	1979	1981	1985
子ども(児童)の権利条約	1989	1990	1994
死刑廃止条約	1989	1991	未批准
障害者権利条約	2006	2008	2014

(注)ジェノサイド条約(Convention on the prevention and Punishment of the Crime of Genocide),
　　難民条約(Convention Relating to the Status of Refugees),
　　人種差別撤廃条約(International Convention on the Elimination of All Forms of Racial Discrimination),
　　女子差別撤廃条約(Convention on the Elimination of all Forms of Discrimination against Women),
　　子ども(児童)の権利条約(Convention on the Rights of the Child),
　　死刑廃止条約(Second Optional Protocol to the International Covenant on Civil and Political Rights, Aiming At the Abolition of the Death Penalty),
　　障害者権利条約(Convention on the Rights of Persons with Disabilities)

[❶] 日本は、国際人権規約の「祝祭日の給与の支払い」、「公務員のストライキ権」、「中等・高等教育の無償化」の三つを留保して1979年に批准した(「中等・高等教育の無償化」は2012年に留保を撤回した)。また、選択議定書は批准していない。

[❷] 難民の地位に関する条約と、1967年採択・発効の難民の地位に関する議定書(Protocol Relating to the Status of Refugees)の二つを合わせて難民条約と呼ぶこともあるが、本書では難民の地位に関する条約を難民条約と呼ぶ。

第1章 練習問題

解答 ➡ p.332

問1 フランス革命(French Revolution)に影響を与えた人物とその著書の組み合わせとして最も適当なものを，次の①〜④の中から一つ選びなさい。

	人物	著書
①	マルクス	『資本論』
②	ボーダン	『国家論』
③	ホッブズ	『リヴァイアサン』
④	ルソー	『社会契約論』

(注)マルクス(Karl Marx)，ボーダン(Jean Bodin)，
　　ホッブズ(Thomas Hobbes)，ルソー(Jean-Jacques Rousseau)

問2 法の支配の説明として最も適当なものを，次の①〜④の中から一つ選びなさい。

① 国王の権力は神から与えられたものであるから，国王が制定する法は絶対であるという考え方である。

② あらゆる時代，あらゆる社会に共通する，普遍的な正しさを持つ根本的な法が存在するという考え方である。

③ 議会が制定する法律に基づくのであれば，個人の権利や自由を制限してもよいとする考え方である。

④ 法は国家権力から国民の自由や権利を守るものでなければならず，かつ，その内容が正義にかなうものでなければならないとする考え方である。

問3 著書『法の精神』において，国家権力を立法権，行政権，司法権の三権に分け，相互の抑制と均衡を図るべきであると主張した思想家として最も適当なものを，次の①〜④の中から一つ選びなさい。

① ミル(John Stuart Mill)

② ロック(John Locke)

③ コーク(Edward Coke)

④ モンテスキュー(Charles-Louis de Montesquieu)

第2章 世界の政治体制

Point

① **イギリスの政治体制** 議院内閣制を採用，下院優位，野党は「影の内閣」を組織

② **アメリカの政治体制** 大統領選挙は間接選挙
大統領は法案提出権を持たず，連邦議会は大統領の不信任決議権を持たない

1 イギリス(UK)の政治体制

議院内閣制

選挙で選ばれた議員が議会を構成し，内閣の存続は議会の信任に基づくという制度を，**議院内閣制**という。この制度の下では，内閣は議会に対し連帯して責任を負う。内閣は，議会の信任を失った時(内閣不信任決議が可決された時)には，**総辞職**するか，議会を**解散**して国民の意思を問わなければならない。イギリスは，議院内閣制をとっている❶。

国王

イギリスは**立憲君主制**❷で国民主権の国である。「国王は君臨すれども統治せず」("*The Sovereign reigns but does not govern*")の原則に従っており，実質的な権限は持っていない。なお，イギリス国王は，カナダ(Canada)，オーストラリア(Australia)，ニュージーランド(New Zealand)などの国王・国家元首でもある。

議会

議会は上院(貴族院)と下院(庶民院)からなり，下院優位の原則が確立している。下院の選挙制度は**小選挙区制**(→p.126)がとられている。一方，上院議員は国王が首相の助言の下に貴族や聖職者から任命するため，上院では選挙は行われない。

下院で多数を占める政党の党首は，原則として，国王により首相に任命される。国務大臣も全員が議員であることが必要である。また，野党は**「影の内閣」**(shadow cabinet)を組織して，次の政権交代に備えて準備をする。

---

❶ かつてイギリスの植民地であったカナダ，オーストラリア，ニュージーランドも議院内閣制をとっている。また，日本も議院内閣制をとっている。

❷ 君主の権力が憲法によって制限されている君主制のことを立憲君主制という。立憲君主制の国は，イギリス，カナダ，オーストラリア，ニュージーランドのほかに，スペイン(Spain)，オランダ(Netherlands)，ベルギー(Belgium)，スウェーデン(Sweden)などがある。

二大政党制

イギリスでは，長い間自由党と保守党の二大政党時代が続いたが，20世紀になると労働党が成立・台頭して，自由党が衰退したため，**保守党と労働党の二大政党制**が確立した。しかし，近年の選挙ではほかの政党もある程度の議席数を獲得している。

第二次世界大戦(WWⅡ)後のイギリスで長期政権を築いた首相として，保守党ではサッチャー(Margaret Thatcher)(1979～1990年)，労働党ではブレア(Tony Blair)(1997～2007年)がいる。

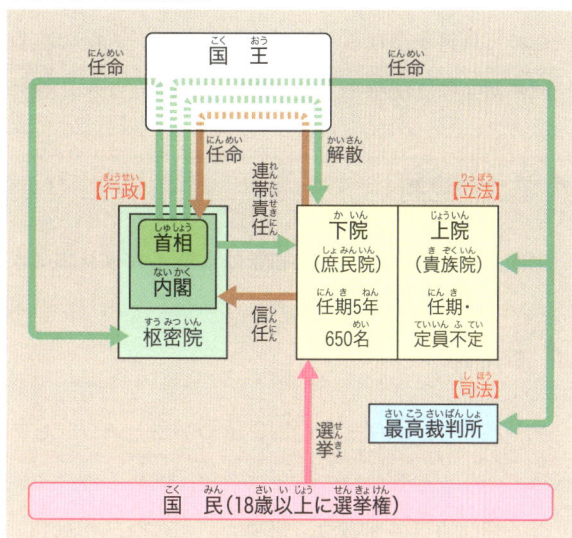
▼イギリスの政治機構

2 アメリカ(USA)の政治体制

大統領制

アメリカは，**大統領制**を採用している。大統領制は，行政府の長である大統領に大きな権限を与えるという仕組みである。

アメリカの大統領は，各州で国民に選ばれた大統領選挙人が大統領を選ぶという**間接選挙**で選出される。大統領の任期は**4年**で，**三選は禁止**されているので，最長で2期8年まで務めることができる。

アメリカの大統領は国家元首であり，行政府の長であり，軍の最高司令官である。大統領は**法案の提出権や連邦議会の解散権は持っていない**が，自己の政策を示す**教書**を連邦議会に送って法律の制定や予算の審議を要請する権限や，連邦議会が可決した法案に対する**拒否権**❶を持っている。また，条約の締結権を持つ(ただし上院の承認が必要)。

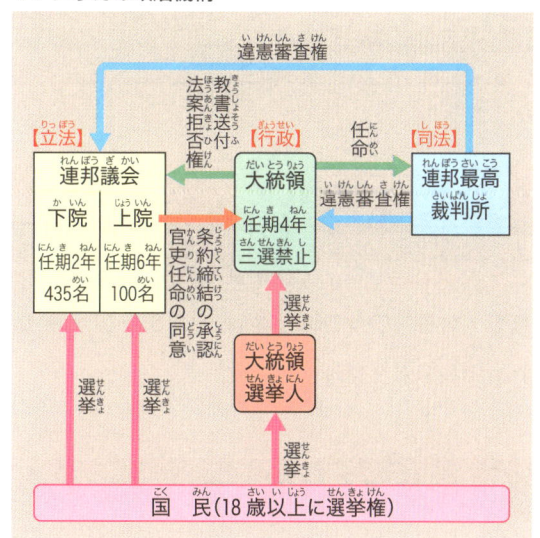
▼アメリカの政治機構

---

❶ ただし，上下両院で出席議員の3分の2以上の多数により再議決がされた場合，大統領の拒否を覆すことができる。大統領はこれに対し再び拒否することはできず，法律は成立する。

連邦議会

連邦議会は二院制で、各州から2名ずつ選出された議員からなる上院と、各州から人口に比例して選出された議員からなる下院で構成される。両院の議員は国民の直接選挙で選ばれ、ともに**解散はない**。
連邦議会は立法権・予算審議権を持つ。なお、連邦議会は大統領に対する**不信任決議権を持たない**[1]。

二大政党制

アメリカは、**民主党**と**共和党**による二大政党制になっている。

連邦制

アメリカは、高度な自治権を持つ50州とコロンビア特別区(District of Columbia)から構成される**連邦制**国家である。連邦政府の権限は通貨、国防、外交に関することなど憲法に示されたものに限定されており、各州は独自の州憲法、州議会、州政府、州裁判所を持つ。

> **確認　厳格な三権分立(権力分立)制**
>
> アメリカの大統領制は、モンテスキュー(Charles-Louis de Montesquieu)が主張した三権分立(→p.87)の考え方を採用した制度といえる。アメリカでは、行政権を担う大統領は国民の選挙によって選ばれるため、立法権を担う連邦議会の信任に基づいていない。そのため、大統領は連邦議会から**不信任決議を受けることはない**が、その代わり、**連邦議会に解散を命じたり、法案を提出したりする権限を持たない**。また、司法権を担う裁判所は、議会や行政府に対する監視機能である**違憲審査権**を持っており、厳格な三権分立(権力分立)制が保たれている。

3 半大統領制

半大統領制とは、大統領制と議院内閣制の複合型の政治体制のことであり、大統領と首相(内閣)が並存している。**フランス**(France)や**ロシア**(Russia)などで採用されており、これらの国々の大統領は、いずれも強い権限を持っている[2]。

4 連邦制を採用している国

アメリカのほかに連邦制を採用している国として、ドイツ(Germany)、ベルギー、カナダ、ロシア、ブラジル(Brazil)などがある。

---

[1] ただし、連邦議会は、大統領が重大な罪を犯した場合などにおいては、大統領に対する弾劾権を行使して、大統領を罷免する(辞めさせる)ことができる。

[2] ドイツやイタリア(Italy)にも大統領と首相(内閣)が置かれているが、両国の大統領は名目的・儀礼的な性格が強い。そのため、ドイツやイタリアの政治体制は議院内閣制とするのが一般的である。

第2章 練習問題

解答 ➡ p.332

問1 イギリス(UK)の政治制度に関する記述として最も適当なものを，次の①〜④の中から一つ選びなさい。

① 原則として下院の多数を占める政党の党首が首相に任命され，首相は内閣を組織する。
② 国家元首で強大な権限を持つ国王は，法案の拒否権をたびたび行使して議会と対立している。
③ 下院は，比例代表制による選挙で選出された議員で構成されている。
④ 上院の議員のうち法律に詳しい議員は，最高裁判所の裁判官を兼任している。

問2 アメリカ(USA)の政治制度に関する記述として最も適当なものを，次の①〜④の中から一つ選びなさい。

① 大統領は，連邦議会に対し予算案や法案を提出することができる。
② 連邦議会は，大統領に対する不信任決議権を持たない。
③ 連邦議会の下院議員は国民の直接選挙により選出されるが，上院議員は各州の州議会の選挙により選出される。
④ 連邦議会の定める法律への信任が歴史的に厚いことから，アメリカの裁判所は違憲審査権を持たない。

問3 フランス(France)とドイツ(Germany)の政治制度に関する記述として最も適当なものを，次の①〜④の中から一つ選びなさい。

① フランスでは，議会(下院)で選出された大統領が強大な権限を持つ。
② フランスでは，首相が議会(下院)の解散権を持つ。
③ ドイツの首相は，国民の直接選挙で選出される。
④ ドイツの大統領は，儀礼的な権限のみを有する。

第3章 日本国憲法の基本原理

Point

①	日本国憲法の基本原理	国民主権，基本的人権の尊重，平和主義
②	日本国憲法で保障された精神の自由	思想・良心の自由，信教の自由，表現の自由，学問の自由
③	日本国憲法で保障された社会権	生存権，教育を受ける権利，労働基本権
④	新しい人権	プライバシーの権利，知る権利，環境権
⑤	日本国憲法第9条	戦争の放棄，戦力の不保持，交戦権の否認

1 大日本帝国憲法

大日本帝国憲法の発布

　1868年に発足した新政府は，ヨーロッパ(Europe)諸国やアメリカ(USA)が持つような，近代的な憲法の制定をめざした。そのため，政府は1882年から1883年にかけて**伊藤博文**をヨーロッパ諸国に派遣し，各国の憲法を調査させた。

　伊藤は帰国後，君主に強力な権力を認めていた**プロイセン**(Prussia)の憲法を模範として憲法の草案を作成した。そして，1889年に，天皇が定めた憲法という形で**大日本帝国憲法**が発布された（➡p.178）。

大日本帝国憲法の特色

　大日本帝国憲法では，主権は天皇にあるとされ，天皇は，天皇大権と呼ばれるきわめて強大な権限を持った❶。ただし，天皇がすべての国家権力を自ら行使すると定められたのではなく，帝国議会・国務大臣❷・裁判所などの国家機関が，天皇を助け，または天皇に代わって立法権・行政権・司法権を担うとされた。

　国民の権利❸については，それを基本的人権ではなく「臣民の権利」として保障した。保障された権利は，信教の自由や集会・結社の自由など，自由権を主としていた。ただし，法律による権利の制限が可能とされていた。

---

❶ 陸軍・海軍に対する統帥権は天皇に属し，帝国議会や内閣が関わることはできなかった。
❷ 大日本帝国憲法の下での内閣総理大臣(首相)は，他の国務大臣と対等な立場であったため，「同輩中の首席」と呼ばれた。
❸ 大日本帝国憲法では，国民(臣民)の義務として，納税の義務と兵役の義務が定められていた。なお，教育の義務は，大日本帝国憲法ではなく，勅令(天皇による命令)で定められた。

▼大日本帝国憲法下の政治機構

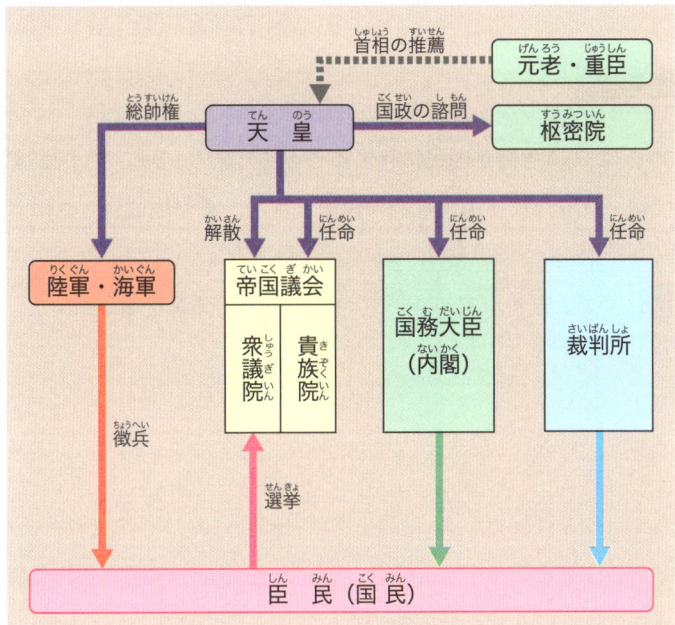

2 日本国憲法の制定

　1945年8月，日本はポツダム宣言(Potsdam Declaration)を受諾し，連合国に降伏した(→p.196)。ポツダム宣言は日本の根本的な改革を求めるものであり，大日本帝国憲法の改正は避けられなくなった。
　政府は，GHQ(連合国軍最高司令官総司令部)の最高司令官マッカーサー(Douglas MacArthur)の指示を受け，憲法改正案を作成した。改正案は帝国議会に提出され，若干の修正を加えたうえで可決された。こうして**日本国憲法**が制定され，1946年11月3日に公布，翌1947年5月3日に施行された。
　日本国憲法は，形式的には大日本帝国憲法の改正手続きによって制定されたが，実質的には，**国民主権**，**基本的人権の尊重**，**平和主義**を基本原理とする，大日本帝国憲法とまったく異なる新しい憲法である。

3 国民主権

国民主権と象徴天皇制

　日本国憲法は，前文で「ここに**主権が国民に存する**ことを宣言し」と述べ，**国民主権**（→p.88）を宣言している。天皇については，日本国及び国民統合の**象徴**とされ，その地位は，主権者である日本国民の総意に基づくとされた。

　天皇は，政治には関わらず，憲法が定めた形式的・儀礼的な**国事行為**[1]のみを，内閣の助言と承認に基づいて行うとされた。

間接民主制

　日本国憲法は，前文に「日本国民は，正当に選挙された国会における代表者を通じて行動し」とあるように，**間接民主制**（→p.88）を採用している。その一方で，例外的に直接民主制を導入している。直接民主制の制度として，憲法には，最高裁判所の裁判官に対する国民審査，一つの地方公共団体のみに適用される特別法に関する住民投票，憲法改正の国民投票の三つが定められている。

▼日本国憲法で採用されている直接民主制

最高裁判所の裁判官に対する国民審査	国民審査とは，有権者が最高裁判所裁判官の適否を判断する制度である。有権者の多数が罷免を可とすれば，その裁判官は罷免される。
一つの地方公共団体のみに適用される特別法に関する住民投票	国会は，一つの地方公共団体のみに適用される特別法を，その地方公共団体での住民投票における過半数の同意がなければ，制定することができない。
憲法改正の国民投票	憲法改正の手続きは， ①国会議員が改正原案を国会に提出 ②各議院の総議員の3分の2以上の賛成で国会が改正を発議 ③国民投票での過半数の賛成で国民が憲法改正を承認 ④天皇が国民の名で憲法改正を公布 という順序で進行する。国民投票の手続きが必須である。

---

[1] 天皇の国事行為には，内閣総理大臣の任命，法律の公布，国会の召集などがある。

4 基本的人権の尊重

基本的人権

憲法で保障された基本的人権には，自由権，平等権，社会権，参政権，請求権があり，いずれも国民が幸福を追求するうえで欠かすことのできない権利である。国民は，日本国憲法が国民に保障する自由及び権利を不断の努力によって保持しなければならない。また，憲法で保障された自由や権利を濫用してはならず，常に**公共の福祉**のために利用する責任を負う。公共の福祉とは，ある人の人権とほかの人の人権が両立しない場合に，両者の人権を調整する原理である。

そのため，基本的人権は公共の福祉を理由として制限されることがある。

自由権の種類

憲法で保障された**自由権**は，精神の自由，身体の自由（人身の自由），経済の自由（経済活動の自由）に大きく分けられる。

精神の自由

精神の自由は，自分の心の中で自由に物事を考え，社会に自分の意見を自由に表明するというもので，人間が生きていくうえで欠かせない権利である。日本国憲法では，以下の四つが保障されている。

思想・良心の自由	個人の思想や価値観など，人間の内心の自由を保障するものである。
信教の自由	信仰の自由や，布教の自由，宗教活動の自由などを保障するものである。さらに，信教の自由をより確実に保障するために，国家と宗教とが結びつくことを禁じる，**政教分離の原則**が採用されている。
表現の自由	人々が自分の考えを表明する自由を保障するものである。**言論**，**出版**，**集会・結社の自由**などがある。表現の自由を確実なものにするため，日本国憲法は**検閲**[1]を禁止し，**通信の秘密**を保障している。
学問の自由	学問を研究する自由，研究成果を発表する自由，研究成果を教える自由を保障するものである。

---

[1] 検閲は，外部に発表される思想の内容を国家権力が事前に審査し，必要がある時はその発表を禁止するというものである。

身体の自由（人身の自由）

身体の自由は，国家権力によって身体を不当に拘束・迫害されないための権利である。日本国憲法は，人としての尊厳を無視した身体の拘束を禁止する「奴隷的拘束及び苦役からの自由」を保障している。そのほか，以下のように，被疑者や被告人の権利などを細かく定めている。

法定手続きの保障	法律に定める手続きによらなければ刑罰を科せられないという原則。
罪刑法定主義	国家が，どのような行為を犯罪とし，どのような刑罰を科すかは，法律の定めを必要とするという原則。
令状主義	現行犯で逮捕される場合を除き，裁判官が発する令状によらなければ逮捕されないという原則[1]。
拷問・残虐な刑罰の禁止	拷問や，人道的に残酷な刑罰は，行うことができないという原則。
黙秘権	取り調べや裁判の際に，自分が不利にならないように，終始沈黙することができるという権利。
公平な裁判所の迅速な公開裁判を受ける権利	被告人は，公開された法廷で，審理の公正が保たれた裁判を受けることができるという権利。
自白の証拠能力の制限	唯一の証拠が本人の自白である場合には，有罪とされないという原則。
弁護人を依頼する権利	被告人は弁護人（弁護士）を依頼することができるという権利。経済的な理由で弁護人を依頼できない場合は，国の費用で弁護人がつく。
遡及処罰の禁止	事前に適法であった行為を，事後に制定された法で罰することはないという原則。
一事不再理	裁判が確定した後に，同一事件について再び裁判にかけられることはないという原則。

経済の自由（経済活動の自由）

日本国憲法では，人々が経済活動を自由に行うことを保障している。人がさまざまな自由を得るためには，収入など生活するための基盤が欠かせないからである。

日本国憲法は，**居住，移転及び職業選択の自由**[2]と**財産権**[3]を保障している。国民は，自由に住んだり引っ越したり，好きな職業を選んだり，自分で得た財産を所有したりすることができる。ただし，経済の自由は，経済的格差を是正するなどの，国の政策により制約を受けることがある。

[1] 住居への侵入や所持品などの捜索・押収についても，原則として裁判官の発する令状が必要である。
[2] 職業選択の自由には，営業の自由も含まれると解釈されている。
[3] 憲法が保障する財産権には，知的財産権（知的所有権）が含まれる。知的財産権とは，人間の創造的活動により生み出されるものに対する権利の総称である。たとえば，発明は特許権，小説や映画は著作権によって保護される。なお，著作物を利用するためには，原則として著作権者の許諾を得る必要があるが，例外の一つとして，出典を明示したうえで，必要最小限の分量であるなどの条件を満たせば，著作権者の許諾を得なくてもその著作物を自分の論文に引用できるというものがある。日本では，2002年に知的財産の創造，保護，活用のために知的財産基本法が制定された。また，2005年には，知的財産権に関する訴訟を専門的に扱う知的財産高等裁判所が，東京高等裁判所の特別の支部として設置された。

平等権

平等権は等しく生きるための権利のことで、理由なく特定の人を有利に扱ったり不利に扱ったりすることを禁止する。日本国憲法では、すべて国民は法の下に平等であり、人種、信条（考え方）、性別、社会的身分または門地（家柄）により、政治的、経済的または社会的関係において差別されないと規定されている。

また、日本国憲法は、貴族制度の禁止、家族生活における男女の本質的平等、選挙権の平等（➡p.126）、教育の機会均等などを規定している。

しかし、現実にはさまざまな差別があるため、政府はそれを是正し、平等な社会の実現をめざしている。たとえば、雇用面における男女の平等を実現するため、1985年に男女雇用機会均等法（➡p.50）が制定された。以後、この法律は、ポジティブ・アクション❶(positive action、男女間の格差を解消するために、企業が女性を優遇する取り扱い)を導入するなど、たびたび改正されている。

また、北海道などに住むアイヌ民族は、1899年制定の北海道旧土人保護法の下で自らの文化を壊されるなど、長く苦しんできた。政府は、1997年に北海道旧土人保護法を廃止するとともに、アイヌの文化の振興と伝統に関する知識の普及を目的とするアイヌ文化振興法を制定した❷。

社会権

日本国憲法には、社会権として、以下のものが定められている。

生存権	社会権の基本となる権利で、「健康で文化的な最低限度の生活を営む権利」と定義されている。
教育を受ける権利	国民は、能力に応じて等しく教育を受ける権利を持つ。また、義務教育（9年間）は無償とされている。
労働基本権	勤労権（国家に対して、働く機会を提供することを要求する権利）と、団結権・団体交渉権・団体行動権（争議権）の労働三権（➡p.47）が保障されている。

参政権

一定の年齢に達した日本国民は、国会議員（衆議院議員と参議院議員）の選挙権・被選挙権（立候補する権利）を持つ（➡p.108）。また、地方公共団体の議員の選挙権・被選挙権や、地方公共団体の首長の選挙権・被選挙権も持つ。

最高裁判所裁判官の国民審査、一つの地方公共団体のみに適用される特別法に関する住民投票、憲法改正の国民投票も、国民が政治に参加するということであるから、参政権に含まれる（➡p.98）。

---

❶ ポジティブ・アクションは、アファーマティブ・アクション（affirmative action）とも呼ばれる。
❷ アイヌ文化振興法は2019年に廃止され、代わりに、アイヌ民族を日本の先住民族と初めて明記したアイヌ新法が制定された。アイヌ新法は、アイヌの人々の民族としての誇りが尊重される社会の実現を目的とする。

第2部｜第3章　日本国憲法の基本原理

請求権

請求権は，一定の行為をするよう国家に求める権利である。

権利名	内容
請願権	国や地方公共団体に対して，公務員の罷免や法律の制定・廃止などの要望を提出する権利。
国家賠償請求権（損害賠償請求権）	公務員の不法行為による損害に対し，国や地方公共団体に賠償（損害をつぐなうこと）を請求する権利。
刑事補償請求権	裁判で無罪の判決を受けた人が，国に対して，抑留・拘禁されていた期間の損失に対する補償（損失を埋め合わせること）を求める権利。
損失補償請求権	国や地方公共団体が，公共の目的のために土地を収用するなどして国民の財産に損失を与えた時，その補償を求める権利。
裁判を受ける権利	自らの権利や自由が侵害されたと考えた場合に，裁判所に救済を求める権利。

新しい人権

近年では，経済の発展や社会の変化にともない，日本国憲法の制定時には予想されなかったさまざまな問題が発生している。そのような問題に対応するため，日本国憲法の**幸福追求権**（自らの幸福を追い求める権利）や**生存権**などを根拠として，以下のような「**新しい人権**」が主張されている。

権利名	内容	実現するための法律
プライバシーの権利	私生活（プライバシー）を無断で公開されない権利と，自分に関する情報をコントロールする権利の二つの権利からなる。	個人情報保護法（2003年制定）
知る権利	国や地方公共団体が持つ情報の開示を求める権利。	情報公開法（1999年制定）
環境権	自分の住む家の日当たりを確保するなど，良好な環境で暮らす権利。	
肖像権	自分の顔や姿を，他人に無断で撮影・公表されない権利。	
自己決定権	自らの生き方・死に方（尊厳死[1]の選択）などについて，自らの意思で決められる権利[2]。	

[1] 不必要な延命措置を行わず，自然に死を迎えることを尊厳死という。なお，日本では安楽死（死期が迫った患者に対し，薬を用いるなどして積極的に死を早めること）は認められていない。

[2] 自己決定権の一つの例として，自分が脳死と判断された場合に，ほかの人に移植するために自分の臓器を提供するかしないかをあらかじめ決めておくというものがある。

国民の義務

日本国憲法では、**勤労の義務**、**納税の義務**、**子どもに普通教育を受けさせる義務**の三つが国民の義務として規定されている。なお、天皇、国務大臣、国会議員、裁判官、その他の公務員は、**日本国憲法を尊重し、擁護する義務**を負うという規定がある。この規定には、日本国憲法において**立憲主義**（→p.88）が採用されていることが端的に表れている。

✓確認 日本国憲法に規定されている自由権・平等権・社会権・国民の義務

自由権	精神の自由	思想・良心の自由 信教の自由 表現の自由 学問の自由
	身体の自由	奴隷的拘束及び苦役からの自由 不法に逮捕されない権利 不法に抑留・拘禁されない権利[1] 住居の不可侵 拷問・残虐刑の禁止 刑事裁判における被告人の権利 黙秘権の保障
	経済の自由	居住・移転・職業選択の自由 財産権の保障
平等権		法の下の平等 男女の本質的平等 選挙権の平等
社会権		生存権 教育を受ける権利 勤労権 団結権・団体交渉権・団体行動権
国民の義務		勤労の義務 納税の義務 子どもに普通教育を受けさせる義務

[1] 比較的短期の拘束を抑留、比較的長期の拘束を拘禁という。

5 平和主義

平和主義の理念

日本国憲法は，平和的生存権を宣言した前文の趣旨をふまえ，第9条において，国際紛争を解決する手段としての**戦争の放棄**，**戦力の不保持**，**交戦権**(国が戦争を行う権利)の**否認**を定めている。

> ✓確認 **日本国憲法第9条**
> 第1項 日本国民は，正義と秩序を基調とする国際平和を誠実に希求し，国権の発動たる戦争と，武力による威嚇又は武力の行使は，国際紛争を解決する手段としては，永久にこれを放棄する。
> 第2項 前項の目的を達するため，陸海空軍その他の戦力は，これを保持しない。国の交戦権は，これを認めない。

自衛隊

日本が連合国軍の占領下にあった1950年，朝鮮戦争(Korean War)(→p.202)が始まると，在日アメリカ軍は朝鮮半島(Korean Peninsula)に出撃した。その際，GHQ(連合国軍最高司令官総司令部)は日本国内の治安維持のため，日本政府に警察予備隊を設置させた。警察予備隊は1952年に保安隊に改組され，1954年にはさらに改組・増強されて**自衛隊**が発足した。

自衛隊の人員は約23万人(2019年3月末現在)である。近年の防衛関係費は約5兆円で，防衛関係費のGDP(国内総生産)比は0.9％台を推移している。

日本の防衛政策

日本国憲法では，自衛隊の最高指揮監督権を持つ内閣総理大臣は文民(軍人でない人)でなければならないとしている。この原則を**文民統制**(civilian control)という。また，日本が武力攻撃を受けた時の防衛政策として，政府は**専守防衛**(他国から攻撃を受けた時にのみ武力を行使して自国を防衛すること)を掲げてきた。さらに，核兵器については，「持たず，作らず，持ち込ませず」の**非核三原則**[1]を表明している。

---

[1] 佐藤栄作は，非核三原則の提唱を主な理由として，1974年にノーベル平和賞を受賞した。

アメリカとの安全保障条約

日本は1951年，サンフランシスコ平和条約(San Francisco Peace Treaty)に調印した直後に，アメリカと**日米安全保障条約**(Security Treaty Between Japan and the United States of America)を調印(➡p.216)し，アメリカ軍の駐留継続とアメリカ軍への基地提供[1]を受け入れた。その後，1960年に条約の大幅な改定が行われ，現行の日米安全保障条約(**新安保条約**，Treaty of Mutual Cooperation and Security Between Japan and the United States of America)が結ばれた。新安保条約では，旧条約にはなかったアメリカ軍の日本防衛義務が明記された(➡p.216)。

個別的自衛権と集団的自衛権

国際連合憲章(Charter of the United Nations)では，個別的自衛権・集団的自衛権の行使は主権国家の固有の権利であると規定されている。**個別的自衛権**は，自国への武力攻撃に対して，自国を防衛するために実力を行使する権利である。**集団的自衛権**は，同盟関係にある他国が武力攻撃を受けた時に，その武力攻撃を自国への攻撃とみなして，実力で阻止する権利である。

日本政府は，憲法の規定上，個別的自衛権の行使は認められるが，集団的自衛権の行使は認められないという立場を長くとってきた。その後，2014年に第二次安倍晋三内閣が集団的自衛権の行使は限定的に認められるという閣議決定を行った。

PKO(平和維持活動)への自衛隊の参加

国際連合(UN)のPKO(平和維持活動)は，紛争の鎮静化や解決の支援のために，世界のさまざまな国・地域で展開されている(➡p.137)。日本では，自衛隊の海外派遣を可能にするために**PKO協力法**が1992年に制定された。PKO協力法に基づき自衛隊が最初に派遣されたのは，**カンボジア**(Cambodia)であった。以後，自衛隊はさまざまなPKOに関わってきた[2]。

▼PKO協力法に基づき自衛隊が派遣された主な国・地域(2020年現在)

	期間
カンボジア	1992～1993年
モザンビーク(Mozambique)	1993～1995年
ゴラン高原(Golan Heights)	1996～2013年
東ティモール(East Timor)	2002～2004年など
ネパール(Nepal)	2007～2011年
スーダン(Sudan)	2008～2011年
ハイチ(Haiti)	2010～2013年
南スーダン(South Sudan)	2011年～

---

[1] 在日アメリカ軍施設・区域の約70％が，国土面積の約0.6％しかない沖縄に集中している(➡p.328)。
[2] PKO協力法ではなく，他の法律に基づいて自衛隊が派遣された国・地域として，インド洋，イラク(Iraq)，ソマリア(Somalia)の周辺海域，シナイ半島(Sinai Peninsula)などがある。

第3章 練習問題

解答 ➡ p.333

問1 日本国憲法で保障された自由権のうち、精神の自由、身体（人身）の自由、経済（経済活動）の自由に分けられるものの組み合わせとして最も適当なものを、次の①～④の中から一つ選びなさい。

	精神の自由	身体（人身）の自由	経済（経済活動）の自由
①	信教の自由	奴隷的拘束及び苦役からの自由	学問の自由
②	財産権	表現の自由	奴隷的拘束及び苦役からの自由
③	表現の自由	黙秘権	財産権
④	黙秘権	職業選択の自由	法定手続きの保障

問2 日本国憲法で保障された社会権の例として最も適当なものを、次の①～④の中から一つ選びなさい。

① 請願権

② 国会議員の選挙権

③ 法の下の平等

④ 労働者の団結権

問3 日本国憲法に定められていない、新しい人権の例として<u>適当でないもの</u>を、次の①～④の中から一つ選びなさい。

① 知る権利

② 環境権

③ プライバシーの権利

④ 生存権

第4章 日本の政治機構

Point

①	国会の権限	条約の承認権，内閣総理大臣の指名権，弾劾裁判所の設置権
②	内閣の権限・職務	条約の締結，予算の作成
③	違憲審査権	裁判所が法令の合憲性を判断する権限
④	地方公共団体の住民の直接請求権	条例の制定・改廃請求，議会の解散請求，首長の解職請求

1 三権分立の原則

日本国憲法では，国会が立法権を，内閣が行政権を，裁判所が司法権をそれぞれ担っている。各権力は下の図のように，抑制・均衡の関係にある（➡p. 87）。

▼日本の三権分立

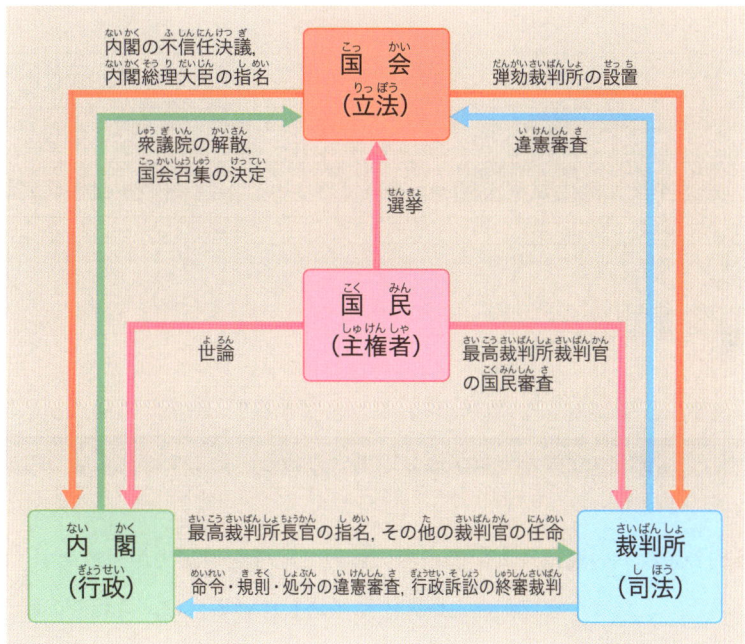

2 国会

国会の地位

日本国憲法は，国会を「**国権の最高機関**」であって，「**国の唯一の立法機関**」と位置づけており，国会が国の政治の中心であることを示している。

国会の構成

日本の国会は，**衆議院**と**参議院**からなる二院制を採用している。衆議院・参議院ともに，国民から選挙された議員❶で構成される。

▼衆議院・参議院の構成

	衆議院	参議院
任期	4年(解散の時は任期満了の前に終了)	6年(3年ごとに半数改選)
定数	465名	248名
選挙権	18歳以上	
被選挙権	25歳以上	30歳以上
解散	あり	なし
選挙方法	小選挙区比例代表並立制(➡p.124)	選挙区制＋比例代表制(➡p.126)

(注)参議院の定数は，2022年の選挙までは245名。

衆議院の優越

国会に出された議案は，衆議院と参議院でそれぞれ審議され❷，両議院の議決が一致した時に国会の議決となる。しかし，両議院の議決の一致が難しい場合もある。そこで，次のような点で**衆議院の優越**が認められている。

予算の議決・条約の承認・内閣総理大臣の指名において両議院の議決が一致せず，**両院協議会**❸でも意見が一致しない場合，または参議院が一定期間内に議決しない場合は，**衆議院の議決が国会の議決**とされる。

---

❶ 国会議員には，歳費特権(活動の報酬として，国から相当額の歳費(給料)を受ける権利)，不逮捕特権(法律の定める場合を除き国会の会期中は逮捕されない権利)，免責特権(議院において行った演説・討論・評決について，院外で責任を問われない権利)という特権が与えられている。

❷ 国会のどちらかの議院に法律案などの議案が提出されると，最初に議院内の担当の委員会で審議・議決が行われ，次に本会議で審議・議決される。本会議で可決されればもう一方の議院に送られて，その議院でも同様の手続きがとられる。この委員会制度は，アメリカ(USA)から取り入れられた。

❸ 両院協議会は，衆議院と参議院それぞれから10名ずつ選ばれた計20名の委員で構成される。予算の議決・条約の承認・内閣総理大臣の指名において両院の議決が異なる場合，両院協議会は必ず開かれなければならない。

法律案について両議院の議決が一致しない場合，または参議院が一定期間内に議決しない場合は，同じ法律案が衆議院で出席議員の3分の2以上の賛成によって再可決されれば，法律として成立する。両院協議会は，開いても開かなくてもよい。

また，衆議院は，予算先議権と**内閣不信任決議権**(内閣の総辞職を求める決議をする権限)が認められている。

衆議院は参議院に比べて任期が短く解散もあるため，衆議院の方が参議院よりも国民の意思を反映する機会が多い。したがって，衆議院の優越が認められている。

国会の権限

国会の権限としては，立法権，条約承認権，内閣総理大臣の指名権，重大な職務上の義務違反などを行った裁判官を裁判するための**弾劾裁判所**の設置権，憲法改正の発議権などがある。

また，両議院の権限として，**国政調査権**が認められている。国政調査権は，両議院が必要に応じて，証人を呼び出して証言を求めたり(証人喚問)，記録の提出を要求したりして，国政に関することについて調査する権限である。

国会の種類

国会の種類には，以下のものがある。

常会(通常国会)	毎年1回，1月に召集される。会期は150日間。主に翌年度の予算の審議を行う。
臨時会(臨時国会)	内閣が必要と認めた時，または，いずれかの議院の総議員の4分の1以上の要求があった時に召集される。
特別会(特別国会)	衆議院が解散された後の総選挙後30日以内に召集される。主な議案は，新たな内閣総理大臣を指名することである。

なお，衆議院の解散中，国に緊急のことが生じた場合，内閣の求めにより参議院の緊急集会が開かれることがある。

3 内閣

内閣の地位

日本国憲法は，内閣が行政権を持つことを定め，また，行政権を行使する場合に，内閣は国会に対し連帯して責任を負うとして，**議院内閣制**（→p.92）を採用している。

▼国会と内閣の関係

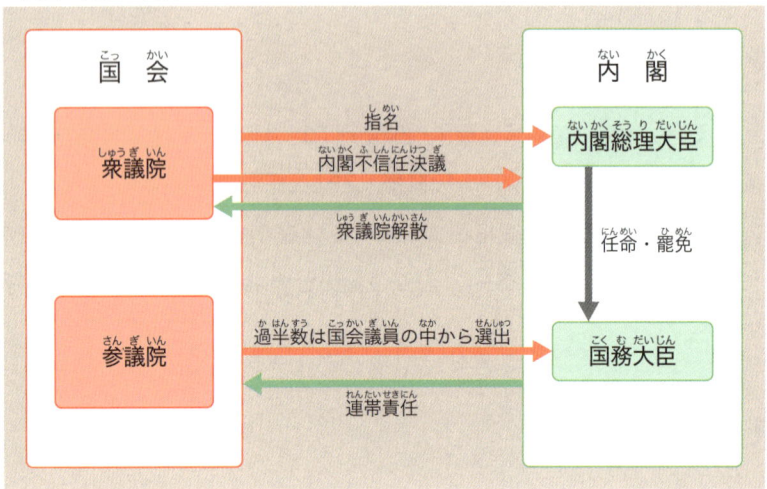

内閣の組織

内閣は，内閣総理大臣❶及び原則14人以内の国務大臣で構成され，**閣議**での決定に基づき，日本国憲法に定められた職務などを行う。閣議は非公開で，原則として**全員一致制**をとっている。なお，内閣総理大臣もその他の国務大臣も，文民（→p.104）でなければならない。

内閣の下で実際の行政の事務を行うのが行政機構であり，府❷・省・庁・委員会などの機関がある❸。

---

❶ 内閣総理大臣は，国務大臣の任免権（任命権・罷免権）のほか，各行政機関を指揮・監督する権限などを持つ。
❷ 内閣機能の強化のために，他の省庁よりも一段高い立場から行政活動の調整を行う機関として，2001年に内閣府が設置された。
❸ 専門性や中立性が要求される分野で，内閣からある程度独立して活動する行政機関として，行政委員会がある。代表的な行政委員会として，独占禁止法を運用する機関である公正取引委員会（→p.14）がある。

▼日本の行政機構

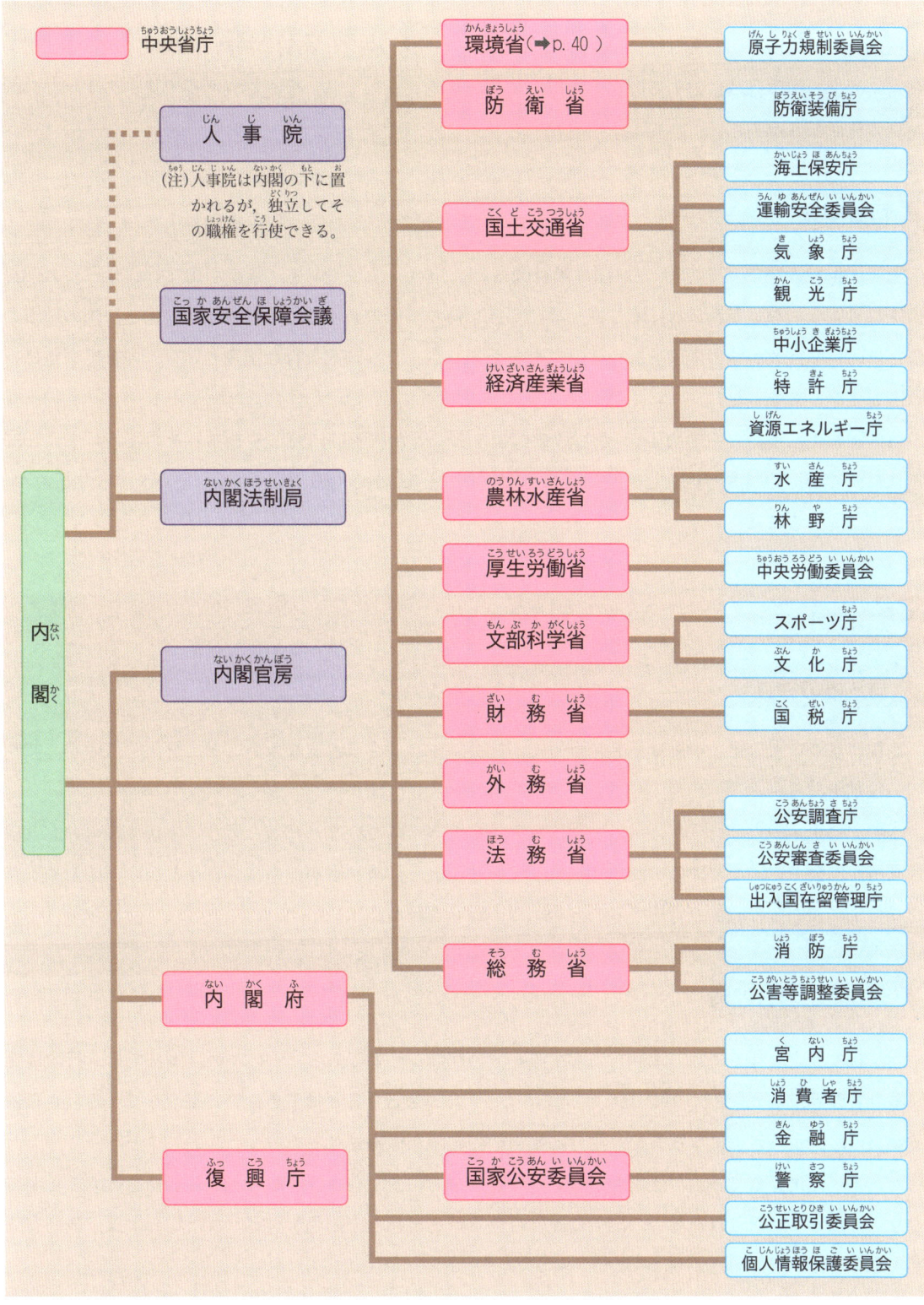

内閣の権限・職務

内閣の主な権限・職務として、一般行政事務、外交関係の処理、条約の締結、予算の作成、政令❶の制定、天皇の国事行為に対する助言と承認、最高裁判所長官の指名、最高裁判所長官以外のすべての裁判官の任命などがある。

行政国家

第二次世界大戦(WWⅡ)後、先進国は福祉国家(➡p.3)になっていき、さまざまな行政サービスが提供されるようになった。これに応じて、専門知識を持つ官僚の属する行政機構が巨大化し、国の政策の決定において行政が強い権限を持つようになった。このような国家を行政国家といい、福祉国家化は行政国家化をともなった。

行政国家化が進むと、議会(国会)が行政を監視することが実質的に難しくなる。そのため、主に1980年代に、社会保障制度の見直しや規制緩和を行うなどして「小さな政府」(➡p.2)をめざす取り組みが、先進国で進められた。

4 裁判所

司法権の独立

法律に基づいた公正・中立な裁判によって、社会に生じるさまざまな争いごとを解決するのが、裁判所の役割である。

裁判を公正・中立に行うためには、司法権の独立が守られていなければならない。司法権の独立とは、裁判所が国会・内閣など他の機関から独立していることと、裁判官が他の裁判官などからの圧力や干渉を受けずに独立して職権を行使することの二つの意味を持つ。

裁判官の身分保障

司法権の独立を守るには、裁判官に対する身分の保障が必要である。そのため、憲法では、行政機関が裁判官の懲戒処分(職務上の義務違反として制裁を科すこと)を行うことはできないと規定している。さらに、裁判官は、一定の年齢になるまで、身分と相当額の報酬が保障されている。

ただし、国民審査で多数が罷免を可とした場合(➡p.98)や、心身の故障のために職務を行うことができないと裁判で判断された場合、国会に設けられる弾劾裁判所で罷免が決定された場合には、裁判官は罷免される(国民審査は最高裁判所の裁判官のみが対象)。

---

❶ 憲法や法律の規定を実施するために、法律の範囲内で内閣が定める命令を政令という。

裁判所の種類

現在の日本の裁判所は，**最高裁判所**と下級裁判所から成り立っている。下級裁判所には，高等裁判所，地方裁判所，家庭裁判所，簡易裁判所がある。また，司法権の独立性をより明確なものにするため，特別裁判所の設置と行政機関の終審裁判は，日本国憲法で禁止されている。特別裁判所とは，特定の身分の人や特定の種類の事件について裁判するために，通常の裁判所の系列とは別に設置される裁判所のことである。大日本帝国憲法下の日本には，特別裁判所として，軍法会議，行政裁判所，皇室裁判所があった。

裁判の手続き

裁判は，国民の権利の保障を確保するため，原則として**公開**される[1]。また，判決に不服であれば，裁判を三回受けることができる**三審制**がとられている。

裁判には，**民事裁判**と**刑事裁判**がある。民事裁判は，私人(個人や会社)間の生活に関する紛争についての裁判である。訴えを提起した当事者のことを**原告**，訴えを提起された当事者のことを**被告**という。刑事裁判は，裁判官が，検察官[2]によって起訴された被告人[3]を有罪にするか無罪にするかを決める裁判である。

刑事裁判では，被告人は有罪が確定するまでは無罪であると推定される「疑わしきは被告人の利益に」という原則(無罪推定の原則)が採用されている。

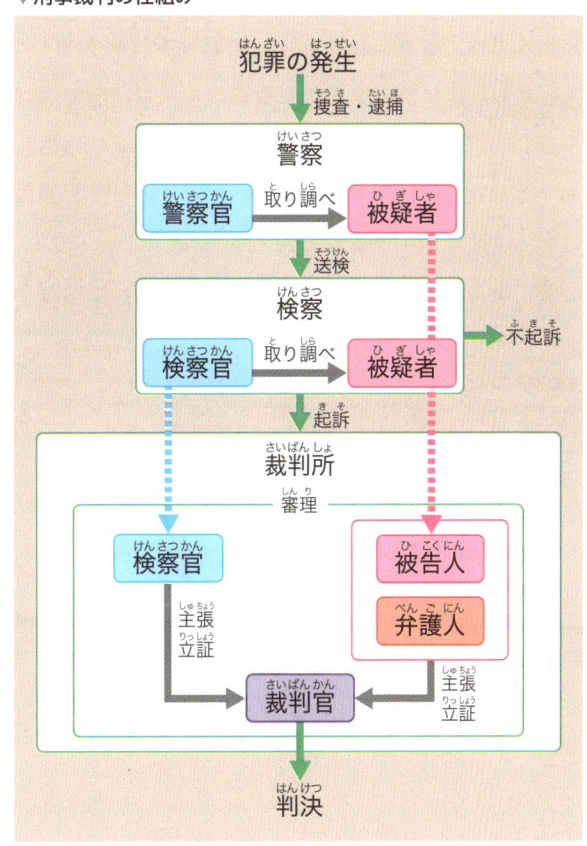

▼刑事裁判の仕組み

---

[1] 例外として，公序良俗に反するおそれがある場合には，裁判官の全員一致で対審(審理の方式の一つで，裁判官の前で当事者がそれぞれの主張を述べること)を非公開にすることができる。ただし，政治犯罪，出版に関する犯罪，基本的人権が侵害されているかどうかが問題となる事件の対審は常に公開されなければならない。また，判決は必ず公開されなければならない。

[2] 検察官は，刑事事件において，公益を代表して被疑者を裁判所に起訴し，また，刑の執行の監督を行う。

[3] 犯罪の疑いをかけられている人は被疑者と呼ばれ，検察官が被疑者を起訴した場合には，被告人と呼ばれるようになる。

違憲審査権

日本国憲法は国の**最高法規**であり、その最高法規性を支える仕組みの一つとして、裁判所に対し、国会が制定する法律・行政機関が制定する命令・行政機関による処分・地方公共団体が制定する条例などが憲法に適合するかしないかを決定する権限である**違憲審査権**を与えている。違憲審査権は、最高裁判所だけでなく、下級裁判所も持っている。

なお、国会や内閣による高度な政治的行為については裁判所の違憲審査の対象にはならないという考え方を、統治行為論という。裁判所は、憲法違反かどうかを判断しなければならない裁判であっても、判決で統治行為論を用いて違憲審査を行わないことがある。

裁判員制度

日本では、裁判に一般の国民の感覚を反映させるなどの目的で、2009年に**裁判員制度**が導入された。裁判員制度は、20歳以上の有権者の中から抽選で選ばれた裁判員が、殺人など重大な犯罪についての刑事裁判の第一審に参加する制度で、その構成は原則として裁判官3人、裁判員6人である。裁判員が参加する裁判では、裁判員と裁判官が話し合って有罪にするか無罪にするかを決め、さらに、有罪の場合はどのような刑にするかも決める[1]。ただし、有罪にするには、裁判官一人以上が賛成していることが必要である。なお、裁判員には、評議の際に出た意見や評決の数などについて守秘義務が課せられる。

5 地方自治

地方自治の意義

地方自治とは、住民がその地域の政治を自分たちの意思と責任で行うことをいう。フランス(France)の思想家トクヴィル(Alexis de Tocqueville)[2]とイギリス(UK)の政治家ブライス(James Bryce)は、地方自治の重要性を説いたことで知られている。特に、ブライスの「地方自治は民主主義の学校」("*the best school of democracy, and the best guarantee for its success, is the practice of local self-government.*")という表現は有名である。

---

[1] 国民が裁判に参加する制度としては、ほかに陪審制と参審制がある。陪審制は、有罪・無罪は陪審員のみで決定し、有罪とした場合の刑の重さは裁判官のみで決定する制度であり、アメリカなどで採用されている。参審制は、一定の任期を持つ参審員が裁判官とともに被告人の有罪・無罪を決定し、有罪とした場合は刑の重さも決定する制度であり、ドイツ(Germany)やフランスで採用されている。

[2] トクヴィルは著書『アメリカのデモクラシー』において、地方自治は住民が政治に参加するという点で民主主義を発展させる要因になると説いた。ただし、民主主義には少数者の意見の抑圧(「多数者の専制」)という欠点があることも指摘している。

地方自治の本旨

日本国憲法では「地方自治の本旨」に基づき**団体自治**と**住民自治**という二つの原則が保障され，住民は地方公共団体❶（都道府県や市(区)町村）を自主的に運営するものとされている。団体自治は，地方公共団体が中央政府に対して独立して地域の政治を行うという原則であり，住民自治は，住民の意思に基づいて地方公共団体の運営が行われるという原則である。

地方公共団体の制度

地方公共団体には，議決機関である議会（地方議会）と執行機関である首長（都道府県知事や市(区)町村長）が置かれている。地方公共団体では，国の議院内閣制（→p.110）とは異なり，憲法や地方自治法の規定により，住民が首長と地方議会の議員を**直接選挙**（→p.126）で選ぶ仕組みがとられている。

地方議会は一院制，任期は4年で，主な仕事は**条例**（法律の範囲内で定められ，その地方公共団体にだけ適用される法令）の制定・改廃（改正・廃止）や，予算の議決である。また，地方議会は首長の**不信任決議**を行うことができる。

首長の任期は4年で，主な仕事は条例の執行，条例案・予算案の議会への提出である。また，議会から不信任決議を受けた場合，首長は議会を**解散**することができる。さらに，首長は，議会が議決した予算や条例に対する**拒否権**（議会に再審議を求める権限）を持つ。

▼地方公共団体の機構

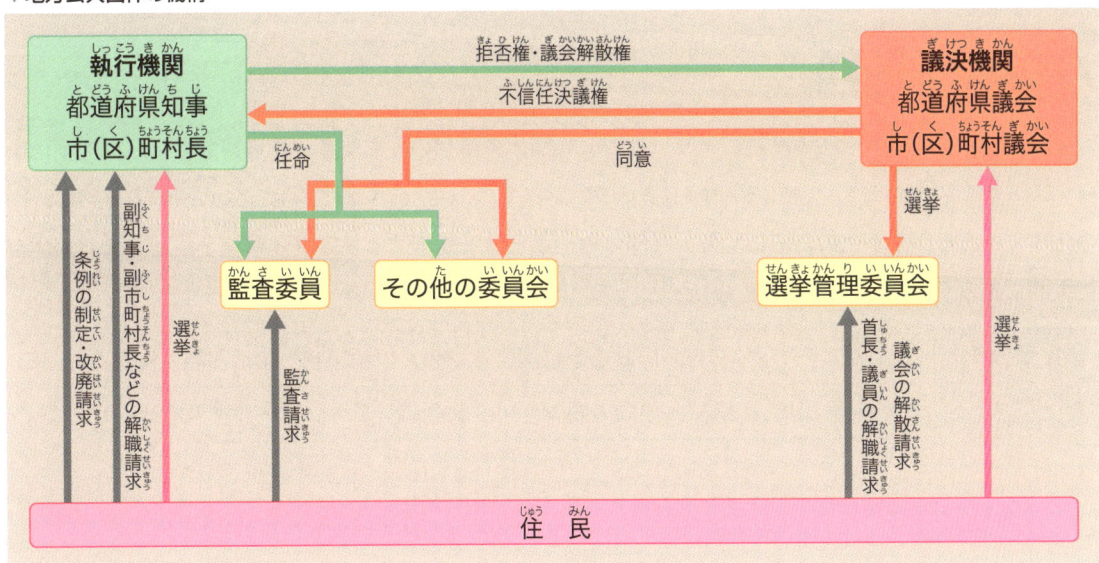

❶ 地方公共団体は，地方自治体とも呼ばれる。

直接請求権

　地方公共団体では，直接民主制の理念に基づいて，住民の**直接請求権**が取り入れられている。直接請求権には，住民が条例の制定・改廃を直接請求する制度であるイニシアティブ(initiative)や，議員や首長などの解職，議会の解散を直接請求する制度であるリコール(recall)がある[1]。直接請求の種類や条件，請求先，請求後の取り扱いは，以下の表のようになっている。

種類		必要な署名数	請求先	請求後の取り扱い
条例の制定・改廃の請求		有権者の50分の1以上	首長	首長が議会を招集して審議し，その結果を報告・公表する。
事務監査の請求		有権者の50分の1以上	監査委員	監査の結果を議会・首長などに報告・公表する。
議会の解散の請求		有権者の3分の1以上	選挙管理委員会	住民投票を行い，過半数の同意があれば解散する。
解職の請求	議員・首長	有権者の3分の1以上	選挙管理委員会	住民投票を行い，過半数の同意があれば解職される。
	副知事・副市町村長など	有権者の3分の1以上	首長	議会にかけ，3分の2以上の出席，その4分の3以上の同意があれば失職する。

(注)人口の多い地方公共団体には，必要な署名数が有権者の3分の1以上とされているものについて，緩和規定がある。

地方公共団体の事務

　1999年の地方分権一括法の制定により，地方公共団体の事務のうちで多くを占めていた，機関委任事務(国から委任された事務で，国による指揮・監督が広く認められる)が廃止された。地方公共団体の事務は，国の仕事ではあるが効率化のために地方公共団体の仕事として処理する**法定受託事務**と，地方公共団体が自主的に処理する**自治事務**に分類された[2]。

法定受託事務	旅券(パスポート)の交付，国政選挙に関する事務，戸籍事務，生活保護の決定など
自治事務	都市計画の決定，病院・薬局の開設許可，飲食店営業の許可，介護保険サービスなど

---

[1] 地方公共団体に取り入れられている直接民主制には，イニシアティブやリコールのほかに，レファレンダム(referendum)がある。レファレンダムとは住民の意思を直接問うために実施される住民投票のことであり，一つの地方公共団体のみに適用される特別法に関する住民投票(→p.98)がその例としてあげられる。

[2] 日本では，一部の地方公共団体において，中立的な立場で行政に対する監視などを行うオンブズマン(ombudsman，行政監察官)制度が導入されている。ただし，国はオンブズマン制度を導入していない。この制度は，1809年にスウェーデン(Sweden)で始められた。

地方公共団体の財政

　ほとんどの地方公共団体は，独自に徴収できる**地方税**（地方公共団体が住民に課す税）などの自主財源だけでは財政をまかなえず，**地方交付税**（地方公共団体間の財政力の格差を是正するために，国が地方に配分するもの）や国庫支出金（地方公共団体が行う特定の事務・事業のために国が支給するもの）と**地方債**（借入金）などの依存財源に頼ってきた。そこで，地方の財政状況を立て直すために，2000年代前半に地方交付税の見直し，補助金（国庫支出金）の削減，税源の移譲（国税を減らし，地方税を増やす）という三つの改革を同時に進める「三位一体の改革」が行われた。

　また，財政基盤の強化や行政運営の効率化を主な目的として，1999年から大規模な市町村合併が進められた。

▼地方財政の歳入・歳出の構成（2020年度）

歳入	地方税 44.7%	地方交付税 18.5	国庫支出金 17.1	地方債 10.1	その他 9.6
歳出	一般行政経費 44.2%	給与関係経費 22.1	投資的経費 14.7	公債費 12.9	その他 6.1

矢野恒太記念会編『日本国勢図会2020/21年版』より作成

第4章 練習問題

解答 ➡ p.333

問1 日本の国会に関する記述として最も適当なものを，次の①～④の中から一つ選びなさい。

① 常会(通常国会)は予算の審議が主な議題であり，臨時会(臨時国会)は内閣総理大臣の指名が主な議題である。

② 国会は，内閣総理大臣がその任にふさわしくないと判断した場合，弾劾裁判所を設置して罷免することができる。

③ 国会議員は，法律の定める場合を除いて，国会の会期中には逮捕されないと憲法に定められている。

④ 証人喚問などにより行政を監視する国政調査権は，衆議院は行使することができるが，参議院は行使することができない。

問2 日本国憲法が定めている内閣が行う職務として最も適当なものを，次の①～④の中から一つ選びなさい。

① 予算を作成して国会に提出する。
② 憲法改正の発議を行う。
③ 国会で署名された条約を承認する。
④ 職務上の義務に違反した裁判官に対して懲戒処分を行う。

問3 日本の司法に関する記述として最も適当なものを，次の①～④の中から一つ選びなさい。

① 裁判は公開で行わなければならないが，国民の基本的人権が侵害されているかが問題となる事件の裁判は，裁判官の全員一致で非公開とすることができる。

② 裁判員制度における裁判員は，長期にわたって国会議員を務めた人物の中から，最高裁判所が指名する。

③ 私人同士による金銭の貸し借りなどの財産に関する争いは，刑事裁判で扱われる。

④ 裁判所は，内閣が制定した政令に対しても，違憲審査権を行使することができる。

第4章 練習問題

解答 ➡ p.333

問4 日本における地方自治に関する記述として最も適当なものを，次の①〜④の中から一つ選びなさい。

① 立法権は国会が有するから，地方議会が条例を制定するには，国会の承認を得なければならない。

② 住民は，一定数の署名を集めることにより，地方議会の議員の解職請求をすることができるが，地方議会の解散を請求することはできない。

③ 地方公共団体の組織及び運営に関する事項は，地方自治の本旨に基づき，法律で定めると憲法は規定しているが，その「本旨」は団体自治と住民自治からなる。

④ 地方議会の議員は住民による直接選挙で選出されるが，地方公共団体の首長は地方議会がその議員の中から選出する。

問5 日本における国会議員の選挙に関する記述として最も適当なものを，次の①〜④の中から一つ選びなさい。

① 衆議院議員の選挙では小選挙区比例代表並立制がとられており，小選挙区と比例代表に同じ候補者が重複して立候補することができる。

② 参議院の選挙制度は，イギリス(UK)の下院にならって中選挙区制がとられていたが，1970年代に比例代表制に変更された。

③ 衆議院では，小選挙区で選出された議員と比例代表で選出された議員の半数ずつが3年ごとに改選される。

④ 参議院議員は任期6年であるが，参議院には解散があるため，期間満了前に任期が終了することがある。

第5章 政党と選挙制度

Point

1. **二大政党制と多党制** — 二大政党制は政治が安定しやすいが、少数者の意見が反映されにくい
多党制は国民のさまざまな意見を反映させやすいが、政治が不安定になりやすい

2. **55年体制** — 保守合同により結党された自民党と、左右が統一した社会党が対抗し合う体制

3. **小選挙区制の特徴** — 死票が多く、大政党に有利

1 政党

政党とは

政党とは、政治上の問題について同じ考えを持つ人々によって結成され、その考えを政策として実現させるために政権(政治を行う権力)を獲得しようとする集団である。

政党政治

政党を中心に政治が行われることを政党政治という。議会(特に下院)において多数の議席を占めた政党により組織される内閣を政党内閣という。

政権を担当している政党を与党といい、政権に参加せず与党と対立する政党を野党という。なお、二つ以上の政党が内閣を組織した場合は、連立政権や連立内閣などと呼ばれる。

政党政治の形態

政党政治の形態は、二つの巨大な政党が政権をめぐって争う二大政党制と、多くの政党が政権をめぐって争う多党制に大きく分けられる[1]。

	特徴	代表的な国
二大政党制	単独政権になりやすい。 政治が安定しやすい。 少数者の意見が反映されにくい。	アメリカ(USA), イギリス(UK)
多党制	連立政権になりやすい。 政治が不安定になりやすい。 国民のさまざまな意見を反映させやすい。	フランス(France), イタリア(Italy)

---

[1] 社会主義国では、一つの政党しか認められない一党制が採用されることが多い。ソ連(USSR)は共産党の一党独裁であった。

圧力団体

圧力団体(利益集団)とは，政府や政党に働きかけて政策決定に影響を与え，自らが望む**特殊利益**(特定の利益)を実現しようとする団体のことである。したがって，圧力団体は**政権の獲得を目標としない**。圧力団体には，経営者団体，労働組合，農業団体，医療関係団体などがある。

2 日本の政党政治

1870年代から1890年代にかけての政党と政治の動向

1870年代の日本は政府による近代化が急速に進められていたため，地方ではそれに反発する人々による武力反乱が相次いで起こった。反乱が政府により鎮圧されてからは，政府を批判する手段は武力から言論へと変わっていき，憲法制定と国会開設を柱とする立憲政治の樹立を求める自由民権運動が活発になった。

政府では，国会の開設や憲法の制定をめぐって意見が分かれたが，1881年，国会を10年後に開くことを約束した(➡p.178)。これを受けて，自由民権運動を指導する人々は，それぞれの理念に基づき政党を結成した。

政府は，国会開設の前に憲法を制定することで政治の体制を固めようとして，**伊藤博文**をヨーロッパ(Europe)諸国に派遣して各国の憲法を学ばせた。さらに1885年，伊藤博文を初代内閣総理大臣として**内閣制度**を創設した。そして1889年に**大日本帝国憲法**を発布し(➡p.96)，1890年には**帝国議会**を開設して，近代国家としての体制を整えた。

開設当初の帝国議会は，自由民権運動の流れを受け継ぐ政党が衆議院の過半数を占めた。これに対して政府は**超然主義**[1]を掲げ，それらの政党と激しく対立した。政府と政党の対立は，1894年の日清戦争(First Sino-Japanese War)の開戦(➡p.179)まで続いた。

日清戦争後の政府は，安定した議会運営を行うため政党の指導者を国務大臣にするなど，しだいに政党との連携を図るようになった。1898年には，**日本初の政党内閣**である**第一次大隈重信内閣**が組織された。大隈内閣は，陸軍大臣・海軍大臣を除くすべての大臣が政党出身者で組織されていた。しかし，政党の内部で対立が起こり，わずか4か月で大隈内閣は崩壊した。

---

[1] 超然主義とは，政府はすべての政党の主張に影響を受けずに政治を行うという姿勢のことである。

1900年代から第二次世界大戦(WWⅡ)終戦までの政党と政治の動向

　1900年代以降は，立憲政友会など特定の政党と連携する内閣が多くなり，1918年には**日本初の本格的政党内閣**である**原敬内閣**が成立した。原内閣は，立憲政友会の総裁(党首)である原敬を内閣総理大臣(首相)とし，外務，陸軍，海軍の三大臣以外は立憲政友会の党員で組織されていた。

　1924〜1932年の間は，立憲政友会と憲政会(後に立憲民政党)による二大政党制となり，衆議院の第一党の党首が内閣を組織することが続いた。しかし，深刻な不況や軍部の台頭により政党政治は不安定になり，1932年の五・一五事件(犬養毅首相が軍人に暗殺された事件)以後は，政党の党首ではなく軍人出身の首相が多くなった。こうして政党内閣は崩壊した。

第二次世界大戦後から1954年までの政党と政治の動向

　GHQ(連合国軍最高司令官総司令部)の占領下の日本(➡p.215)では，民主化政策によって政党政治が復活し，多くの政党が結成された。以後，1954年までは，一時的に革新政党(旧来の制度や慣習を新しく変えようとする政党)の党首を首相とする内閣が成立するなど流動的であったが，やがて保守政党(旧来の制度や慣習を重んじる政党)を基盤とする内閣が長く続くようになった。

55年体制

革新政党の中で最大の勢力を持っていたのは**日本社会党**（社会党）であったが、社会党は1951年にサンフランシスコ平和条約(San Francisco Peace Treaty)や日米安全保障条約(Security Treaty Between Japan and the United States of America)の賛否をめぐって(➡p.216)左右両派に分裂した。一方、1950年代半ばの主な保守政党としては、自由党と日本民主党があった。

1955年、社会党が左右統一を果たすと、これに対抗して、自由党と日本民主党が合同（保守合同）して**自由民主党（自民党）**が結成された。その後、保守政党の自民党が長期政権を築き、革新政党の社会党が対抗する❶体制が定着した。この体制は**55年体制**と呼ばれる。

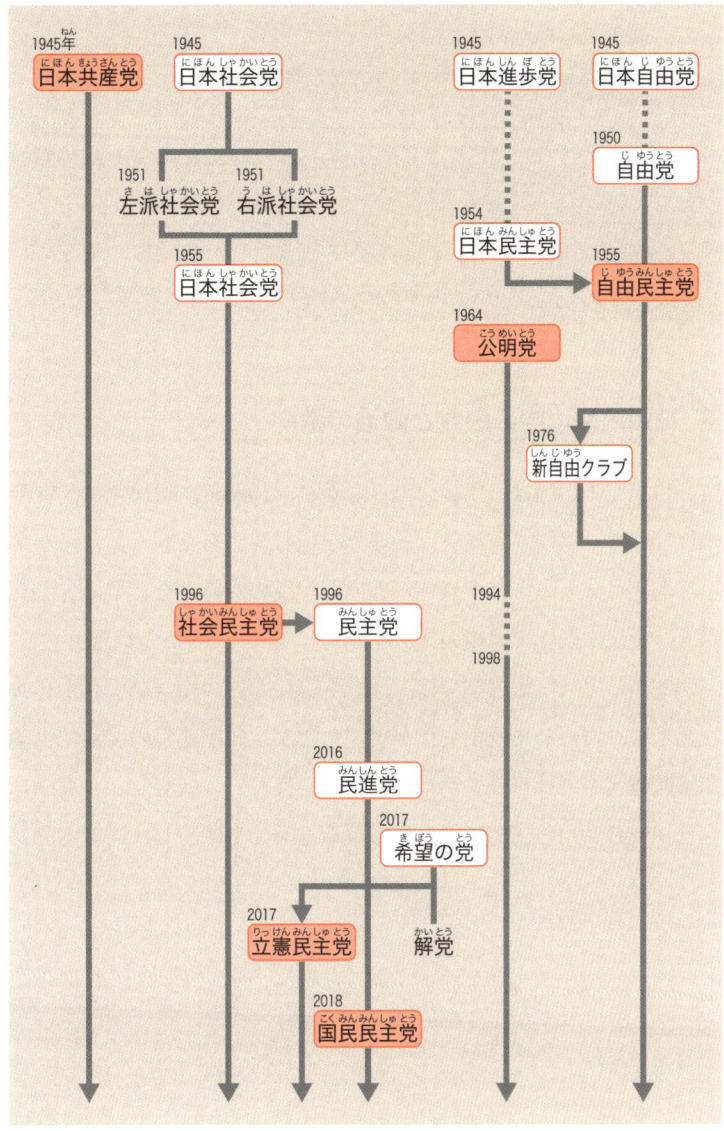

▼第二次世界大戦後の主な政党の流れ（2020年現在）

55年体制では、自民党・官僚・業界団体が、互いに利益が共通していることから密接な関係を築いていった❷。その中で、1976年にはロッキード事件で田中角栄元首相が逮捕されるなど、汚職事件が多く起こるようになっていった。

1993年の衆議院総選挙❸では、自民党が過半数の議席を獲得できず、自民党以外の8つの政党などからなる連立政権として細川護熙内閣が誕生した。これにより、55年体制は崩壊した。

---

❶ ただし、自民党の議席数を1とすると、社会党の議席数はその約半分であった。なお、1983年の衆議院総選挙の結果、自民党は過半数割れし、新自由クラブ（自民党を離党した国会議員が1976年に結成した保守政党）と1986年まで連立政権を構成したことがある。

❷ 自民党・官僚・業界団体が密接になるにつれて、族議員（特定の政策分野に詳しく、その分野の政策決定に大きな影響力を持つ国会議員）・官僚・業界団体が結びつき、自分たちだけの利益を追求するようになった。また、官僚と業界団体・民間企業との密接な関係の下、官僚が退職後に役員としてそれらへ再就職する「天下り」が問題視されるようになった。

❸ 1993年の衆議院総選挙の後、女性議員が初めて衆議院議長に就任した。2004年には参議院でも女性の参議院議長が誕生した。ただし、女性の首相は誕生していない（2020年現在）。

細川内閣による政治改革

細川内閣は政治を刷新するため、政治改革に積極的に取り組んだ。細川内閣が1994年に行った改革として、以下のものがある。

公職選挙法の改正	衆議院議員選挙に小選挙区比例代表並立制❶を導入した。
政治資金規正法の改正	企業や団体からの寄付を政党と政治資金団体に限定し、政治家個人への寄付を禁止した。
政党助成法の制定	一定の要件を満たした政党に、政党の活動費用の一部を政党交付金として国庫から交付する。

細川内閣以降の政党と政治の動向

非自民党の内閣は二代続いた。しかし、1994年に自民党は、社会党などと連立内閣を成立させ、政権に復帰した。以後、自民党は、連立を組む政党をたびたび変えながら政権を維持した。

2000年代に入ると、小泉純一郎内閣が高い支持率を背景に「構造改革」を進め、長期政権を築いた。しかし、小泉内閣総辞職後の2007年以降は「ねじれ国会❷」が発生するようになり、短命な内閣が続いた。

2009年の衆議院総選挙では、「政治主導」などのマニフェスト(manifesto、政権公約)を掲げた民主党が単独過半数を獲得して政権交代が実現したが、政権運営の混乱で世論の支持を失った。そして、2012年の衆議院総選挙では自民党が単独過半数を獲得し、公明党との連立による第二次安倍晋三内閣が発足した。

自民党は2014年、2017年の衆議院総選挙でも圧勝し、安倍内閣は長期政権となった。

---

❶ 小選挙区比例代表並立制は、小選挙区制と比例代表制を組み合わせた制度のことである。候補者は、小選挙区と比例代表の両方に立候補する重複立候補が認められており、小選挙区で落選しても比例代表で復活当選できることがある。

❷ 「ねじれ国会」とは、参議院で野党が過半数を占めている状態をいう。参議院で野党が過半数を占めると、与党が衆議院で法律案などを議決しても参議院で否決される可能性が高くなるため、政権運営が難しくなる。

第二次世界大戦後の主な内閣と出来事

内閣名	期間(年)	主な出来事など(年)
吉田茂	1946〜1947	日本国憲法の公布(1946)・施行(1947)(➡p.97) 傾斜生産方式の閣議決定(1946)(➡p.38)
	1948〜1954	サンフランシスコ平和条約・日米安全保障条約調印(1951)(➡p.216) IMF(国際通貨基金)に加盟(1952) 自衛隊の創設(1954)(➡p.104)
鳩山一郎	1954〜1956	GATTに加盟(1955)，自由民主党(自民党)の結党(1955) 日ソ共同宣言に調印しソ連と国交回復(1956)(➡p.216) 国際連合(UN)に加盟(1956)
池田勇人	1960〜1964	国民所得倍増計画の閣議決定(1960)(➡p.39) GATT11条国に移行(1963) IMF8条国に移行，OECD(経済協力開発機構)に加盟(1964) 東京オリンピックの開催(1964)
佐藤栄作	1964〜1972	日韓基本条約に調印(1965) 公害対策基本法の制定(1967)(➡p.40) 沖縄返還協定に調印(1971)(➡p.217)
田中角栄	1972〜1974	日中共同声明に調印し中国(China)と国交正常化(1972)(➡p.217)
中曽根康弘	1982〜1987	新自由主義的政策の推進(➡p.4) 男女雇用機会均等法の制定(1985)(➡p.50) プラザ合意(1985)(➡p.65)
細川護熙	1993〜1994	非自民党の連立内閣として発足 衆議院総選挙に小選挙区比例代表並立制を導入(1994)
橋本龍太郎	1996〜1998	消費税率を5％に引き上げ(1997) 日本版金融ビッグバンの推進(➡p.25)
小泉純一郎	2001〜2006	自衛隊のインド洋派遣(2001)，イラク(Iraq)派遣(2003) 構造改革を推進(郵政民営化など，小さな政府(➡p.2)をめざす)
安倍晋三	2012〜2020	歴代最長(憲政史上最長)の内閣 アベノミクス(Abenomics)の提唱 消費税率の引き上げ(5→8％(2014)，8→10％(2019))

(注)日ソ共同宣言(Soviet-Japanese Joint Declaration)，
日韓基本条約(Treaty on Basic Relations between Japan and the Republic of Korea)，
沖縄返還協定(Agreement between Japan and the United States of America Concerning the Ryukyu Islands and the Daito Islands)，
日中共同声明(Joint Communiqué of the Government of Japan and the Government of the People's Republic of China)，
プラザ合意(Plaza Accord)

3 選挙制度

選挙の原則

民主的な選挙の原則として、以下の四つがある。

普通選挙	納税額や財産に関わりなく、一定の年齢に達した国民に選挙権を与える選挙（➡p.127）。
平等選挙	選挙人（選挙権を持つ人）が一人一票で、同等な価値の投票を行うことができる選挙。
直接選挙	選挙人が被選挙人に直接投票することができる選挙。
秘密選挙	選挙人がどの候補者またはどの政党に投票したかということが明かされない選挙。

選挙制度

選挙制度には、大きく分けて**小選挙区制**・**大選挙区制**・**比例代表制**の三つがある。どの制度を選択するかが、その国の政治のあり方に影響を与えるといわれている。

選挙制度	概要	特徴
小選挙区制	一選挙区から一人の議員を選出する。	政党の得票率と議席占有率の差が大きくなりやすい。 死票[1]が多く、大政党に有利になる。 大政党による安定した政治が実現しやすい。 選挙区が狭いため、選挙費用が比較的少額で済む。 候補者を把握しやすい。
大選挙区制	一選挙区から二人以上の議員を選出する。	死票が少なく、多様な民意を反映できるため、小さな政党でも議席を獲得しやすい。 連立政権を生みやすい。 小党乱立による政局不安定を招きやすい。 選挙区が広く、選挙費用が高額になる。
比例代表制	各政党の得票数に応じて議席を配分する。	得票数に応じた公平な議席配分が可能になる。 死票が少なく、多様な民意を反映できるため、小さな政党でも議席を獲得しやすい。 連立政権を生みやすい。 小党乱立による政局不安定を招きやすい。

---

[1] 落選者に投票された票を、死票という。

日本の選挙制度の歴史

1889年に制定された衆議院の総選挙に関する法律では、直接国税(地租(土地にかかる税)と所得税のこと)15円以上を納めている25歳以上の男子に選挙権が認められた。当時の日本でこの条件を満たすのは、国民のわずか1％ほどであった。その後、納税額要件が少しずつ緩和されていき、1925年の法改正で納税額要件が撤廃され、**男子普通選挙**が実現した❶。

第二次世界大戦後、1945年の法改正において、初めて**女性にも選挙権**が認められ、選挙権年齢も20歳以上へと引き下げられた。1950年には選挙に関する新しい法律として、公職選挙法が制定された。

2015年の公職選挙法の改正では、選挙権年齢が**18歳以上**に引き下げられた。

▼日本の選挙制度の変遷

法律の公布年	選挙人			選挙制度の形態
	直接国税	性別年齢	全人口比(％)	
1889	15円以上	男25歳以上	1.1	制限選挙
1900	10円以上	男25歳以上	2.2	制限選挙
1919	3円以上	男25歳以上	5.5	制限選挙
1925	制限なし	男25歳以上	20.8	制限選挙(男子普通選挙)
1945	制限なし	男女20歳以上	50.4	普通選挙
2015	ー	男女18歳以上	83.7	普通選挙

公職選挙法

公職選挙法は、衆参両議院の議員選挙及び地方公共団体の首長や議員の選挙に適用される。この法律では、選挙の公正を守るため、候補者が立候補を届け出る前の選挙運動である事前運動や、家を一軒ずつ訪問する**戸別訪問**が禁止されているなど、厳しい規制が多くある。

なお、2013年の法改正により、インターネットを使った選挙運動ができるようになった❷。また、電子投票特例法により、タッチパネルなどで投票を行う電子投票が地方選挙に導入されたが、ほとんど使われていない。

---

❶ 政府は、男子普通選挙が実現したのと同じ1925年に、広まりつつあった共産主義運動を取り締まるために治安維持法を制定した。共産主義とは、私有財産制度を否定し、すべての財産を共有することで貧富のない世界を実現しようとする思想である。

❷ 候補者や政党は、ウェブサイト及び電子メールを利用した選挙運動をすることができる。有権者は、ウェブサイトを利用した選挙運動をすることはできるが、電子メールを利用した選挙運動をすることはできない。

「一票の格差」

「一票の格差」とは、議員一人当たりの有権者の数に不均衡（格差）が生じていることをいう。格差があるということは、議員を選ぶための国民の一票の価値が選挙区の間で違うことになり、日本国憲法で保障された法の下の平等（➡p.101）に反することになりうる。

一票の格差を、例で考えてみる。A選挙区は議員定数5で有権者数が500万人であり、B選挙区は議員定数2で有権者数が40万人であるとする。一票の格差は、有権者数を議員定数で割ることで議員一人当たりの有権者の数を求め、その数を比べることで分かる。したがって、議員一人当たりの有権者の数はA選挙区が100万人、B選挙区が20万人であるから、一票の格差は5倍となる。B選挙区の有権者の一票の価値は、A選挙区の有権者の一票の価値を大きく上回っていることが分かる。

選挙区	A区	B区
議員定数	5人	2人
有権者数	500万人	40万人
議員一人当たりの有権者数	有権者100万人	有権者20万人

格差5倍

クオータ制(quota system)

政治分野での男女間格差を是正するために、議席数や政党の立候補者数について女性の割合を一定以上とする制度をクオータ制という。ヨーロッパ諸国を中心に約60％の国や地域で導入されており、フランスでは憲法に定められている。しかし、クオータ制を導入すると、逆差別の危険性や立候補の自由を阻害する可能性が生じることから、平等権（形式的平等）が侵害されるという批判もある。

日本では、クオータ制を義務づける法律は制定されていないが、国会と地方議会の選挙で男女の候補者数ができる限り均等となることをめざす「政治分野における男女共同参画の推進に関する法律」が、2018年に制定された。

民主政治と世論

　近年の日本では，選挙での投票率の低さが問題になっている。その要因の一つにあげられるのが，政治的無関心（政治に関心を持たないこと）である。多くの国民が政治的無関心になると，政治に対する国民の監視が弱まったり，歪んだ世論が形成されたりして，民主政治を機能不全にするおそれがある。

　世論とは，社会の問題に関して人々が抱く意見である。現代の民主政治において，世論は政治を動かす力の一つ（➡p.107）となっている。

　その世論の形成に重要な役割を果たしているのが，テレビや新聞などのマスメディア（mass media）である。マスメディアは国民の知る権利（➡p.102）の担い手として，政治についてのさまざまな情報を提供している。そのため，マスメディアは，三権（立法・行政・司法）に次ぐ「第四の権力」とも呼ばれている。ただし，近年はマスメディアの代わりにインターネットを情報源とする人が増えている。

　マスメディアやインターネットから適切に選択された情報に基づいて世論が形成されることは，良質な民主政治の実現に欠かせない要素といえる。

第5章 練習問題

解答 ➡ p.333

問1 政党制に関する記述として最も適当なものを，次の①〜④の中から一つ選びなさい。

① 二大政党制の長所は，安定した単独政権が成立しやすい点にある。

② 多党制の長所は，政治責任の所在が明確になりやすい点にある。

③ 二大政党制の代表的な国として，イタリア(Italy)があげられる。

④ 多党制の代表的な国として，アメリカ(USA)があげられる。

問2 池田勇人内閣の時の日本の出来事として最も適当なものを，次の①〜④の中から一つ選びなさい。

① GATT11条国への移行

② 自由民主党の結党

③ 日ソ共同宣言(Soviet-Japanese Joint Declaration)の発表

④ 自衛隊の創設

問3 現在の日本の選挙権年齢として最も適当なものを，次の①〜④の中から一つ選びなさい。

① 16歳以上

② 18歳以上

③ 20歳以上

④ 25歳以上

第6章 国際政治

Point

①	集団安全保障	約束違反の国に対して共同で制裁を加えて戦争を防ごうとする安全保障体制
②	国際連盟の問題点	全会一致制，軍事制裁ができない，大国の不参加
③	国際連合の安全保障理事会	常任理事国(アメリカ・イギリス・フランス・ロシア・中国)は拒否権を持つ
④	国際機関の本部	IMFはワシントンD.C.，WTOはジュネーブ

1 国際法

国際社会の成立

国際社会とは，主権国家(対外的には独立し，国内的には最高権力を持つ国家)を基本的な構成単位として成り立つ社会のことである。そのような国際社会は，三十年戦争[①](Thirty Years' War, 1618～1648年)を終わらせた1648年の**ウェストファリア条約**(Peace of Westphalia)の締結をきっかけとして成立したとされる。

国際法

主権国家を単位として成り立つ国際社会では，国家間の対立が外交によって決着しない場合に，最終的な決着手段として国家が戦争に訴えることを阻止できない。そこで，戦争の原因となる国家間の対立を防止し，それを解決するための仕組みとして**国際法**が整備されてきた[②]。

オランダ(Netherlands)の法学者**グロティウス**(Hugo Grotius)は，著書『戦争と平和の法』において，自然法に基づき国家間の関係を規制する国際法の基礎を築いたことから，「国際法の父」と呼ばれている。

国際法は，条約と国際慣習法に分類できる。条約は，各国が相互に拘束力を持った合意を文書にしたものである。国際慣習法は，諸国の慣行の積み重ねにより形成された法である。国際慣習法には公海自由の原則(どの国も自由に公海を通航できること)や外交特権(外交使節に特別な待遇を認めること)などがあるが，多くが条約として成文化されている。

20世紀以降の国際法は，国際機関の機能や権限，さらには個人の人権を規律するようになった。特に，**国際人権規約**(International Covenant on Human Rights)は法的拘束力を持つ(→p.90)ため，国際的な人権保障に貢献している。しかし，国際法は，国家間の合意に基づいて成立するため，合意しない国家を拘束できない。また，国内法とは異なり，統一された政府がない国際社会を規律する法であるため，強制力が弱い。このように，国際法はさまざまな問題点を抱えている。

---

① 三十年戦争は，現在のドイツ(Germany)を中心とする地域で起こった大きな宗教戦争である。
② 紛争の際の人道的活動は，国際人道法の枠組みに基づいて行われる。国際人道法とは，戦地において，負傷したり病気になったりした兵士，また，捕虜や一般の人々などの人道的な取り扱いを定めた国際法のことをいう。1949年のジュネーブ諸条約(Geneva Conventions)がこれに当たる。

2 安全保障

勢力均衡

ヨーロッパ(Europe)の国際社会では，国際秩序を維持するための政策として，同盟で国家間の力関係を対等にすることで戦争を防ぐ**勢力均衡**が採用されていた。しかし実際には，各国が相手より少しでも大きな力を得ようとするため，軍備拡張競争が激しくなり，国家間の勢力の均衡が崩れやすいという危険性を抱えていた。

勢力均衡の代表例として，第一次世界大戦(WWⅠ)前に形成された，ドイツ，オーストリア(Austria)，イタリア(Italy)の三国同盟(Triple Alliance)と，イギリス(UK)，フランス(France)，ロシア(Russia)の三国協商(Triple Entente)がある(➡p.182)。

集団安全保障

第一次世界大戦後になると，**集団安全保障**(対立する国を含めて相互に侵略しないことを約束し，違反国に対しては共同で制裁を加えて戦争を防ごうとする安全保障体制)を確立する動きが強まり，それを実現するために，1920年に**国際連盟**(League of Nations)が設立された。

▼勢力均衡

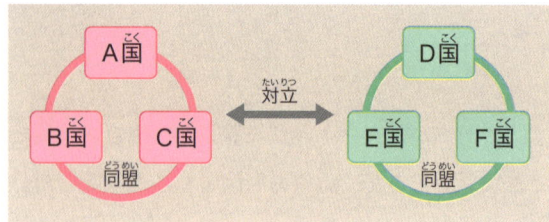

▼集団安全保障

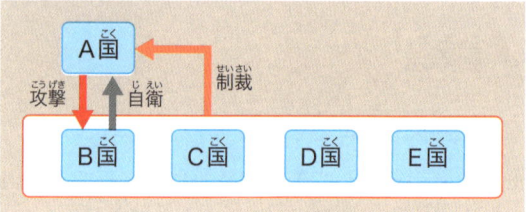

3 国際連盟

国際連盟の設立

アメリカ(USA)の**ウィルソン**(Woodrow Wilson)大統領は1918年に，第一次世界大戦後の国際構想として14か条の平和原則を提唱した。そのうちの一つに国際平和機関の設立構想[1]があり，これは**国際連盟**の設立によって実現した。

国際連盟は，第一次世界大戦の講和条約である**ベルサイユ条約**(Treaty of Versailles)に基づき(➡p.185)，原加盟国42か国で1920年に設立され，国際紛争の平和的解決，軍備縮小，集団安全保障などを掲げた。本部はスイス(Switzerland)の**ジュネーブ**(Geneva)に置かれた。

国際連盟の問題点

国際連盟は，総会，理事会，常設国際司法裁判所などから構成された。しかし，国際連盟には以下のような問題点があり，大国が引き起こす紛争に対しては十分な力を発揮できず，第二次世界大戦(WWⅡ)を防ぐことができなかった。

▼国際連盟の問題点

総会や理事会において，**全会一致**の議決方式がとられていた。	一国でも反対すれば議決できないため，大国が直接関係するような重大な問題に対して意思決定を行うことができなかった。
侵略国に対してできる制裁は，**経済制裁**のみであった。	軍事制裁は事実上できなかった。
大国が加盟せず，また，次々に脱退した。	孤立主義をとる**アメリカは加盟しなかった**(➡p.187)。また，社会主義国のソ連(USSR)は当初加盟を許されなかった。1934年に加盟を認められたが，1939年にフィンランド(Finland)に侵攻したため，除名された。さらに，日本，ドイツ，イタリアは，国際連盟への不満から，1930年代に相次いで脱退した。

---

[1] ドイツの哲学者カント(Immanuel Kant)は，著書『永久平和のために』において，常備軍の廃止と国際平和機構の設立を説いた。14か条の平和原則は，カントの思想の影響を受けたといわれる。

4 国際連合(UN)

📝 国際連合の発足

第二次世界大戦中の1941年に，アメリカのフランクリン・ローズベルト(Franklin Roosevelt)大統領とイギリスのチャーチル(Winston Churchill)首相の首脳会談により，**大西洋憲章**(Atlantic Charter)が作成された。この憲章は後の国際連合憲章(国連憲章，Charter of the United Nations)の基礎理念となった。

その後，1945年の4～6月に，連合国50か国の代表が集結して**サンフランシスコ会議**(San Francisco Conference)が開催され，**国際連合憲章**[1]が採択された。そして，同年10月，原加盟国51か国で**国際連合**(国連)が発足した[2](➡p.199)。本部はアメリカのニューヨーク(New York)に置かれた。

国際連合は，**国際社会の平和と安全の維持**，さらに経済，社会，文化，人道などの面での国際協調の促進と国際問題の解決を目的としている。

国際連合には，**総会**，**安全保障理事会**，**国際司法裁判所**(ICJ)，信託統治理事会，経済社会理事会，事務局の六つの主要機関がある。

📝 総会

総会は，すべての加盟国で構成され，国際連合憲章に定められているすべての問題について討議し，加盟国や安全保障理事会に勧告する。一国一票の平等な投票権を持ち，一般的な議題については**過半数**の賛成で成立する。また，新たな加盟国を承認するかしないかなどの重要な議題については，3分の2以上の賛成で成立する。

📝 安全保障理事会

安全保障理事会は，国際平和と安全の維持について主要な責任を負う機関である。5か国の**常任理事国**(アメリカ，ロシア，イギリス，フランス，**中国**(China))と，任期2年・10か国の非常任理事国の計15か国で構成される。

安全保障理事会では，重要な議題(実質事項)の決定については，すべての常任理事国を含む9理事国以上の賛成で成立する。つまり，重要な議題は，大国一致の原則に基づき，**常任理事国の一国でも反対すると成立しない**(常任理事国は**拒否権**を持つ)[3]。

---

[1] 国際連合憲章において，国家は固有の権利として個別的自衛権と集団的自衛権を持つということが初めて明記された(➡p.105)。
[2] 国際連合の2019年現在での加盟国は193か国。21世紀に加盟した国として，2002年のスイスと東ティモール(East Timor)，2006年のモンテネグロ(Montenegro)，2011年の南スーダン(South Sudan)がある。
[3] 1950年に朝鮮戦争(Korean War)が起こった際，安全保障理事会はソ連の拒否権の濫用によって機能不全になった。これに対処するため，総会は，「平和のための結集」決議("Uniting for Peace" Resolution)を採択した。これにより，安全保障理事会が拒否権の行使で機能不全になった場合は，総会または緊急特別総会で3分の2以上の加盟国が賛成すれば，平和維持のために必要な措置を勧告することができるようになった。

国際司法裁判所(ICJ)

国際司法裁判所は、総会・安全保障理事会で選出された15名の裁判官で構成され、国家間の紛争を審理する。ただし、国際司法裁判所が裁判を行うには、**紛争当事国双方の同意**が必要となる。オランダのハーグ(The Hague)に本部がある。

事務局

事務局は国際連合の運営についての事務を処理する機関であり、事務総長を代表とする。事務総長は、安全保障理事会の勧告に基づき総会が任命する。慣例で任期は5年、再任可能とされている。また、事務総長は安全保障理事会の常任理事国以外の国から選出されることも慣例になっている。

分担金

国際連合は、加盟国が拠出する分担金によって運営されている。分担金は加盟国のGNI(国民総所得)などに基づき総会で決定される。2020年において最も分担金を負担している国は**アメリカ**で、その割合は全体の4分の1近くの22％にのぼる。2位は中国で約12％、3位は日本で約9％である。また、アメリカは国際連合だけでなく、ほかの国際機関(→p.136)への拠出額も突出して大きい。

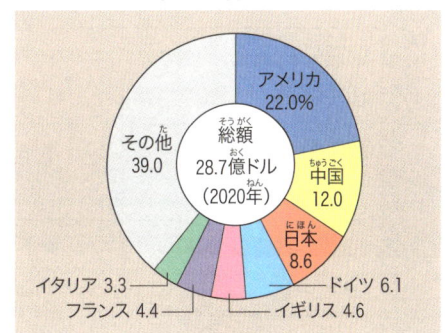

▼主要国の通常予算の分担率

外務省ウェブサイトより作成

✓確認 国際連合憲章第1条

国際連合の目的は、次の通りである。
1. 国際の平和及び安全を維持すること。そのために、平和に対する脅威の防止及び除去と侵略行為その他の平和の破壊の鎮圧とのため有効な集団的措置をとること並びに平和を破壊するに至る虞のある国際的の紛争又は事態の調整又は解決を平和的手段によって且つ正義及び国際法の原則に従って実現すること。
2. 人民の同権及び自決の原則の尊重に基礎をおく諸国間の友好関係を発展させること並びに世界平和を強化するために他の適当な措置をとること。
3. 経済的、社会的、文化的又は人道的性質を有する国際問題を解決することについて、並びに人種、性、言語又は宗教による差別なくすべての者のために人権及び基本的自由を尊重するように助長奨励することについて、国際協力を達成すること。
4. これらの共通の目的の達成に当って諸国の行動を調和するための中心となること。

国際連合の総会設置機関，専門機関及び関連機関

総会設置機関は，総会の補助機関である。専門機関は，経済，社会，文化，教育，保健などの分野で広い国際的責任を負う国際機関のうち，国際連合と連携関係を持つ機関である。関連機関は，それぞれの専門の分野で独自に活動してはいるが，国際連合と密接な関係にある国際機関である。

	主な機関の名称	本部	概要
総会設置機関	国連貿易開発会議 (UNCTAD)（➡p.73）	ジュネーブ	発展途上国の経済開発を主な目的とする。
	国連開発計画 (UNDP)	ニューヨーク	発展途上国の経済的・社会的発展の支援を行う。
	国連環境計画 (UNEP)	ケニヤ(Kenya)のナイロビ(Nairobi)	地球環境の保護や，持続可能な開発の実現をめざす。
	国連難民高等弁務官事務所 (UNHCR)	ジュネーブ	難民への支援，難民問題の解決をめざす。
	国連児童基金 (UNICEF)	ニューヨーク	発展途上国の子どもの生活，保健衛生，教育の向上をめざす。
専門機関	国際労働機関 (ILO)	ジュネーブ	労働条件の改善を通じて世界平和の達成をめざす。1919年調印のベルサイユ条約に基づき発足した。
	国際通貨基金 (IMF)（➡p.64）	ワシントンD.C. (Washington, D.C.)	国際的な通貨協力の促進，国際貿易の拡大，為替の安定を図る。
	国際復興開発銀行 (IBRD)（➡p.64）	ワシントンD.C.	発展途上国の持続的な成長のための支援を行う。
	世界保健機関 (WHO)	ジュネーブ	感染症対策などを通じて，世界の人々の健康を守る。
	国連教育科学文化機関 (UNESCO)	フランスのパリ(Paris)	教育，科学，文化における国際協力を通じて，世界の平和と人類の福祉に貢献することをめざす。また，世界の自然遺産や文化遺産を登録・保護する。
	国連食糧農業機関 (FAO)	イタリアのローマ(Rome)	人類の栄養・生活水準の向上，食料・農産物の生産の改善をめざす。
関連機関	国際原子力機関 (IAEA)	オーストリアのウィーン(Vienna)	原子力の平和利用の技術的な援助や核施設の査察を行う。
	世界貿易機関 (WTO)（➡p.66）	ジュネーブ	自由貿易の促進を主な目的とする。
	国際刑事裁判所 (ICC)	ハーグ	集団殺害(ジェノサイド)や人道に対する犯罪などの重大な戦争犯罪を行った個人の責任を追及する常設裁判所として2002年に設立された。日本は2007年に加盟したが，アメリカや中国などは加盟していない。

✓確認 国連教育科学文化機関(UNESCO)

UNESCOは憲章の前文において、活動の理念として、「戦争は人の心の中で生まれるものであるから、人の心の中に平和のとりでを築かなければならない。」("since wars begin in the minds of men, it is in the minds of men that the defences of peace must be constructed.")と掲げた。

また、UNESCOは、普遍的な価値がある自然や建造物を人類の遺産として保存するべきとして、世界遺産の登録と保護という事業も行っている。世界遺産は文化遺産、自然遺産、複合遺産に区分される。なお、日本では、奈良県の法隆寺地域の仏教建造物と兵庫県の姫路城が、1993年に初めて世界遺産(文化遺産)に登録された。

5 PKO(平和維持活動)

国際連合によるPKOは、安全保障理事会または総会の決議に基づいて、紛争の鎮静化や解決を支援するために派遣される。

PKOの活動には、各国から派遣された部隊が兵力引き離しや非武装地帯の確保を行う**平和維持軍**(PKF)、停戦の合意を守っているかを監視する**停戦監視団**、紛争終結後の選挙の適正さを監視する**選挙監視団**がある。

PKOは、国際連合憲章に定められている形での国連軍が事実上派遣できないことから、国連軍に代わるものとして各地に派遣され、紛争への対処に当たっている。特に、冷戦終結後に多く派遣されるようになった。

▼PKOが展開されている地域(2020年3月末現在)

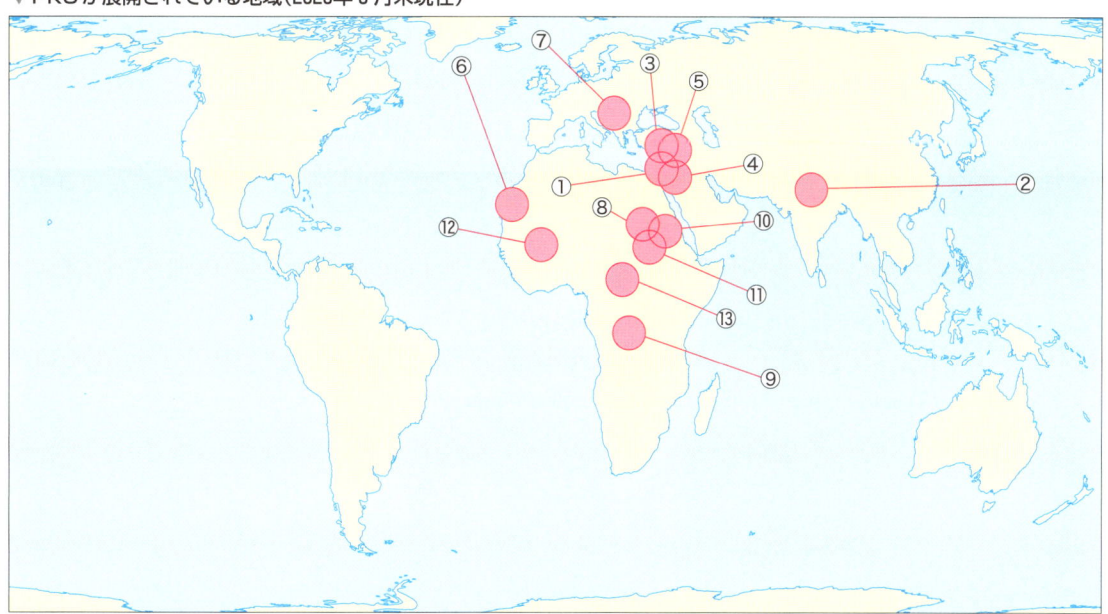

(注)①パレスチナ(Palestine)、②カシミール(Kashmir)、③キプロス(Cyprus)、④ゴラン高原(Golan Heights)、⑤レバノン(Lebanon)、⑥西サハラ(Western Sahara)、⑦コソボ(Kosovo)、⑧スーダン(Sudan)西部のダルフール(Darfur)地方、⑨コンゴ民主共和国(Democratic Republic of the Congo)、⑩スーダン南部のアビエ(Abyei)地域、⑪南スーダン、⑫マリ(Mali)、⑬中央アフリカ共和国(Central African Republic)

矢野恒太記念会編『世界国勢図会2020/21年版』より作成

6 NGO（非政府組織）

NGOとは

NGO（非政府組織）とは，開発，貧困対策，人権，環境保護などの地球規模の問題に自発的に取り組む非政府組織のことである。NGOの中には，国際連合の経済社会理事会との協議資格を持つものがある。今日の国際社会では，主権国家や国際連合だけでなく，NGOも地球規模の問題に対して重要な役割を担っている[1]。

主なNGO

主なNGOとして，以下のものがある[2]。

アムネスティ・インターナショナル (Amnesty International)	1961年発足。思想・信条などの理由で不当に弾圧されている「良心の囚人」の救援に取り組んでいる。また，死刑廃止を訴えている。1977年にノーベル平和賞を受賞した。
国境なき医師団	1971年設立。紛争地や被災地において，医療活動を提供することを目的に活動している。1999年にノーベル平和賞を受賞した。
国際赤十字	1864年のジュネーブ条約により設立された。戦争・紛争犠牲者の救援や，災害被災者の救援，医療・保健・社会福祉事業などを世界中で行っている。
パグウォッシュ会議（→p.139） (Pugwash Conference)	第1回会議は1957年に開催。主に科学者で構成されており，核兵器の廃絶を目的としてさまざまな活動を行っている。1995年にノーベル平和賞を受賞した。
グリーンピース（Greenpeace）	地球環境の保護と平和の達成のために活動している。
地雷禁止国際キャンペーン	対人地雷全面禁止条約の成立に貢献したNGOの連合体。1997年にノーベル平和賞を受賞した。
世界自然保護基金（WWF）	人類が自然と調和して生きられる未来を築くため，動植物の保護に取り組んでいる。

（注）ジュネーブ条約（First Geneva Convention），対人地雷全面禁止条約（Convention on the Prohibition of the Use, Stockpiling, Production and Transfer of Anti-personnel Mines and on their Destruction）

---

[1] 国連開発計画（UNDP）は，開発の新たな枠組みとして「人間の安全保障」を提唱した。「人間の安全保障」とは，主権国家，国際機関，NGOなどが協力して，貧困，環境破壊，感染症などの脅威から一人一人の生活の安全を守るという考え方である。

[2] 日本のNGOは，主要国のNGOに比べると，財政基盤や人材の面で大きく劣っているといわれている。なお，日本では，利益を追求することなく，教育，文化，医療，福祉，国際協力などのさまざまな社会貢献活動を行うNPO（非営利組織）を支援するため，特定非営利活動促進法（NPO法）が1998年に制定された。

7 核兵器と軍縮

核開発競争の始まり

第二次世界大戦末期の1945年に核兵器(原子爆弾)がアメリカで実用化され，日本の広島と長崎に投下された(➡p.196)。1949年にはソ連も原子爆弾の開発に成功した❶。1950年代に入ると，イギリス，フランス，中国も核兵器保有国となった。

反核運動

アメリカとソ連による軍備拡張競争が激しくなると，核廃絶を求める人々の声も高まっていった。1950年には，核兵器の禁止や原子力の国際管理を求めるストックホルム・アピール(Stockholm Appeal)が民間の会議で決議された。1955年になると，核兵器廃絶や科学技術の平和利用を訴えたラッセル・アインシュタイン宣言(Russell-Einstein Manifesto)が発表された。この宣言を受けて，1957年に第1回パグウォッシュ会議が開催された。

また，1954年に日本の漁船の第五福竜丸が，ビキニ環礁(Bikini Atoll)でのアメリカの水爆実験により被爆し，乗組員1名が死亡した。この事件をきっかけとして，日本でも核兵器廃絶をめざす市民運動が活発になり，1955年には広島で第1回原水爆禁止世界大会が開催された。

軍備管理と軍縮 －1960年代－

1962年のキューバ危機(Cuban Missile Crisis)では，核戦争の一歩手前にまで近づいた(➡p.204)。これを教訓として，国際社会では，核兵器の軍備管理や軍縮への取り組みが始まった。1963年，アメリカ，ソ連，イギリスの3か国の間で，PTBT(部分的核実験禁止条約)が調印された。次いで，1968年にはNPT(核拡散防止条約)が国際連合の総会で採択された。

PTBT(部分的核実験禁止条約)	大気圏内・宇宙空間・水中での核実験を禁止する条約。地下での核実験は認められている。アメリカ，ソ連，イギリスが1963年に調印し，同年発効。フランス，中国は批准していない。日本は1964年に批准した。
NPT(核拡散防止条約)	1968年に国際連合の総会で採択され，1970年に発効した。核兵器保有国❷と非保有国とを区別し，核兵器保有国の核兵器保有を認めるとともに，その核軍縮の努力義務を定める。一方，非保有国には，新たに核兵器を保有しないことや，その保障のために国際原子力機関(IAEA)(➡p.136)の査察を受け入れることを義務づけている❸。日本は1976年に加盟した。

❶ 冷戦が激しくなると，核兵器の保有により報復能力があることを示し，他国からの攻撃を思いとどまらせようとする核抑止論に基づき，軍備拡張競争が続けられた。
❷ 核兵器保有国とは，NPT採択の当時すでに核兵器を保有していた国のことで，アメリカ，ソ連(現在はロシア)，イギリス，フランス，中国がこれに当たる。
❸ インド(India)，パキスタン(Pakistan)はNPTに署名しておらず，両国とも核を保有している。

軍備管理と軍縮 －1970年代－

　冷戦下におけるアメリカとソ連の核開発競争は，両国の財政を悪化させた。これにより，両国の方針は軍備管理・軍縮の方向に進み始めた。1969年に両国の交渉が始まり，1972年にSALT Ⅰ（第一次戦略兵器制限条約）が調印された。さらに，1979年にはSALT Ⅱ（第二次戦略兵器制限条約）が調印された（ただし，SALT Ⅱは発効しなかった）。しかし，SALT Ⅰ，SALT Ⅱは核兵器の数の上限を規制するだけで，核兵器を削減するまでには至らなかった。

軍備管理と軍縮 －1980年代から1990年代－

　冷戦終結の前後には，ソ連でゴルバチョフ（Mikhail Gorbachev）政権が生まれたことをきっかけに，アメリカとソ連（後のロシア）の間で積極的に核軍縮を進めようとする動きが高まった。1987年には，アメリカとソ連の間で核兵器の削減が合意された初めての条約であるINF（中距離核戦力）全廃条約が調印され，翌1988年に発効した[1]。また，配備済みの戦略核（射程の長い核兵器）を削減するSTART Ⅰ（第一次戦略兵器削減条約）が1991年に調印され，1993年にはSTART Ⅱ（第二次戦略兵器削減条約）が調印された（ただし，START Ⅱは発効しなかった）。

　また，1996年には，あらゆる空間における爆発をともなう核実験を禁止する，CTBT（包括的核実験禁止条約）が採択された。しかし，核保有国など44か国（アメリカや中国など）の批准という要件が満たされていないため，発効していない。

軍備管理と軍縮 －2000年代以降－

　2009年，アメリカのオバマ（Barack Obama）大統領は，チェコ（Czech Republic）のプラハ（Prague）で核廃絶をめざす演説を行った。そして翌2010年に，アメリカとロシアは戦略核弾頭の配備数の削減を主な内容とする新START（新戦略兵器削減条約）に調印した（2011年発効）。

　また，2017年には国際連合の総会で，核兵器禁止条約（Treaty on the Prohibition of Nuclear Weapons）が採択された。この条約は，核兵器の開発・製造・実験・使用などを禁止しているが，すべての核保有国，ヨーロッパの主要国，日本などは参加していない。

---

[1] 2019年2月，アメリカのトランプ（Donald Trump）大統領はロシアにINF全廃条約の破棄を通告し，条約は同年8月に失効した。

8 難民問題

難民とは

　国際社会が対応すべき問題の一つに，難民問題がある。難民とは，人種，宗教，国籍，政治的意見または特定の社会集団に属するなどの理由で，自国にいると迫害を受けるかあるいは迫害を受けるおそれがあるために他国に逃れた人々のことである[1]。難民に対しては，国連難民高等弁務官事務所(UNHCR) (➡p.136)が中心となり，保護や救援活動を行っている。

　なお，日本も難民を受け入れているが，受け入れ数は世界でも低水準とされている。

▼日本への難民認定申請者数・日本による難民認定者数の推移

年	2010	2011	2012	2013	2014	2015	2016	2017	2018	2019
難民認定申請者数(人)	1,202	1,867	2,545	3,260	5,000	7,586	10,901	19,629	10,493	10,375
難民認定者数(人)	39	21	18	6	11	27	28	20	42	44

法務省ウェブサイトより作成

難民・国内避難民の発生国と受け入れ国

　難民や国内避難民[2]の数は年々増え続けている。その発生国を見ると，内戦や紛争が起こっている国が多く，難民の受け入れ国は内戦や紛争が起こっている国の近隣国が多い。

▼難民・国内避難民などの発生数上位5か国(2019年末現在)

	発生した難民・国内避難民などの数(千人)
シリア(Syria)	13,462
コロンビア(Colombia)	8,641
コンゴ民主共和国	8,102
アフガニスタン(Afghanistan)	5,992
ベネズエラ(Venezuela)	4,965

矢野恒太記念会編『世界国勢図会2020/21年版』より作成

▼難民の受け入れ数上位5か国(2019年末現在)

	受け入れた難民の数(千人)
トルコ(Turkey)	3,580
パキスタン	1,420
ウガンダ(Uganda)	1,359
ドイツ	1,147
スーダン	1,055

矢野恒太記念会編『世界国勢図会2020/21年版』より作成

---

[1] 難民条約(Convention Relating to the Status of Refugees)には，迫害される可能性のある国に難民を追放・送還してはならないという規定がある。この規定を，ノン・ルフールマンの原則(Non-refoulement)という。
[2] 内戦が起こっているが国内に留まり続け，難民と同様の状況にある人のことを，国内避難民という。

第6章 練習問題

解答 ➡ p.333

問1 17世紀前半に『戦争と平和の法』を著し，国際法の基礎を築いた法学者として最も適当なものを，次の①〜④の中から一つ選びなさい。

① ロック(John Locke)

② カント(Immanuel Kant)

③ サン ピエール(Charles Irénée Castel, abbé de Saint-Pierre)

④ グロティウス(Hugo Grotius)

問2 国際連盟(League of Nations)の問題点についての説明として最も適当なものを，次の①〜④の中から一つ選びなさい。

① 国際連盟規約(Covenant of the League of Nations)における，侵略への制裁規定が明確ではなかった。

② 理事会でアメリカ(USA)とソ連(USSR)が常に対立していたため，意見の一致が得られにくかった。

③ 安全保障の方式として勢力均衡方式を採用したため，各国の軍備拡張競争を止めることができなかった。

④ ドイツ(Germany)は第一次世界大戦(WWⅠ)の敗戦国であること，日本は本部のジュネーブ(Geneva)から地理的に遠いことを理由に，ともに国際連盟に加盟しなかった。

問3 国際連合(UN)の安全保障理事会の**常任理事国ではない国**を，次の①〜④の中から一つ選びなさい。

① アメリカ

② イギリス(UK)

③ フランス(France)

④ ドイツ

第6章 練習問題

解答 ➡ p.333

問4 国際機関とその本部の所在地の組み合わせとして最も適当なものを，次の①〜④の中から一つ選びなさい。

	国際機関	本部の所在地
①	世界貿易機関(WTO)	ニューヨーク
②	国際労働機関(ILO)	ジュネーブ
③	国連教育科学文化機関(UNESCO)	ワシントンD.C.
④	国際通貨基金(IMF)	ロンドン

(注)ニューヨーク(New York)，ジュネーブ(Geneva)，ワシントンD.C.(Washington, D.C.)，ロンドン(London)

問5 次の文章中の空欄 a ， b に当てはまる語の組み合わせとして最も適当なものを，下の①〜④の中から一つ選びなさい。

　第二次世界大戦(WWⅡ)後，アメリカとソ連は，核兵器の保有によって敵対する国に攻撃を思いとどまらせ，自国の安全を確保しようとする a に基づき，核兵器の開発を競い合った。これに対し，世界各地で核兵器の廃絶や軍縮を求める運動が高まり，1955年のラッセル・アインシュタイン宣言(Russell-Einstein Manifesto)を受けて，1957年に第1回 b 会議が開催された。この会議は世界の科学者が核兵器廃絶と戦争の廃止について討議するもので，第1回会議では核兵器の管理や科学者の社会的責任などが議題になった。

	a	b
①	核の冬理論	ダボス
②	核の冬理論	パグウォッシュ
③	核抑止論	ダボス
④	核抑止論	パグウォッシュ

(注)ダボス(Davos)，パグウォッシュ(Pugwash)

第6章 練習問題

解答 → p.333

問6 次の表は、国連難民高等弁務官事務所(UNHCR)への拠出額上位5か国・地域と、それらの国の難民の申し立て数・認定数を示したものである。表中のA～Cに当てはまる国の組み合わせとして最も適当なものを、下の①～④の中から一つ選びなさい。

UNHCRへの拠出額上位5か国・地域(2019年)

	拠出額(千ドル)
A	1,706,832
EU(欧州連合)	473,024
B	390,479
スウェーデン	142,556
C	126,466

難民の申し立て数・認定数(2019年)

	難民の申し立て数	難民の認定数
A	315,899	44,614
EU(欧州連合)	—	—
B	165,857	53,973
スウェーデン	36,017	4,197
C	10,375	44

(注)難民の申し立て数・認定数の数値は、人数・件数を合わせたものである。

UNHCR "Refugee Data Finder" などより作成

	A	B	C
①	ドイツ	シリア	日本
②	ドイツ	日本	シリア
③	アメリカ	日本	ドイツ
④	アメリカ	ドイツ	日本

(注) EU加盟国は、EUとしても拠出している。
スウェーデン(Sweden)、シリア(Syria)

第3部

歴史分野
HISTORY

역사분야

第1章 市民革命と産業革命

Point

①	イギリスの産業革命	綿工業の分野で始まった 蒸気機関の活用により生産性が上昇
②	アメリカ独立革命	イギリスの強大化をおそれたフランスが独立戦争に参戦
③	フランス革命	革命前のフランスでは第三身分が重い税負担に苦しんでいた フランス人権宣言は基本的人権の尊重と人民主権の考え方に基づく
④	ナポレオン	1804年に皇帝になりヨーロッパの大部分を支配 イギリスを弱らせるため大陸封鎖令を出したが失敗 ロシア遠征の失敗，諸国民戦争の敗北で退位

1 絶対王政

　16〜18世紀のヨーロッパ(Europe)で，特にスペイン(Spain)，フランス(France)，イギリス(UK)など比較的大きな国は，国王が強力な権力を持ち，国家の意思を決定する**絶対王政**の時代であった。絶対王政は常備軍と官僚制を基盤とし，国王の権力は神から与えられたもので神聖不可侵であるとする**王権神授説**(➡p.86)によって正当化された。財政面では，**重商主義**(➡p.2)に基づく政策により収入の増大がめざされた。

　しかし，イギリスやフランスでは，絶対王政の下で経済力をつけてきた新興市民階級が国王との対立を深め，自由，平等，参政権を求めて**市民革命**を起こした。そして，多くの市民が政治に参加する民主政治がしだいに確立していった。

2 イギリスでの市民革命

ピューリタン革命(Puritan Revolution)

　1603年にイギリス国王となったジェームズ1世(James I)は王権神授説を唱え，議会の同意を得ずに税を取り立てたり，少数の大商人に独占権を与えたりするなど，専制政治を行った。また，国教徒ではない**ピューリタン(清教徒)**❶の人々を弾圧した。この時代に経済力をつけてきた新興の地主や市民にはピューリタンが多かったため，彼らと国王の対立はしだいに激しくなった。

　1625年に王位を継承したチャールズ1世(Charles I)も同様の姿勢をとったため，議会は1628年に**権利請願**(Petition of Right)を可決した。これにより，国王は，議会の同意のない課税や，不法な逮捕・投獄をしないことを承認させられた。しかし，国王は不満を持ち続け，翌年，議会を解散し，以後11年にわたって議会を開かなかった。

---

❶　ピューリタンとは，イギリス国教会に反対し，徹底的に宗教改革を行うべきと主張したプロテスタント(Protestant)諸教派の総称である。

しかし，1639年，スコットランド(Scotland)で反乱が起こり，その戦費を調達するため，国王は議会を招集しなければならなくなった。この議会の招集をきっかけとして，1642年に**ピューリタン革命**が始まった。革命により1649年にチャールズ1世が処刑され，イギリスは共和政になった。しかし，共和政は長く続かず，1660年に再び王政に戻った。

名誉革命(Glorious Revolution)

王政に戻った後の国王は二代にわたり専制的であったため，1688年，議会は国王をフランスに追放した。その代わりに，王女とその夫をオランダ(Netherlands)から呼び戻し，1689年，メアリ2世(Mary II)とウィリアム3世(William III)として即位させた。そして，議会は同年，**権利章典**(Bill of Rights)を制定した。権利章典には，国民の基本的人権，財産権と議会主義の原則が記されており，立憲君主制(➡p. 92)を確立させた。[❶]

国王の追放と新国王の即位は平和的に進んだため，1688年から1689年にかけてのこの革命は**名誉革命**と呼ばれている。

3 産業革命

産業革命が起こった理由

技術革新による手工業生産から工場制機械工業への転換と，それにともなう経済・社会構造の大きな変革を，**産業革命**という。世界で最初に産業革命が起こったのは**イギリス**で，**18世紀後半**のことであった。イギリスで産業革命が起こったのは，資本，市場，労働力のすべてが豊富にあったということが大きい。

資本	16世紀以来，イギリスでは毛織物産業が発展し，多くの利益を得ていた。さらに，広大な植民地を持ち，植民地との貿易で多くの利益を得ていた。これらの利益が資本となった。
市場	重商主義(➡p. 2)を積極的に推進していたことや，オランダ，フランスとの戦争に勝利したことなどから，広大な海外市場を持っていた。
労働力	穀物の大量生産[❷]を可能にするため，大地主が周辺の土地を買い込んで大規模な農地を作る動きが進んだ。これにともない，土地を失った多くの農民が，工場で働く労働者となった。

[❶] その後，1721年に首相となったウォルポール(Robert Walpole)の下で，内閣が国王ではなく議会に対して責任を負う議院内閣制(➡p. 92)が成立した。議会政治の発達したイギリスの政治は，「国王は君臨すれども統治せず」("The Sovereign reigns but does not govern.")という言葉によく表されている。
[❷] 18世紀後半になると，イギリスは人口が急速に増加したため，穀物が大量に必要となった。

産業革命の進展

　産業革命は，大西洋三角貿易❶で栄えるリバプール(Liverpool)に近いマンチェスター(Manchester)を中心として，綿工業❷の分野で始まった。綿工業では，国内で高まる需要に応えるため，大量生産が可能な機械化が進んだ。さらに，機械の動力として，蒸気機関❸が用いられるようになった。

　綿工業における機械化と蒸気機関の導入は，機械工業だけでなく，機械の原材料である鉄を供給する製鉄業などの重工業や，石炭を供給する石炭業を大きく発展させた。

　すると，大量の原料・製品・石炭などをできるだけ早く安く輸送するため，交通機関の整備が必要になり，18世紀後半には国内の輸送路として道路網や運河網が整備された。19世紀に入ると，蒸気機関車が走る鉄道が主な陸上輸送の手段として使われるようになった。また，蒸気船は，大量の荷物を高速で運べることから，海上輸送の中心手段になった。

　産業革命の結果，イギリスは安くて良質な工業製品を世界各地に輸出するようになったため，19世紀前半には「世界の工場」と呼ばれるようになった。

社会問題の発生

　産業革命が進展すると，工場で働いて賃金を得る労働者が増えていった。資本家の多くは，より多くの利潤を得るため，労働者に対して低賃金・長時間労働を強制した。労働者の多くは，生きるために低賃金・長時間労働を受け入れなければならなかった。しかし，労働者の中には，労働組合を結成して労働条件の改善を求めるなど，資本家と対立する人々もいた。

　また，都市の急速な人口の増加は，人々の生活環境を悪化させた。人口が集中することで都市の衛生状態が悪化したことに加え，当時の人々は栄養状態も悪かったため，コレラ(Cholera)などの伝染病が発生した。この時期の資本主義経済体制は自由放任主義(→p. 2)であったから，多くの人が劣悪な生活環境の下で貧困に苦しんだ。

　19世紀になると，労働条件や生活環境の悪さ，貧困などの深刻な社会問題の発生に対して，資本主義経済体制の変革や廃止を求める社会主義思想が，各国で唱えられた。

---

❶ 大西洋三角貿易は，奴隷狩りに使う武器などを西ヨーロッパ(Western Europe)から西アフリカ(West Africa)に運んで奴隷と交換し，その後カリブ海(Caribbean Sea)の島々やアメリカ(America)大陸に奴隷を運んで砂糖や綿花などに積み替え，それらをヨーロッパに運ぶという貿易で，特にイギリスは多くの利益を得た。

❷ 17世紀後半以降，インド(India)産の綿織物がイギリスで人気となり，綿織物の需要が高まった。イギリスは，綿織物の原料の綿花を，大西洋三角貿易で手に入れていた。

❸ 蒸気機関とは，石炭を燃やして水蒸気を発生させ，その圧力を利用して熱エネルギーを動力に変換するというものである。

産業革命の波及

イギリスの安くて良質な工業製品の輸出は、当初はほかのヨーロッパ諸国の産業を苦しめた。しかし、19世紀前半にイギリスが機械技術の輸出を解禁すると、1830年代にベルギー(Belgium)やフランスで産業革命が始まった。ドイツ(Germany)やアメリカ(USA)は、19世紀後半に重化学工業が発展して、やがてイギリスを超える工業国になった。ロシア(Russia)と日本はこれよりも遅れ、19世紀末頃に産業革命が始まった。[1]

4 アメリカ独立革命(American Revolution)

イギリスの13の植民地

イギリスは、1607年のバージニア(Virginia)植民地の建設以降、北アメリカ(North America)大陸における植民地経営を本格化した。1620年には信仰の自由を求めてピューリタンたちがプリマス(Plymouth)に上陸し、その後ニューイングランド(New England)植民地を建設した。そして、18世紀前半の時点で13の植民地が作られた。これらの植民地は自治権を認められ、植民地議会を通して市民の政治参加が進んだ。

フランスとオランダの北アメリカ大陸への進出

フランスは17世紀初頭、ケベック(Quebec)を中心に植民地を建設した。その後、五大湖(Great Lakes)方面へ進出し、さらに南下した。そして、ミシシッピ川(Mississippi River)流域にまで植民地を拡大し、ルイジアナ(Louisiana)植民地と名づけた。しかし、フランスはイギリスとの戦争に敗れ、1763年の条約で北アメリカ大陸のすべての植民地を失った。

オランダは17世紀前半、北アメリカ東海岸にニューネーデルラント(New Netherland)植民地を建設した。しかし、イギリスはニューネーデルラントを1664年に奪い、その中心地ニューアムステルダム(New Amsterdam)をニューヨーク(New York)と改名した。

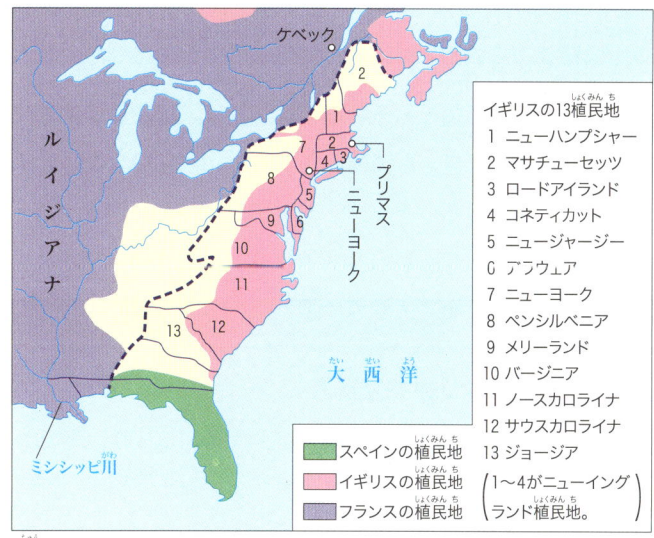

▼1750年頃の北アメリカ東部

イギリスの13植民地
1 ニューハンプシャー
2 マサチューセッツ
3 ロードアイランド
4 コネチカット
5 ニュージャージー
6 デラウェア
7 ニューヨーク
8 ペンシルベニア
9 メリーランド
10 バージニア
11 ノースカロライナ
12 サウスカロライナ
13 ジョージア

1〜4がニューイングランド植民地。

■ スペインの植民地
■ イギリスの植民地
■ フランスの植民地

(注)ニューハンプシャー(New Hampshire)、マサチューセッツ(Massachusetts)、ロードアイランド(Rhode Island)、コネチカット(Connecticut)、ニュージャージー(New Jersey)、デラウェア(Delaware)、ペンシルベニア(Pennsylvania)、メリーランド(Maryland)、ノースカロライナ(North Carolina)、サウスカロライナ(South Carolina)、ジョージア(Georgia)

---

[1] ロシアは、1890年代にフランスと同盟を結んだ。これによって、フランスの資本が大量にロシアに流れ込み、ロシアの産業革命が進んだ。日本は軽工業の分野で産業革命が始まった(➡p.36)。

本国と植民地の対立の激化

フランスと何度も戦争を繰り返し多額の負債を抱えたイギリスは，植民地に対する課税を強化した。これをきっかけに，アメリカの植民地の人々の間でイギリス本国に対する不満が高まっていった。

1765年に印紙法[1]が制定されると，植民地の人々は「**代表なくして課税なし**」[2]（"No taxation without representation"）と主張して本国に抗議し，これを撤廃させた。さらに，1773年の茶法[3]の制定に対しては，**ボストン茶会事件**[4]（Boston Tea Party）を起こして抗議した。これに対し，イギリスはボストン（Boston）港を閉鎖するなどの強硬な制裁措置をとったため，本国と植民地の対立が激しくなっていった。

アメリカ独立戦争（American War of Independence）

植民地側は1774年，本国に対して自治の尊重を求めたが，1775年に本国の軍隊と植民地の民兵が衝突したことをきっかけに，アメリカ独立戦争が始まった。

独立戦争では，植民地側はワシントン（George Washington）を独立軍の総司令官に任命して，イギリス軍と戦った。独立軍は，当初はイギリス軍に対して苦戦していたが，1776年1月に出版された**トマス・ペイン**（Thomas Paine）の『**コモン・センス**』（"Common Sense"）が植民地の独立の正当性を説いて，苦戦を強いられていた独立派の人々に勇気を与えた。また，同年7月にはフィラデルフィア（Philadelphia）において，13植民地の代表がジェファーソン（Thomas Jefferson）らが起草した**独立宣言**（Declaration of Independence，アメリカ独立宣言）を発表した[5]。そして，1777年のサラトガの戦い（Battle of Saratoga）で独立軍が勝利したことで流れが変わった。

イギリスの強大化をおそれる**フランス**は，1778年にアメリカの独立を認め，イギリスに宣戦布告した。また，ほかのヨーロッパ諸国の多くは中立の立場をとり，イギリスを孤立させた。

独立軍は，1781年のヨークタウンの戦い（Battle of Yorktown）に勝ち，独立戦争の勝利を事実上確定させた。イギリスは1783年のパリ条約（Treaty of Paris）でアメリカの独立を認めるとともに，ミシシッピ川以東のルイジアナをアメリカに譲った。

> ✓ 確認 **アメリカ独立宣言**
>
> アメリカ独立宣言は，「すべての人は平等に造られ，天賦の人権として生命，自由，幸福の追求を造物主から与えられた」とした。また，抵抗権が明記されたことから分かるように，**ロック**（John Locke）の思想の影響を受けている（➡ p.86）。

---

[1] 印紙法は，あらゆる書類や刊行物に本国発行の印紙を貼ることを定めた法律。印紙を購入することで税金を納めたことになる。
[2] 「代表なくして課税なし」とは，植民地の代表者がいないところで決められた税は無効で，納める必要はないという意味である。
[3] 茶法は，イギリス東インド会社（East India Company）にアメリカでの茶の販売独占権を与えるという法律である。
[4] ボストン茶会事件とは，茶法の制定に反発した人々が，ボストン港に停泊中のイギリス商船に積まれていた茶箱を海に投げ捨てた事件である。
[5] 1776年6月に採択されたバージニア権利章典（Virginia Bill of Rights）は，「すべての人は生来等しく自由かつ独立しており，出版の自由や信教の自由など一定の生来の権利を持つ」と定めている。

アメリカ合衆国憲法の制定

独立当初，13州の緩やかな連合体であったアメリカは中央政府の権限が弱く，政治的・経済的な困難が続いた。そこで，国内では，強力な権限を持つ中央政府を作ろうとする要求が高まり，1787年に憲法制定会議が開かれ，人民主権，連邦主義，三権分立（➡p.87）を定めた**アメリカ合衆国憲法**が制定された。これに基づき，1789年に連邦政府が発足し（➡p.94），初代大統領には**ワシントン**が就任した。

5 フランス革命 (French Revolution)

アンシャン・レジーム (Ancien Régime, 旧体制)

18世紀後半のフランスは，三つの身分からなる**アンシャン・レジーム**と呼ばれる体制の下にあった。**第一身分**の聖職者，**第二身分**の貴族は，人口の2%程度にすぎなかったが，免税などの特権を持ち，広大な土地と重要な官職を独占していた。その一方で，**第三身分**に属する平民の多くは，重い税負担や貧困に苦しんでいた。また，同じ第三身分でも，経済力のある商工業者は，その経済力にふさわしい権利を持っていないことに不満を感じていた。

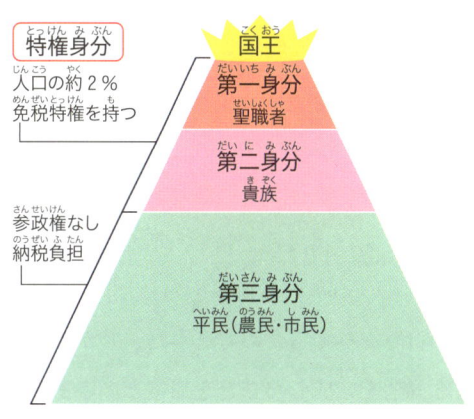

フランス人権宣言 (Declaration of the Rights of Man and of the Citizen) の採択

フランスは，アメリカ独立戦争への参戦など，世界各地でイギリスとの戦争を繰り返していたため，18世紀後半には国の財政が破綻寸前となった。そこで，国王**ルイ16世**(Louis XVI)は特権身分への課税を柱とする財政改革を試みた。しかし，特権身分はこの財政改革に反対し，国王に**三部会**❶の招集を求めた。

1789年5月に三部会が開かれたが，特権身分と第三身分が議決方法をめぐって対立し❷，議会の運営が難しい状況になった。そこで，第三身分の代表者は6月，**国民議会**の結成を宣言し，憲法が制定されるまで解散しないことを誓った。これを，**球戯場（テニスコート）の誓い**と呼ぶ。なお，国民議会には同調した一部の第一身分，第二身分の人々も参加した。

ルイ16世は，いったんは国民議会の結成を認めた。しかし，保守的な貴族から要求されて，軍事力で国民議会を抑え込もうとした。これに対し，パリの民衆は，武器弾薬庫になっていた**バスティーユ牢獄**(Bastille)を7月に襲撃し，武器や弾薬を奪った。

バスティーユ牢獄襲撃事件の後，フランス全土に農民の暴動が広がった。国民議会は8月，封建的特

---

❶ 三部会とは，第一身分，第二身分，第三身分の代表者で構成されるフランスの身分制議会のことである。
❷ 1789年の三部会では，第三身分の代表者の数が最も多かった。しかし，議決方式は身分別投票権（一身分につき一票）がとられていたため，個人別投票権（議員一人につき一票）を主張する第三身分と，身分別投票権を主張する第一身分，第二身分との間で対立が生じた。

権の廃止[1]の宣言と，人権宣言(フランス人権宣言)の採択を相次いで行った。

> **✓確認 フランス人権宣言**
>
> フランス人権宣言は基本的人権の尊重と人民主権の考えを取り入れ，自由，所有権，安全及び圧制への抵抗を自然権として示した。また，権利の保障の確保と権力の分立を近代憲法の基本原理とした。自由で平等な人民からなる社会を構想したルソー(Jean-Jacques Rousseau)の思想(➡p. 86)の影響を受けている。

ナポレオン(Napoleon Bonaparte)の登場

国民議会は憲法発布後に解散し，1791年に立法議会が発足した。しかし，立法議会は長続きせず，1792年に国民公会が発足した。国民公会は共和政の成立を宣言し，王政を廃止した[2]。その後，国民公会は党派間の対立が激しくなり，1795年に廃止された。次いで，総裁政府と二院制の議会が発足したが，弱体であった。そのため，人々は，長期にわたる政情不安をしずめて社会を安定させられる強力な指導者を望むようになった。

この機会を逃さなかったのが，革命軍の将校として名声が高まっていた**ナポレオン**であった。1796年，ナポレオンは司令官として，革命に敵対するオーストリア(Austria)に圧勝した。さらに，1798年にはエジプト(Egypt)への遠征軍を率いた。その目的は，イギリスとインドの連絡を断つことでイギリスの経済に打撃を与えるためであった。しかし，ナポレオンは翌1799年，イギリスがロシアやオーストリアなどと同盟を結成したことを知ると，ひそかに帰国し，総裁政府を倒して自らを第一統領とする統領政府を作った。これをブリュメール18日のクーデタ(Coup of 18 Brumaire)と呼ぶ。これにより，フランス革命は終わった。

---

[1] 封建的特権とは，領主の裁判権や，教会に納める十分の一税などであり，これらの特権が廃止された。
[2] 1793年，国王ルイ16世は処刑された。これ以降，王政を否定する考えが広まることをおそれたほかのヨーロッパ諸国は，数度にわたり対仏大同盟を結成した。

6 ナポレオンのヨーロッパ制覇への挑戦

統領政府でのナポレオン

　ナポレオンは国内の制度を整える一方で，外交面では1801年にローマ教皇(Pope)と和解してフランスにおけるカトリック(Catholic)の復活を承認し，翌1802年にはイギリスと条約を結んでフランスの戦争状態を終わらせた。これらの功績を基に，ナポレオンは1802年に終身統領に就任した。ナポレオンの終身統領としての最大の業績は『**ナポレオン法典**』("Code Napoleon")の制定(1804年)で，これにより，私有財産の不可侵，人身の自由，法の前の平等，契約の自由などの革命の成果をフランスに定着させた。

皇帝ナポレオン

　1804年，国民投票で圧倒的な支持を受けてナポレオンは皇帝に即位し，**ナポレオン1世**(Napoleon Ⅰ)と名乗った。ナポレオン1世による統治の時代を，第一帝政と呼ぶ。

　ナポレオンは，ヨーロッパの支配をめざして各地に進出した。1805年のトラファルガーの海戦(Battle of Trafalgar)ではイギリスに敗れたが，同年のオーストリア・ロシア連合軍との戦いでは勝利した。次いで，1806年には，ドイツの西部や南部の諸国を保護下に置いて，ライン同盟(Confederation of the Rhine)を結成した。これによって，神聖ローマ帝国(Holy Roman Empire)は消滅した。

　ナポレオンは，イギリスに対抗するため，イギリスとヨーロッパ諸国との通商を禁止する**大陸封鎖令**を1806年に発布したが，産業革命が進行していたイギリスに大きな経済的打撃を与えることはできなかった。一方，大陸では順調に領土や服属する国を増やしていき，イギリスを除くヨーロッパのほとんどを支配下に置いた。

　しかし，ナポレオンの支配は各地の人々のナショナリズム(nationalism)❶を高め，フランスへの反発を強めることになった。そのような中，**ロシアは大陸封鎖令を無視してイギリスに穀物を輸出した**。これに対し，ナポレオンは1812年に**ロシア遠征**を行ったが，失敗した❷。この失敗をきっかけとしてヨーロッパ諸国はナポレオンに対して戦争を始め，1813年にはライプツィヒの戦い❸(Battle of Leipzig)が起こった。これに敗れ，パリ(Paris)を占領されたナポレオンは1814年に皇帝を退位し，エルバ島(Elba)に軟禁された。

　1815年，ナポレオンは戦後処理のために開かれたウィーン会議(Congress of Vienna)の混乱に乗じて(➡p.156)，エルバ島から脱出してパリで再び皇帝になったが，**ワーテルローの戦い**(Battle of Waterloo)に敗れて，南大西洋のセントヘレナ島(Saint Helena)に軟禁された。ナポレオンは，1821年にこの島で死去した。

---

❶ ナショナリズムは多くの意味を持つ言葉であるが，おおまかにいうと，ある国家や民族に属する人々が，その国家や民族の統一，独立，発展などをめざす考え方や運動のことである。
❷ ロシアの作家トルストイ(Leo Tolstoy)は1869年刊行の『戦争と平和』("War and Peace")において，ナポレオンのロシア遠征を背景として，ロシアの若い貴族の葛藤を描いた。
❸ ライプツィヒの戦いは，**諸国民戦争**とも呼ばれる。

▼ナポレオン全盛期のヨーロッパ(1810〜12年)

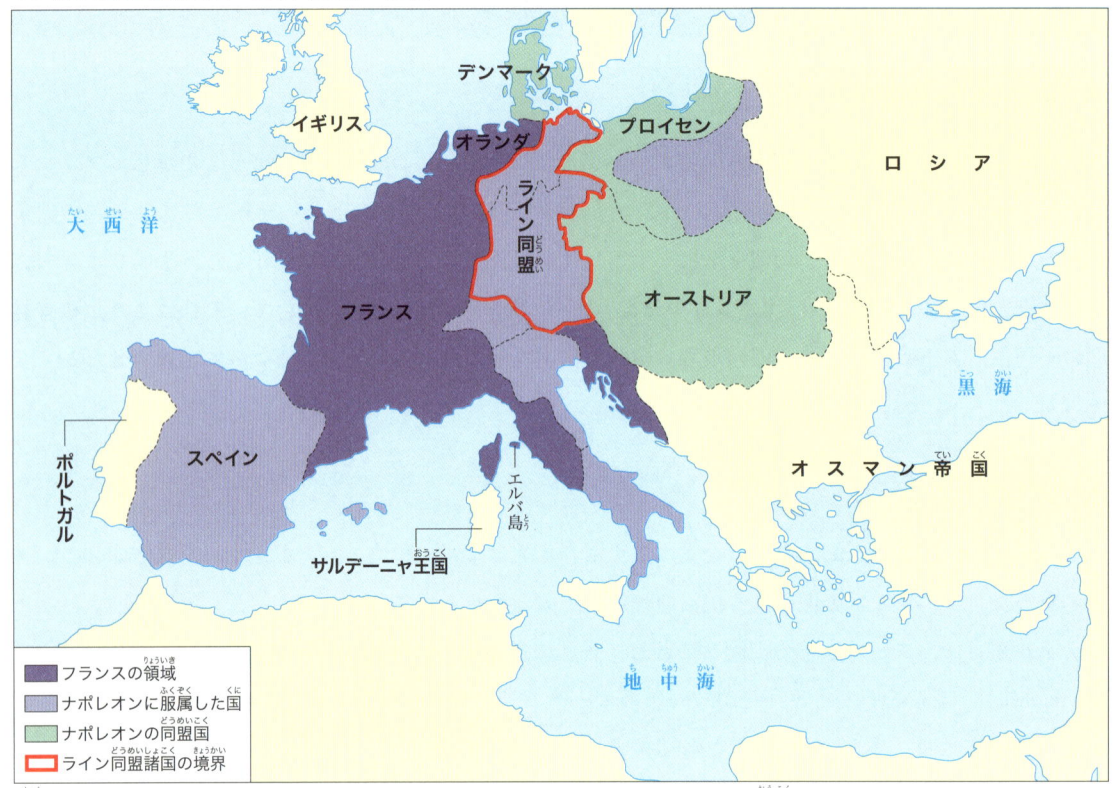

(注) ポルトガル(Portugal), デンマーク(Denmark), プロイセン(Prussia), サルデーニャ王国(Kingdom of Sardinia), オスマン帝国(Ottoman Empire), 黒海(Black Sea)

第1章 練習問題

解答 ➡ p.334

問1 イギリス(UK)の産業革命に関する記述として最も適当なものを，次の①～④の中から一つ選びなさい。

① イギリスの産業革命は，鉄鋼業の分野で始まった。

② 産業革命期に発明された機械は熟練した技術がないと使えないため，機械を扱える職人が資本家から求められた。

③ 産業革命の進展にともない石炭が大量に必要になったが，イギリスでは石炭は産出されないため，輸入量が増加した。

④ 蒸気機関が実用化され，機械の動力などとして利用されることで，生産の効率が向上した。

問2 独立した直後のアメリカ(USA)に関する記述として最も適当なものを，次の①～④の中から一つ選びなさい。

① 憲法に基づいて発足した政府の初代大統領には，ワシントン(George Washington)が就任した。

② 憲法では平等権が定められているため，各州は黒人の奴隷制を廃止する法律を制定した。

③ トマス・ペイン(Thomas Paine)は『コモン・センス』("*Common Sense*")を著して中央集権を主張し，憲法で連邦制が採用されたことを批判した。

④ イギリスからの独立は達成したが，憲法ではイギリスの国王はアメリカの国王を兼ねるとし，大統領はイギリスの国王から任命されると定められた。

問3 フランス革命(French Revolution)が起こる直前のフランス(France)の情勢に関する記述として最も適当なものを，次の①～④の中から一つ選びなさい。

① フランス政府は財政改革に成功し，豊富な資金を軍事部門に費やしていた。

② 財産を持つ商工業者からなる第二身分は租税負担を負わないとする改革がなされた。

③ 第三身分の大部分を占める農民は，租税の重さに苦しんでいた。

④ 三部会は設置以来毎年開かれ，革命直前の三部会では憲法制定に向けて活発な議論がなされた。

第2章 国民国家の形成

Point

1. **ウィーン会議** — 会議の原則は正統主義と勢力均衡／ドイツ連邦が発足
2. **諸国民の春** — フランスで共和政の臨時政府が成立／ヨーロッパでは自由主義とナショナリズムが高まる
3. **ドイツ帝国** — プロイセン・フランス戦争の勝利により成立／1890年までビスマルクが主導
4. **クリミア戦争** — ロシアとオスマン帝国，イギリス，フランスの争い／ロシアは敗れて南下を阻止される
5. **南北戦争** — 奴隷制や貿易制度などをめぐり，アメリカの北部と南部が対立／リンカーン大統領の奴隷解放演説

1 ウィーン会議(Congress of Vienna)

ウィーン会議の開催

ナポレオン1世(Napoleon I)がエルバ島(Elba)に軟禁された後，フランス革命(French Revolution)とその後のたび重なる戦争から生じた混乱を収め，新しい国際秩序を確立するために，ヨーロッパ(Europe)諸国の代表者がウィーン(Vienna)に集まり，1814年から1815年にかけて，ウィーン会議が開かれた。

オーストリア(Austria)のメッテルニヒ(Klemens von Metternich)を中心として進められたウィーン会議は，各国の考え方の違いなどから，なかなかまとまらなかった。しかし，ナポレオンがエルバ島を脱出してパリ(Paris)に戻り，復位を宣言すると(→p.153)，これを知った各国はようやく合意し，1815年6月にウィーン議定書(Final Act of the Congress of Vienna)が結ばれた。ウィーン議定書の原則は，**正統主義**[1]と**勢力均衡**である。ウィーン議定書に基づいて成立した保守的な国際秩序を，ウィーン体制(Vienna system)と呼ぶ。

---

[1] 正統主義とは，フランス革命以前の各国王朝を正統とし，その復活を図る考え方である。

ウィーン会議の合意事項

以下のことが、ウィーン会議で合意された。なお、プロイセン(Prussia)など35の君主国と4つの自由市で**ドイツ連邦**(German Confederation)を構成し、オーストリアをその盟主とすることも決まった。

イギリス	旧オランダ領のセイロン島、ケープ植民地を獲得。
フランス	新しい国王が即位し、フランス革命前の状態を回復。
プロイセン	ドイツ西部のラインラントなどを獲得し、領土を東西に拡張。
オーストリア	イタリア北部などを獲得。
オランダ	王国になり、後にベルギー(Belgium)になる地域を併合。
スイス	永世中立国として承認された。

(注)イギリス(UK)、オランダ(Netherlands)、セイロン島(Ceylon)、ケープ植民地(Cape Colony)、フランス(France)、ドイツ(Germany)、ラインラント(Rhineland)、イタリア(Italy)、ベルギー(Belgium)、スイス(Switzerland)

ドイツ連邦は、35の君主国と4つの自由市が、それぞれ主権を保持したまま相互の安全保障を図る体制である。連邦議会と裁判所はあるが、中央行政機関はない。なお、ドイツ連邦の境界はかつての神聖ローマ帝国(Holy Roman Empire)の境界に沿って引かれたため、オーストリア東部とプロイセン東部はドイツ連邦には属さなかった。

▼ウィーン体制の下でのヨーロッパ

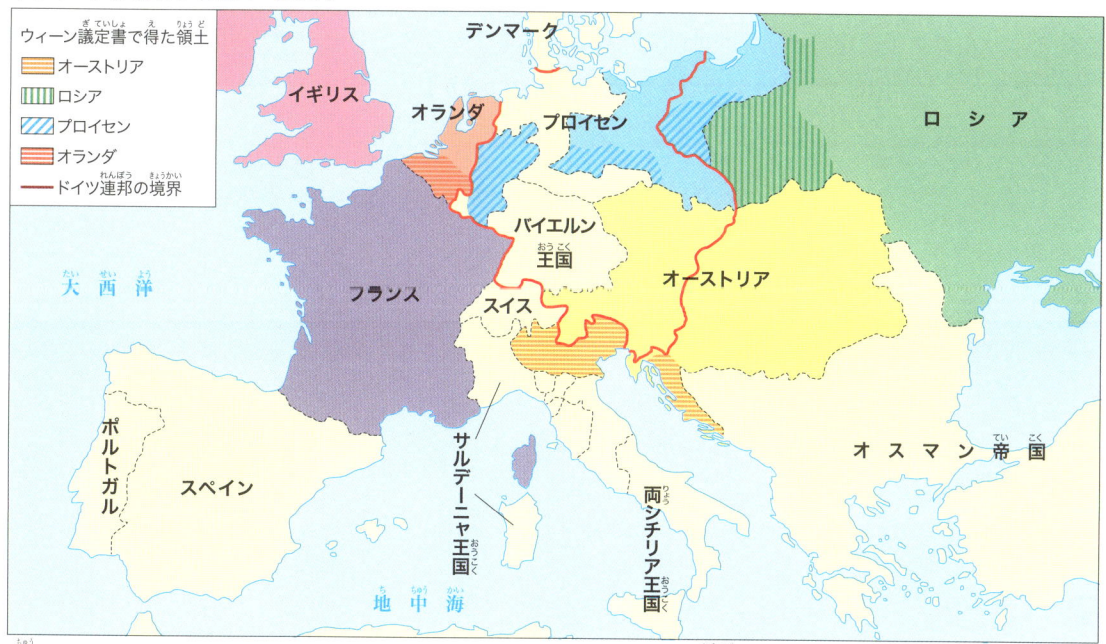

(注)ポルトガル(Portugal)、スペイン(Spain)、デンマーク(Denmark)、バイエルン王国(Kingdom of Bavaria)、サルデーニャ王国(Kingdom of Sardinia)、両シチリア王国(Kingdom of the Two Sicilies)、ロシア(Russia)、オスマン帝国(Ottoman Empire)

2 ウィーン体制の動揺

七月革命(July Revolution)とその影響

フランスでは，1824年に国王に即位したシャルル10世(Charles X)が，聖職者や貴族を保護するなど革命前に逆戻りする政治を行ったため，国民の不満が高まった。シャルル10世はそうした不満をそらすため，1830年にオスマン帝国支配下の**アルジェリア**(Algeria)に遠征を行い，植民地化を開始した。

同じ1830年，議会選挙で反政府派が勝利すると，これを嫌ったシャルル10世は，議会を招集せずに解散し，さらに，出版の自由や選挙資格を制限しようとした。

これに対して1830年7月，パリの民衆が決起し，シャルル10世は追放された。そして，自由主義者のルイ・フィリップ(Louis Philippe)が新たな国王として迎えられた。この革命を七月革命という。

七月革命の影響を受けて，ヨーロッパ各地で自由主義やナショナリズム(nationalism)の運動が高まった。オランダでは民衆と軍隊との間で戦闘が起こり，1831年に**ベルギー**が立憲君主制の国としてオランダから独立した。ドイツ，イタリア，ポーランド(Poland)でも運動が激しくなったが，いずれも鎮圧された。

ギリシャ(Greece)の独立

オスマン帝国の支配下にあったギリシャでは，1821年に独立戦争が始まった。ロシア，イギリス，フランスはバルカン半島(Balkan Peninsula)に勢力を広げようとして，ギリシャを援助した。その結果，1829年にオスマン帝国はギリシャの独立を認めた。なお，ギリシャの独立は，翌1830年に国際的に承認された。

ラテンアメリカ(Latin America)諸国の独立

アメリカ(USA)やフランスの革命の理念は，多くがスペインまたはポルトガルの植民地となっていたラテンアメリカの地域に大きな影響を与えた。そして，独立の動きが強まっていき，ラテンアメリカ諸国の多くは，1810年代から1820年代にかけて次々に独立した❶。なお，ブラジル(Brazil)は1822年にポルトガルの王子が皇帝に即位し，帝国として独立したが，1889年に共和国となった。

オーストリアなどのヨーロッパ諸国は，ラテンアメリカ諸国へ干渉しようとした。しかし，アメリカのモンロー(James Monroe)大統領は1823年にモンロー宣言(Monroe Doctrine)❷を発表して，ラテンアメリカ諸国の独立への干渉を拒否する姿勢を表明した。イギリスもこれを支持したことで，ラテンアメリカ諸国の独立は承認されていった。

▼主なラテンアメリカ諸国の独立

年	国	
1804	ハイチ	フランスから独立
1811	パラグアイ	スペインから独立
1816	アルゼンチン	
1818	チリ	
1819	コロンビア	
	ベネズエラ	
1821	メキシコ	
	ペルー	
1822	エクアドル	
	ブラジル	ポルトガルから独立
1825	ボリビア	スペインから独立
1828	ウルグアイ	

▼ラテンアメリカ諸国

(注)メキシコ(Mexico)，ハイチ(Haiti)，コロンビア(Colombia)，ベネズエラ(Venezuela)，ペルー(Peru)，ボリビア(Bolivia)，エクアドル(Ecuador)，パラグアイ(Paraguay)，ウルグアイ(Uruguay)，アルゼンチン(Argentina)，チリ(Chile)
コロンビア，ベネズエラ，エクアドルは，独立当初は「大コロンビア共和国」(Gran Colombia)という形をとった。

しかし，独立後のラテンアメリカ諸国では，欧米諸国への輸出用作物や鉱産資源の生産に依存する経済構造が作られたため，国内工業の成長は進まず，欧米諸国への経済的な従属が強まった。

❶ ラテンアメリカで最初に独立を果たしたのはハイチで，フランス革命の影響を受けて18世紀末に始まった奴隷解放運動の結果，1804年にフランスからの独立を達成した。

❷ モンロー宣言は，ヨーロッパ諸国はアメリカ(America)大陸の諸国に対して干渉せず，アメリカはヨーロッパ諸国に対して干渉しないという相互不干渉を原則とする。この宣言は，その後のアメリカの外交政策の基本姿勢になった。

3 ウィーン体制の崩壊

二月革命(French Revolution of 1848)

七月革命後のフランスでは、産業革命が本格化した。しかし、政府は一部の富裕層のみを優遇したため、選挙権を持たない中小資本家や労働者の不満が強くなった。そして1848年2月、中小資本家や労働者たちが蜂起すると、国王が亡命して**共和政の臨時政府**が成立した。これは二月革命と呼ばれる。

その後、12月に行われた大統領選挙では、ナポレオン1世(➡p.153)の弟の子に当たる**ルイ・ナポレオン**(Louis-Napoleon Bonaparte)が当選した。

「諸国民の春」("Spring of Nations")

二月革命の影響は、オーストリアやプロイセンにも及んだ。最も大きな影響を受けたのがオーストリアで、宰相メッテルニヒが辞職に追い込まれた。プロイセンでは、国王が自由主義的な内閣の発足を認めた。さらに、ほかの地域でも民族運動が活発化し、ヨーロッパは自由主義とナショナリズムが高まる「諸国民の春」と呼ばれる状況になった。こうして、ウィーン体制は崩壊した。

1848年にヨーロッパ各地で起きた、これら一連の革命・民族運動は、**1848年革命**(Revolutions of 1848)と総称される。ただし、1848年革命は決してすべてが成功したわけではなく、民衆や中小資本家の要求は実現しなかった。

4 イギリスにおける選挙法改正と植民地政策

選挙法の改正

19世紀初頭のイギリス議会は制限選挙で、議員のほとんどを地主が占めていた。そのため、新興の資本家は選挙法改正を求めるようになり、政府はこれに応じて、1832年に**第一回選挙法改正**が実現した[1]。また、この頃、地主を代表する**保守党**と、新興の産業資本家を代表する**自由党**が結党された。この後、この両党は交互に政権を担当し、さまざまな改革を実現していった。

一方、選挙権が与えられなかった労働者たちは、1837年から**チャーティスト運動**(Chartism)を起こした。この運動は、議会に対して男子普通選挙(➡p.88)を求める請願を行うなどして、1848年まで展開された。

---

[1] 第一回選挙法改正の実現には、イギリスの哲学者ベンサム(Jeremy Bentham)が確立した功利主義の思想が大きな影響を与えた。ベンサムは、「最大多数の最大幸福」("the greatest happiness of the greatest number")を道徳や法の原理とすべきと説いた。なお、J.S.ミル(John Stuart Mill)はベンサムの考えを修正し、幸福の質的な面も考慮すべきとする質的功利主義を唱えた。

植民地政策

イギリスは，白人が多く移住している植民地の自治領[1]化を進めた。1867年にはカナダ(Canada)がイギリス初の自治領になった。以後，1901年にはオーストラリア(Australia)が，1907年にはニュージーランド(New Zealand)がイギリスの自治領になった。南アフリカ(South Africa)は，1899〜1902年の南アフリカ戦争(South African War)の後，1910年に自治領になった。

その一方で，1870年代に世界が不況になると，イギリスはいち早く帝国主義政策(➡p.174)を進め，1875年に**スエズ**(Suez)**運河会社の株式を買収**してエジプト(Egypt)への介入を強めた。そして，1882年にエジプトを事実上の保護国[2]にした。

また，イギリスは，19世紀半ばにはインド(India)全域を支配した。そして，1877年にはヴィクトリア女王(Victoria)を皇帝としてインド帝国(British Raj)を成立させた。

5 ナポレオン3世(Napoleon Ⅲ)

積極的な対外進出

フランス大統領のルイ・ナポレオン(➡p.160)は1851年にクーデタを起こして独裁者となり，翌1852年，国民投票で皇帝となって**ナポレオン3世**と名乗った。ナポレオン3世による政治を，第二帝政という。

19世紀のフランスは産業の近代化の面でも，対外進出の面でもイギリスに遅れていた。そのため，ナポレオン3世は，国内の産業育成に努める一方で，積極的な対外進出を行った。まず，ヨーロッパでは，クリミア戦争(Crimean War)に参戦して(➡p.165)ロシアを破った。1859年にはイタリアでの戦争にも介入し，サルデーニャ王国とともにオーストリアを破った(➡p.162)。

アジア(Asia)ではインドシナ(Indochina)に進出し，1858年にはベトナム(Viet Nam)の南部を支配下に置いた。また，1863年にはカンボジア(Cambodia)を保護国にした。

ラテンアメリカにおいては，1861年に財政難を理由に債務支払い停止を宣言したメキシコ[3]に対して，イギリス，スペインとともに軍事介入を行った。そして，ほかの二国の撤兵後も介入を続け，1864年にオーストリア皇帝の弟をメキシコの皇帝にした。しかし，これはメキシコ側の抵抗にあい，失敗した。

プロイセン・フランス戦争(Franco-Prussian War，普仏戦争)

ナポレオン3世はプロイセンの強大化をおそれ，スペインの王位継承問題をきっかけに，**1870年**7月に**プロイセン・フランス戦争(普仏戦争)**を始めた(➡p.164)。しかし，戦争はプロイセン主導のドイツ軍がフランス軍を圧倒し，同年9月にはナポレオン3世を捕虜にした。これにより，第二帝政は崩壊した。

---

[1] 自治領とは，ある国家の領土の一部であるが，広い範囲の自治権を持つ地域のことである。
[2] 保護国とは，条約に基づき，主権の一部(外交・軍事・財政)を他国に奪われている状態にある国のことである。
[3] 19世紀半ばから内戦が続いていたメキシコで1858年に大統領に就任した先住民出身のフアレス(Benito Juárez)は，土地改革や教会財産の没収などの近代化・民主化政策を推進した。

6 イタリアの統一

ウィーン会議の結果(→p.157)、イタリアはサルデーニャ王国、両シチリア王国など、多くの国に分断された。そして、これらの王国の支配者にはイタリア人(Italian)ではない君主も多かったため、民族主義者の不満が高まった。そのため、ウィーン体制の下で統一に向けたさまざまな運動が展開された❶が、統一を達成することはできなかった。

その後、サルデーニャ王国は、カブール(Camillo Benso, Count of Cavour)首相の下、フランスの支

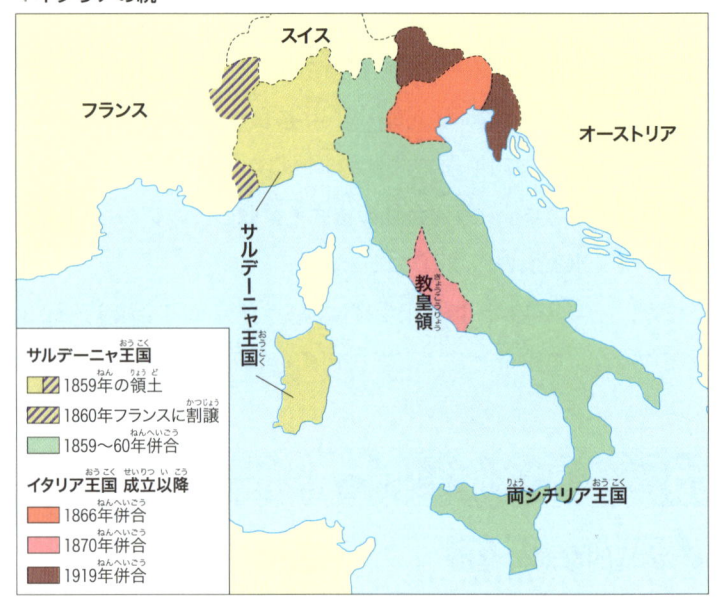

▼イタリアの統一

サルデーニャ王国
　1859年の領土
　1860年フランスに割譲
　1859〜60年併合
イタリア王国 成立以降
　1866年併合
　1870年併合
　1919年併合

援を得て1859年にオーストリアとの戦争に勝利し、イタリア北部を獲得して、統一への動きを始めた。続いて1860年には、自国の領土の一部をフランスに割譲する代わりに、イタリア中部を併合することにフランスと合意した。

さらに同年、ガリバルディ(Giuseppe Garibaldi)が軍隊を率いて両シチリア王国の一部を占領し、占領地をサルデーニャ王国に献上した。その結果、1861年にイタリア王国(Kingdom of Italy)が成立した❷。

しかし、イタリア北東部の一部の地域はオーストリアの領土として残った。この地域は、1919年にイタリア王国に編入されるまで、「未回収のイタリア」("Italian irredentism")と呼ばれることになった。また、イタリアに住む人々の多くが、自らをイタリア人と捉える意識に乏しく、帰属意識を生活の範囲内の地域のみに持っている(国民意識の形成が進んでいない)という問題も残った。この問題に対する危機感は、イタリアの政治家マッシモ・ダゼーリョ(Massimo d'Azeglio)の「イタリアは作られた。あとはイタリア人を作らねばならない」("We have made Italy. Now we must make Italians.")という言葉によく表れている。

---

❶ 1849年、イタリア統一をめざしてローマ共和国(Roman Republic)が建設され、共和主義者で革命家のマッツィーニ(Giuseppe Mazzini)らが参加したが、フランス軍の介入により半年もたずに崩壊した。

❷ 形式的には、イタリア各地で住民投票が行われ、住民の意思に基づいてサルデーニャ王国の支配下に入るという形がとられた。なお、王政は1946年の国民投票の結果により廃止され、イタリアは共和国になった。

7 ドイツの統一

ドイツ連邦

ウィーン会議後のドイツでは，オーストリアやプロイセンなど35の君主国と4つの自由市からなる**ドイツ連邦**が形成された（➡p.157）。プロイセンはドイツの経済的統一に取りかかり，1834年にドイツ関税同盟（German Customs Union）を成立させた。

フランクフルト(Frankfurt)国民議会

1848年にフランスで起こった二月革命の影響は，プロイセンやほかの小国家にも及んだ。同年3月，ベルリン(Berlin)で民衆の暴動が起こると，プロイセンの国王は譲歩して憲法制定を約束し，自由主義的な内閣を認めた（三月革命）。ほかの多くの小国家でも自由主義的な内閣が樹立された。

ドイツ各地で自由主義運動が高まる中，同年5月にドイツ各地の代表が集まって**フランクフルト国民議会**が開かれ，ドイツの統一と憲法制定についての議論が行われた。しかし，議会では，オーストリアも含めてドイツを建設しようとする**大ドイツ主義**の考え方と，オーストリアを切り離してプロイセンを中心にドイツを統一しようとする**小ドイツ主義**の考え方が対立した。結局議会では，小ドイツ主義が優勢になり，翌1849年に立憲君主制と連邦制に基づく自由主義的な憲法が採択された。しかし，影響力を回復していたプロイセンの国王がドイツ皇帝になることを拒否したため，ドイツの統一はできなかった。ドイツ統一に失敗したフランクフルト国民議会は力を失い，同年6月に解散した。

ビスマルク(Otto von Bismarck)の鉄血政策

その後，ドイツ統一の主導権は自由主義者から，プロイセンの政府・軍部を支配する保守層に移った。保守層の有力者であった**ビスマルク**は，1862年にプロイセン国王ヴィルヘルム1世(Wilhelm Ⅰ)から首相に任命されると，ドイツ統一をめざして，議会の反対を押し切って予算議決を経ずに軍備拡張を推進する**鉄血政策**[1]を行った。

---

[1] ビスマルクが1862年の議会で「現在の大問題は言論や多数決ではなく，鉄と血によってのみ解決される」と演説したことから，鉄血政策と呼ばれるようになった。鉄は武器を意味し，血は兵士を意味する。

ドイツ帝国(German Empire)の成立

プロイセンは，1864年にオーストリアとともにデンマークを攻め，デンマーク南部の地域を奪った。さらに1866年には，この地域の管理をめぐるオーストリアとの戦争に勝利した。この勝利をきっかけとしてドイツ連邦は解体し❶，プロイセンを盟主とする北ドイツ連邦(North German Confederation)が1867年に結成され，南ドイツの諸国もプロイセンと同盟を結んだ。これにより，ドイツ統一は完成に近づいた。そして，1870年に始まったプロイセン・フランス戦争(Franco-Prussian War，普仏戦争)でのプロイセンの勝利により，1871年1月にヴィルヘルム1世が皇帝に即位してドイツ帝国が成立し，ドイツ統一が完成した。

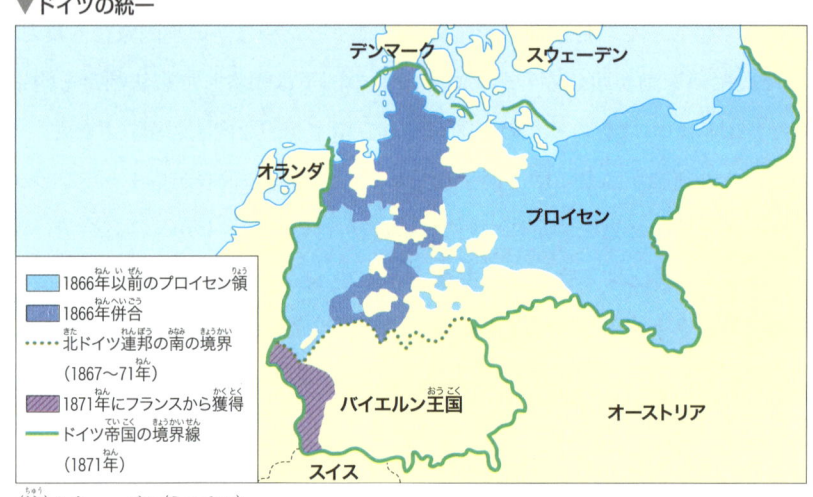

▼ドイツの統一

(注)スウェーデン(Sweden)

ドイツ帝国でのビスマルクの政策

ビスマルクは1871年，ドイツ帝国の宰相に任命され，約20年にわたり権力をふるった。ビスマルクは，保護貿易政策(➡p.55)を行って国内産業を保護し，ドイツの経済を成長させた。また，活発になってきた社会主義運動に対しては，1878年に社会主義者鎮圧法を制定して弾圧するとともに，労働者の疾病保険や災害保険などの社会保険制度を整備して労働者の支持を得ることで，これを弱めようとした。

---

❶ ドイツ統一から排除されたオーストリアは，ハンガリー(Hungary)に自治権を与えて1867年にオーストリア・ハンガリー帝国(Austria-Hungary)となり，バルカン半島での勢力拡大をねらうようになった。しかし，オーストリア・ハンガリー帝国の国内には多くの民族が住んでいたため，民族問題を抱えることになった。

8 クリミア戦争

　ロシアは，冬でも海面が凍らない港と，黒海(Black Sea)から地中海への出口を求めて**南下政策**を推進していた。**1853年**，聖地の管理権をめぐってロシアがオスマン帝国に宣戦し，**クリミア戦争**が始まった。しかし，イギリスとフランス(➡p.161)の両国がオスマン帝国を支援した結果，1856年，ロシアはこの戦争に敗れ，南下をはばまれた。

　クリミア戦争の敗北後，ロシア皇帝は自国が専制的で，イギリスやフランスに比べて後進国であることを自覚し，国内の改革に重点を移した。そして，1861年に**農奴解放令**を出して農奴[1]を身分的に自由にした。その結果，工業化のための労働力が得られた。しかし，当時支配下にあったポーランドで反乱が起こると，皇帝はしだいに専制政治を復活させた。

---

[1] 農奴とは領主に従わされていた農民のことで，移住や転職などの自由を持たず，領主から貸し出された土地を耕して税を納める義務を負っていた。

9 アメリカの領土拡大

アメリカは1803年,ミシシッピ川(Mississippi River)以西のルイジアナ(Louisiana)をフランスから購入した(→p.149)。これによりアメリカの領土は倍増し,大陸西部の開発に取りかかれるようになった。

アメリカはその後,メキシコからの独立を宣言していたテキサス(Texas)を1845年に併合し,さらに,メキシコとの戦争の結果,1848年にはカリフォルニア(California)などを獲得した。しかし,これらの領土拡大は先住民の土地を奪うことをともなっていた。1830年には,先住民をミシシッピ川以西の不毛な土地に強制的に移住させる強制移住法が成立し,先住民の人口は急激に減っていった。

▼領土の拡大

年	地域	相手国	獲得要因
1803	ミシシッピ川以西のルイジアナ	フランス	購入
1819	フロリダ	スペイン	購入
1845	テキサス	(メキシコ)	併合
1846	オレゴン	イギリス	イギリスとの協定により併合
1848	カリフォルニアなど	メキシコ	メキシコとの戦争に勝利して獲得
1867	アラスカ	ロシア	購入

(注)フロリダ(Florida),オレゴン(Oregon),アラスカ(Alaska)

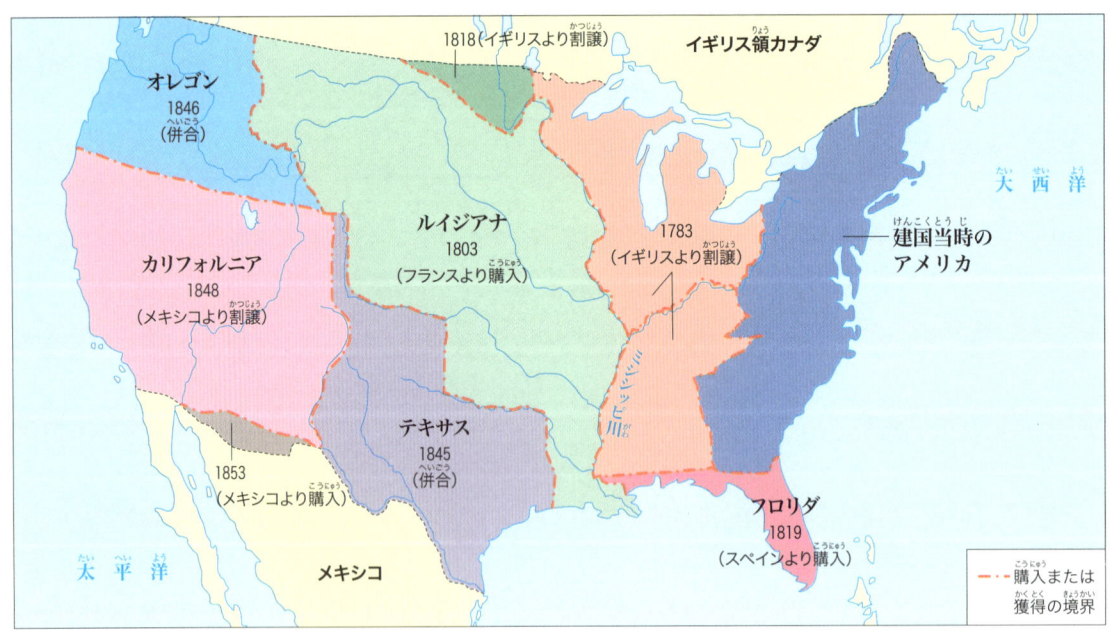

10 南北戦争(American Civil War)

北部と南部の対立

19世紀,アメリカの北部と南部は,経済的構造の違いからしだいに対立するようになった。北部は1840年代以降,産業革命が本格的に進行し,技術・生産の面で進んでいたイギリスの工業とは競争の関係にあった。そのため,イギリスの工業製品をアメリカの市場に入れないよう,**保護貿易**(➡p.55)を主張した。政治面では,保護貿易政策を確実に実行するためには中央政府の権限強化が必要として,**連邦主義**の立場をとった。また,北部では人道主義の立場から**奴隷制に反対**する声が多かった❶。

これに対して南部では,独立以前から黒人奴隷を労働力として綿花やタバコなどの生産が行われ,イギリスへ原料を供給し,イギリスからは工業製品を購入するという関係が成立していた。そのため,南部は,**奴隷制の存続**と**自由貿易**(➡p.55),さらに,連邦政府の権限を縮小して州の自治を尊重する**州権主義**を主張した。

▼北部と南部の違い

	北部	南部
産業構造	商工業	奴隷制に基づくプランテーション❷制度
主な産業	工業製品	綿花
中心勢力	資本家,銀行家	地主,大農園の経営者
貿易政策	保護貿易	自由貿易
国家体制	連邦主義	州権主義
奴隷制	反対	賛成
支持政党	共和党	民主党

---

❶ 1852年に出版されたストウ(Harriet Beecher Stowe)の『アンクル・トムの小屋』("Uncle Tom's Cabin")は,黒人奴隷に対して同情的な視点で書かれており,奴隷制廃止の世論の高まりに大きく貢献することになった。

❷ プランテーション(plantation)とは,輸出のために,広大な農場で特定の作物を大規模に栽培する農業のことである。

南北戦争

　1860年，奴隷制拡大に反対する共和党の**リンカーン**（Abraham Lincoln）が大統領に当選すると，これに反発した南部11州は，翌**1861年**に連邦から離脱してアメリカ連合国（Confederate States of America）を結成した。こうして対立は決定的となり，**南北戦争**が始まった。当初は，優れた軍人を多く抱えていた南部が優勢であったが，リンカーンは1863年，**奴隷解放宣言**を発表して国内外の世論を味方にした。そして同年，南北戦争最大の激戦となった**ゲティスバーグの戦い**（Battle of Gettysburg）[1]での勝利以降，北部が優勢になった。1865年に南部は降伏し，アメリカは再び統一された。

　リンカーン大統領は終戦直後に暗殺されたが，1865年の年末に合衆国憲法の修正による奴隷制の廃止が実現した。しかし，黒人の多くは土地を持てず，農村部で苦しい生活を強いられた。また，選挙権の制限や公共施設での差別など，黒人に対する法的・社会的差別はその後も根強く残った。

　南北戦争後のアメリカは，労働力となる移民の増加や西部開拓の進展を背景としてめざましい経済発展をとげた。また，1869年に**大陸横断鉄道**が開通し，東部及び五大湖沿岸で生産される工業製品と，西部及び南部で生産される食料や原材料が国内で広く流通するようになり，国内市場の結びつきが強まった。こうして，アメリカは1860年から1900年の間に工業生産額が4倍に増加するなど，**世界最大の工業国**になった。

---

[1] リンカーン大統領はゲティスバーグの戦いの後，戦いのあった場所で演説を行い，国民主権に基づく民主政治の原理を示した。

✓確認 主なアメリカ大統領の在任中の出来事

民主党所属の大統領は**黒太字**で，共和党所属の大統領は**赤太字**で示している。

代	大統領	在任(年)	在任中の出来事など
1	ワシントン	1789〜1797	合衆国憲法に基づき初代大統領就任
5	モンロー	1817〜1825	モンロー宣言(モンロー教書)発表
16	リンカーン	1861〜1865	南北戦争，ゲティスバーグの演説
25	マッキンリー	1897〜1901	アメリカ・スペイン戦争(米西戦争)
26	T. ローズベルト	1901〜1909	棍棒外交推進，日露戦争における調停
28	ウィルソン	1913〜1921	第一次世界大戦，14か条の平和原則発表
29	ハーディング	1921〜1923	ワシントン会議開催
31	フーバー	1929〜1933	世界恐慌
32	F. ローズベルト	1933〜1945	ニューディール政策実施，第二次世界大戦，国際連合発足
33	トルーマン	1945〜1953	トルーマン・ドクトリン提唱，朝鮮戦争
35	ケネディ	1961〜1963	キューバ危機
36	ジョンソン	1963〜1969	「偉大な社会」計画提唱，公民権法成立，ベトナム戦争での北爆開始
37	ニクソン	1969〜1974	ニクソン・ショック，中国訪問，ベトナムからアメリカ軍撤退
39	カーター	1977〜1981	中国との国交樹立
40	レーガン	1981〜1989	レーガノミクス推進，プラザ合意，戦略防衛構想(SDI)発表，INF(中距離核戦力)全廃条約調印
41	ブッシュ(父)	1989〜1993	マルタ会談，湾岸戦争
43	ブッシュ(子)	2001〜2009	同時多発テロ，アフガニスタン攻撃，京都議定書からの離脱，イラク戦争
44	オバマ	2009〜2017	プラハ演説，キューバとの国交回復

(注)ワシントン(George Washington), ゲティスバーグ(Gettysburg), マッキンリー(William McKinley), アメリカ・スペイン戦争(Spanish-American War), T. ローズベルト(Theodore Roosevelt), 棍棒外交(Big Stick Diplomacy), 日露戦争(Russo-Japanese War), ウィルソン(Woodrow Wilson), 第一次世界大戦(WWⅠ), ハーディング(Warren Harding), ワシントン会議(Washington Conference), フーバー(Herbert Hoover), 世界恐慌(Great Depression), F. ローズベルト(Franklin Roosevelt), ニューディール(New Deal), 第二次世界大戦(WWⅡ), 国際連合(UN), トルーマン(Harry S. Truman), トルーマン・ドクトリン(Truman Doctrine), 朝鮮戦争(Korean War), ケネディ(John F. Kennedy), キューバ危機(Cuban Missile Crisis), ジョンソン(Lyndon B. Johnson), 「偉大な社会」("Great Society"), ベトナム戦争(Vietnam War), ニクソン(Richard Nixon), ニクソン・ショック(Nixon Shock), 中国(China), カーター(Jimmy Carter), レーガン(Ronald Reagan), レーガノミクス(Reaganomics), プラザ合意(Plaza Accord), ブッシュ(父)(George H. W. Bush), マルタ会談(Malta Summit), 湾岸戦争(Gulf War), ブッシュ(子)(George W. Bush), アフガニスタン(Afghanistan), 京都議定書(Kyoto Protocol), イラク戦争(Iraq War), オバマ(Barack Obama), プラハ(Prague), キューバ(Cuba)

歴史

第2章 練習問題

解答 ➡ p.334

問1 1814年から1815年にかけて開催されたウィーン会議(Congress of Vienna)に関する記述として最も適当なものを，次の①〜④の中から一つ選びなさい。

① 自由主義とナショナリズムの尊重が会議の原則とされた。

② オーストリア(Austria)やプロイセン(Prussia)を含む多数の君主国，自由市からなるドイツ連邦(German Confederation)が結成された。

③ サルデーニャ王国(Kingdom of Sardinia)と両シチリア王国(Kingdom of the Two Sicilies)が合同し，イタリア王国(Kingdom of Italy)となることが合意された。

④ イギリス(UK)からアイルランド(Ireland)が独立することが承認された。

問2 19世紀にヨーロッパ(Europe)で起こった次の出来事A〜Dを年代順に並べたものとして最も適当なものを，下の①〜④の中から一つ選びなさい。

A　クリミア戦争(Crimean War)の勃発

B　普仏戦争(Franco-Prussian War)の勃発

C　ルイ・ナポレオン(Louis-Napoleon Bonaparte)の大統領選出

D　ワーテルローの戦い(Battle of Waterloo)

①　A→B→C→D

② 　B→D→A→C

③　C→A→D→B

④　D→C→A→B

第2章 練習問題

解答 ➡ p.334

問3 19世紀前半のラテンアメリカ(Latin America)の状況に関する記述として最も適当なものを，次の①〜④の中から一つ選びなさい。

① 黒人奴隷の独立運動によりフランス(France)からの独立を達成したハイチ(Haiti)は，ラテンアメリカでの最初の独立国となった。

② メキシコ(Mexico)は，フランスのナポレオン3世(Napoleon III)の支援を受けて，スペイン(Spain)から独立した。

③ ブラジル(Brazil)は，フランス軍の侵攻から逃れてきたポルトガル(Portugal)の王子を皇帝として，スペインから独立した。

④ アメリカ(USA)はオーストリアなどとラテンアメリカでの独立運動に武力介入しようとしたが，イギリスから反対され，介入できなかった。

問4 次の文章中の空欄　a　〜　c　に当てはまる語の組み合わせとして最も適当なものを，下の①〜④の中から一つ選びなさい。

　アメリカ北部で　a　の世論が高まる中，1860年に共和党の　b　が大統領選挙で当選した。これに反発した　c　の諸州は合衆国から離脱した。こうして，1861年に南北戦争(American Civil War)が始まった。

	a	b	c
①	奴隷制廃止	モンロー	北部
②	奴隷制廃止	リンカーン	南部
③	ナポレオン戦争への参加	リンカーン	北部
④	ナポレオン戦争への参加	モンロー	南部

(注)ナポレオン戦争(Napoleonic Wars)，モンロー(James Monroe)，リンカーン(Abraham Lincoln)

第3章 帝国主義の成立

Point

1. **東南アジアの植民地化** — イギリスによる海峡植民地の成立
   アメリカ・スペイン戦争によりアメリカがフィリピンを獲得

2. **アフリカ分割** — イギリスとフランスがファショダ事件を引き起こす
   リベリアとエチオピアのみが独立を維持

1 東南アジア(Southeast Asia)の植民地化

✎ オランダ(Netherlands)の島しょ部への進出

16世紀以降，東南アジアには，豊富な鉱産資源と特産物を求めてヨーロッパ(Europe)の人々が進出してきた。ヨーロッパから東南アジアに初めて進出したのは，ポルトガル(Portugal)とスペイン(Spain)である。その後，オランダが進出し，18世紀半ばには**ジャワ島**[1](Java)の大半を支配下に置いた。さらにオランダはスマトラ島(Sumatra)などを支配して領土を拡大し，20世紀初頭には現在のインドネシア(Indonesia)に当たるオランダ領東インド(Dutch East Indies)を完成させた。

✎ イギリス(UK)のマレー半島(Malay Peninsula)への進出

イギリスは19世紀以降，**マレー半島**とビルマ(Burma)に進出した。イギリスは**シンガポール**(Singapore)などの港湾都市を獲得した後，1826年にマレー半島のペナン(Penang)，マラッカ(Malacca)，シンガポールを**海峡植民地**とした。その後，イギリスは支配地域を広げ，1895年にマレー連合州(Federated Malay States)を形成した。また，イギリスはビルマの王国を三度の戦争の末に滅ぼして，1886年にインド帝国(British Raj)(➡p.161)に併合した。

✎ フランス領インドシナ連邦(French Indochina)の成立

フランス(France)は，19世紀半ばからインドシナ(Indochina)に進出すると，清(中国)にベトナム(Viet Nam)の宗主権を放棄させるなどして支配地域を広げ，1887年に**カンボジア**(Cambodia)と**ベトナム**を合わせて**フランス領インドシナ連邦**を成立させた。1899年には，ラオス(Laos)がこれに編入された。

✎ アメリカ・スペイン戦争(Spanish-American War, 米西戦争)

16世紀後半，スペインが**フィリピン**(Philippines)を植民地としていたが，1898年の**アメリカ・スペイン戦争(米西戦争)**に勝利したアメリカ(USA)がフィリピンの領有権を獲得し，植民地化した。

---

[1] オランダはジャワ島を中心として，コーヒー豆，サトウキビ，藍などの輸出向けの商品作物の生産を現地の村に割り当てる制度(強制栽培制度)を導入した。

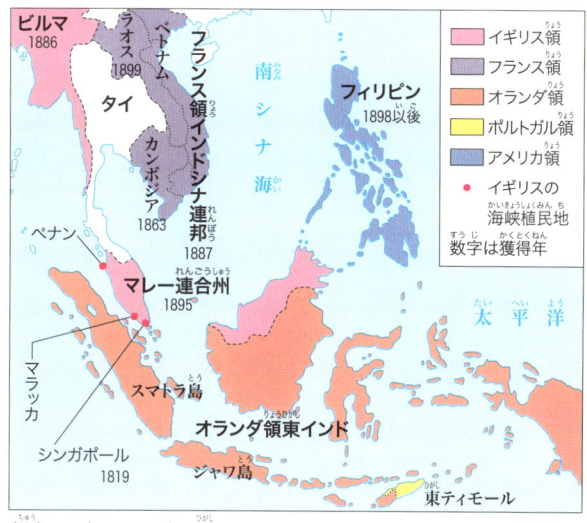

▼東南アジアの植民地化

(注) タイ(Thailand), 東ティモール(East Timor)

2 アヘン戦争(First Opium War)

　清は18世紀中頃から, 西洋諸国との交易を一つの港に限定するなど, 貿易を厳しく統制していたが, 茶や陶磁器などが西洋諸国に輸出され, 大いに繁栄した。18世紀後半になると, 西洋諸国ではイギリスが清との貿易をほぼ独占した。清とイギリスの貿易は代金を銀で支払う形で行われた。

　茶を飲む習慣が広がっていたイギリスは清から茶を大量に輸入し, 輸入超過になっていた。これに対し, イギリスは清に綿製品を輸出しようとしたが, 清では農家の副業として綿製品が安く生産されていたので, イギリス産の綿製品はあまり売れず, 支払うための銀が足りなくなった。

　そこで, イギリスは19世紀初めから, 清の茶や絹をイギリスに, イギリスの綿製品をインド(India)に, インド産のアヘンを清に運ぶ三角貿易を始めた。その結果, 清ではアヘンの吸飲が広がったことで密輸が増えて, それまでとは逆に銀が国外へ流出した。清はこれに対し, アヘンの密輸を厳しく取り締まった。これを見たイギリスは, 清が自由貿易を妨げたとみなして, 1840年, アヘン戦争を起こした。

　清は1842年にイギリスに敗れて条約を結び, 香港(Hong Kong)島の割譲, 広州(Guangzhou)など5港の開港, 賠償金の支払いなどを認めた❶。

▼三角貿易

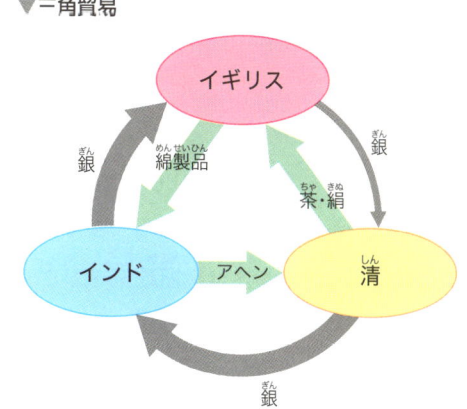

---

❶ 清はアヘン戦争後の1843年と1844年に, 関税自主権がなく, 領事裁判権や片務的な最恵国待遇を認める不平等条約をイギリス, フランス, アメリカと結んだ。さらに, イギリスは自国製品の輸出が増加しないことに不満を持ち, 1856年, フランスとともにアロー戦争(Second Opium War, 第二次アヘン戦争)を起こして清に勝利した。

3 帝国主義

帝国主義の時代

1880年代以降，ヨーロッパの先進諸国やアメリカなどの列強は独占資本主義の時代になり，資源や輸出市場，資本の投資先を求めてアジア(Asia)やアフリカ(Africa)に進出し，植民地を広げていった。このような，優勢な軍事力や経済力によって自国の植民地を拡大しようとする動きを，**帝国主義**と呼ぶ。

ベルリン会議(Berlin Conference)

1883年にベルギー(Belgium)がコンゴ(Congo)の領有を宣言すると，イギリスとポルトガルが不満を表した。アフリカ進出の機会をうかがっていたドイツ(Germany)の宰相ビスマルク(Otto von Bismarck)(➡p.163，164)は，1884〜1885年に**ベルリン会議**を開いて，この紛争を調停する❶とともに，アフリカの各地域を最初に占領した国が領有できるとする植民地化の原則を決めた。この会議の後，列強によるアフリカ分割は急速に進んだ。

ヨーロッパ列強によるアフリカ分割

イギリスは**縦断政策**をとり，エジプト(Egypt)とケープ植民地(Cape Colony)を結ぶ領域の確保をめざした。イギリスは1882年にエジプトを事実上の保護国(➡p.161)とし，さらにスーダン(Sudan)に向かった。スーダンでは激しい抵抗を受けたが，1899年に征服した。アフリカの南部では，ケープ植民地から北に勢力を広げていった。イギリスは，1899〜1902年の南アフリカ戦争(South African War)❷をきっかけとしてアフリカの南部の国々を併合し，1910年にイギリスの自治領にした。

これに対しフランスは**横断政策**をとり，アルジェリア(Algeria)とチュニジア(Tunisia)を拠点にして，サハラ砂漠(Sahara)からアフリカの東岸を結ぶ領域の確保をめざした。フランスは1881年にチュニジアを保護国にした後，アフリカ西部から中央部へと支配領域を広げた。さらに，中央部と，すでに領土としていたアフリカの東岸のジブチ(Djibouti)を結ぶ経路を確保しようとした。

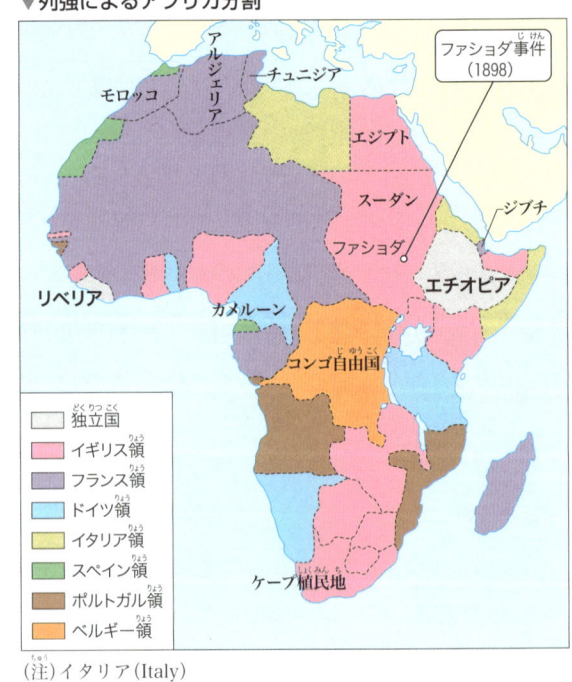
▼列強によるアフリカ分割

---

❶ コンゴ自由国(Congo Free State)が設立され，これをベルギー国王の個人領とすることが認められた。
❷ イギリスは，ケープ植民地の北方に19世紀半ばに建てられたトランスヴァール共和国(Transvaal Republic)とオレンジ自由国(Orange Free State)で金鉱やダイヤモンドが発見されたことを知ると，両国の併合を企て，南アフリカ戦争を起こした。

このイギリスの縦断政策とフランスの横断政策は衝突を引き起こし，1898年にスーダンで**ファショダ事件**(Fashoda Incident)が起こったが，フランスが譲歩して翌1899年にファショダ(Fashoda)から撤退した。

ドイツは1880年代半ばにカメルーン(Cameroon)などを植民地化した後，アフリカの戦略上の重要地点であった**モロッコ**(Morocco)を獲得しようとして，フランスと1905年と1911年の二度にわたり紛争を起こした。しかし，英仏協商(Entente Cordiale)によりイギリスがフランスを支持したため，ドイツのねらいは成功せず，モロッコは1912年にフランスとスペインによって分割され，保護国になった。

このように列強によるアフリカ分割は進み，20世紀初めには，**リベリア**(Liberia)と**エチオピア**(Ethiopia)を除くすべての地域が植民地化された。

アメリカの膨張

1890年に西部地方の開拓を終えたアメリカは，海外の市場を求めて帝国主義政策を進めた。マッキンリー(William McKinley)大統領の時には，**1898年のアメリカ・スペイン戦争(米西戦争)**に勝利し(→p.172)，**プエルトリコ**(Puerto Rico)，**フィリピン**，**グアム**(Guam)を獲得した。さらに，キューバ(Cuba)の独立をスペインに認めさせた❶。この戦争をきっかけとしてアメリカは太平洋地域にも進出し，1898年にハワイ(Hawaii)を併合した。そのほか，清への進出の出遅れを取り戻すために1899年と1900年に**門戸開放宣言**を出して，清の市場開放・機会均等・領土保全を提唱した。

次の**セオドア・ローズベルト**(Theodore Roosevelt)大統領は，カリブ海(Caribbean Sea)地域の支配をめざして，武力干渉をともなう外交を行った。この外交は，**棍棒外交**(Big Stick Diplomacy)と呼ばれる。1903年にアメリカは，コロンビア(Colombia)からパナマ(Panama)を独立させて，カリブ海と太平洋を結ぶパナマ運河(Panama Canal)の工事権・租借権・管理運営権を獲得した。

▼アメリカの膨張

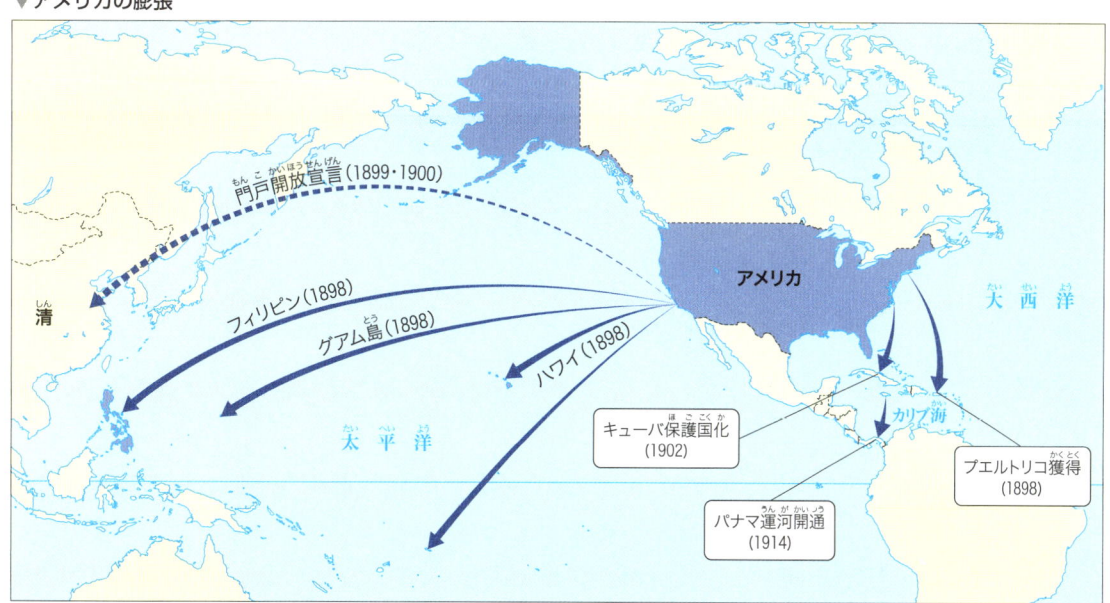

❶ キューバは1902年に独立した。しかし，この独立は形式的なものであり，実際にはアメリカの保護国とされた。

第3章 練習問題

解答 ➡ p.334

問1 東南アジア(Southeast Asia)の植民地化に関する記述として最も適当なものを、次の①～④の中から一つ選びなさい。

① イギリス(UK)は、三つの港湾都市からなる海峡植民地を成立させた。

② フランス(France)は、ジャワ島(Java)を支配して輸出向けの商品作物を栽培させた。

③ オランダ(Netherlands)はフィリピン(Philippines)を支配していたが、アメリカ(USA)に奪われた。

④ スペイン(Spain)は、ベトナム(Viet Nam)を支配しようとしたが、激しい抵抗にあった。

問2 次の文章中の空欄 a , b に当てはまる語の組み合わせとして最も適当なものを、下の①～④の中から一つ選びなさい。

1880年代に入ると、アフリカ(Africa)をめぐってヨーロッパ(Europe)諸国の対立が深まった。そこで、1884年から1885年にかけて、ドイツの宰相ビスマルク(Otto von Bismarck)は a を開き、対立を解消しようとした。その結果、 b 国王の所有地としてコンゴ自由国(Congo Free State)の建設が認められ、また、アフリカの植民地化の原則が定められた。これ以降、ヨーロッパ諸国によるアフリカ分割が進展した。

	a	b
①	ベルリン会議	イギリス
②	ベルリン会議	ベルギー
③	パン・アフリカ会議	イギリス
④	パン・アフリカ会議	ベルギー

(注)ベルリン会議(Berlin Conference),
　　パン・アフリカ会議(Pan-African Congress), ベルギー(Belgium)

問3 20世紀初めのアフリカにおいて独立を維持していた国の一つとして最も適当なものを、次の①～④の中から一つ選びなさい。

① スーダン(Sudan)

② リベリア(Liberia)

③ アルジェリア(Algeria)

④ チュニジア(Tunisia)

| 第4章 | 日本の近代化 |

Point		
❶	日米修好通商条約	日本は関税自主権を持たず，領事裁判権を認めた
❷	日清戦争	日本は勝利して賠償金や遼東半島などを獲得 ロシア，フランス，ドイツによる三国干渉で遼東半島を清に返還
❸	日英同盟	南下を進めるロシアを止めることが目的

1 開国

「鎖国」

日本は，1603年に成立した江戸幕府❶の下で，さまざまな国と盛んに貿易を行っていたが，17世紀半ばに政策を変え，「鎖国」した。ただし，鎖国といっても他国との交流を完全に取りやめたのではなく，清(中国)，オランダ(Netherlands)，朝鮮(Joseon dynasty)，琉球王国，アイヌとは鎖国中も貿易を行っていた。

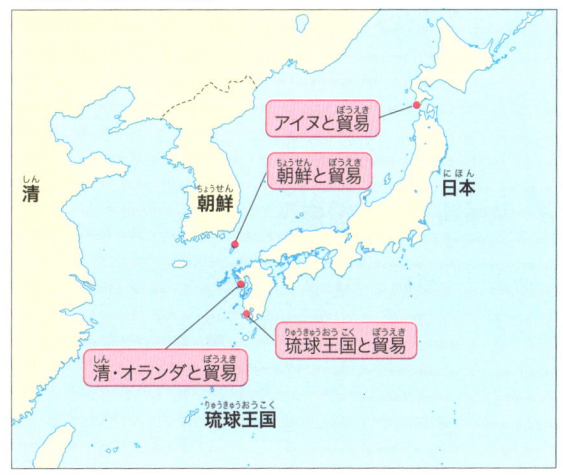

▼鎖国中の日本の貿易

「開国」

18世紀後半以降，ロシア(Russia)やアメリカ(USA)の使節が日本を訪れ，貿易を求めるようになったが，江戸幕府はすべて断った。しかし，1853年にアメリカの使節ペリー(Matthew C. Perry)が艦隊を率いて来航し「開国❷」を求めると，江戸幕府は回答を先送りにして，いったんペリーを帰国させた。江戸幕府は，翌1854年に再び艦隊を率いて来航したペリーと交渉し，日米和親条約(Convention of Kanagawa)を結び，「開国」した。この条約に基づき，日本は下田(現在の静岡県にある港町)と箱館(現在の函館)を開港し，アメリカに一方的な最恵国待遇を与えた。

日米和親条約では貿易が認められていなかったため，アメリカは通商条約を結ぶことを強く求めた。江戸幕府はこれに応じ，1858年に日米修好通商条約(The Treaty of Amity and Commerce between the United States and Japan)が結ばれた。

---

❶ 幕府とは武士(軍事を専門とする家柄)による政権のこと。江戸(現在の東京)を本拠地としたことから，江戸幕府と呼ばれる。
❷ アメリカは日本に対して，捕鯨船や通商船の寄港地として使える港を開くことを期待していた。

日米修好通商条約

日米修好通商条約には，関税の税率は日本とアメリカで協議して定めるという制度が設けられ，**日本の関税自主権はなかった**。また，アメリカ人の裁判はアメリカの領事がアメリカの法に基づいて行う**領事裁判権**（治外法権）**が含まれている**など，日本側に不利な不平等条約であった。江戸幕府は同様の条約をオランダ，ロシア，イギリス(UK)，フランス(France)とも結んだ。江戸幕府に代わって1867年12月に成立した新政府はこれらの条約を引き継いだため，不平等条約の改正は新政府の重要な課題になった❶。

2 近代化の推進

明治維新

新政府は，政府に権力を集中させ，天皇を中心とする中央集権体制を作るため，江戸幕府のさまざまな仕組みを変えていった。この過程を**明治維新**と呼ぶ。新政府はヨーロッパ(Europe)諸国やアメリカなどの列強を理想として，これらの国々の産業技術，社会制度，学問，思想を次々と導入した。

そのため，1868年から1912年まで続いた明治時代には，さまざまな分野で近代化が急速に進んだ。

殖産興業と富国強兵

政府は，列強との経済力の格差を埋めるために，税収❷の多くを近代産業の育成に使った。これを**殖産興業**という。たとえば，主な輸出品である生糸(raw silk)の品質向上や生産増加のため，製糸工場を設立した。これらの工場は，民間の資本や人材が不足していたため，政府が経営する官営工場として設立された。さらに，鉄道の敷設や郵便・電信の整備を進めて，輸送網や通信網の拡充に力を入れた。

また，造船所や軍事工場を設立したり，徴兵制を導入したりして，軍事面の充実を図った。このように，政府は殖産興業で国を豊かにするとともに，強い軍隊を作る「**富国強兵**」をめざした。

立憲主義の導入

1875年，政府は立憲主義(➡p.88)に基づく政治制度を少しずつ導入していくと発表した。その後，自由民権運動の高まり(➡p.121)と政府内の混乱❸をしずめるため，1881年に政府は，国会を1890年に開設すると発表した。また，1882年から1883年にかけて**伊藤博文**をヨーロッパに派遣して，プロイセン(Prussia)などの憲法を調査させた。1885年には伊藤博文を初代内閣総理大臣とする内閣制度を創設し，国会開設に備えた。そして，伊藤が中心となり作成した憲法草案を基にして，**1889年**に**大日本帝国憲法**（明治憲法）が発布(➡p.96)され，この憲法に基づき，翌1890年に国会(帝国議会)が発足した。

---

❶ 領事裁判権の撤廃に成功したのは1894年，関税自主権の完全回復に成功したのは1911年であった。

❷ 江戸幕府は原則として，米の現物を租税として納めさせていた。そのため，米の収穫量や米の価格によって税収が変わる不安定な面があった。そこで，新政府は1873年に土地の価格の3％をお金で納めさせる方式を採用した。これを地租改正と呼ぶ。

❸ 1880年以降，政府内では国会開設をめぐって有力者の間で対立が生じていた。伊藤博文は十分な時間をかけて国会を開設すべきだと主張し，大隈重信は国会の即時開設を主張していた。そこで伊藤は1881年，ほかの有力者と協力して大隈を政府から追放した。

3 日清戦争（First Sino-Japanese War）

1894年，朝鮮で農民の大規模な反乱が起こった。朝鮮への影響力を強めようとする日本と，朝鮮の宗主国の立場をとる清は激しく対立し，同年7月，日清戦争が始まった。

軍事面の近代化が進んだ日本は，清に対して終始優勢に戦局を進め，戦争は日本の勝利に終わった。1895年，講和条約として下関条約（Treaty of Shimonoseki）が結ばれ，清は日本に巨額の賠償金を支払うことや，遼東半島（Liaodong Peninsula），台湾（Taiwan），澎湖諸島（Penghu Islands）を日本に割譲することなどが決められた。しかし，1895年4月，清での利権の獲得をねらうロシアはドイツやフランスとともに三国干渉を行い，遼東半島の返還を日本に勧告してきた。対抗できる力がなかった日本は，これを受け入れた。このことをきっかけに，日本はロシアに対抗できる軍事力を得るため，軍備の拡張を急速に進めた。

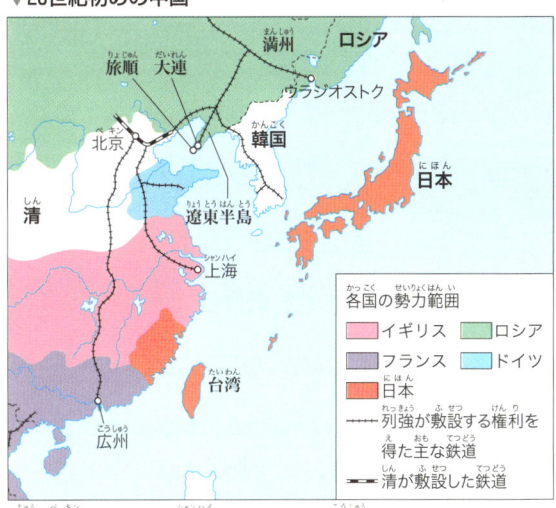

▼20世紀初めの中国

(注)北京(Beijing)，上海(Shanghai)，広州(Guangzhou)，満州(Manchuria)，旅順(Lüshun)，大連(Dalian)，ウラジオストク(Vladivostok)，韓国(Korean Empire)

4 日露戦争（Russo-Japanese War）

ロシアは，シベリア鉄道との接続が可能な，清の東北部(満州)の鉄道の敷設権を1896年に獲得し，1898年には遼東半島の旅順・大連の租借権を獲得した。また，1900年の義和団事件（Boxer Rebellion）に際して満州を占領し，その後もそこに兵を留め，朝鮮半島（Korean Peninsula）への圧力をさらに強めた。このようなロシアの南下に反発した日本は1902年にイギリスと日英同盟（Anglo-Japanese Alliance）を結び，これに対抗した。そして1904年，朝鮮半島と満州をめぐる対立から，日露戦争が始まった。

日本は戦争を有利に進めたが，長く続ける経済力はなかった。一方，ロシアも血の日曜日事件❶をきっかけに革命運動が起こるなど，社会不安が増大して戦争の継続が難しくなった。そこで両国は，アメリカのセオドア・ローズベルト（Theodore Roosevelt）大統領の調停を受けて，1905年に講和条約としてポーツマス条約（Treaty of Portsmouth）を結んだ。条約により，日本は大韓帝国(韓国)の指導・監督権を得て❷，さらに，旅順・大連の租借権，及び北緯50度以南の樺太（Sakhalin）などを獲得した。しかし，ロシアから賠償金はとれず，怒った日本の一部の民衆は不満を爆発させ，日比谷焼き打ち事件を起こした。

❶ 1905年1月，日露戦争の下で生活が苦しくなったロシアのサンクトペテルブルク（Sankt Peterburg）の市民が，聖職者に先導され，皇帝に救済と戦争中止を求めるデモを行った。これに対して宮殿の警備隊が発砲し，多くの死傷者が出た。この事件を血の日曜日事件と呼ぶ。この事件をきっかけに，ロシア各地で反政府運動が激しくなった。

❷ 朝鮮は1897年に国号を大韓帝国と改称した。日露戦争後，日本は韓国の外交権や内政権などを奪い，保護国化を進めた。そして1910年の条約によって，韓国は日本の領土に編入された。これを韓国併合という。

第4章 練習問題

解答 → p.334

問1 1858年に調印された日米修好通商条約(The Treaty of Amity and Commerce between the United States and Japan)の内容として最も適当なものを，次の①〜④の中から一つ選びなさい。

① 日本の最高裁判所の裁判官のうち，過半数をアメリカ人(American)とする。
② アメリカ人が日本国内で日本の法を犯した場合，日本の法で裁かれる。
③ 日本は関税自主権を持たず，アメリカ(USA)に領事裁判権を認める。
④ 日本は，アメリカ以外の国とは通商条約を結ばない。

問2 日本の19世紀末から20世紀初頭にかけての次の出来事A〜Dを年代順に並べたものとして最も適当なものを，下の①〜④の中から一つ選びなさい。

A 三国干渉
B 日露戦争(Russo-Japanese War)の開戦
C 日英同盟(Anglo-Japanese Alliance)の締結
D 日清戦争(First Sino-Japanese War)の開戦

① A→B→D→C
② B→C→A→D
③ C→D→B→A
④ D→A→C→B

第5章 第一次世界大戦

Point

1. 第一次世界大戦(1914～1918年) —— 発端はサラエボ事件
2. ロシア革命(1917年) —— 世界初の社会主義革命
3. 民族自決 —— 東欧諸国が独立
4. 不戦条約(1928年) —— アメリカや日本などが調印

1 列強の同盟と対立

3C政策と3B政策

　ドイツ(Germany)は19世紀後半に急速に工業化が進み，新しい市場が必要になった。そのような中で1888年に皇帝に即位した**ヴィルヘルム2世**[1](Wilhelm II)は，「**世界政策**」を掲げて海軍を増強し，積極的な対外進出に乗り出した。ベルリン(Berlin)・ビザンティウム(Byzantium, 現在のイスタンブール(Istanbul))・バグダード(Baghdad)を鉄道で結ぶ**3B政策**を推進したのが，その例である。3B政策は，ドイツの重要な帝国主義政策になった。

　しかし，3B政策は，中東(Middle East)への南下をねらうロシア(Russia)や，**3C政策**(インド洋の支配を目的とする，カイロ(Cairo)・ケープタウン(Capetown)・カルカッタ(Calcutta，現在のコルカタ(Kolkata))の三地点を結ぶ政策)を展開する**イギリス**(UK)との緊張を高め，第一次世界大戦(WWⅠ)が起こる大きな原因になった。

▼3C政策と3B政策

---

[1] ヴィルヘルム2世は自ら政治を指導することを強く望み，ビスマルク(Otto von Bismarck)と社会主義者鎮圧法や労働者保護立法(➡p.164)をめぐって激しく対立したことをきっかけとして，1890年にビスマルクを辞職させた。

三国協商(Triple Entente)と三国同盟(Triple Alliance)

1882年，ドイツ，オーストリア・ハンガリー帝国(Austria-Hungary，以下この章ではオーストリア(Austria)と略す)，イタリア(Italy)は**三国同盟**を結んだ。一方，20世紀初めにはイギリス，フランス(France)，ロシアからなる**三国協商**が成立した。その結果，列強はドイツを中心とする三国同盟とドイツに対抗しようとする三国協商に分かれ，対立した。

✓確認 三国協商と三国同盟

三国協商は，1904年の**英仏協商**(Entente Cordiale)，1907年の**英露協商**[1](Anglo-Russian Entente)，1894年の**露仏同盟**(Franco-Russian Alliance)の成立により形成された，軍事や外交での協力関係の総称である。**三国同盟**は1882年，ドイツ，オーストリア，イタリアによって結ばれた。三国同盟の主な目的はプロイセン(Prussia)との戦争に敗れたフランスのドイツに対する報復を防ぐことであったが，イタリアとオーストリアの間には「**未回収のイタリア**」("Italian irredentism")をめぐる対立(➡p.162)があり，結束力は弱かった。20世紀に入ると，オーストリアと対立したイタリアはフランスに接近し，三国同盟は実質的にドイツとオーストリアの二国だけの同盟に変わった。

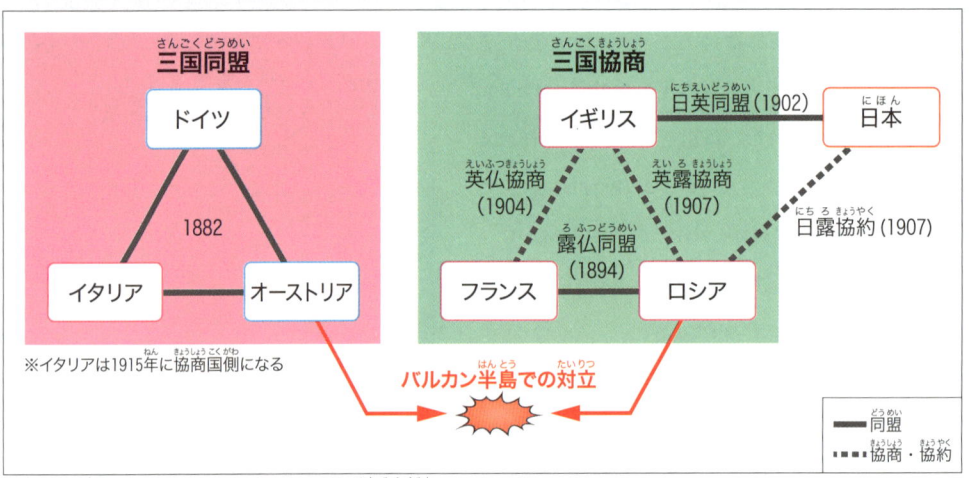

(注)日英同盟(Anglo-Japanese Alliance)，日露協約(Russo-Japanese Agreement)，バルカン半島(Balkan Peninsula)

バルカン半島の危機

南下政策をとるロシアは，スラブ民族(Slav)の統一と連帯をめざす思想を掲げて，ロシアと同じくスラブ民族が多く住むバルカン半島への進出をねらった。一方，オーストリアはゲルマン民族(Germanic peoples)の団結を主張する思想を唱え，ドイツの支援を受けてバルカン半島への勢力拡大をねらった。オーストリアのこの動きは，ロシアとの緊張を高めただけでなく，スラブ民族による統一国家の建設をめざしていたセルビア(Serbia)との緊張も高めた。これらのことから，バルカン半島は「**ヨーロッパの火薬庫**」("Powder keg of Europe")と呼ばれるようになった。

---

[1] 同じ1907年，日本とロシアは日露協約を結び，満州(Manchuria)における利権を調整した。これにより日本と門戸開放を主張するアメリカ(USA)との関係は悪化していった。

2 第一次世界大戦

第一次世界大戦の始まり

1914年6月，オーストリアの帝位継承者夫妻が，バルカン半島北西部のサラエボ(Sarajevo)❶でセルビアの青年に暗殺された。これをサラエボ事件(Sarajevo Incident)という。

同年7月，オーストリアはドイツの支持の下，セルビアに宣戦布告を行った。これに対抗して，セルビアを支援しているロシアが総動員令を出すと，ドイツはロシアとフランスに宣戦し，フランスへ進軍するために中立国のベルギー(Belgium)に侵入した。この中立国侵犯を理由に，イギリスはドイツに宣戦した。こうして，ドイツ，オーストリアなどの同盟国❷と，イギリス，フランス，ロシアを中心とする連合国(協商国)との間で，第一次世界大戦が始まった。

第一次世界大戦の展開

ドイツは短期間での勝利をねらっていたが，ヨーロッパ(Europe)西部ではフランスに動きを止められ，東部ではロシアに動きを止められた。こうして，戦いはすぐに終わるだろうという多くの人々の予想に反して，この戦争は長期にわたる総力戦❸になった。また，この戦争では戦車，飛行機，潜水艦，毒ガスなどの新兵器が用いられ，多くの戦死者を出し，国土は大きく荒れた。

アメリカは第一次世界大戦に対して中立を保っていたが，1917年にドイツが無制限潜水艦作戦❹を宣言すると，これを理由としてドイツに宣戦した。これにより，戦況は連合国側に有利になった。

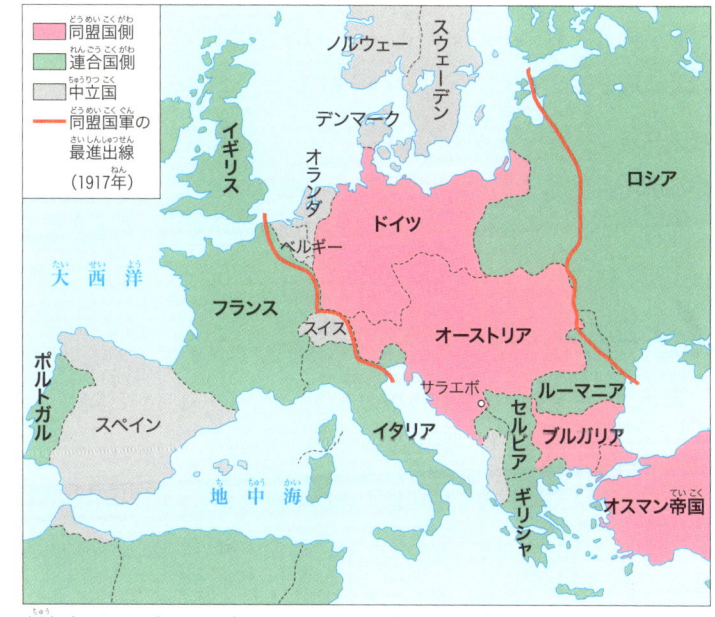

▼第一次世界大戦中のヨーロッパ

同盟国側
連合国側
中立国
同盟国軍の最進出線(1917年)

(注) ポルトガル(Portugal)，スペイン(Spain)，オランダ(Netherlands)，デンマーク(Denmark)，スイス(Switzerland)，ノルウェー(Norway)，スウェーデン(Sweden)，ルーマニア(Romania)，ブルガリア(Bulgaria)，ギリシャ(Greece)，オスマン帝国(Ottoman Empire)

---

❶ サラエボはサライェヴォと表記することもある。
❷ 第一次世界大戦が始まった時，イタリアは三国同盟に加盟していたが，中立を宣言した。1915年，オーストリア領の「未回収のイタリア」(➡p.162)の割譲を条件に，連合国側に立って参戦した。
❸ 総力戦とは，軍事力だけではなく，国民，経済，資源のすべてを動員して戦われる戦争のことである。
❹ 無制限潜水艦作戦とは，潜水艦が，敵国・中立国を問わず軍需物資を積んだ船舶を無警告で撃沈する作戦のことである。

3 ロシア革命(Russian Revolution)

ソビエト(Soviet)の発足

　第一次世界大戦中、ロシア国内ではしだいに食料や燃料の不足が深刻になっていった。そのため、国民の間で戦争反対の声が広がった。1917年3月(ロシア暦では2月)、首都ペトログラード(Petrograd)で大規模なデモやストライキが起こると、軍隊もこれに加わり、労働者と兵士は各地でソビエト(評議会)を組織した。その結果、皇帝は退位し、帝政が崩壊した。

　皇帝の退位後、自由主義派の政党を中心に臨時政府が成立した。

ソビエト政権の成立

　帝政崩壊後のロシアは、臨時政府とソビエトの二重権力の状態が続き、状況は安定しなかった。
　1917年4月、ボリシェビキ(Bolsheviks)❶の指導者のレーニン(Vladimir Lenin)が亡命先から帰国し、ソビエト内でのボリシェビキの勢力を拡大していった。この動きを見た臨時政府は、ボリシェビキを弾圧した。両者の対立が深まる中、同年11月(ロシア暦では10月)、ボリシェビキが中心となって武装蜂起し、臨時政府を倒してソビエト政権を樹立した。この一連の出来事を、**ロシア革命**という。
　ソビエト政権は成立後すぐに、無併合・無償金・民族自決を原則とした講和を全交戦国に求める「平和に関する布告」(Decree on Peace)や、地主の土地の没収と土地私有権の廃止を内容とする「土地に関する布告」(Decree on Land)を発表した。しかし、「平和に関する布告」を受け入れる交戦国はなかった。

大戦からの離脱と列強の干渉

　ボリシェビキはソビエト政権の成立後すぐに一党独裁体制(一つの政党が国の政治権力を独占する体制)を確立すると、1918年3月に党名を**共産党**に改めた。
　しかし、ソビエト政権は1917年の成立直後から、対内的にも対外的にも困難が続いた。国内では反対勢力との内戦が始まり、対外的には、革命の世界的な広がりを恐れた列強によるロシア各地への軍隊の派遣に苦しんだ。また、ドイツと1918年3月に結んだ条約により、領土は大きく減少した。

---

❶　ロシアで社会主義思想が労働者に広がり始めると、1898年にマルクス主義を掲げるロシア社会民主労働党が結成された。しかし、革命の方針の対立から、ロシア社会民主労働党は、1903年にボリシェビキとメンシェビキ(Mensheviks)に事実上分裂した。ボリシェビキはロシア語(Russian)で多数派を意味する。

4 第一次世界大戦の終結とベルサイユ(Versailles)体制の成立

第一次世界大戦の終結

ドイツは1918年の春,最後の攻撃を試みたが,失敗に終わった。1918年の後半にはドイツ以外の同盟国(ブルガリア,オスマン帝国,オーストリア)が次々に降伏していった。

11月,ドイツで革命が起こり,皇帝が亡命した。これにより,ドイツは共和国になった。その後成立した臨時政府が連合国と休戦条約を結び,第一次世界大戦は終わった。

ベルサイユ体制の成立

戦後の秩序と賠償を定めるため,1919年1月から**パリ講和会議**(Paris Peace Conference)が開かれた。講和の枠組みは,1918年1月にアメリカのウィルソン(Woodrow Wilson)大統領が発表した14か条の平和原則(秘密外交の廃止,軍備縮小,民族自決,国際平和機構の設立など)を基に作られた。しかし,この会議ではイギリスとフランスが敗戦国に対して厳しい姿勢をとったため,この原則は部分的にしか実現しなかった。

1919年6月,連合国とドイツとの間で**ベルサイユ条約**(Treaty of Versailles)が調印された。この条約により,ドイツはすべての植民地を失い,アルザス・ロレーヌ(Alsace-Lorraine)地方❶をフランスに返還した。さらに,ラインラント❷(Rheinland)の非武装化,軍備の制限,巨額の賠償金の支払いを義務づけられた❸。

ほかの敗戦国であるオーストリア,ブルガリア,オスマン帝国と連合国との講和条約は,それぞれ個別に結ばれ,3か国はともに領土を縮小させられた。こうして実現したヨーロッパの新しい国際秩序は,**ベルサイユ体制**と呼ばれる。

また,ベルサイユ条約の一部は国際連盟規約(Covenant of the League of Nations)となっており,1920年1月,ベルサイユ条約の発効と同時に**国際連盟**(League of Nations)が発足した(→p.133)。

✓確認 民族自決

民族自決とは,ある民族が他の民族や国家の干渉を受けることなく,自らの意思に基づいて,その帰属や政治組織を決定することである。

パリ講和会議の結果,民族自決の考えの下で,8か国の東欧(Eastern Europe)諸国が独立した。ロシアからは,エストニア(Estonia),フィンランド(Finland),**ポーランド**(Poland),ラトビア(Latvia),リトアニア(Lithuania)が独立し,オーストリアからは,**チェコスロバキア**(Czechoslovakia),**ハンガリー**(Hungary),**ユーゴスラビア**(Yugoslavia)が独立した。しかし,ヨーロッパの帝国主義の下で植民地とされた**アジア**(Asia)や**アフリカ**(Africa)には**民族自決は適用されなかった**。

---

❶ アルザス・ロレーヌ地方は,ドイツ国境に近いフランス北東部の地域で,農産物や鉱産資源が豊富なため,古くからフランスとドイツが領有権をめぐって争っていた。
❷ ラインラントは,フランス,ベルギー,オランダ,ルクセンブルク(Luxembourg)に隣接する地域である。
❸ ベルサイユ条約はドイツへの報復を主な内容とするものであったが,これは,ドイツを弱体化させたいフランスの主張にイギリスとアメリカが同意したためであった。

▼第一次世界大戦後のヨーロッパ

5 アジア・太平洋地域の秩序再編

　第一次世界大戦後のアジア・太平洋地域では，日本が勢力を伸ばす❶とともに，各地で民族運動が高まりを見せていた。そこで，アメリカの呼びかけにより1921～1922年に**ワシントン会議**(Washington Conference)が開かれ，列強の利害の調整と勢力の均衡が図られた。この会議では，海軍の主力艦(戦艦など)の保有制限に合意したほか，太平洋諸島の現状維持を確認する四カ国条約(Four-Power Treaty)❷が結ばれた。さらに中華民国(Republic of China)に対する門戸開放と機会均等を確認する九カ国条約(Nine-Power Treaty)❸が結ばれ，日本の進出は抑えられた。ワシントン会議で成立した東アジア・太平洋地域の国際秩序を，ワシントン体制と呼ぶ。

6 国際協調の進展

　1920年代には，国際秩序の安定を図ることを目的として，いくつかの条約が結ばれた。1925年にはヨーロッパ諸国の間でロカルノ条約(Locarno Pact)が結ばれ，ラインラントの非武装化の再確認と，国境の現状維持が合意された。さらに，**1928年**には，国際紛争解決の手段として戦争に訴えないことを誓う**不戦条約**(Kellogg-Briand Pact)が成立した。不戦条約にはアメリカ，イギリス，フランス，日本，ドイツ，イタリアなど15か国が調印し，その後，数十か国が調印した。

---

❶ 1914年に第一次世界大戦が始まると，日本は日英同盟を根拠としてドイツに宣戦し，中華民国のドイツ租借地と太平洋上のドイツ領南洋諸島(South Seas Mandate)を占領した。ベルサイユ条約でドイツ領南洋諸島は国際連盟の委任統治領とされ，日本は赤道以北の旧ドイツ領南洋諸島の委任統治権を得た。
❷ 四カ国条約の4か国とは，アメリカ，イギリス，フランス，日本である。なお，四カ国条約の締結により日英同盟が解消された。
❸ 九カ国条約の9か国とは，アメリカ，イギリス，フランス，日本，イタリア，ベルギー，ポルトガル，オランダ，中華民国である。

7 第一次世界大戦終結後の主な国・地域の情勢

アメリカ

　第一次世界大戦中，アメリカは連合国に軍需物資を提供したり資金を貸し付けたりして巨額の利益を得た。これにより対外資産が負債を上回り，戦後には債権国になった。また，1920年代には自動車をはじめとする耐久消費財の生産の増大などにより好況が続き，都市の人々を中心に大量生産・大量消費という生活様式が普及した。そして，国際金融の中心はロンドン(London)からニューヨーク(New York)のウォール街(Wall Street)に移った。
　一方，対外的にはアメリカの連邦議会は**孤立主義**をとり，アメリカは国際連盟に参加しなかった。

イギリス

　イギリスでは1918年に第四回選挙法改正(➡p.160)がなされ，21歳以上の男性と30歳以上の女性への選挙権が認められた。この選挙法の下で行われた1923年の選挙で**労働党**は保守党に次ぐ第二党になり，1924年に党首のマクドナルド(Ramsay MacDonald)が自由党の協力を得て初の労働党内閣を発足させた。この内閣は短命に終わったが，その後，1928年の第五回選挙法改正で21歳以上の男女への選挙権が認められると，翌1929年の選挙で労働党は初めて第一党となり，マクドナルドを首相とする労働党内閣が発足した。

イタリア

　イタリアは大戦の戦勝国になったが，領土に関する要求が受け入れられず，パリ講和会議への不満が高まった。さらに，戦後のインフレーション(inflation)の進行，失業者の増加といった経済的な混乱の中で社会主義思想が広まりつつあった。
　社会主義思想の広がりに対抗するため，**ムッソリーニ**(Benito Mussolini)は1921年にファシスト党(National Fascist Party)を結成した。さらにムッソリーニは1922年に国王から首相に任命されると，法律の改正や弾圧などの手段を用いて，1928年に一党独裁体制を確立した。

ソ連(USSR)

　ロシアは，1921年に導入した，資本主義経済の要素を部分的に復活させる経済政策によって経済的に安定し始めると，1922年に**ソビエト社会主義共和国連邦**(ソ連)の成立を宣言した。同年，共産党書記長に就任した**スターリン**(Joseph Stalin)は，反対派を追放・処刑して政治の実権を握ると，計画経済などの社会主義経済の政策を推進した。

インド(India)

　第一次世界大戦中、イギリスはインドに対し、戦争協力の見返りとして自治権を与えることを約束していた。しかし、大戦後の1919年に制定されたインド統治法は、州行政の一部の自治を認めるだけであり、本来の自治とはほど遠い内容であった。

　また、イギリスは同じ1919年にインドの独立運動を弾圧するための法律を制定した。これに対して、ガンディー(Mahatma Gandhi)らは**非暴力・不服従**の抵抗運動を展開して、完全な自治を求めた。

オスマン帝国

　1299年にアナトリア(Anatolia)に成立した**オスマン帝国**は、16世紀に最盛期を迎え、アジア、ヨーロッパ、アフリカにまたがる大帝国を形成した。しかし、17世紀の末頃から衰えが見え始めた。

　19世紀のオスマン帝国では、近代化をめざして、さまざまな改革が実施された。1876年には大宰相ミドハト・パシャ(Midhat Pasha)によって憲法(ミドハト憲法)が制定され、立憲君主制が採用された。しかし、近代化をめざす改革は強い反発を受け、十分な成果をあげることができなかった。また、憲法制定の翌年の1877年にロシアとの戦争が始まると、1878年にこの憲法は停止された。

　オスマン帝国は第一次世界大戦に**同盟国**側で参戦した(➡p.183)が、敗戦国となり、1920年の講和条約(➡p.185)によって領土を大幅に縮小させられた。この講和条約に反対した**ムスタファ・ケマル**(Mustafa Kemal Atatürk)は、侵攻してきていたギリシャ軍を1922年に破り、1923年には連合国との間に新たな条約を結んで、独立の維持と不平等条約の撤廃に成功した。

　また、ケマルは、1923年に**トルコ共和国**(Republic of Turkey)を樹立して初代大統領となった。そして、大統領就任の前後に、スルタン(Sultan)制とカリフ(Caliph)制を廃止した[1]。トルコでは政教分離が進められ、ヨーロッパ型の近代国家をめざしてさまざまな改革が行われた。

---

[1] イスラム教(Islam)の創始者ムハンマド(Muhammad)の後継者で、イスラム共同体の代表者を、カリフと呼ぶ。18世紀後半に、オスマン帝国の皇帝はスルタンの権威を強化するため、カリフの称号を用いるようになった。スルタンとは、元はカリフから与えられる支配者の称号であったが、後に、イスラム諸国の君主をさすようになった。

第5章 練習問題

解答 ➡ p.335

問1 次の文章中の空欄 a ～ c に当てはまる語の組み合わせとして最も適当なものを，下の①～④の中から一つ選びなさい。

1914年， a のサラエボ(Sarajevo)で b 皇太子夫妻が殺害された。この事件をきっかけとして，第一次世界大戦(WWⅠ)が始まった。戦争は総力戦になり，主戦場となったヨーロッパ(Europe)では， c などの新兵器が次々に開発・投入され，多くの死傷者を出した。

	a	b	c
①	バルカン半島	オーストリア	戦車
②	バルカン半島	ロシア	原子爆弾
③	イベリア半島	オーストリア	原子爆弾
④	イベリア半島	ロシア	戦車

(注)バルカン半島(Balkan Peninsula)，イベリア半島(Iberian Peninsula)，オーストリア(Austria)，ロシア(Russia)

問2 1910年代から1920年代に起こった次の出来事A～Dを年代順に並べたものとして最も適当なものを，下の①～④の中から一つ選びなさい。

A　ワシントン会議(Washington Conference)の開催

B　不戦条約(Kellogg-Briand Pact)の締結

C　ロシア革命(Russian Revolution)の勃発

D　パリ講和会議(Paris Peace Conterence)の開催

① A→B→D→C

② B→A→C→D

③ C→D→A→B

④ D→C→B→A

第6章 世界恐慌から第二次世界大戦へ

Point
1. ニューディール政策　公共事業などにより積極的に経済に介入
2. 全権委任法(1933年)　ナチ党の一党独裁体制が確立
3. ヤルタ会談(1945年)　ソ連の対日参戦などで合意

1 世界恐慌(Great Depression)

世界恐慌の発生

第一次世界大戦(WWⅠ)後、アメリカ(USA)は経済的な繁栄を続けていた(➡p.187)が、やがて生産が過剰になり、投機が過熱する中、1929年10月、ニューヨーク(New York)証券取引所で株価の大暴落が起こった。アメリカでは需要が大きく落ちこみ、工場の閉鎖や企業の倒産が相次ぎ、大量の失業者が発生して、深刻な景気の後退に入った。そして、それまで世界中に投資されていたアメリカの資金が一斉に引きあげられ、また、アメリカ政府が輸入を制限したため、これらの影響が各国へ波及して世界恐慌❶となった。ただし、ソ連(USSR)は資本主義経済(自由放任)ではなく社会主義経済(計画経済)(➡p.5)を採用していたため、世界恐慌の影響をほとんど受けなかった❷。

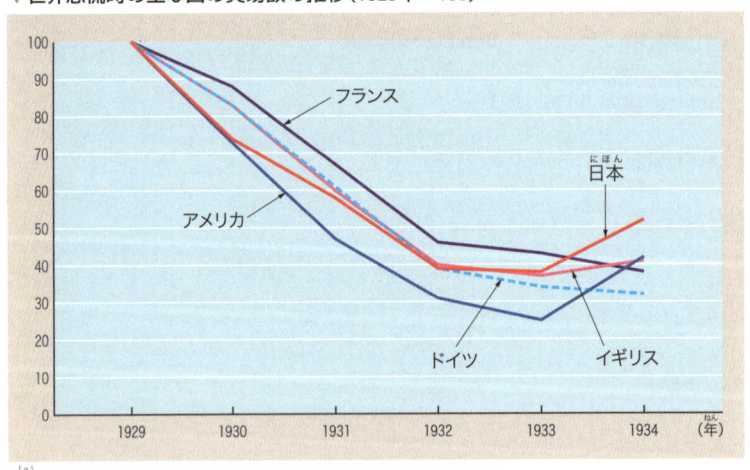

▼世界恐慌時の主な国の貿易額の推移(1929年＝100)

(注)フランス(France)、ドイツ(Germany)、イギリス(UK)

経済産業省『通商白書2019』より作成

❶ 1931年、アメリカのフーバー(Herbert Hoover)大統領は、連合国各国が負っているアメリカへの債務の支払いと、ドイツによる賠償金の支払いを一年間停止すると宣言したが、恐慌の進行を止める効果はなかった。
❷ ソ連は1928年から第一次五か年計画を開始し、国内での生産量を増やした。

ニューディール(New Deal)政策

アメリカでは，1933年に就任した**フランクリン・ローズベルト**(Franklin Roosevelt)**大統領**の下で**ニューディール政策**が推進され，景気の回復が図られた。ニューディール政策の基本的な方針は，それまでの自由放任主義をやめて，政府が積極的に経済への介入を行うことであった。

▼ニューディール政策の内容

農業調整法(AAA)の制定(1933年)	生産調整を行うことで農産物の価格を安定化させ，農民の生活の安定を図る。
全国産業復興法(NIRA)の制定(1933年)	工業製品の価格協定を公認することで企業間の協力活動を促し，利潤の確保を図る。また，労働者の団結権・団体交渉権を認める。
テネシー川流域開発公社(TVA)の設立(1933年)	テネシー川(Tennessee River)流域で大規模な公共事業を実施して，雇用の増加を図る。
ワグナー法(Wagner Act)の制定(1935年)	労働者が団結権・団体交渉権を持つことを確定させる。全国労働関係法とも呼ばれる。
社会保障法の制定(1935年)	失業保険・老齢年金などの制度を導入する。

ニューディール政策は，後の資本主義諸国の経済政策に大きな影響を与えた。なお，ニューディール政策は，同時期にイギリスの経済学者**ケインズ**(John Maynard Keynes)が考案した理論(➡p.3)と同様のものであった。

ブロック経済(bloc economy)

イギリスは世界恐慌に対して，緊縮財政と金本位制の停止を行った。また，1932年にオタワ連邦会議(Ottawa Conference)を開き，**イギリス連邦**❶(Commonwealth of Nations)以外の国に対して輸入制限や高関税を課す経済体制を作った。この経済体制を**ブロック経済**という。フランスやアメリカも，同様にブロック経済を作った。

一方，植民地をあまり持たない日本，ドイツ，イタリア(Italy)はイギリスなどのブロック経済に対して不満を高め，このことはやがて第二次世界大戦(WWⅡ)が起こる一因となった。

---

❶ イギリス連邦とは，イギリスと，その旧植民地であった国々から構成される緩やかな連合体である。

2 世界恐慌後のドイツ

ナチ党(Nazi Party)の政権獲得

ドイツは，世界恐慌によりアメリカからの資本の流入が止まり，経済が壊滅的な状況になった。このような状況で勢力を伸ばしたのが，ベルサイユ条約(Treaty of Versailles)の破棄やユダヤ人(Jewish people)の排斥などを掲げた，ヒトラー(Adolf Hitler)率いる国家社会主義ドイツ労働者党(ナチ党)である。

当初，ナチ党は1923年にミュンヘン一揆(Munich Putsch)を起こして暴力的に政権獲得をめざしたが，それが失敗に終わると，合法的に政権を獲得する路線に変更した。ナチ党は，宣伝を効果的に使って農民や都市の市民を中心に支持者を増やしていき，1932年の選挙では第一党になった。翌1933年1月，ヒトラーは首相に任命された。

ヒトラー政権は1933年3月，議会の立法権を内閣に委ねるとする**全権委任法**を成立させた。さらに，ナチ党以外の政党や労働組合を解散させて，一党独裁体制を確立した。翌1934年に大統領が死去すると，ヒトラーは大統領と首相を兼任し，総統と称して国家元首になった。

ヒトラーは，基本的人権の厳しい制限やユダヤ人への迫害を行ったが，軍需産業の拡大やアウトバーン(高速自動車道路)建設などの大規模な公共事業により失業者を急速に減らした。また，国民の休暇旅行の機会拡大や大衆娯楽施設の整備を進めて，国民の支持を高めた。

ドイツは，1933年に軍備平等を主張して国際連盟(League of Nations)から脱退した(➡p.133)。さらに，ベルサイユ条約に定められた軍備制限規定を破り，1935年に再軍備と徴兵制の復活を宣言した。また，領土拡大への意欲も示し始め，1936年，ラインラント(Rheinland)に軍隊を置いた(➡p.185)。

こうしてドイツは，国民の思想や文化を含む社会全域を厳しく統制する**全体主義**❶国家になった。

3 スペイン(Spain)内戦

1931年に王政から共和政に変わったスペインでは，1936年に共産党を含む左翼の連立内閣が発足した。これを見た軍人のフランコ(Francisco Franco)は反乱を起こし，1936年からスペインは内戦になった❷。

内戦が始まると，ドイツとイタリアは，内戦には干渉しないという国際協定があるにもかかわらず，フランコが指揮する反乱軍を支持し，武器や軍隊をスペインへ送った。これに対して，イギリスやフランスは不干渉の立場を取ったため，政府を積極的に支援した国はソ連だけであった。

内戦は1939年に反乱軍が勝利し，フランコの独裁が始まった。この独裁体制は，フランコが死去する1975年まで続いた。

---

❶ 全体主義とは，個人の自由などの基本的人権や少数派の意見を無視し，自国の利益を最優先する思想のことである。
❷ スペイン内戦には，多くの知識人が直接，あるいは間接的に関与した。スペイン出身で当時フランスで活躍していた画家ピカソ(Pablo Picasso)は，ドイツ軍による無差別爆撃に抗議して「ゲルニカ」(Guernica)を描いた。

4 第二次世界大戦

第二次世界大戦の始まり

1938年に入ると、ドイツはオーストリア(Austria)を併合したのに続き、チェコスロバキア(Czechoslovakia)のズデーテン地方(Sudetenland)の割譲を要求した。これに対し、イギリスとフランスはドイツに譲歩することで戦争を回避し、平和を維持しようとする宥和政策をとったため、両国は**1938年9月のミュンヘン会談**(Munich Conference)において、ドイツがさらなる領土を要求しないと約束することを条件に、ズデーテン地方のドイツへの割譲を認めた。

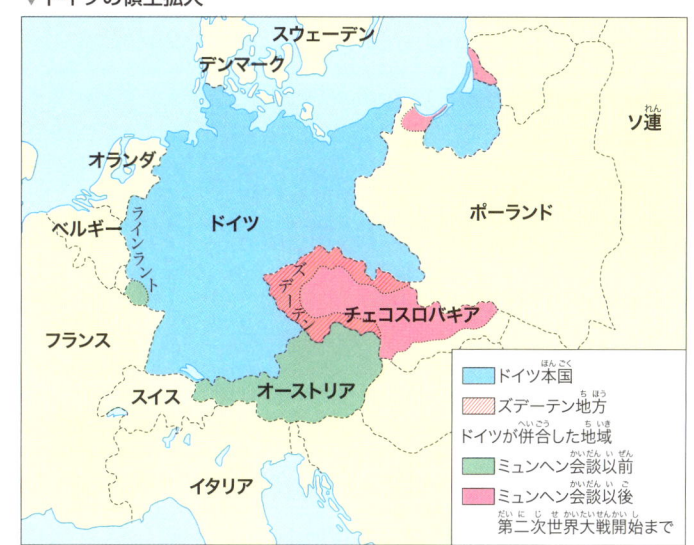

▼ドイツの領土拡大

(注)オランダ(Netherlands)、ベルギー(Belgium)、スイス(Switzerland)、デンマーク(Denmark)、スウェーデン(Sweden)

しかし、ドイツは約束を破り、1939年3月にチェコスロバキアを解体して東半分を保護国に、西半分を保護領にした。

ドイツはさらに、ポーランド(Poland)にも領土の割譲を要求した。これに対してポーランドは、イギリスとフランスから安全保障の約束を得たため、ドイツの要求を拒否した。すると、ドイツは1939年8月にソ連と**独ソ不可侵条約**(German-Soviet Nonaggression Pact)を結び、ソ連の中立を確保したうえで、**1939年9月にポーランドへの侵攻**を開始した。ポーランドに安全保障を約束していたイギリスとフランスは、直ちにドイツに宣戦布告し、**第二次世界大戦**が始まった。

全ヨーロッパ(Europe)の戦争

1939年9月、ソ連はポーランドの東半分を占領し、11月にはフィンランド(Finland)に宣戦した[1]。さらにソ連は、1940年にエストニア(Estonia)、ラトビア(Latvia)、リトアニア(Lithuania)のバルト三国(Baltic states)を併合した。

1939年9月、ポーランドの西半分を占領したドイツは、1940年に入ると、中立国のオランダ、ベルギーを占領し、さらにフランスに侵攻した。すると、ドイツの優勢を見たイタリアが、イギリスとフランスに宣戦した。

1940年6月、フランスはドイツに降伏した。しかし、軍人のド・ゴール(Charles de Gaulle)らは降伏を拒否してロンドン(London)に亡命すると、政府を組織して、ドイツに対するレジスタンス(resistance, 抵抗運動)を人々に呼びかけた。これに応じて、フランス国内でもレジスタンスの動きが活発化した。

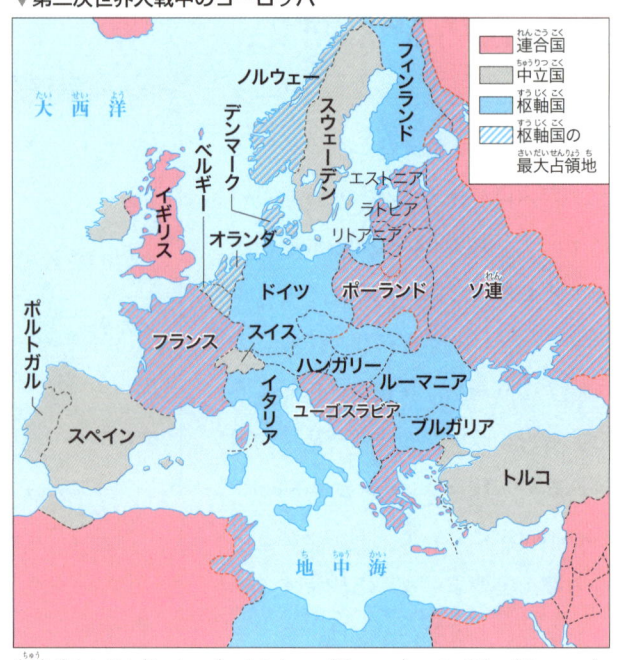

▼第二次世界大戦中のヨーロッパ

(注)ポルトガル(Portugal)、ノルウェー(Norway)、ハンガリー(Hungary)、ルーマニア(Romania)、ブルガリア(Bulgaria)、ユーゴスラビア(Yugoslavia)、トルコ(Turkey)

1940年9月に入ると、日本、ドイツ、イタリアは提携を強化し、**日独伊三国同盟**(Tripartite Pact)を結んだ。この三国を中心とした諸国を枢軸国という。

イギリスでは、チャーチル(Winston Churchill)首相が国民の結束を促した。これに応じて、イギリス軍はドイツ軍の空爆に対して激しい反撃を行ったため、ドイツ軍はイギリスへの上陸を断念した。これ以降、ドイツはバルカン半島(Balkan Peninsula)を南下し、地中海からイギリス攻略をねらう方針をとった。

アメリカは1941年3月、武器貸与法を成立させ、イギリスに対して軍事支援を行った(後に、ほかの連合国も軍事支援の対象とした)。この法律によって、アメリカは事実上中立を放棄し、連合国の一員として戦争に加わった[2]。

1941年6月、ドイツは独ソ不可侵条約を破りソ連への侵攻を開始した。しかし、ソ連が粘り強く戦い、アメリカやイギリスがソ連を援助したため、短期決戦での勝利というドイツのねらいは外れ、ドイツとソ連の戦争は長期化した。

---

[1] フィンランドへの侵攻は、ソ連が国際連盟から除名されるきっかけになった(→p.133)。

[2] 1941年8月にアメリカのF. ローズベルト大統領とイギリスのチャーチル首相により発表された**大西洋憲章**(Atlantic Charter)では、ファシズム(国家や民族の利益を最優先する独裁体制)の打倒とともに領土不拡大、民族自決、民主主義などの原則が宣言された。これが戦後の国際連合(UN)を中心とする国際体制につながっていった。

太平洋戦争(Pacific War)

1920年代の日本は，アメリカやイギリスとの協調を重視する外交政策をとり，中国(中華民国(Republic of China))に対しては一時期を除き内政不干渉を掲げた。1930年に，補助艦の保有量を制限する**ロンドン海軍軍縮条約**(London Naval Treaty)をアメリカやイギリスなどと結んだのは，その姿勢に基づくものであった。しかし，この外交政策は，軍部などから軟弱外交と非難された。

中国で日本が持つ権益を取り戻そうとする動きが強まると，危機感を抱いた関東軍(日本が満州(Manchuria)に置いた軍隊)は，1931年に柳条湖(Liutiaohu)で鉄道の線路を爆破し，それをきっかけとして軍事行動を開始した。これを満州事変(Mukden Incident)という。日本は1933年に国際連盟を脱退すると，さらに中国への侵攻を続けた。1937年には日中両軍の軍事衝突事件が発生し，日中戦争(Second Sino-Japanese War)へと発展した。

中国との戦争が長期化すると，日本は状況の打開と資源の確保のために東南アジア(Southeast Asia)に軍隊を進めた。これに並行して日本は1940年9月，日独伊三国同盟を結び，さらに翌1941年4月には日ソ中立条約(Soviet-Japanese Neutrality Pact)を結んで北方の安全を確保した。

このような行動により，日本はアメリカ，イギリス，オランダとの衝突を避けられない情勢になった。アメリカは日本への石油の輸出を禁止し，さらに，イギリス，中国，オランダとともに日本に対して経済制裁を行った。

日本はアメリカと和解しようとしたが，交渉は決裂した。そして，**1941年12月8日**，日本軍はイギリス領のマレー半島(Malay Peninsula)に上陸するとともにハワイ(Hawaii)の真珠湾(Pearl Harbor)を攻撃して，多くのアメリカ軍の艦船を大破させた。こうして日本は，アメリカとイギリスに宣戦布告し，**太平洋戦争**(アジア(Asia)太平洋戦争)が始まった。

太平洋戦争の開戦によりアメリカが戦争当事国となったため，ドイツとイタリアが日独伊三国同盟に基づいてアメリカに宣戦布告した。そのため，ヨーロッパで始まった第二次世界大戦は，アメリカ，ソ連，イギリスを中心とする連合国と，ドイツ，イタリア，日本を中心とする枢軸国に60か国以上が分かれて戦う，世界戦争になった。

日本は，当初は東南アジア各地や南太平洋の島々を占領したが，1942年6月のミッドウェー海戦(Battle of Midway)の敗北をさかいに，戦況はしだいに悪化した。

第二次世界大戦の終結

　1942年8月から1943年2月にかけてのスターリングラードの戦い(Battle of Stalingrad)で、ドイツ軍がソ連軍に敗れた後、連合国軍は各地で攻勢に出た。イタリアでは、連合国軍がイタリア本土に迫ると、ムッソリーニ政権が崩壊し、新しく発足した政権は1943年9月に降伏した。

　1943年11月のテヘラン会談(Tehran Conference)には、アメリカ、イギリス、ソ連の首脳が集まり、フランス北部への上陸作戦などが協議された。これに基づき、**1944年**に連合国軍は**ノルマンディー**(Normandy)に上陸し、8月にパリ(Paris)を解放して、さらにドイツ国内へ進軍した。

　1945年2月、アメリカ、イギリス、ソ連の首脳は**ヤルタ会談**(Yalta Conference)において、アメリカ、イギリス、フランス、ソ連の4か国がドイツを分割して統治することや、**ソ連が日本との戦争に参戦する**ことを決めた[1]。

　連合国軍は、東西双方からドイツ領に進軍して同時に激しい空襲を行い、ベルリン(Berlin)を占領した。これを受け、ドイツは1945年5月に降伏した。

　太平洋の戦場では、**1945年**4月にアメリカ軍が**沖縄**本島に上陸した。7月、連合国の首脳は**ポツダム宣言**(Potsdam Declaration)を発表して日本に無条件降伏を求めたが、日本はポツダム宣言を受け入れなかった。アメリカは8月6日に**広島**に、9日には**長崎**に核兵器(原子爆弾)を投下し(→p.301)、さらにソ連が日ソ中立条約(→p.195)を無視して8日に日本に対して宣戦布告した。14日、日本はポツダム宣言を受け入れ、降伏した。

---

[1] ヤルタ会談での合意をヤルタ協定(Yalta Agreement)という。2005年、アメリカのブッシュ(George W. Bush)大統領はラトビアの首都リガ(Riga)での演説で、ヤルタ協定のことを「安定のために自由を犠牲にしようとする試みで、そのためにヨーロッパ大陸を分断して不安定にし、中東欧(Central and Eastern Europe)の人々を囚われの身とした歴史上最大の誤り」と述べ、厳しく批判した。

第6章 練習問題

解答 ➡ p.335

問1 アメリカ(USA)のF. ローズベルト(Franklin Roosevelt)大統領が実施したニューディール(New Deal)政策の説明として最も適当なものを、次の①～④の中から一つ選びなさい。

① 消費を増やすため、消費者の四つの権利を発表した。

② 金融政策を実施しやすくするため、通貨制度を金本位制に変えた。

③ テネシー川流域開発公社(TVA)の設立などにより、公共事業を実施した。

④ ワグナー法(Wagner Act)を制定し、労働者の労働運動を禁止した。

問2 1930年代から1940年代にかけての次の出来事A～Dを年代順に並べたものとして最も適当なものを、下の①～④の中から一つ選びなさい。

A ドイツ(Germany)における全権委任法の成立

B スペイン(Spain)内戦の始まり

C 日独伊三国同盟(Tripartite Pact)の締結

D 大西洋憲章(Atlantic Charter)の発表

① A→B→C→D

② B→C→D→A

③ C→D→A→B

④ D→A→B→C

第6章 練習問題

解答 ➡ p.335

問3 第二次世界大戦(WWⅡ)中におけるフランス(France)の軍人ド・ゴール(Charles de Gaulle)の動向に関する記述として最も適当なものを，次の①〜④の中から一つ選びなさい。

① フランスの降伏後に成立した政府の首班となり，ドイツに協力的な姿勢をとったが，1945年の議会選挙で敗れて退任した。

② イギリス(UK)のロンドン(London)に亡命して政府を組織し，ドイツに対するレジスタンス(抵抗運動)を呼びかけた。

③ カイロ会談(Cairo Conference)において，連合国軍のノルマンディー(Normandy)上陸作戦の最高司令官に任命された。

④ テヘラン会談(Tehran Conference)に参加したが，戦後のポーランド(Poland)の国境線の位置をめぐりソ連(USSR)のスターリン(Joseph Stalin)と激しく対立した。

問4 次の文章中の空欄 a ， b に当てはまる語の組み合わせとして最も適当なものを，下の①〜④の中から一つ選びなさい。

第二次世界大戦の終わりが見え始めた1945年2月，アメリカ，イギリス， a の三大国は，大戦後の世界秩序などを協議した。これを b 会談という。

	a	b
①	フランス	ポツダム
②	フランス	ヤルタ
③	ソ連	ポツダム
④	ソ連	ヤルタ

(注) ポツダム(Potsdam)，ヤルタ(Yalta)

第7章 冷戦と冷戦後の世界

Point

❶	マーシャル・プラン(1947年)	アメリカによるヨーロッパの経済復興援助計画
❷	ベルリンの壁	1961年に東ドイツが建設し、1989年に崩壊
❸	キューバ危機(1962年)	ソ連がキューバにミサイル基地を建設したことが発端
❹	ベトナム戦争	アメリカが1965年に爆撃開始
❺	第四次中東戦争	第一次石油危機が起こる
❻	冷戦の終結(1989年)	マルタ会談で宣言
❼	湾岸戦争(1991年)	クウェートに侵攻したイラクに対し多国籍軍が攻撃
❽	アラブの春	北アフリカや中東の国々での民主化運動

1 国際連合(UN)の発足

第二次世界大戦(WWⅡ)中の1943年頃から、連合国は戦後の国際関係に関する協議を進めていた。連合国50か国が参加した1945年4月からの**サンフランシスコ会議**(San Francisco Conference)において、国際連合憲章(Charter of the United Nations)が採択され、同年10月に**国際連合**(→p.134)が発足した。国際連合には安全保障理事会が設置され、アメリカ(USA)やソ連(USSR)などの五大国は常任理事国として国際平和と安全の維持のために、大きな権限と責務を持つことになった。しかし、連合国間の協調は長続きせず、ヨーロッパ(Europe)の戦後処理をめぐって、アメリカとソ連の対立が深まった。

2 ヨーロッパの東西分断

戦後、ソ連は東欧(Eastern Europe)諸国とドイツ(Germany)東部を勢力圏として、アメリカ中心の西側❶諸国と対立を深めた。

ソ連が東欧で社会主義の拡大と定着を図る動きを強めると、アメリカの**トルーマン**(Harry S. Truman)大統領は1947年3月、ギリシャ(Greece)やトルコ(Turkey)に経済・軍事援助を行う、**トルーマン・ドクトリン**(Truman Doctrine)を発表し、社会主義国の周辺国にアメリカが経済・軍事援助を行うことで社会主義国を一定地域内に封じ込める「封じ込め政策」をとることを宣言した。また、アメリカのマーシャル(George Marshall)国務長官は、社会主義拡大の原因は各国が抱える経済的な問題にあると考え、同年6月にヨーロッパの経済復興援助計画として**マーシャル・プラン**(Marshall Plan)を提唱した。西欧諸国はマーシャル・プランを受け入れたが、ソ連や東欧諸国は拒絶した。

---

❶ アメリカを中心とする資本主義国が西欧(Western Europe)に集まっていたことから「西側」、対するソ連を中心とする社会主義国は東欧に集まっていたことから「東側」と呼ばれた。

マーシャル・プランを拒絶した東側陣営では，1947年9月に各国共産党の連絡・調整機関としてコミンフォルム(Cominform)が結成された。また，ソ連と東欧の5か国は，経済協力機構として1949年に経済相互援助会議(COMECON)を創設した。

こうして，アメリカとソ連の二つの超大国が多くの同盟国からなる勢力圏を形成し，イデオロギー(ideology，思想体系)，軍事，経済などの分野で対立することになった。この対立を，「冷戦」(Cold War)という[1]。

3 ドイツの東西分断

分割占領

敗戦国となったドイツは，イギリス(UK)，フランス(France)，アメリカ，ソ連の4か国によって分割占領された。ドイツの首都ベルリン(Berlin)も同様に4か国によって分割占領された。

西ドイツ(West Germany)と東ドイツ(East Germany)の成立

東側と西側の対立は，ドイツにも大きな影響を与えた。1948年6月に西側3か国が占領地区に統一通貨を導入すると，反発したソ連は，西ベルリン(West Berlin)への水陸連絡路を絶つベルリン封鎖(Berlin Blockade)を行った。これに対して，西側3か国は生活必需品の空輸で対抗した。ソ連は1949年5月に封鎖を解いたが，この対立をきっかけとして，ドイツの分断は決定的となった。

西側3か国の占領地区では，1949年5月，ボン(Bonn)を首都とする西ドイツが成立した。ソ連が占領する地区では，1949年10月，東ベルリン(East Berlin)を首都とする東ドイツが成立した。西側3か国の占領地区である西ベルリンは，東ドイツの中で孤島のように西ドイツに帰属することになった。

ベルリンの壁(Berlin Wall)の建設

西ドイツはアメリカからの援助もあり，順調に経済が発展した。しかし，東ドイツでは社会主義経済体制を推進する方針が打ち出されたため，これに失望した多くの人々が西ベルリン経由で西ドイツへ脱出した。そこで東ドイツは，自国民の逃亡を防ぐため，1961年に西ベルリンの周囲に「ベルリンの壁」を建設した。

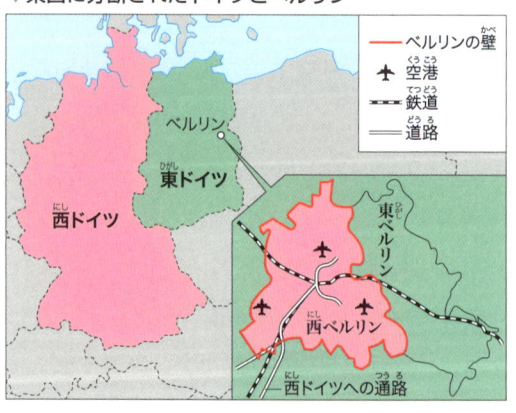

▼東西に分断されたドイツとベルリン

---

[1] 1946年，イギリスのチャーチル(Winston Churchill)前首相は「鉄のカーテン」(Iron Curtain)演説を行い，ソ連がバルト海(Baltic Sea)のシュチェチン(Stettin)からアドリア海(Adriatic Sea)のトリエステ(Trieste)にかけて「鉄のカーテン」(➡p.201)を降ろして閉鎖し，その東側に自らの勢力圏を作っていると非難した。

4 軍事同盟

国際連合憲章が想定した世界的規模の集団安全保障（→p.132）は、冷戦のために実現が難しくなっていた。そうした中で、地域的な軍事同盟が次々と結成された。アメリカ、カナダ（Canada）、西欧諸国の12か国は、1949年に軍事同盟として**北大西洋条約機構（NATO）**を結成した。一方、ソ連・東欧諸国の8か国は、NATOに対抗するため、1955年に**ワルシャワ条約機構**（Warsaw Treaty Organization）を発足させ、ソ連を中心とする集団安全保障体制を築いた。また、アメリカとソ連は核兵器の開発でも競い合い、冷戦下の世界は核戦争の脅威に直面した。

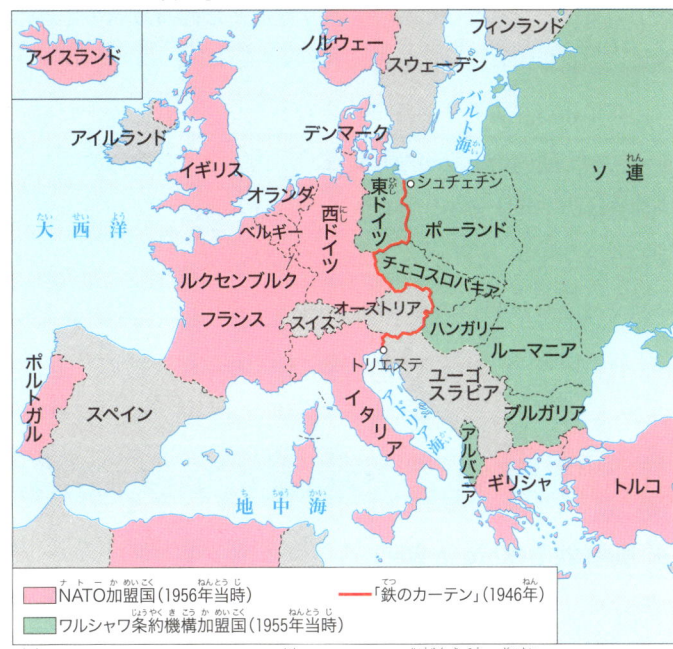

▼ヨーロッパの東西対立

■ NATO加盟国（1956年当時）
■ ワルシャワ条約機構加盟国（1955年当時）
― 「鉄のカーテン」（1946年）

(注)アルバニア（Albania）は1968年にワルシャワ条約機構を脱退した。
ポルトガル（Portugal）、スペイン（Spain）、イタリア（Italy）、アイスランド（Iceland）、アイルランド（Ireland）、オランダ（Netherlands）、ベルギー（Belgium）、ルクセンブルク（Luxembourg）、スイス（Switzerland）、オーストリア（Austria）、デンマーク（Denmark）、ノルウェー（Norway）、スウェーデン（Sweden）、フィンランド（Finland）、ポーランド（Poland）、チェコスロバキア（Czechoslovakia）、ハンガリー（Hungary）、ルーマニア（Romania）、ブルガリア（Bulgaria）、ユーゴスラビア（Yugoslavia）

5 第二次世界大戦後の主な国の情勢

アメリカ

アメリカでは、労働組合活動の活発化や、ソ連の原子爆弾の保有などにともなって共産主義への脅威が強まった。これを受け、1950年頃から左翼運動や共産主義思想を取り締まる、「赤狩り」（マッカーシズム（McCarthyism））と呼ばれる運動が広がりを見せた。「赤狩り」は、マッカーシー（Joseph McCarthy）上院議員（共和党）が主導した。

また、アメリカの国内には人種による差別が制度として多く残っていた。これに抗議して、人種差別の撤廃を求める**公民権運動**が拡大し、「偉大な社会」（"Great Society"）計画を提唱したジョンソン（Lyndon B. Johnson）大統領の下で1964年に公民権法が成立した。

フランス

　第二次世界大戦中，ド・ゴール(Charles de Gaulle)は1944年のパリ(Paris)解放のための戦いに参加し，救国の英雄になった(➡p.194)。パリ解放後は臨時政府の主席になったが，強力な権限を得られなかったため，1946年1月に辞任した。

　1946年10月，新憲法に基づく政府が発足した。しかし，植民地アルジェリア(Algeria)(➡p.174)の独立をめぐって国内の対立が激しくなり，1958年に政府は倒れた。同年，大統領権限の強い憲法が制定され，その憲法の下で大統領に就任したド・ゴールは，1962年の協定でアルジェリアの独立を認めた(➡p.205)。また，ド・ゴールは「フランスの栄光」を追求してフランスを核保有国とするとともに，中国(China)との国交樹立やNATOの軍事部門からの脱退など，独自の外交政策を行った。1958年に発足したフランスの政治体制を，第五共和政という。

6 終戦後のアジア(Asia)

朝鮮戦争(Korean War)

　日本の敗戦後，朝鮮半島(Korean Peninsula)は北緯38度線を境に南側はアメリカ，北側はソ連が占領することになった。アメリカとソ連は朝鮮独立に向けて協議したが，両国の対立が激化する中，協議は決裂し，1948年に朝鮮半島の南側に韓国(South Korea)が，北側に北朝鮮(North Korea)が建国され，朝鮮半島は北緯38度線で南北に分断された。

　1950年，北朝鮮が南北統一をめざして38度線を越えて韓国に侵攻したため，朝鮮戦争が始まった。国際連合の安全保障理事会は北朝鮮軍の行動を侵略と認め[1]，その勧告に応じてアメリカを中心とする国連軍が韓国軍を支援した。これに対し，ソ連の要請に応じた中国が北朝鮮を支援するために軍隊を派遣したため，朝鮮戦争は大規模な代理戦争[2]になった。朝鮮戦争は1953年に休戦協定が成立し，北緯38度線付近を境として南北分断が固定化された。

開発独裁

　第二次世界大戦後，韓国，インドネシア(Indonesia)，フィリピン(Philippines)，シンガポール(Singapore)などでは，独立後に開発独裁(民主主義よりも経済発展を優先する政治体制)と呼ばれる方法を用いることによって一定の経済成長を実現した。

---

[1] 北朝鮮の行動を侵略と認めた時の安全保障理事会には，ソ連が欠席していた。欠席は拒否権の行使とはみなされないため，決議は採択された。
[2] 当事国以外の大国がいずれかの国を支援し，大国の代理で当事国が戦っているかのように見える戦争を，代理戦争という。

第三世界(第三勢力)の形成

　第二次世界大戦後、アジア諸国は民族自決を求める運動の高まりを背景に、次々に独立を達成した。すると、アジアやアフリカ(Africa)の国々の間で、東西両陣営のどちらにも属さない**第三世界(第三勢力)**の形成をめざす動きが現れた。

　1954年、中国の**周恩来**(Zhou Enlai)首相とインドの**ネルー**(Jawaharlal Nehru)首相が会談し、**平和五原則**[1]を発表した。**1955年**には、インドネシアの**バンドン**(Bandung)において、29か国が参加して**アジア・アフリカ会議**(Asian-African Conference)が開催され、反植民地主義や平和共存を主な内容とする**平和十原則**が採択された。

　1961年には、ユーゴスラビアのチトー(Tito)大統領らの呼びかけにより、同国の首都ベオグラード(Belgrade)で第1回**非同盟諸国首脳会議**が開催された。この会議にはアジア、アフリカ、ラテンアメリカ(Latin America)の25か国が参加し、平和共存、民族解放闘争の支持、植民地主義の打破などが宣言された。

　また、経済体制として資本主義経済体制を選択したインドネシア、タイ(Thailand)、マレーシア(Malaysia)、フィリピン、シンガポールの5か国は、**1967年**に**ASEAN(東南アジア諸国連合)**を結成した。ASEANは、当初は反共産主義諸国の地域協力機構という性質を強く持っていたが、1990年代以降は経済統合を推進し、2015年にはASEAN経済共同体(AEC)を発足させた。

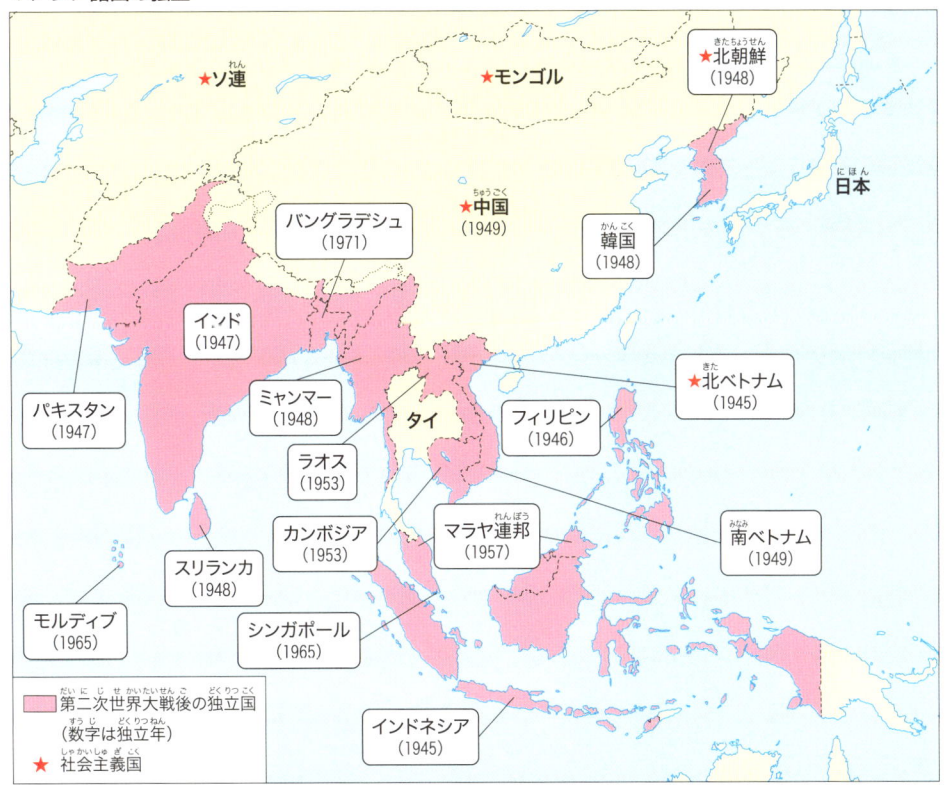

▼アジア諸国の独立

（注）1971年まで、一部大戦中の独立国を含む。国名は現在の通称で表記している。
　　マラヤ連邦(Federation of Malaya)は、1963年に建国されたマレーシアの一部となった。
　　北ベトナム(North Vietnam)、南ベトナム(South Vietnam)、カンボジア(Cambodia)、ラオス(Laos)、
　　ミャンマー(Myanmar)、インド(India)、パキスタン(Pakistan)、スリランカ(Sri Lanka)、モルディブ(Maldives)

---

❶ 平和五原則は、領土・主権の相互尊重、内政不干渉、平和共存、対外不可侵、平等・互恵からなる。

7 「雪どけ」

　ソ連は，1953年のスターリン(Joseph Stalin)の死去をきっかけとして，社会主義国と資本主義国との平和共存路線へ転換し始めた❶。1956年に開催されたソ連共産党大会では，第一書記のフルシチョフ(Nikita Khrushchev)が秘密報告を行い，指導者への個人崇拝(集団指導原則の侵犯)や，不法な処刑・弾圧を批判する**スターリン批判**❷を行った。さらに1959年，フルシチョフはアメリカを訪問し，アイゼンハワー(Dwight D. Eisenhower)大統領と会談した。そのため，1950年代後半の短い期間ではあったが，アメリカとソ連の間の「雪どけ」(緊張緩和)が実現した。

8 キューバ危機(Cuban Missile Crisis)

　第二次世界大戦後のキューバ(Cuba)は，アメリカの影響下に置かれていた。この状況を変えるため，カストロ(Fidel Castro)らは1959年に革命を起こした。カストロは政権を獲得すると，アメリカの企業を含む大企業を国有化した。これに対してアメリカは，武力侵攻を試みたり，キューバの主な輸出品である砂糖の輸入を停止したりして対抗した。

　1961年にアメリカがキューバとの国交を断絶すると，カストロは社会主義宣言を発表してソ連寄りの姿勢を強めた。

　1962年，ソ連がキューバにミサイル基地を建設すると，反発したアメリカの**ケネディ**(John F. Kennedy)大統領は，ミサイル撤去を要求して海上封鎖を行った。そのため，アメリカとソ連の間で核戦争の危機が高まった。この事件を，**キューバ危機**という。

　最終的に，ソ連がアメリカの要求を受け入れ，ミサイルを撤去したために戦争の危機は回避されたが，この時世界は核戦争に最も近づいたといわれている。そのため，危機が収まった後の1963年には，アメリカとソ連の間の偶発的な戦争を防止するためのホットライン(hot line，直通電話回線)が開設された。また，同**1963年**，アメリカ，イギリス，ソ連の三国の間で地下を除く核実験を禁止する**PTBT**(部分的核実験禁止条約)が結ばれた(➡p.139)。

---

❶ 1955年，アメリカ，イギリス，フランス，ソ連の首脳がジュネーブ(Geneva)で会談した。これをジュネーブ四巨頭会談という。ただし，この会談では具体的な成果は得られなかった。

❷ 1956年，ハンガリーではソ連軍撤退などを求める民主化運動が起こり，ナジ(Imre Nagy)首相がワルシャワ条約機構からの脱退や複数政党制の導入などの改革をしようとしたが，ソ連軍の介入を招き，改革は止められた。この事件を，ハンガリー動乱(Hungarian Uprising of 1956)という。このように，ソ連政府は，スターリン批判は行ったものの，社会主義国を減少させることは許さなかった。

9 ベトナム戦争(Vietnam War)

　ベトナム(Viet Nam)は，フランスの撤退後，社会主義国の北ベトナムと，アメリカの支援を受ける資本主義国の南ベトナムに分かれた。やがて反アメリカ，反政府運動が高まった南ベトナムでは，北ベトナムの支援を受けた反政府組織がゲリラ戦を展開するようになった。

　アメリカは，南ベトナムが北ベトナムに敗れれば近隣諸国も次々に社会主義国化するという考えから，ベトナムへの介入を強めた。そして，**ジョンソン**大統領は，1965年から北ベトナムに爆撃を始める(北爆)とともに，南ベトナムに地上軍を派遣した。こうして，**ベトナム戦争**は本格化した。

　アメリカ軍の攻撃に対し，北ベトナムと南ベトナムの反政府組織はソ連や中国の援助を受けて戦った。そのため，ベトナム戦争も**代理戦争**(➡p.202)の一つとなった。

　ベトナム戦争が泥沼化すると，アメリカ国内だけでなく世界各地でも反戦運動が起こった。反戦運動や戦費の増大を見たアメリカの**ニクソン**(Richard Nixon)大統領は，ソ連や中国との関係を改善したうえで，1973年にアメリカ軍を南ベトナムから完全に撤退させた。アメリカ軍撤退後の戦争は北ベトナムが勝利し，1976年にベトナムは統一され，社会主義国になった。

10 「アフリカの年」(Year of Africa)

　アフリカでは，第二次世界大戦後に独立運動が始まった。1956年，モロッコ(Morocco)とチュニジア(Tunisia)がフランスから独立した。ガーナ(Ghana)は1957年にイギリスから独立した。

　1960年には一挙に17か国が独立を達成したため，この年は「**アフリカの年**」と呼ばれる。この時独立した国は，かつてのフランスの植民地が多かった(➡p.174)。これは，フランスのド・ゴール大統領が植民地の独立を認める態度をとったためである❶。

　1963年には，独立した30か国の首脳が集まり，アフリカ諸国の連帯と植民地主義の克服をめざして**アフリカ統一機構(OAU)**を結成した❷。

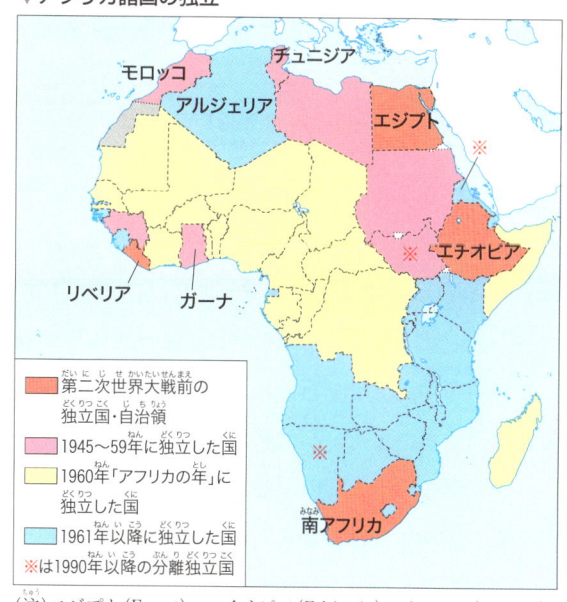

▼アフリカ諸国の独立

(注)エジプト(Egypt), エチオピア(Ethiopia), リベリア(Liberia), 南アフリカ(South Africa)

❶ アルジェリアでは，1954年に武装勢力が独立を求めて戦争を始めたが，フランスは独立を認めず，戦争は長引いた。そして，1962年にド・ゴール政権がアルジェリアの独立を認めた(➡p.202)。
❷ OAUは，アフリカにおけるいっそう高度な政治的・経済的統合の実現と，紛争の予防・解決をめざして，2002年にアフリカ連合(AU)へと発展した。

11 中東(Middle East)の情勢

パレスチナ(Palestine)問題の始まり

　第一次世界大戦(WWⅠ)が長期化すると，イギリスは自国の立場を有利にするためにさまざまな協定を結んだ。その中で，パレスチナ地域については，1917年にバルフォア宣言(Balfour Declaration)を出して，イギリスがユダヤ人(Jewish people)のシオニズム(Zionism)[1]を支援することを約束した。一方で，アラブ人(Arab)には1915年のフサイン・マクマホン協定(Hussein-McMahon agreement)によって，戦後の独立を約束していた。こうしたイギリスの矛盾した約束は，結果的にパレスチナの統治をめぐる問題を混乱させることになった。

　アラブ人もユダヤ人も，第一次世界大戦ではイギリスを含む連合国側について戦ったが，両者ともに独立はできず，大戦後のパレスチナはイギリスの委任統治領になった。これ以降，バルフォア宣言に基づいてパレスチナに多くのユダヤ人が移住してきたため，アラブ人とユダヤ人は激しく対立した。

　1947年，国際連合は，パレスチナをユダヤ人国家とアラブ人国家に分割し，エルサレム(Jerusalem)を国際管理下に置くという案を決議した。ユダヤ人はこれに基づいて1948年にイスラエルの建国を宣言したが，アラブ諸国[2]はこれを認めず，第一次中東戦争(1948 Arab-Israeli War)が起こった。戦争はイスラエルが勝利して，イスラエルは分割案で示されたものよりも広大な領土を獲得したが，パレスチナから追放された多くのアラブ人が難民となった。

　その後も，1956年と1967年に戦争が起こるなど，イスラエルとアラブ諸国は対立を続けた。

第一次石油危機(Oil Crisis)

　1973年10月，エジプトとシリア(Syria)は，1967年の第三次中東戦争(Six-Day War)でイスラエルに占領された領土の回復を目的としてイスラエルに奇襲攻撃を行った。こうして，第四次中東戦争(Yom Kippur War/October War)が始まった。イスラエル軍は，当初は苦戦したが，アメリカなどの支援を受けて押し返した。第四次中東戦争はイスラエル軍が優勢の局面で停戦になった。

　この戦争中，アラブ石油輸出国機構(OAPEC)はイスラエルを支援する諸国に対して原油供給の停止や制限を行った。また，石油輸出国機構(OPEC)[3]は原油価格を大幅に引き上げた。これにより，第一次石油危機が起こった。この原油価格の急激な上昇は，安価な石油に依存していた先進諸国に大きな打撃を与えた。1960年代後半から先進諸国ではインフレーションが進行していたが，第一次石油危機は先進諸国でスタグフレーション(stagflation)を引き起こす大きな要因になった(➡p.20)。

---

[1] ユダヤ人国家をパレスチナに建設しようとする運動を，シオニズムという。
[2] 1945年3月，アラブ諸国の独立と主権擁護を目的として，エジプトやサウジアラビア(Saudi Arabia)など7か国はアラブ連盟(League of Arab States)を結成した。
[3] OPECは，石油輸出国の利益を守るために1960年に設立された組織で，オーストリアのウィーン(Vienna)に本部が置かれている。OPECでは石油政策の調整や原油価格の安定化を進めている。2020年時点での加盟国は13か国で，中東やアフリカの国が多い。

第二次石油危機

　第二次世界大戦後のイラン(Iran)では，1960年代以降，国王がアメリカの援助を得て近代化を推進した。しかし，この近代化による国民の貧富の差の拡大や，政教分離政策に対する反感から，1979年にイスラム教(Islam)シーア派(Shia)(→p.276)の指導者の主導により革命が起こった。これを**イラン革命**(Iranian Revolution)という。革命後のイランは，イスラム法(Sharia)を基盤とした宗教色の強い国になっていった。

　イラン革命の際，イラン政府による石油輸出全面禁止が2か月にわたり実施された。また，OPECも原油価格を大幅に引き上げた。これにより，1979年に**第二次石油危機**が起こり，世界に影響を及ぼした。

イラン・イラク戦争(Iran-Iraq War)

　イラクでは，1979年に**フセイン**(Saddam Hussein)が大統領になった。同年，隣国のイランではイラン革命が起こり，イスラム教のシーア派を国教とする国が成立した。イラクの政権はスンニ派(Sunni)で占められていたが，国民の多くはシーア派であった。そのため，フセイン大統領は，革命の影響が自国内に及ぶことをおそれ，翌1980年にイランに侵攻した。こうして始まった**イラン・イラク戦争**はおよそ8年にわたり続いたが，1988年に両国は国際連合の安全保障理事会の決議を受け入れ，停戦した。

12 冷戦の終結

アフガニスタン(Afghanistan)侵攻

　1960年代後半から1970年代にかけては，1968年にNPT(核拡散防止条約)が成立し(→p.139)，また，アメリカとソ連の間で1972年にSALT Ⅰ(第一次戦略兵器制限条約)が調印される(→p.140)など，軍備管理が進んだ。この時期の両国の接近は，デタント(緊張緩和)と呼ばれる。

　しかし，**1979年**，ソ連が親ソ連派の政権を作るために**アフガニスタンに侵攻**すると，アメリカとソ連の関係は再び悪化し，「新冷戦」が始まった。アメリカのレーガン(Ronald Reagan)大統領は，宇宙空間でミサイルを迎撃するという戦略防衛構想(SDI)を1983年に発表するなどして，ソ連に対する軍備を拡大した。

ゴルバチョフ(Mikhail Gorbachev)書記長の登場

　ソ連は，アフガニスタン侵攻による軍事費の増大や国内経済の停滞[1]などにより，国力が落ちていた。このような中，1985年にソ連の共産党書記長となった**ゴルバチョフ**は，**ペレストロイカ**(perestroika)と呼ばれる政治・経済・社会の改革や，情報公開(グラスノスチ(glasnost))を行い，言論の自由化や複数政党制の導入など民主化を進めた。

---

[1] 社会主義国で採用された計画経済は，1960年代になると経済成長の鈍化，生産性の低下(技術革新の停滞)，労働意欲の減退，慢性的な物不足など，さまざまな問題が起こり始めた。そして，市場経済に基づく資本主義国の経済に対して，しだいに遅れをとるようになっていった。

ゴルバチョフ書記長は，外交政策でも西側との協調に向けて「新思考外交」を展開した。その結果，アメリカとソ連の間の緊張は再び緩和され，両国の首脳会談が定例化した。これにより，それまで停滞していた核軍縮交渉が進展し，1987年にINF(中距離核戦力)全廃条約が調印された(➡p.140)。また，ソ連は1989年にアフガニスタンからの軍の撤退を完了させた。

冷戦の終結

　1989年12月，マルタ(Malta)でアメリカとソ連の首脳会談が開かれ，ブッシュ(George H. W. Bush)大統領とゴルバチョフ書記長により冷戦の終結が宣言された。この会談をマルタ会談(Malta Summit)という。
　冷戦終結後の国際社会は，超大国のアメリカとソ連による管理が行き届かない状況が生まれ，世界各地で民族や宗教の違いなどを原因とする地域紛争(➡p.211)が多く発生するようになった。

東欧革命

　1988年にソ連のゴルバチョフ書記長が東欧の社会主義国に対する内政干渉を否定する宣言を出すと，東欧諸国では1989年に民主化が急速に進んだ。その結果，共産党政権が崩壊し，複数政党制や市場経済などが導入された。

▼主な国の民主化

ポーランド	ワレサ(Lech Wałęsa)を指導者とする自主管理労働組合「連帯」が1989年の選挙で圧勝して，ポーランドにおける第二次世界大戦後初の非共産党政権となった。
チェコスロバキア❶	1989年に民主化運動が広がり，短期間のうちに共産党の一党独裁放棄と複数政党制の導入が実現した。
ルーマニア	チャウシェスク(Nicolae Ceauşescu)大統領による独裁体制が続いていたが，1989年，政府軍と民主化勢力との間で武力衝突が起こり，大統領夫妻は処刑された。その後，新たな政府により民主化が進められた。

ドイツ統一

　東欧諸国で民主化が進む中，東ドイツは民主化を拒否し続けていたが，ハンガリーやオーストリア経由で西ドイツに出国する人々が増え，国内では民主化を求めるデモが拡大した。これを受けて政府は，1989年11月に「ベルリンの壁」を開放し，東西ドイツ間の自由な往来を認めた。さらに，翌1990年10月には西ドイツが東ドイツを吸収する形でドイツ統一が実現した。

---

❶ チェコスロバキアでは，1968年に「プラハの春」(Prague Spring)と呼ばれる民主化運動が起きた。この時は，市場原理の導入や民主化を進めようとするチェコスロバキア政府に対して，ソ連がワルシャワ条約機構軍を用いて軍事介入し，運動を鎮圧した。

ソ連の解体

東欧諸国の民主化の影響を受け，ソ連では連邦を構成する各共和国の自立化要求が強まった。1990年にエストニア(Estonia)，ラトビア(Latvia)，リトアニア(Lithuania)のバルト三国(Baltic states)(→p.194)がソ連からの離脱を表明したのに続き，1991年にはその他の共和国も連邦からの離脱を宣言した。そして1991年12月，ロシア(Russia)を中心に11の共和国が独立国家共同体(CIS)を結成し，ソ連は解体した。

13 冷戦後の世界

湾岸戦争(Gulf War)

イラクは，クウェート(Kuwait)と原油の産出量をめぐって対立すると，1990年，クウェートに侵攻した。これに対し，国際連合の安全保障理事会はイラクを非難する決議を採択した。この決議に基づき，アメリカを中心とする多国籍軍が組織され，多国籍軍は1991年にイラク軍をクウェートから撃退した。この戦争を湾岸戦争という。

同時多発テロ

2001年9月，アメリカで同時多発テロが発生し，多くの死傷者が出た。これに対し，アメリカ[1]は，同時多発テロはアフガニスタン政府が保護している組織が実行したと主張した。そして，アメリカとイギリスを中心とする多国籍軍は，同年10月にアフガニスタンを攻撃した。

アラブの春(Arab Spring)

チュニジアでは，2010年末，一人の青年の焼身自殺をきっかけとして現状に不満を持つ市民の抗議運動が本格化し，2011年1月に長期独裁政権が倒された。この事件は，北アフリカ(North Africa)から中東にかけて大きな影響を与えた。

2011年の2月には，エジプトでも，貧富の格差拡大や若者の失業を背景に長期独裁政権への批判が高まり，大統領が辞任した。さらに，リビア(Libya)では，長期独裁政権と反政府勢力の対立から内戦状態になったが，アメリカなどの支援によって，反政府勢力が勝利した。

シリアでは，2011年から，政府軍と反政府勢力，さらにはイスラム過激派組織IS(「イスラミック・ステート」)の三つの勢力による激しい内戦が起こった。この内戦により多くの難民が発生し(→p.141)，その一部はドイツなどのヨーロッパ各国に向かった。

このような，2011年以降に北アフリカや中東の国々で起きた民主化運動を「アラブの春」と呼ぶ。しかし，「アラブの春」により国内の政情が不安定になった国も多い。

---

[1] 2003年，アメリカはイラクに大量破壊兵器が存在すると主張して，イギリスなどとともにイラクを攻撃し，フセイン政権を倒した。この戦争を，イラク戦争(Iraq War)という。

▼「アラブの春」

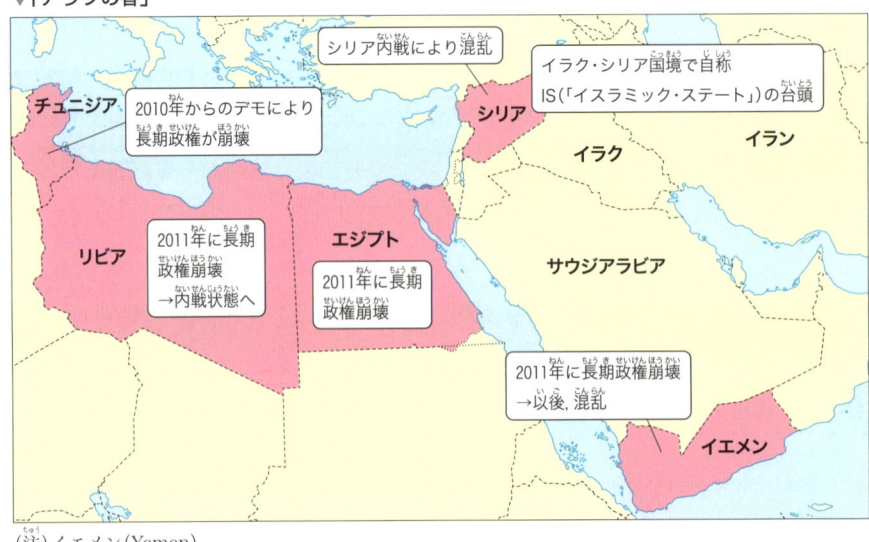

(注)イエメン(Yemen)

✎ ロシアによるクリミア(Crimea)併合

　東欧のウクライナ(Ukraine)では，EU(欧州連合)とロシアがそれぞれ影響力を強めようと争っていた。**2014年**3月，ロシアはウクライナ南部にある**クリミア半島の自国への併合**を宣言した。ただし，ウクライナ，日本，アメリカ，ヨーロッパ諸国など多くの国は，ロシアのクリミア併合を認めていない。

14 地域紛争

ユーゴスラビア紛争

　ユーゴスラビアのチトー大統領は，1948年にユーゴスラビアがコミンフォルムから除名されると，ソ連に従属しない社会主義国家の建設を進め，多くの民族をまとめて国を安定させた。しかし，チトー大統領の死後は独立の動きが強まり，1991年にクロアチア(Croatia)とスロベニア(Slovenia)が，1992年にはボスニア・ヘルツェゴビナ(Bosnia and Herzegovina)がそれぞれ独立し，ユーゴスラビアは解体した。

　しかし，ボスニア・ヘルツェゴビナでは，各民族間の激しい内戦が1995年まで続いた。内戦中には，支配的な民族がほかの民族を強制的に排除したり虐殺したりする民族浄化(ethnic cleansing)が行われた。

　また，1998年にセルビア(Serbia)のコソボ(Kosovo)自治州で紛争が激化すると，NATO軍は1999年，深刻な人道的被害の停止を理由としてセルビアに対する空爆を行った❶。その後，コソボは2008年にセルビアからの独立を宣言した。ただし，セルビアやロシアなどはコソボの独立を認めていない。

　なお，セルビアとモンテネグロ(Montenegro)は1992年に新ユーゴスラビア連邦を構成したが，モンテネグロは2006年にセルビアから独立した。

チェチェン(Chechnya)問題

　チェチェン共和国はロシア南部のカフカス(Caucasus)地方にある，イスラム教徒が多数を占める共和国である。1991年にロシアからの独立を宣言したが，ロシアは独立を認めず，軍事侵攻した。

カシミール(Kashmir)問題

　第二次世界大戦後の1947年，イギリスから独立したインド，パキスタン両国の間に北部のカシミール地方の帰属をめぐる争いが起こった。カシミール地方は領主がイスラム教徒，住民の多くがヒンドゥー教徒(Hindu)であるため，問題が複雑になった。両国はたびたび武力衝突を起こし，1990年代にはともに核保有国になった。

クルド人(Kurds)問題

　トルコ東南部からイラン西部にまたがる地域に住むクルド人は，ほとんどがイスラム教徒であり，独自の文化や言語を持つ。19世紀以降，オスマン帝国(Ottoman Empire)の衰退が著しくなると，クルド人はほかの民族と同様に，オスマン帝国に対して自治や独立を求めた。しかし，オスマン帝国に代わり成立したトルコ政府は，クルド人の自治や独立を認めなかった。クルド人の多くは現在，トルコ，イラク，イラン，シリアにまたがる地域に居住し，自治や独立を求める運動を続けている。

---

❶ NATO軍の空爆は人道的介入の例とされているが，事前に国際連合の安全保障理事会の決議を得ずに行われたため，後に問題となった。

北アイルランド(Northern Ireland)問題

北アイルランドでは，イギリスからの独立を求めるカトリック(Catholic)系住民と，プロテスタント(Protestant)系住民との間で，対立や紛争が繰り返されてきた。しかし，1998年にイギリスとアイルランドとの間で和平合意が成立した。

ルワンダ(Rwanda)内戦

ルワンダは，多数派の部族と少数派の部族の対立により，1990年から内戦になった。1994年に多数派の部族による大量虐殺が起こったが，同年には両方の部族からなる政権が発足した。その後は政府が国民の融和・和解のための努力を続けている。

▼主な地域紛争

第7章 練習問題

解答 ➡ p.335

問1 冷戦初期の1940年代後半の出来事に関する記述として最も適当なものを，次の①〜④の中から一つ選びなさい。

① 激しい独立闘争を経て，アルジェリア(Algeria)がフランス(France)から独立した。

② アメリカ(USA)がベトナム(Viet Nam)における社会主義化を阻止することを目的として，北爆を開始した。

③ イスラエル(Israel)とアラブ(Arab)諸国の間で，第四次中東戦争(Yom Kippur War/October War)が起こった。

④ ヨーロッパ(Europe)の経済復興を支援するために，アメリカはマーシャル・プラン(Marshall Plan)を策定した。

問2 1960年代の国際情勢に関する記述として最も適当なものを，次の①〜④の中から一つ選びなさい。

① 西ドイツ(West Germany)は，ソ連(USSR)軍の侵攻を防ぐために，ベルリンの壁(Berlin Wall)を建設した。

② アメリカとソ連の間で，キューバ危機(Cuban Missile Crisis)が起こった。

③ ハンガリー(Hungary)における「プラハの春」(Prague Spring)が，ソ連の軍事介入により鎮圧された。

④ エジプト(Egypt)など多くの国が独立した1960年は，「アフリカの年」と呼ばれる。

問3 1955年にインドネシア(Indonesia)のバンドン(Bandung)で開催されたアジア・アフリカ会議(Asian-African Conference)の説明として最も適当なものを，次の①〜④の中から一つ選びなさい。

① 平和十原則が採択された。

② 西側に属することが合意された。

③ ソ連の主導で開催された。

④ 南アフリカ(South Africa)のアパルトヘイトが撤廃されたことを歓迎する宣言を出した。

第7章 練習問題

解答 ➡ p.335

問4 第二次世界大戦(WW II)後のユーゴスラビア(Yugoslavia)に関する記述として最も適当なものを，次の①～④の中から一つ選びなさい。

① ソ連との対立を深め，コミンフォルム(Cominform)から除名された後，独自の社会主義路線を推進した。

② 市場原理の導入や民主化を進める改革がチャウシェスク(Nicolae Ceaușescu)大統領により進められたが，ワルシャワ条約機構(Warsaw Treaty Organization)軍により弾圧された。

③ 隣国のハンガリー(Hungary)での革命の影響を受けた民衆が民主化を求めて蜂起し，チトー(Tito)大統領が処刑された。

④ コソボ(Kosovo)の独立問題にNATO(北大西洋条約機構)が介入しようとしたことに反発し，NATOを脱退した。

問5 冷戦終結後の次の出来事A～Dを年代順に並べたものとして最も適当なものを，下の①～④の中から一つ選びなさい。

A　シリア(Syria)内戦の始まり

B　EU(欧州連合)の発足

C　アメリカでの同時多発テロの発生

D　湾岸戦争(Gulf War)の勃発

① A→C→B→D

② B→A→D→C

③ C→D→A→B

④ D→B→C→A

第8章 第二次世界大戦後の日本

Point

❶	日本の占領政策	当初は非軍事化・民主化，後に経済復興重視
❷	日ソ共同宣言(1956年)	鳩山一郎内閣が調印 これにより国際連合への加盟が実現
❸	日中共同声明(1972年)	日本と中国の国交正常化が実現

1 占領下の日本

連合国軍最高司令官総司令部(GHQ)の設置

1945年8月14日，日本はポツダム宣言(Potsdam Declaration)を受諾して連合国に降伏し，その後アメリカ軍を中心とする連合国軍の占領下に置かれ，主権を失った。占領下の日本では，マッカーサー(Douglas MacArthur)を最高司令官とする**連合国軍最高司令官総司令部(GHQ)**❶が東京に置かれ，GHQが日本政府に指令・勧告を出し，日本政府がそれに従って政策を実施するという，**間接統治**の形がとられた。ただし，**沖縄**や**小笠原諸島**はアメリカ(USA)によって直接統治された。

日本の非軍事化・民主化

GHQの当初の占領政策は，日本の**非軍事化・民主化**をめざすというものであった。そのため，マッカーサーは日本政府に対して，女性参政権の付与❷や労働組合の育成，経済の民主化，教育制度の改革，司法・警察制度の改革からなる五大改革を指示した。このような民主化を進めるには大日本帝国憲法の改正が必要であり，1947年に新たな憲法として日本国憲法(➡p.97)が施行された。

2 占領政策の転換と講和条約

占領政策の転換

冷戦がアジア(Asia)で激しくなってくると，GHQの占領政策は，労働運動や社会主義運動を制限して**日本経済を復興**させ，日本を社会主義への防壁とする方向に転換した。GHQは1948年に経済安定九原則を指令し，翌1949年にはドッジ・ライン(Dodge Line)を実行させて(➡p.39)経済の安定化を図った。

また，**1950年に朝鮮戦争**(Korean War)が始まると，GHQは在日アメリカ軍が出動した後の日本の防衛力として，警察予備隊の創設を指令した(➡p.104)。

---

❶ GHQは，「連合国軍最高司令官総司令部」のほかに，「連合国軍総司令部」とも訳される。
❷ 1945年12月に法律が改正され，女性にも選挙権・被選挙権が認められた(➡p.127)。また，選挙権年齢が20歳以上へと引き下げられた。翌1946年4月，衆議院総選挙が行われ，39名の女性国会議員が誕生した。

サンフランシスコ平和条約(San Francisco Peace Treaty)

朝鮮戦争が始まると，アメリカは，日本を西側(資本主義)陣営の一員として自立させて，東側(社会主義)陣営に対抗する協力を得るために，日本との講和条約の締結を急いだ。

1951年にサンフランシスコ(San Francisco)で講和会議が開かれ，日本はアメリカなど48か国との間で**サンフランシスコ平和条約**を締結した。この条約は翌1952年に発効し，日本は独立国として主権を回復した。ただし，社会主義国のソ連(USSR)などは講和会議に参加したものの，条約に調印しなかった。

また，サンフランシスコ平和条約と同日に，日本とアメリカの間で調印された**日米安全保障条約**(Security Treaty between Japan and the United States of America)に基づいて，アメリカ軍は占領終了後も日本に駐留を続けることとされた(→p.105)。日本は日米安全保障条約の締結により西側の一員となり，外交政策においてもアメリカとの協調を中心に置くことになった。

3 主権回復後の外交・安全保障条約

日ソ共同宣言(Soviet-Japanese Joint Declaration)

日本は1952年のサンフランシスコ平和条約の発効後，国際連合(UN)に加盟申請書を提出したが，安全保障理事会の常任理事国であるソ連の反対によって，加盟は実現しなかった。1954年成立の**鳩山一郎内閣**は，日本の国際連合への加盟を実現するためにソ連と国交回復の交渉を続けた。その結果，**1956年**に**日ソ共同宣言**が調印され，日本とソ連の国交が回復した。そして，同年の安全保障理事会において，ソ連は日本の国際連合への加盟に賛成し，日本の国際連合加盟が実現した❶。

日米安全保障条約の改定

1951年に調印された日米安全保障条約では，日本に駐留するアメリカ軍の日本防衛義務が明確でないなど，日本に不利な内容が多く含まれていた。そのため，対等性という観点から，岸信介内閣はアメリカ政府と交渉を進め，両国は1960年に日米安全保障条約の改定に合意した。新しい安全保障条約(新安保条約)❷では，アメリカ軍の日本防衛義務を明記するなどの措置がとられた。

この新安保条約は軍事同盟の性格を持つため，日本がアメリカの戦略しだいで戦争に巻き込まれる危険があるとして，反対運動が日本国内で起こった。この反対運動を，安保闘争という。衆議院で多数を占める自由民主党が条約承認の採決を強行すると，数百万人ともいわれる人々がデモによる阻止行動をとった。新安保条約は参議院では承認されないまま，衆議院の優越(→p.108)により自然成立した。岸信介内閣は新安保条約の発効直後に，混乱の責任をとって総辞職した。

---

❶ 1957年に日本政府は，国連中心主義，自由主義諸国との協調，アジアの一員としての立場の堅持という外交三原則を発表した。
❷ 改定後の日米安全保障条約は，英語表記ではTreaty of Mutual Cooperation and Security between Japan and the United States of Americaになる。

沖縄返還

沖縄や小笠原諸島は、サンフランシスコ平和条約の発効後も引き続きアメリカの統治下に置かれた。佐藤栄作内閣[1]はアメリカと領土返還の交渉を進め、1968年に小笠原諸島の日本返還を実現させた。そして1971年に沖縄返還協定(Agreement between Japan and the United States of America Concerning the Ryukyu Islands and the Daito Islands)が調印され、翌1972年の発効により沖縄の日本復帰が実現した。

中国(China)との国交正常化

冷戦が続く中、東側陣営の中国と西側陣営の日本はすぐに国交を正常化することはなかった。しかし、1972年にアメリカのニクソン(Richard Nixon)大統領が中国を訪問すると、国際情勢が大きく変化した。同1972年に田中角栄内閣は、中国と日中共同声明(Joint Communiqué of the Government of Japan and the Government of the Republic of China)に調印し、中国との国交正常化を実現した。1978年には、福田赳夫内閣によって、日中両国間の主権及び領土保全の相互尊重・相互不可侵・内政に対する相互不干渉などを内容とした日中平和友好条約(Japan-China Peace and Friendship Treaty)が結ばれた。

---

[1] 佐藤栄作内閣は、1965年に日韓基本条約(Treaty on Basic Relations between Japan and the Republic of Korea)を結び、韓国(South Korea)との国交を正常化した。

第8章 練習問題

解答 ➡ p.335

問1 冷戦初期の日本に関する記述として最も適当なものを，次の①〜④の中から一つ選びなさい。

① 西側の軍事同盟であるNATO(北大西洋条約機構)に加盟した。

② サンフランシスコ平和条約(San Francisco Peace Treaty)の発効により，日本は主権を回復した。

③ アメリカ(USA)との安全保障条約に基づき，日本は自衛隊を国際連合(UN)のPKO(平和維持活動)に派遣した。

④ マーシャル・プラン(Marshall Plan)による支援を受けて経済力を備え，OECD(経済協力開発機構)に加盟した。

問2 第二次世界大戦(WWⅡ)後の日本に関する次の出来事A〜Dを年代順に並べたものとして最も適当なものを，下の①〜④の中から一つ選びなさい。

A 日ソ共同宣言(Soviet-Japanese Joint Declaration)の調印

B 国際連合(UN)への加盟

C 日本国憲法の施行

D 日中共同声明(Joint Communiqué of the Government of Japan and the Government of the Republic of China)の発表

① A→D→C→B

② B→C→D→A

③ C→A→B→D

④ D→B→A→C

第4部

地理分野
GEOGRAPHY
지리분야

第1章 地図と時差

Point

①	本初子午線	ロンドンを通過する
②	メルカトル図法の特徴	緯線と経線が直角に交わっている 高緯度ほど距離や面積が実際よりも大きく表される
③	時差の計算	2地点がともに東経(ともに西経) （A地点の経度 − B地点の経度）÷15 2地点が東経と西経 （A地点の経度 ＋ B地点の経度）÷15

1 地球のすがた

地球の大きさ

地球の形状はほぼ球体であり，赤道は半径が約6,400km，全周は**約4万km**である[①]。地球の表面積は約5億km²で，陸地は**六つの大陸**（ユーラシア(Eurasia)大陸，アフリカ(Africa)大陸，北アメリカ(North America)大陸，南アメリカ(South America)大陸，オーストラリア(Australia)大陸，南極大陸）と多くの島々からなり，海洋は**三つの大洋**（太平洋，大西洋，インド洋）と，それらに付属する多くの小さな海からなる。海洋と陸地の割合をみると，海洋が**約70％**を占め，陸地は**約30％**にすぎない。

地球上の位置

球体である地球上の位置は，南北を表す**緯度**と東西を表す**経度**の組み合わせによって示される。

緯度は，赤道を0度とし，南北へそれぞれ90度まで表される。赤道より北側の緯度を**北緯**，赤道より南側の緯度を**南緯**と呼び，同じ緯度の地点を結んだ線を**緯線**という。緯線は赤道と平行な線である。

経度は，イギリス(UK)のロンドン(London)を通過して北極と南極を結ぶ線（**本初子午線**）を0度とし，ここから東西へそれぞれ180度まで表される。本初子午線より東側の経度を**東経**，本初子午線より西側の経度を**西経**と呼び，同じ経度の地点を結んだ線を**経線**という[②]。

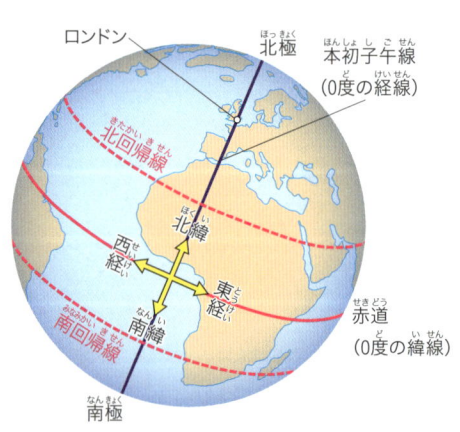

[①] 地球を水陸の分布で二分した時，陸地の面積が最大になるように区分した半球を陸半球と呼び，陸半球の中心はフランス(France)のパリ(Paris)南西にある。一方，海洋の面積が最大になるように区分した半球を水半球と呼ぶ。また，地球上で正反対の地点のことを，対蹠点という。東京の対蹠点はアルゼンチン(Argentina)の沖合の大西洋上にある。
[②] 北緯23度26分の緯線を北回帰線，南緯23度26分の緯線を南回帰線という。

地球儀

地球儀は，面積・方位・距離・形を一度に正しく表すことができる。しかし，平面の地図と比べた場合，地球儀は，詳細な表現ができない，世界全体を一度に見ることができないなど，いくつかの短所がある。なお，現存する最古の地球儀は，ドイツ(Germany)のベハイム(Martin Behaim)が1492年に製作したもので，この地球儀には南北アメリカ大陸は描かれていない。

2 図法

地図の作成

地図を作るには，球体である地球表面を平面に表す必要があり，特に世界地図のような小縮尺(500万分の1など)の地図では，面積・方位・距離・形などに大きなひずみが生じる。そのひずみを避けるための工夫として，地図投影法(図法)が用いられている。図法には目的に応じてさまざまな種類があり，描く方法によって，角度・面積・方位・距離などのいずれかが正しく表される。

メルカトル図法

地球上の角度の関係を地図上に正しく表したものが，正角図法である。その代表例が，地球を円筒に投影した**メルカトル図法**であり，緯線と経線が直角に交わっていることが大きな特徴である。メルカトル図法は，2地点間を結ぶ直線が**等角航路**[1]となることから，海図として利用される。ただし，この図法では，高緯度にいくにつれて距離や面積が実際よりも大きく表されるため(緯度60度で，長さは実際の2倍，面積は実際の4倍となる)，世界最大の島であるグリーンランド(Greenland)は，地図上では，オーストラリア大陸より大きく示される。また，**大圏航路**[2]は，ほとんどの場合曲線となる。

▼メルカトル図法
(注)サンフランシスコ(San Francisco)

---

[1] 等角航路とは，舵角(経線との角度)を一定に保って進む航路のことである。遠回りになることもあるが，確実に目的地に到着できる。
[2] 大圏航路とは，2地点間の最短経路のことで，航空機などの航路に利用される。

正距方位図法

正距方位図法は，図の中心からの距離と方位を正確に表すことができる。この図法は，図の中心から任意の地点までの大圏航路を直線で表せることから，飛行機の航路図などに利用される。しかし，中心以外の地点からの距離や方位を正しく表すことはできない。右の図は，東京からの距離と方位を正確に表している。

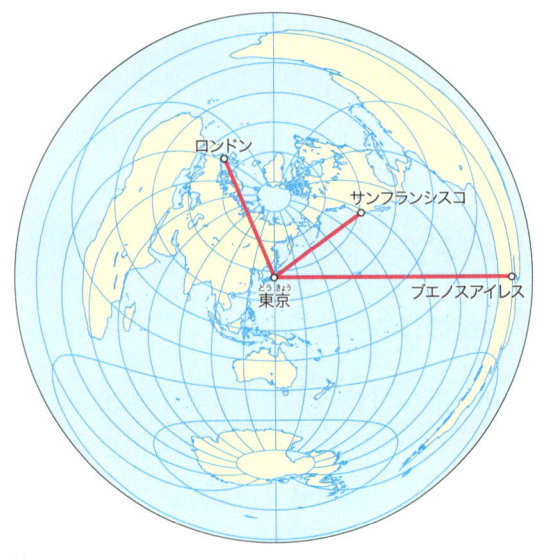

▼正距方位図法

(注)ブエノスアイレス(Buenos Aires)

3 GIS(地理情報システム)

GIS(地理情報システム)とは，位置に関するさまざまな情報をコンピュータで加工して地図上に表現し，高度な分析や迅速な判断を可能にする技術のことである。GISは，コンビニエンスストアの出店計画，観光，ハザードマップ(防災地図)など幅広い分野で活用されている。

4 時差

時差の仕組み

　地球は自転軸を中心として1日約24時間で1回転するので，**経度15度ごとに1時間の時差**が生まれる。そこで，各国・地域は標準時子午線(標準時の基準となる経線)を定め，自国・地域の時刻(標準時)を決めている。

　地球は西から東へ自転しているので，各国・地域の時間は，本初子午線[1]から東に15度離れるごとに1時間ずつ進めて，西に15度離れるごとに1時間ずつ遅らせることとされている。

　日本の**標準時は一つ**で，標準時子午線は兵庫県明石市を通る**東経135度**と定められている。広大な国土面積を持つ国の中には，一つではなく複数の標準時を設定している国もある。たとえば，アメリカ(USA)は6(アラスカ(Alaska)とハワイ(Hawaii)を含む)，ロシア(Russia)は11，ブラジル(Brazil)は4の標準時がある。

　なお，日中の明るい時間が長い期間(たとえば3月～10月)に全国の時刻を標準時より1時間進める，サマータイム(夏時間)制度を採用している国もある。日本はサマータイムを実施していないので(2020年時点)，アメリカなどがサマータイム実施中の時は，日本とそれらの国の時差が1時間少なくなる。

▼時差と標準時

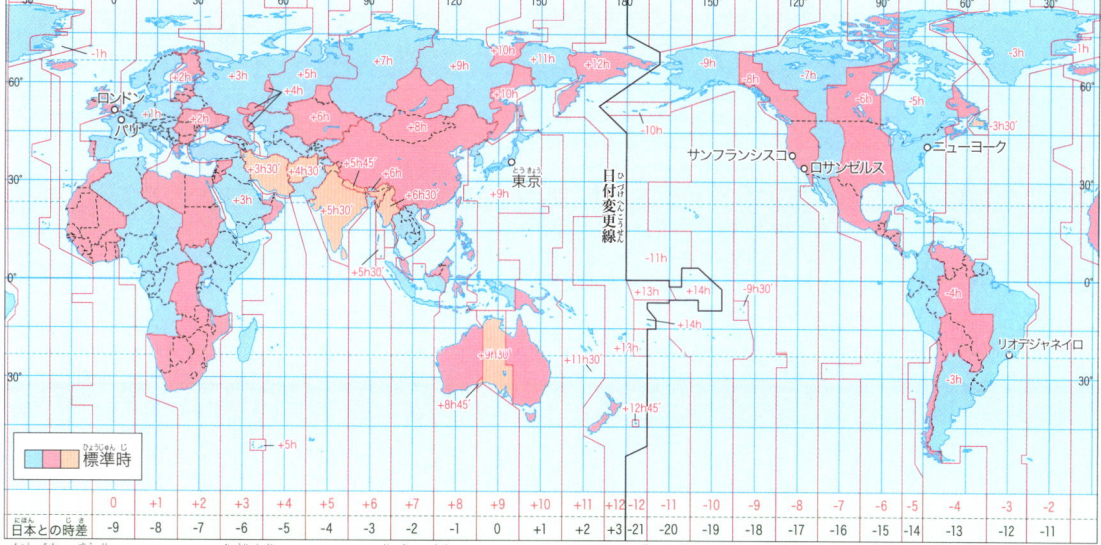

(注)赤い数字はグリニッジ標準時(GMT)との時差を示している。なお，この図はサマータイム制度を考慮していない。
　ニューヨーク(New York)，ロサンゼルス(Los Angeles)，リオデジャネイロ(Rio de Janeiro)

[1] 経度0度上の時刻が，グリニッジ標準時(GMT)として世界の時刻の基準とされてきた。しかし，原子時計を用いる「協定世界時(UTC)」が定められてからは，UTCが世界の時刻の基準となっている。

時差・時刻の求め方

まず，経度差を求める。経度差は，東経同士，西経同士の二地点間の場合は**大きい方から小さい方を引く**ことで，また，二地点が東経と西経の場合は**二つの数を足す**ことで求められる。次に，経度差を15で割ると，時差が求められる。

一般的に，東経の地点では経度が大きいほど時間が進んでいて，西経の地点では経度が大きいほど時間が遅れている。したがって，二地点間の時差を求める場合，日付変更線を基準として，**より東側にある地点の時刻から時差分だけ遅らせる**と，もう一方の地点の時刻を求めることができる。

このことを，次のような数直線を使って説明する。数直線の左端を西経180度，右端を東経180度，中央を0度とする。0度は本初子午線で，イギリスのロンドンを通過する線である。そして，数直線の右側に行くほど時刻は進んでいる。

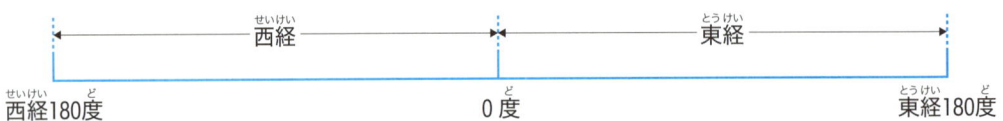

ここで，東京とロンドンの時差を求める。東京の標準時子午線は東経135度なので，東京とロンドンを数直線上に示すと，下のようになる。

数直線から，東京とロンドンの経度差は135度（135−0）であることが分かる。時差は経度差÷15で求められるから，東京とロンドンの時差は9時間（135÷15）となる。数直線を見ると，東京はロンドンより右側にあるので，東京の方が9時間進んでいると分かる。

同様に，東京とニューヨークの時差をこの数直線を使って求める。東京の標準時子午線は東経135度，ニューヨークの標準時子午線は西経75度なので，東京とニューヨークを数直線上に示すと，下のようになる。

数直線において，0の左側はマイナスを意味するので，東京とニューヨークの経度差は210度（135−(−75)）である。よって，時差は14時間（210÷15）となる。数直線を見ると，東京はニューヨークより右側にあるので，東京の方が14時間進んでいると分かる。

✅確認 時差の計算

日本が3月9日午前7時の時の，アメリカのサンフランシスコの日時を求める。ただし，日本は東経135度を，サンフランシスコは西経120度を標準時子午線とし，サマータイムを考慮する必要はないとする。

この場合，一方が東経で，もう一方が西経なので，**二つの数を足し**，足した数を15で割る。

　　$(135＋120)÷15$
　　$＝255÷15$
　　$＝17$

サンフランシスコの時間は日本の時間より17時間遅れているから，3月8日午後2時となる。

🖊日付変更線

　時計を現地の時刻に合わせながら東回りに地球を1周すると，時計は24時間進む。西回りだと逆に24時間遅れる。たとえば，1日かけて地球を1周して出発地に戻ったとすると，東回りだと時計は実際よりも1日進み，西回りでは1日遅れになる。

　このようなずれを解消するため，180度の経線付近に**日付変更線**が設定されている。日付変更線を西から東に越える時は日付を1日戻し，日付変更線を東から西に越える時は日付を1日進めるという手続きをとる[1]。

---

[1] 日付変更線が設定されるよりもはるか昔の1522年，マゼラン(Ferdinand Magellan)の船団の世界一周航海が終わりに近づいた頃，乗組員たち(マゼランは途中で死亡していた)は，自分たちが記録していた航海日誌の曜日が，立ち寄った土地の曜日よりも1日遅れていることに気づいた。これは，マゼランの船団が西回りで航海したためであった。

第1章 練習問題

解答 ➡ p.336

問1 次の図は，経線・緯線を15度間隔で描いた上に，ロンドン(London)とシンガポール(Singapore)の位置を示したものである。これらの位置関係から判断して，ニューヨーク(New York)の位置を示しているものとして最も適当なものを，次の図中の①〜④の中から一つ選びなさい。

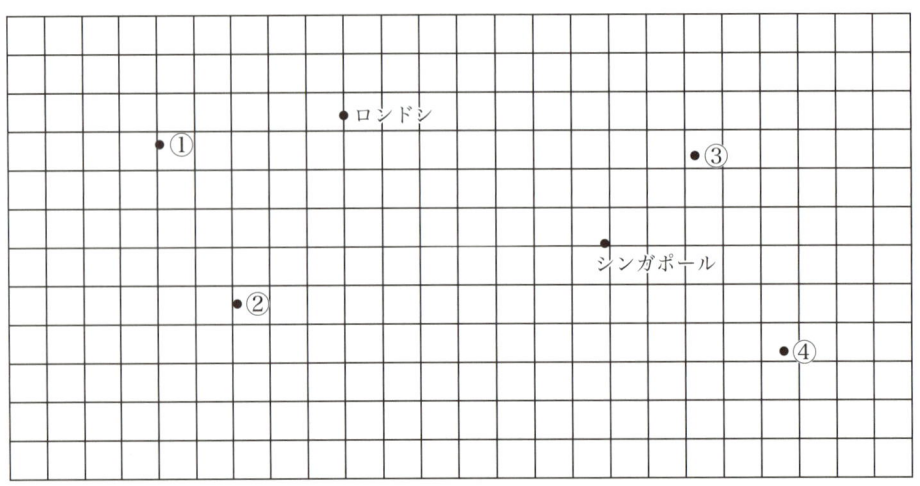

問2 メルカトル図法に関する記述として最も適当なものを，次の①〜④の中から一つ選びなさい。

① 高緯度の形のひずみを小さくする工夫がされている。

② 面積は，図中のどの地点でも正しく表される。

③ 図の中心から任意の地点までの方位と距離が正しく表される。

④ 図中の2地点を結ぶ直線は，等角航路を示している。

問3 よし子さんは，東京に戻るため，1月13日の午後1時30分発の飛行機でイギリス(UK)のロンドンを出発した。ロンドンから東京(成田)までの所要時間は11時間35分，イギリスと日本の時差は9時間である。よし子さんの乗った飛行機が東京に到着した時の日本の日時として最も適当なものを，次の①〜④の中から一つ選びなさい。ただし，サマータイム(夏時間)を考慮する必要はない。

① 1月13日午前10時5分

② 1月13日午後1時5分

③ 1月14日午前1時5分

④ 1月14日午前10時5分

第2章 地形

Point		
❶	環太平洋造山帯	ロッキー山脈，アンデス山脈，日本，ニュージーランドなどを形作る
❷	リアス海岸	日本では東北地方の三陸海岸や近畿地方の志摩半島などで見られる
❸	フィヨルド	ノルウェーに多いことで有名

1 地形を形成する力

内的営力と外的営力

地球表面の地形が形成される原因となる力を営力といい，営力は**内的営力**と**外的営力**に分けられる。

内的営力は，地殻変動や火山活動を引き起こす地球内部からの力のことで，基本的に，地形の起伏を大きくしようとする。内的営力が影響を及ぼす範囲は非常に広いため，大地形を作る。

外的営力は，河川や海の波，氷河などによる風化・侵食・堆積・運搬❶作用などのように，地球の外側から作用して地形を変える力であり，基本的に，地形を平らにしようとする。外的営力が影響を及ぼす範囲は比較的狭いため，小地形を作る。

大地形

大陸・山脈・列島・海洋などを大地形という。世界の大地形は，**プレート**(plate)❷の動きとその変化によって形成されてきた。

プレートの動きによって巨大な山脈が形成されるところは造山帯(変動帯)と呼ばれ，形成された時期により**安定陸塊・古期造山帯・新期造山帯**に分けられる。

安定陸塊は，先カンブリア時代(約46億年前から約5億4200万年前までの期間)に造山運動を受け，以後長期にわたって地殻変動のない地域をさす。安定陸塊では，造山運動でできた山脈が長く侵食され続けたため，大規模な平野が形成されている。

古期造山帯は古生代(約5億4200万年から約2億5100万年前までの期間)に造山運動を受けた地域で，長期間にわたる侵食によって，標高が低く，なだらかな山地となっている。

新期造山帯は造山運動が中生代(約2億5217万年前から約6600万年前までの期間)以降に起きた地域で，**環太平洋造山帯**と**アルプス・ヒマラヤ造山帯**に分けられる。新期造山帯では高く険しい山脈や弧状列島❸が形成され，火山活動や地震が多い。

---

❶ 風化・侵食は，地表の高いところを削りとる作用で，堆積・運搬は，削り取った土砂を低いところに運んで埋め立てる作用である。
❷ 地球の表面を覆っている，厚さ100km程度の堅い岩石の板をプレートという。プレートは十数枚に分かれており，それぞれがさまざまな方向にゆっくりと動いている。上に陸地をのせているものを大陸プレート，海をのせているものを海洋プレートという。
❸ 海側に海溝(深海底にある溝状の細長い地形)をともなって弓なりに連なる島々のことを弧状列島という。島弧ともいう。

✓確認 古期造山帯と新期造山帯にそれぞれ属する主な山脈

古期造山帯に属する主な山脈	新期造山帯に属する主な山脈
アパラチア山脈(Appalachian Mountains)	アルプス山脈(Alps)
ウラル山脈(Ural Mountains)	ヒマラヤ山脈(Himalaya Range)
スカンジナビア山脈(Scandinavian Mountains)	ロッキー山脈(Rocky Mountains)
グレートディバイディング山脈(Great Dividing Range)	アンデス山脈(Andes)

▼世界の造山帯

🖊 河川によって作られる小地形

河川の侵食や運搬の力は，流れが急であるほど大きいので，上流の地点で大きく働く。そのため，山地では河川により深い谷が形成される。

河川が谷から出ると，流れが緩やかになるため運搬の力が小さくなる。すると，運んできた土砂が堆積し，谷の出口には**扇状地**が形成される。扇状地は水がしみ込みやすいので，畑や果樹園として利用されることが多い。

河川が河口に近づくと，流れはさらに緩やかになるため，運搬の力はますます小さくなる。すると，砂や泥が堆積して，**三角州**が形成される❶。三角州は土地が平らなので，住宅地や水田が多く見られる。

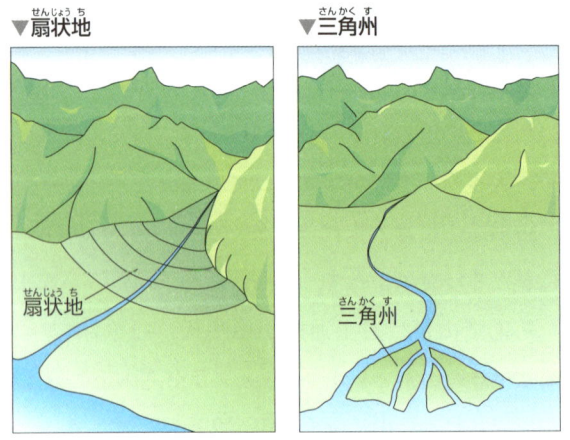

▼扇状地　　▼三角州

❶ 扇状地や三角州などからなる，河川が運搬してきた土砂が堆積してできた平地のことを**沖積平野**という。

海岸に見られる小地形

海岸は、それを構成する物質や地形の造られ方により、砂浜海岸や沈水海岸など、さまざまに区分される。

砂浜海岸は、河川が運搬してきた砂や、海岸で侵食された岩の礫(小石)などからなる海岸である。砂浜海岸では、沿岸流(海岸線に平行する潮流)により運ばれた砂が細長く堆積することで、砂州や砂嘴などの地形が形成されることがある。

沖合の島と海岸を結びつけるように伸びた砂州のことを、トンボロ(tombolo)または陸繋砂州といい、トンボロにより陸続きになった沖合の島のことを陸繋島[1]という。また、砂州で湾が閉じられた地形のことを、ラグーン(lagoon)または潟湖という。

なお、砂嘴とは、湾に面した海岸や岬の先端から海中に鳥の嘴のように細長く突き出た地形のことである。

▼砂浜海岸に見られる地形

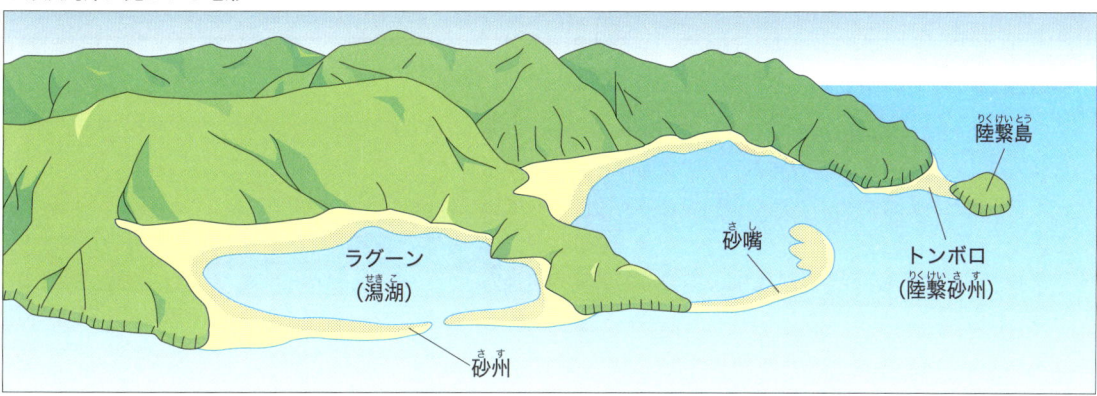

沈水海岸は、陸地の沈降または海面の上昇により生じた海岸である。沈水海岸に特徴的な地形として**リアス海岸**(ria coast)、**フィヨルド**(fjord)、**エスチュアリー**(estuary)がある。

---

[1] 日本で陸繋島が見られる場所として、北海道の函館などがある。

✅確認 リアス海岸

リアス海岸は、谷と尾根が連続する地形が沈水[1]したことにより形成された、多くの小さな湾と岬からなる海岸である。リアス海岸は湾の水深が深く[2]、波が静かなため、漁港や養殖場が多く置かれている。

日本の東北地方の三陸海岸や近畿地方の志摩半島、スペイン(Spain)北西部などに見られる。

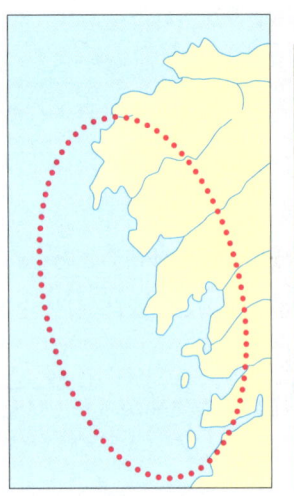

▼日本の主なリアス海岸（三陸海岸、若狭湾、志摩半島）

✅確認 フィヨルド

フィヨルドは、氷河によってできた谷が沈水し、そこに海水が入り込んでできた入江である。リアス海岸と同様にフィヨルドも波が静かなため、漁港や養殖場が多く設置されている。

ノルウェー(Norway)やチリ(Chile)南部などの高緯度地方で見られる。

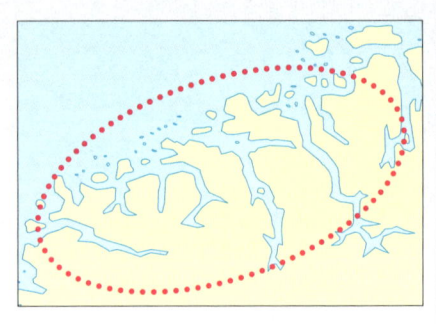

✅確認 エスチュアリー

エスチュアリーは、平野を流れる河川の河口部が沈水してできた三角状の入江である。エスチュアリーは比較的水深が深く船が通航しやすいため、港が多く設置されている。また、周辺の陸地が平野であることから、都市が発達しやすい。

南アメリカ(South America)大陸のラプラタ川(Río de la Plata)の河口などに見られる。

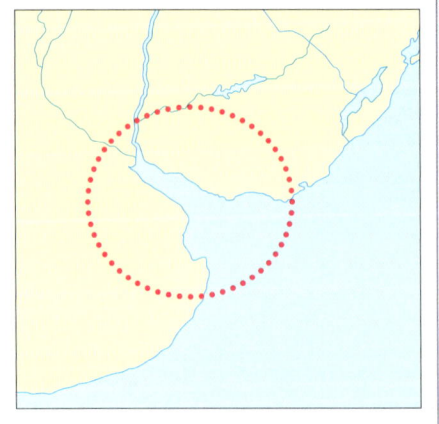

---

[1] 陸地の沈降または海面の上昇などによって陸地が海面下に沈む現象を、沈水という。
[2] リアス海岸は、湾の奥に向かって水深が浅くなるため、特に津波が高くなりやすい。

2 地震

プレートの動き(➡p.227)によって，岩盤にはひずみが蓄積される。地震とは，その蓄積されたひずみをなくす時に起こる，岩盤が破壊される現象である。地震には大きく分けて，海溝型地震と内陸型地震(直下型地震)の二種類がある。

海洋プレートが大陸プレートに沈み込むところでは，大陸プレートに大きなひずみが蓄積される。そのひずみが限界に達した時，ひずみをなくすため，大陸プ

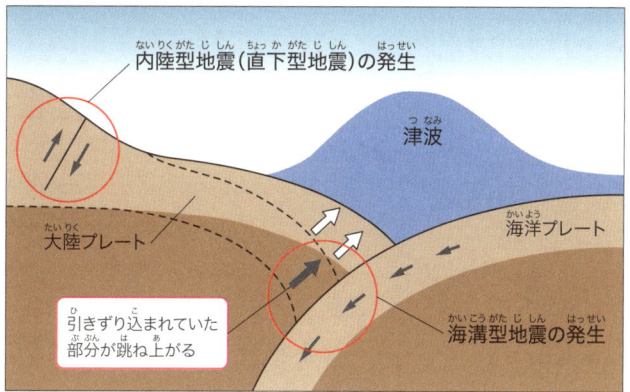
▼地震の模式図

レートが跳ね上がって地震が発生する。この型の地震を**海溝型地震**という。東日本大震災を引き起こした2011年3月の**東北地方太平洋沖地震**は，海溝型地震である。

また，海洋プレートの動きは，大陸プレートの内陸部の岩盤にも少しずつひずみを蓄積させていく。そのひずみが限界に達した時，地下の岩盤が破壊されて地震が発生する。この型の地震を**内陸型地震(直下型地震)**という。1995年1月の兵庫県南部地震[1]や2016年4月の熊本地震は，内陸型地震である。

地震は，震動による建物などの倒壊だけでなく，津波や液状化現象[2]，火災などを引き起こし，被害を大きくすることも多い。

---

[1] 兵庫県南部地震は，阪神・淡路大震災を引き起こした。
[2] 液状化現象とは，強い地震動によって地下水を含んだ砂質の地盤が液体状になる現象のこと。液状化が生じると，地盤が沈下し，地下の埋設物(ガス管や水道管など)が破壊されたり，建物が傾斜したりする。

第2章 練習問題

解答 ➡ p.336

問1 ロッキー山脈(Rocky Mountains)と同じ時期に形成された山脈として**適当でないもの**を，次の地図中の①〜④の中から一つ選びなさい。

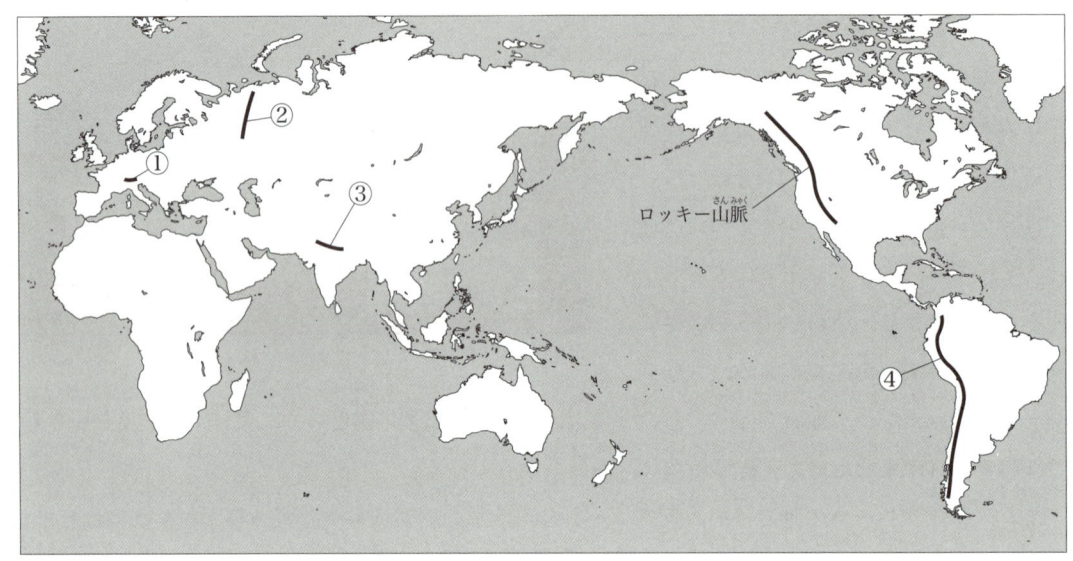

第2章 練習問題

解答 ➡ p.336

問2 次の地図中のA～Cには，同じ特徴を持つ海岸地形が見られる。その地形として最も適当なものを，下の①～④の中から一つ選びなさい。

① リアス海岸(ria coast)

② フィヨルド(fjord)

③ カール(cirque)

④ エスチュアリー(estuary)

第3章 気候

Point

❶	偏西風	およそ緯度30度から60度の範囲の上空で西から東に吹く風
❷	ハイサーグラフ	グラフの縦幅や横幅の大小など，大まかな形から気候区を判断できる 縦幅は気温の年較差の大小を示し，横幅が大きければ雨季と乾季があることを示す
❸	地中海性気候(Cs)	夏は乾燥し，冬は雨が多い気候
❹	温暖湿潤気候(Cfa)	東京など日本の多くの地域が属する気候区
❺	西岸海洋性気候(Cfb)	気温の年較差が小さく温和な気候
❻	植生	アマゾン川流域の熱帯雨林はセルバと呼ばれる 温帯では広葉樹・針葉樹・混合林が見られる シベリアなどに広がる針葉樹林はタイガと呼ばれる

1 気候

気候に地域差が生じる理由

世界各地にはさまざまな気候が見られる。気候は，風(風向や風速)，降水量，気温などの要素により特徴づけられる。これらの要素は，海と陸の分布，海抜高度(標高)，地形，海流，緯度，海岸からの距離などの影響を受けており，その結果，気候に地域差が生じる。

気温

気温は，太陽から熱量を多く受ける低緯度の地域ほど高く，太陽から受ける熱量が少ない高緯度の地域ほど低い。また，気温の年較差や日較差❶は，温まりにくく冷めにくい海岸部で小さく，温まりやすく冷めやすい内陸部で大きい。また，気温は，海抜高度が増すにつれて低くなる。

風

風は気圧(大気の圧力)の高いところ(高圧帯)から低いところ(低圧帯)に向かって吹く。地球規模で見ると，高圧帯から低圧帯に向けて強い風が吹き，**大気の大循環**が形成される。大気の大循環に基づき，大規模，かつ，一年を通じて一定の方向に吹く風❷のうち，主なものに，**偏西風**と**貿易風**がある。

---

❶ 1年の最暖月と最寒月の平均気温の差を年較差といい，1日の最高気温と最低気温の差を日較差という。

❷ なお，冬は陸から海へ，夏は海から陸へというように，季節によって方向を変えて大規模に吹く風は，季節風(モンスーン)と呼ばれる。また，特定の地域に限って吹く風は局地風と呼ばれ，春から夏に地中海方面からアルプス山脈(Alps)を越えて中央ヨーロッパ(Central Europe)に温かい風が吹き降りるフェーンがよく知られている。

偏西風は，およそ緯度30度から60度の範囲の上空で，西から東に吹く風である。飛行機で日本の成田空港からアメリカ(USA)のニューヨーク(New York)の空港に向かう時にかかる時間が，ニューヨークの空港から成田空港に向かう時にかかる時間よりも短いのは，偏西風が吹いているためである。

貿易風は，およそ赤道から緯度30度の範囲の上空で，北半球では北東から，南半球では南東から吹く風である❶。

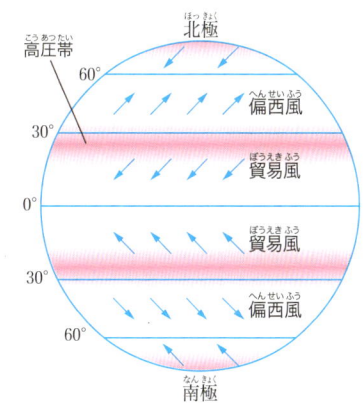
▼大気の大循環の模式図

海流

海流とは一定方向への海水(表層の海水)の動きであり，海水は大気の大循環と同じように地球を循環している。一般に，世界の海面水温は低緯度で高く，高緯度で低いため，低緯度から高緯度の方向に流れる海流は暖流，高緯度から低緯度の方向に流れる海流は寒流となる❷。

地球の自転の影響により，中緯度の海域においては，海流はおおむね，北半球では時計回り，南半球では反時計回りに流れる。

海流は気候に大きな影響を与える。たとえば，ユーラシア(Eurasia)大陸の西岸に位置しているヨーロッパ(Europe)の国々の中には，暖流の北大西洋海流とその上空を吹く偏西風の影響を受け，日本より高緯度にありながら冬でも比較的温暖な地域が多くある。

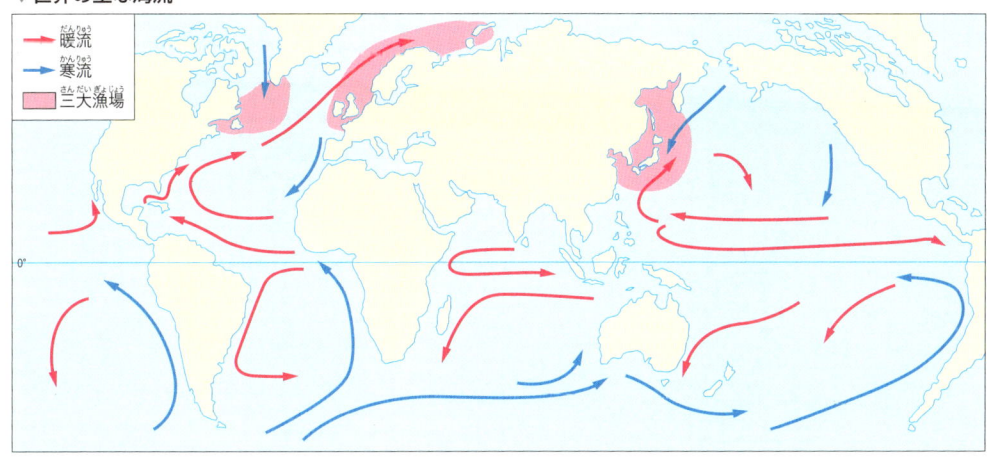
▼世界の主な海流

❶ 太平洋の熱帯海域では，通常は貿易風が吹いているため，西部に暖かい海水がたまる。しかし，貿易風が弱まると，海水温が太平洋の東部(日付変更線付近から南アメリカ(South America)のペルー(Peru)沿岸におよぶ海域)で平年より高くなる。この現象を，エルニーニョ現象(El Niño)という。逆に同じ海域の海水温が平年より低い状態が続く現象のことをラニーニャ現象(La Niña)という。エルニーニョ現象やラニーニャ現象が発生すると，熱帯地域だけではなく，世界規模で豪雨や洪水，干ばつなどの異常気象が発生しやすい。

❷ 暖流と寒流が接する潮境は，好漁場となっているところが多い。

熱帯低気圧

　熱帯の海上に発生し，温帯地方を襲う低気圧を**熱帯低気圧**という。熱帯低気圧は，前線をともなわず，主に暖かい空気によって発達するという特性を持ち，大雨，洪水，暴風などの災害を引き起こす。なお，熱帯低気圧は発生する地域によって，以下のように名称が異なる。

発生する地域	名称
太平洋西部，南シナ海(South China Sea)など	**台風**(typhoon)
大西洋西部，経度180度以東の太平洋など	**ハリケーン**(hurricane)
インド洋，オーストラリア(Australia)近海	**サイクロン**(cyclone)

2 気候区分

ケッペン(Wladimir Peter Köppen)の気候区分

　ドイツ(Germany)の気候学者ケッペンは，植生と気温・降水量が深く関わっていることに着目し，世界の気候を**熱帯(A)，乾燥帯(B)，温帯(C)，冷帯(D)，寒帯(E)**の五つの気候帯に区分した。さらに，それぞれを熱帯雨林気候(Af)，熱帯モンスーン気候(Am)などのように細かく分けた。

▼世界の気候区

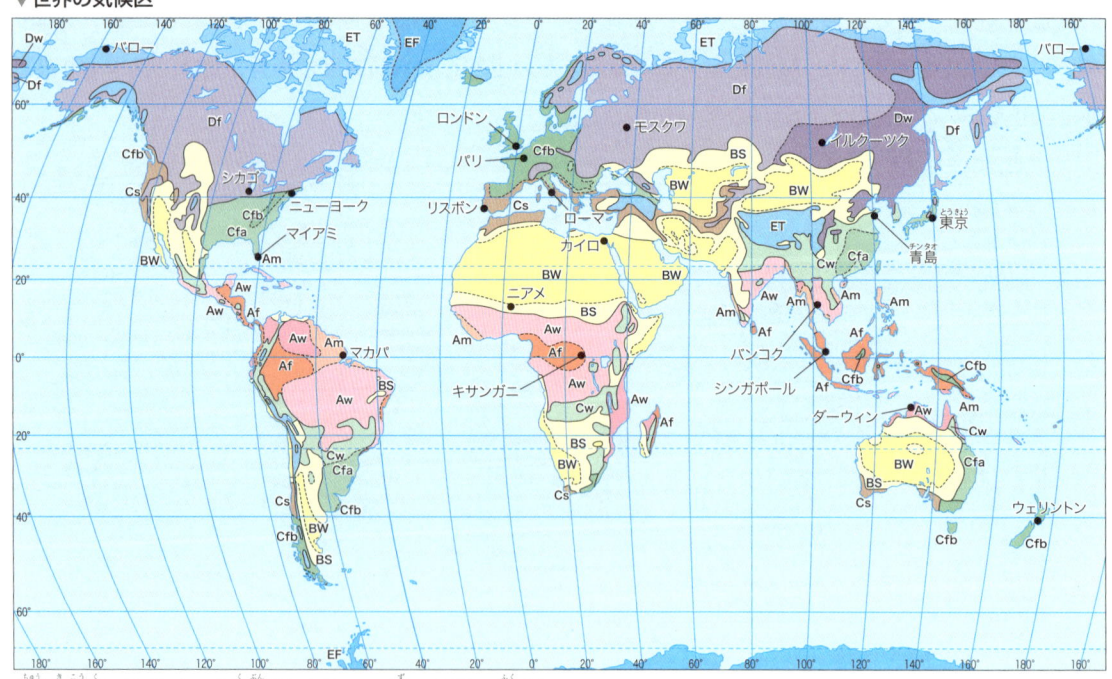

（注）気候区にはCfcという区分があるが，この図ではCfbに含めた。

シンガポール(Singapore)，キサンガニ(Kisangani)，マカパ(Macapá)，マイアミ(Miami)，バンコク(Bangkok)，ダーウィン(Darwin)，カイロ(Cairo)，ニアメ(Niamey)，ローマ(Rome)，リスボン(Lisbon)，青島(Qingdao)，ロンドン(London)，パリ(Paris)，ウェリントン(Wellington)，シカゴ(Chicago)，モスクワ(Moscow)，イルクーツク(Irkutsk)，バロー(Barrow)

熱帯（A）

熱帯は雨の降り方の違いにより，以下の三つの気候区に分けられる。

気候区	特徴	属する主な都市
熱帯雨林気候(Af)	一年中高温多雨である。主に常緑広葉樹からなる熱帯雨林[1]が見られ，高さが50mを超えるものもある。	シンガポール，キサンガニ（コンゴ民主共和国）
熱帯モンスーン気候(Am)	一年中高温多雨であるが，1〜3か月程度の弱い乾季がある。	マカパ（ブラジル），マイアミ（アメリカ）
サバナ気候(Aw)	夏は雨季になり，冬は乾季になる。サバナ(savanna)[2]が広がっている。	バンコク（タイ），ダーウィン（オーストラリア）

（注）コンゴ民主共和国(Democratic Republic of the Congo)，ブラジル(Brazil)，タイ(Thailand)

▼熱帯に属する都市のハイサーグラフ(hythergraph)[3]

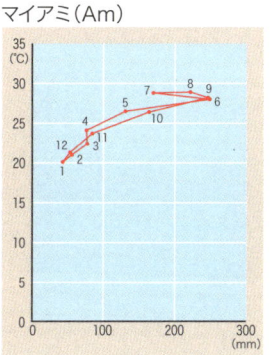
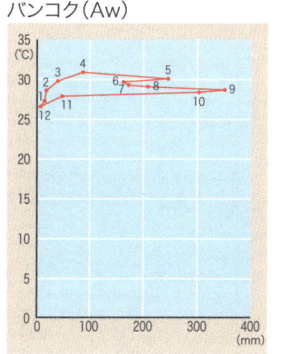

気象庁ウェブサイトより作成

▼熱帯の植生の模式図

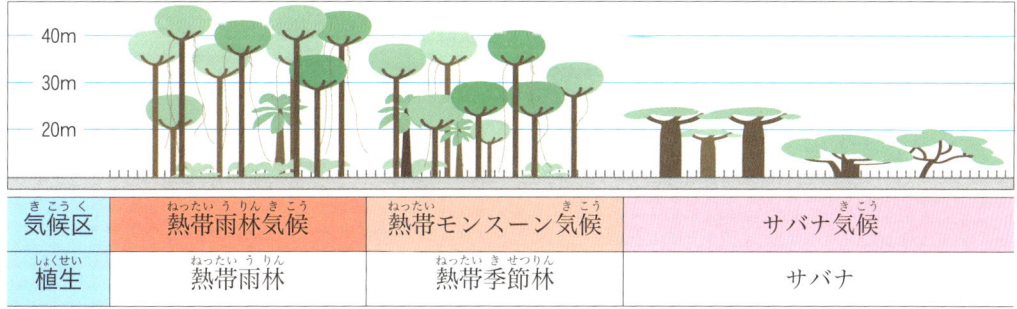

気候区	熱帯雨林気候	熱帯モンスーン気候	サバナ気候
植生	熱帯雨林	熱帯季節林	サバナ

① 南アメリカ大陸のアマゾン川(Amazon River)流域の熱帯雨林は，セルバ(selva)と呼ばれる。
② 草原の中に乾燥に強い樹木がまばらにある植生を，サバナという。
③ ハイサーグラフは，横軸に降水量，縦軸に気温をとり，月ごとに平均降水量と平均気温の交わるところを点で示し，その点を1月から順に結んで表したものである。

乾燥帯(B)

乾燥帯は、降水量が少なく蒸発量が多い気候区である。乾燥の程度によって、以下の二つの気候区に分けられる。乾燥帯では、十分な水分が得られないため樹木は生育しにくい。

気候区	特徴	属する主な都市
ステップ気候(BS)	砂漠気候の周辺に分布する。短い雨季にまとまった降水があるため、ステップ(steppe、丈の低い草原)が広がっている。	ニアメ(ニジェール)
砂漠気候(BW)	年降水量がほぼ250mm未満で、極度の乾燥状態にある。そのため、人間の定住は困難で、植生もほとんど見られない。	カイロ(エジプト)

(注)ニジェール(Niger)、エジプト(Egypt)

▼乾燥帯に属する都市のハイサーグラフ

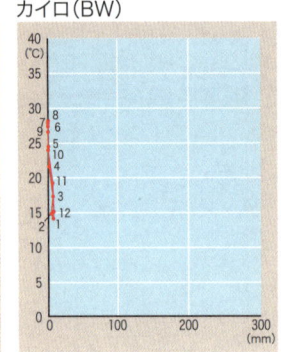

気象庁ウェブサイトより作成

▼乾燥帯の植生の模式図

気候区	ステップ気候	砂漠気候
植生	ステップ	—

温帯(C)

温帯は，主に熱帯と寒帯の間に位置している。比較的温和で，四季の変化がはっきりとしている気候帯である。温帯では，気温と降水量の影響によりさまざまな植生が見られる[1]。この気候帯は，降水量の季節的な変化や最暖月の気温の違い(22℃以上か未満か)によって，以下の四つの気候区に分けられる。

気候区	特徴	属する主な都市
地中海性気候(Cs)	主に緯度30〜45度の大陸西岸に見られる。夏季は高温で乾燥し，冬季は雨が多い。	ローマ(イタリア)，リスボン(ポルトガル)
温暖冬季少雨気候(Cw)	夏は雨が多く，冬は乾季になる。	青島(中国)
温暖湿潤気候(Cfa)	一年を通じて降水量が多い。夏は季節風などの影響により高温多雨になる。一方，冬は寒さが厳しい。そのため，気温の年較差が大きい。日本の多くの地域はこの気候区に属する。	東京，ニューヨーク(アメリカ)
西岸海洋性気候(Cfb)	偏西風の影響を受けるため，気温の年較差が小さく，温和な気候である。どの季節にも適度な降水量がある。	ロンドン(イギリス)，パリ(フランス)，ウェリントン(ニュージーランド)

(注)イタリア(Italy)，ポルトガル(Portugal)，中国(China)，イギリス(UK)，フランス(France)，ニュージーランド(New Zealand)

▼温帯に属する都市のハイサーグラフ

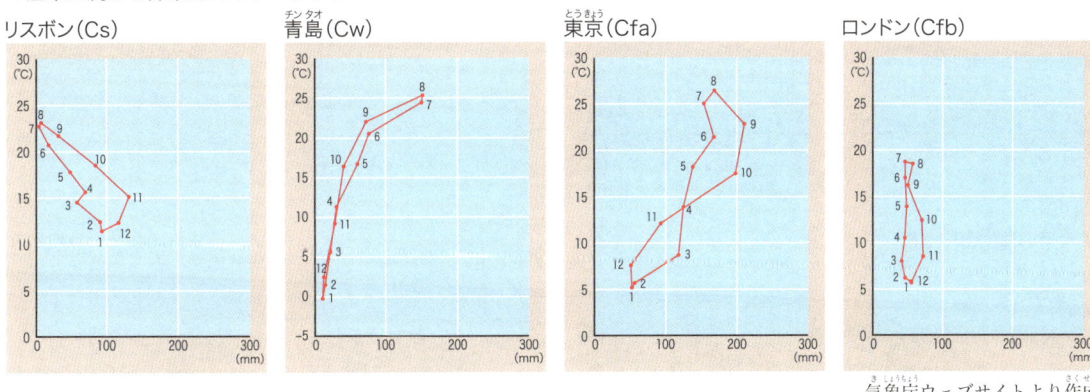

気象庁ウェブサイトより作成

▼温帯の植生の模式図

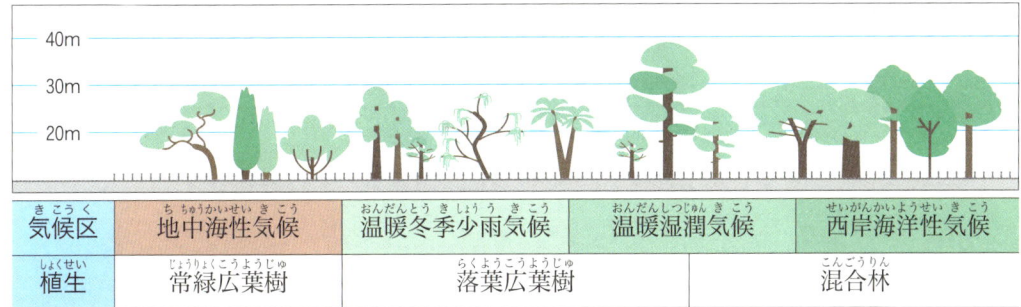

気候区	地中海性気候	温暖冬季少雨気候	温暖湿潤気候	西岸海洋性気候
植生	常緑広葉樹	落葉広葉樹		混合林

[1] 温帯では，広葉樹，広葉樹と針葉樹の混合林が見られる。温暖な地域は常緑広葉樹が広がり，その中でも地中海性気候の地域には，乾燥に強い**硬葉樹**が広がる。一方，温暖湿潤気候や西岸海洋性気候の地域では落葉広葉樹が見られる。なお，南アメリカ大陸のラプラタ川(Río de la Plata)の流域に広がる草原は，**パンパ**(pampas)と呼ばれる。

冷帯(亜寒帯)(D)

冷帯は，夏が短く冬が長いという特徴があり，気温の年較差が大きい気候帯である。冷帯には以下の二つの気候区がある。冷帯の地域のうち，北アメリカ(North America)大陸北部やシベリア(Siberia)では，**タイガ**(taiga)と呼ばれる針葉樹林が広がっている。

気候区	特徴	属する主な都市
冷帯湿潤気候(Df)	一年中降雨があり，冬は積雪量が多い。夏は比較的高温になるため，気温の年較差が大きい。	シカゴ(アメリカ)，モスクワ(ロシア)
冷帯冬季少雨気候(Dw)	夏は比較的高温になり，降雨もあるが，冬は降水量(降雪量)が少なく乾燥し，低温となる。	イルクーツク(ロシア)

(注)ロシア(Russia)

▼冷帯に属する都市のハイサーグラフ

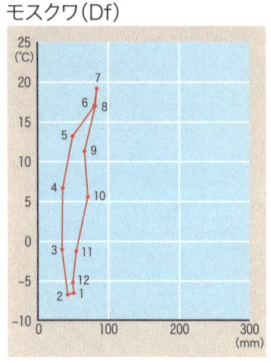
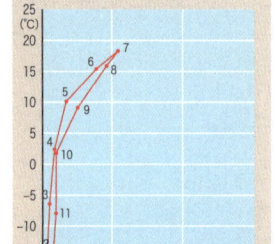

気象庁ウェブサイトより作成

▼冷帯の植生の模式図

寒帯(E)

寒帯は，最暖月の平均気温が10℃未満の地域で，降水量(降雪量)が少ない気候帯である。そのため，植物が生育しにくく，樹木は見られない。寒帯には以下の二つの気候区がある。

気候区	特徴	属する主な都市
ツンドラ気候(ET)	冬は雪と氷に覆われるが，夏は気温が上がる。夏にはコケ類や低木がまばらに育つツンドラと呼ばれる植生が見られる。	バロー(アメリカ)
氷雪気候(EF)	最暖月の平均気温が0℃未満であるため，積もった雪がとけず，大地は氷に覆われている。	グリーンランド(デンマーク)の内陸部，南極大陸

(注)グリーンランド(Greenland)，デンマーク(Denmark)

▼寒帯に属する都市のハイサーグラフ

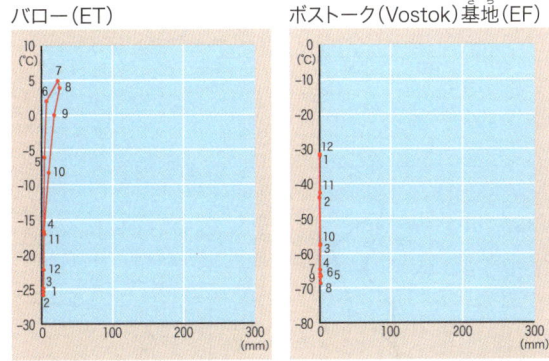

(注)ボストーク基地は，南極大陸に設置されたロシアの観測基地。
気象庁ウェブサイトより作成

▼寒帯の植生の模式図

気候区	ツンドラ気候	氷雪気候
植生	ツンドラ	－

第3章 練習問題

解答 ➡ p.336

問1 フランス(France)のニース(Nice)は地中海性気候(Cs)に属する。ニースのハイサーグラフとして最も適当なものを、次の①〜④の中から一つ選びなさい。

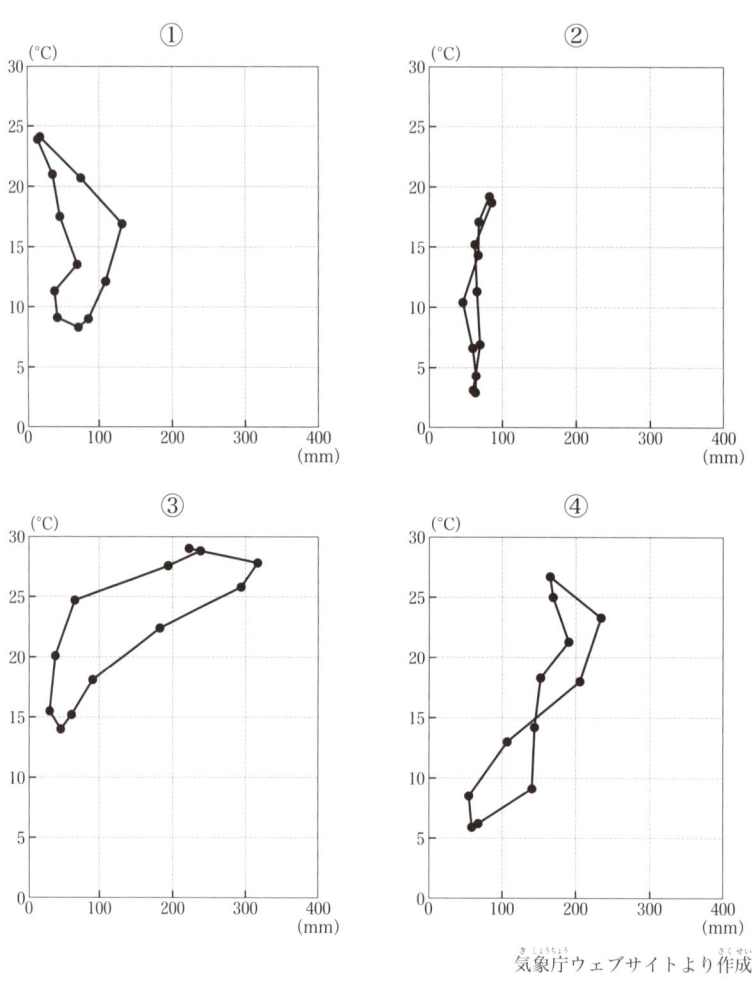

気象庁ウェブサイトより作成

第3章 練習問題

解答 ➡ p.336

問2 次の文章中の空欄 a , b に当てはまる語の組み合わせとして最も適当なものを，下の①〜④の中から一つ選びなさい。

イギリス(UK)やアイルランド(Ireland)は，かなりの高緯度に位置しながら温帯の気候区に属している。その理由として，大西洋を南方から流れてくる a と， b の影響が考えられる。

	a	b
①	寒流	偏西風
②	寒流	貿易風
③	暖流	偏西風
④	暖流	貿易風

問3 アマゾン川(Amazon River)流域の自然環境に関する記述として最も適当なものを，次の①〜④の中から一つ選びなさい。

① 主に樹高10mほどの落葉広葉樹が生育している。

② タイガ(taiga)と呼ばれる針葉樹林が広がる。

③ パンパ(pampas)と呼ばれる大草原が広がる。

④ セルバ(selva)と呼ばれる熱帯雨林が広がる。

第4章 農業と食料問題

Point

①	小麦	生産量世界1位は中国
②	米	アジアが最大の生産地
③	肉類	生産量世界1位は中国，輸出量世界1位はアメリカ
④	近年の日本の食料自給率（カロリーベース）	40％程度で推移

1 世界の農業

小麦

西アジア(West Asia)を原産地とする小麦は，生育期には冷涼で湿潤，成熟期には温暖で乾燥する気候に適した作物である。米に比べて乾燥した地域での栽培が可能なため，多くの地域で栽培されている。近年の生産量を地域別で見ると，中国(China)やインド(India)が2019年の上位に来ているように，アジア(Asia)が最も多い。なお，近年のEU(欧州連合)全体の小麦の生産量は，アメリカ(USA)や中国を上回っている。

▼小麦の生産量と輸出量の国別割合

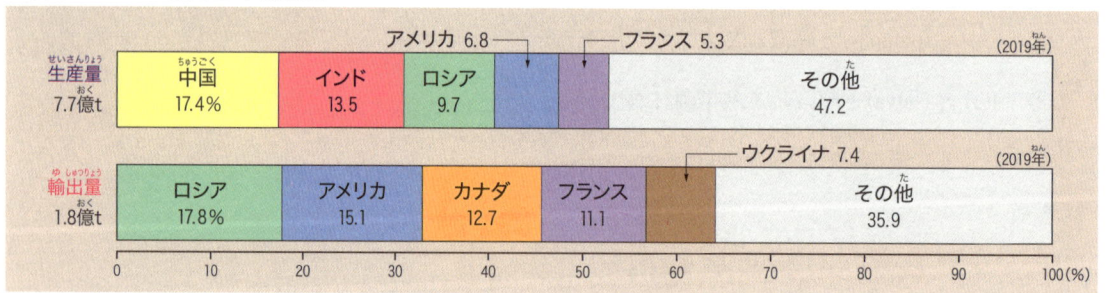

(注) ロシア(Russia)，フランス(France)，カナダ(Canada)，ウクライナ(Ukraine)

FAOSTATより作成

米

米は平均気温が高く，湿潤の気候に適した作物で，最大の生産地は熱帯から温帯にかけてのアジアである[①]。米の貿易量は生産量の数パーセントほどしかなく，自給的性格が強い。

[①] 1960年代以降，インドやフィリピン(Philippines)などで稲や小麦などの高収量品種が導入され，収穫量が大きく増加した。この農業技術改革のことを「緑の革命」(Green Revolution)という。

▼米の生産量と輸出量の国別割合

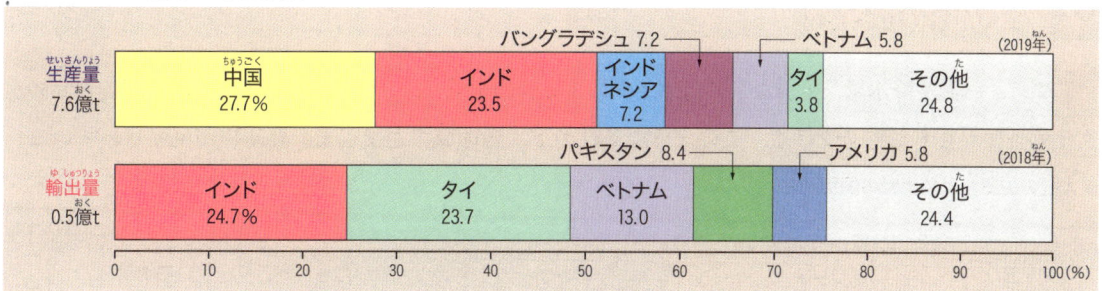

(注)インドネシア(Indonesia)，バングラデシュ(Bangladesh)，ベトナム(Viet Nam)，タイ(Thailand)，パキスタン(Pakistan)

FAOSTATより作成

トウモロコシ

ラテンアメリカ(Latin America)を原産地とするトウモロコシは，三大穀物(小麦・米・トウモロコシ)の中で生産量が最も多い。トウモロコシを主食にしている地域もあるが，世界で生産・輸出されるトウモロコシ[1]の多くは飼料用であり，全生産量の約1割が輸出されている。

▼トウモロコシの生産量と輸出量の国別割合

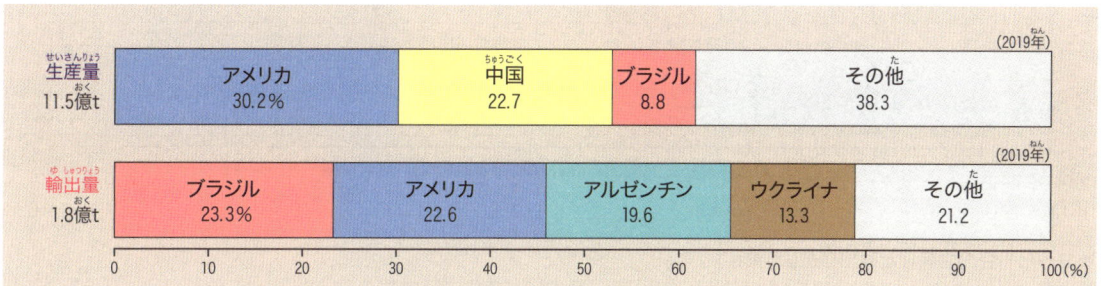

(注)ブラジル(Brazil)，アルゼンチン(Argentina)

FAOSTATより作成

確認 三大穀物の地域別生産割合

アジアは三大穀物すべての生産量が多く，特に米の生産量はほかの地域を圧倒している。小麦はヨーロッパの生産量の多さが，トウモロコシは北アメリカの生産量の多さが目立つ。

小麦 7.7億t (2019年)
- その他 21.1
- アジア 44.1%
- ヨーロッパ 34.8

米 7.6億t (2019年)
- その他 10.4
- アジア 89.6%

トウモロコシ 11.5億t (2019年)
- その他 36.5
- アジア 32.1%
- 北アメリカ 31.4

(注)ヨーロッパ(Europe)，北アメリカ(North America)

FAOSTATより作成

[1] 近年，再生可能エネルギー(➡p.262)の一つとして，トウモロコシやサトウキビなどを糖化・発酵させて作るバイオエタノール(bioethanol)の生産が増加している。バイオエタノールを燃焼させても，大気中の二酸化炭素は実質的に増加しない。また，遺伝子組み換え技術による品種改良が進み，病気や害虫に対して耐性を持つトウモロコシが開発されている。

第4部｜第4章　農業と食料問題

2 その他の農産物

農業は，気温や降水量，土壌などの自然条件による制約を受け，さらに，食文化や宗教などの社会的・文化的条件からも影響を受ける。このような条件の下，各地域でさまざまな農産物が生産されている。

▼大豆の生産量と輸出量の国別割合

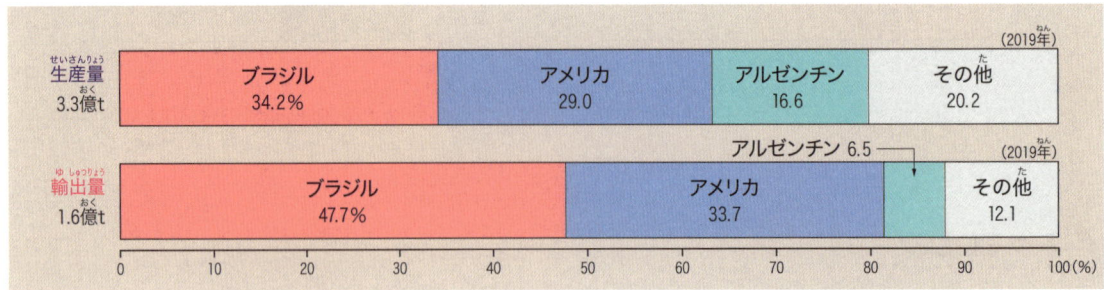

▼大麦の生産量と輸出量の国別割合

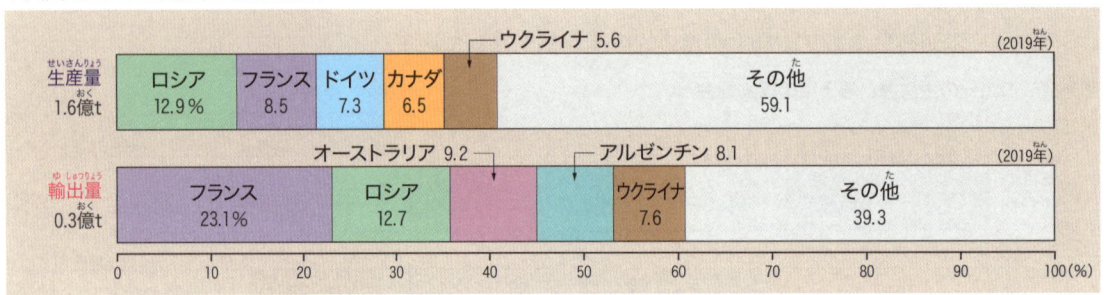

(注) ドイツ(Germany), オーストラリア(Australia)　　　　　FAOSTATより作成

▼コーヒー豆の生産量と輸出量の国別割合

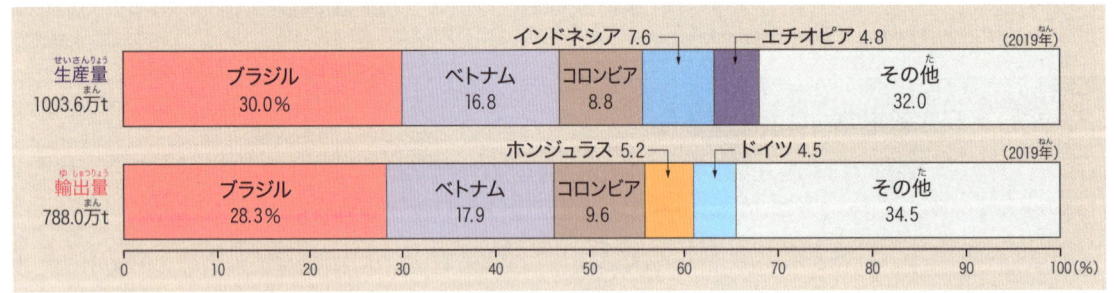

(注) コロンビア(Columbia), エチオピア(Ethiopia), ホンジュラス(Honduras)　　　FAOSTATより作成

▼カカオ豆の生産量と輸出量の国別割合

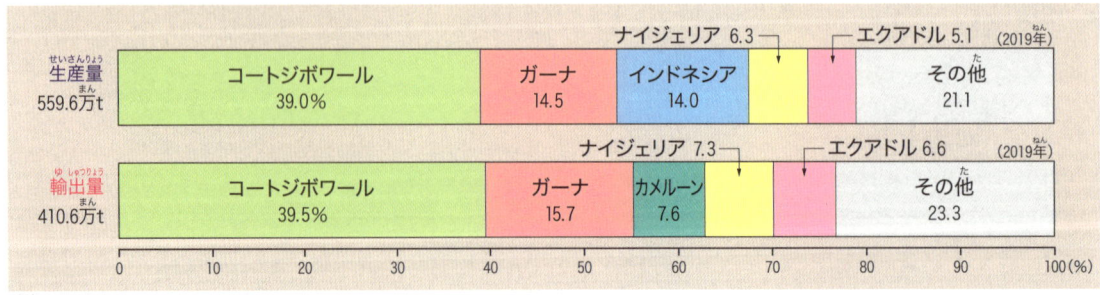

(注) コートジボワール(Cote d'Ivoire), ガーナ(Ghana), ナイジェリア(Nigeria), エクアドル(Ecuador), カメルーン(Cameroon)
　　　　　　　　　　　　　　　　　　　　　　　　　　　　　　　　　　　　　　FAOSTATより作成

▼パーム油①の生産量と輸出量の国別割合

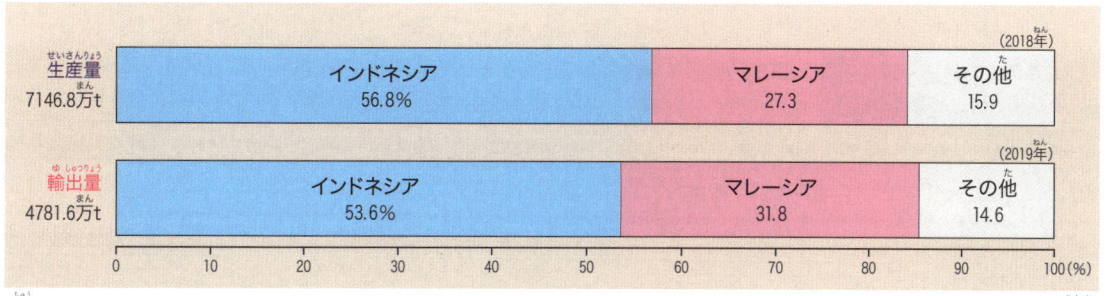

(注)マレーシア(Malaysia)　　　　　　　　　　　　　　　　　　　　　　　FAOSTATより作成

3　世界の畜産業

　牛，豚，鶏などの家畜や家禽を飼育し，畜産物(牛肉，豚肉，鶏肉，鶏卵，乳製品など)を生産する産業を畜産業という。肉類の生産は，**中国**と**アメリカ**が多くを占めている。ヨーロッパは，一国当たりの生産量・輸出量は少ないが，EU(欧州連合)全体では，生産量・輸出量ともに世界でも上位になる。

　先進国だけでなく，発展途上国でも畜産物の消費量は増大している。

　なお，イスラム教(Islam)では豚を不浄のものとしているため，ムスリム(Muslim，イスラム教徒)は豚肉を食べない。また，インドで最も多くの人が信仰しているヒンドゥー教(Hinduism)では牛を聖なるものとしているため，ヒンドゥー教徒は牛肉を食べない②。

▼肉類の生産量と輸出量の国別割合

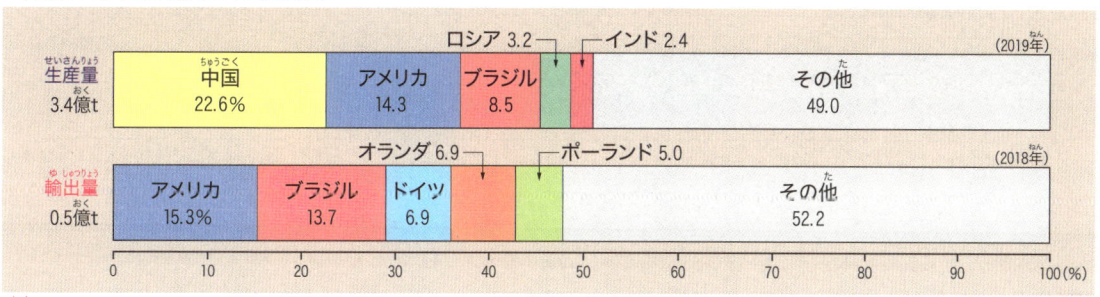

(注)オランダ(Netherlands)，ポーランド(Poland)　　　　　　　　　　　　　FAOSTATより作成

---

❶　パーム油は油ヤシの果実から作られ，マーガリンや石けんなどの原料となる。油ヤシの大規模な植林によって，森林破壊の進行という問題が起きている。
❷　ただし，インドの牛乳の生産量は非常に多く，2018年ではアメリカに次いで世界2位である。

▼牛肉の生産量と輸出量の国別割合

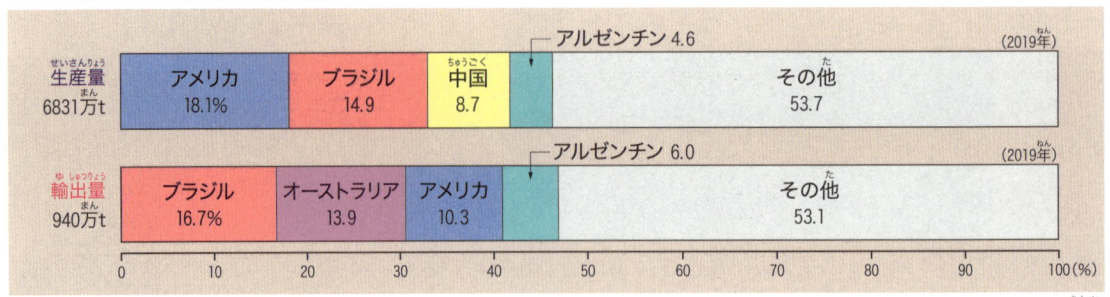

FAOSTATより作成

▼豚肉の生産量と輸出量の国別割合

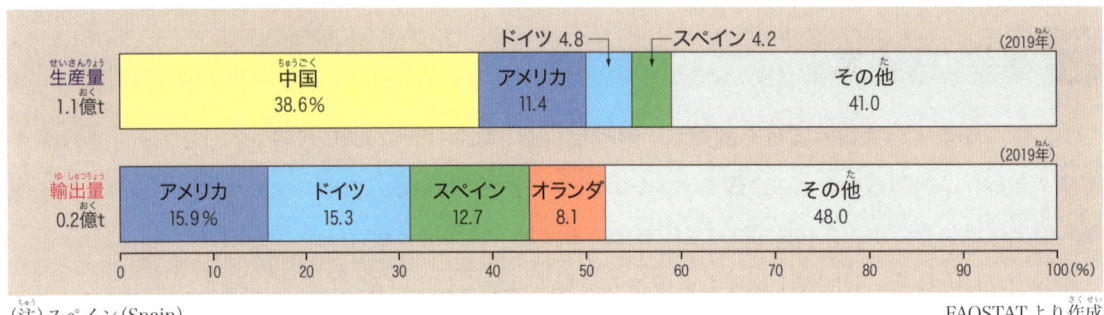

(注)スペイン(Spain)　　　　　　　　　　　　　　　　　　　　　　FAOSTATより作成

▼鶏肉の生産量と輸出量の国別割合

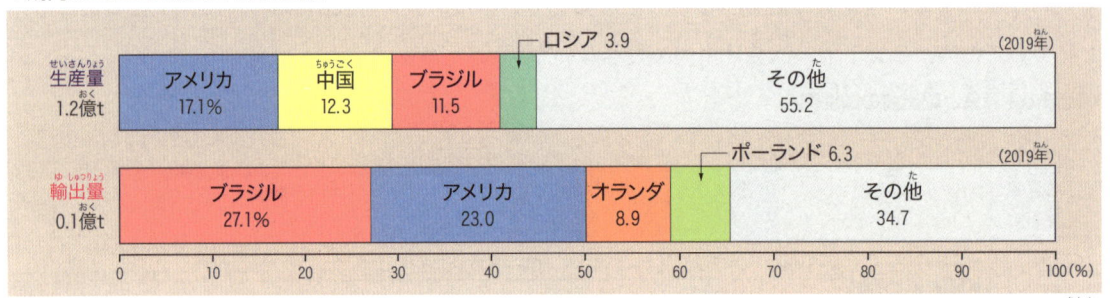

FAOSTATより作成

4　主な国・地域の農業

ヨーロッパの農業

　ヨーロッパの農業は，気候や土壌などの違いにより，地域ごとに特徴がある。北部のイギリス(UK)やデンマーク(Denmark)などでは酪農が盛んである。フランス，ドイツや東部の国では，農耕(小麦の栽培)と牧畜を組み合わせた混合農業が行われている。ただし，現在はどちらか一方を行う農家が増えている。イタリア(Italy)やスペインの地中海沿岸の地域は，地中海性気候であることから，夏は乾燥に強いオリーブやオレンジなどの果樹を栽培し，冬は小麦を栽培している。

アメリカの農業

アメリカは，農業就業人口は少ないが，機械化・大規模化・企業化の進展によりさまざまな農産物を大量生産・大量輸出しており，世界有数の農業国である。特に，小麦，トウモロコシ，大豆は生産量も輸出量も多い。畜産業では，牛肉，鶏肉，牛乳が世界1位の生産量である(2018年)。

中国の農業

中国では主に，小麦，米，トウモロコシ，大豆の生産が盛んで，小麦と米の生産量は世界1位である(2019年)。また，家畜も多く，豚や鶏は世界1位の多さであり(2018年)，豚肉の生産量も世界1位である。水産業も盛んで，生産量は世界1位。川や湖などの内水面での養殖も盛んに行われている。

5 森林・林業

世界の森林

世界の森林面積は約4,000万km²（約40億ha）で，陸地面積の約30％を占める。森林は，木材を供給するだけでなく，二酸化炭素を吸収して酸素を供給したり，土壌や水を保全したりするなど，生態系の維持に大きな役割を果たしている。しかし，木材需要の増加や農地の開発のため，アフリカ(Africa)や南アメリカ(South America)，さらに東南アジア(Southeast Asia)では毎年多くの森林が失われている。

▼主な国の森林面積と対国土面積比(2018年)，森林面積の年当たりの増減と平均増加率(2010〜2020年)

	森林面積（千ha）	対国土面積比（％）	森林面積の年当たりの増減（千ha）	森林面積の平均増加率（％）
日本	24,935	66.0	−3	−0.01
中国	216,219	22.6	1,937	0.93
インドネシア	93,344	48.7	−753	−0.78
コンゴ民主共和国	128,358	54.7	−1,101	−0.83
イギリス	3,173	13.0	13	0.42
アメリカ	309,795	31.5	108	0.03
ブラジル	499,051	58.6	−1,496	−0.30
オーストラリア	134,005	17.3	446	0.34
世界計	4,068,923	30.2	−4,739	−0.12

(注)コンゴ民主共和国(Democratic Republic of the Congo)

FAOSTAT, FAO "Global Forest Resources Assessment 2020" より作成

林業

　世界の木材の消費量は、2008年のリーマン・ショック(Bankruptcy of Lehman Brothers)後の世界的な景気後退により一時的に減少したが、2010年以降は増加傾向になった。木材の貿易を地域別で見ると、輸出はヨーロッパが多く、輸入はアジアが多い。国別では、輸出ではロシアが多く、輸入では中国が多い。

▼木材伐採高上位5か国(2018年)

	木材伐採高(千m³)	割合(％)
アメリカ	438,738	11.0
インド	352,856	8.8
中国	343,156	8.6
ブラジル	281,523	7.0
ロシア	236,000	5.9
世界計	3,970,872	100.0

矢野恒太記念会編『世界国勢図会2020/21年版』より作成

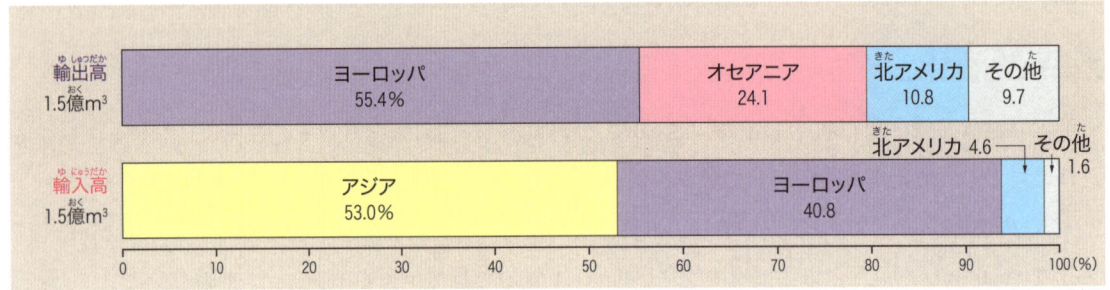

▼丸太の輸出高と輸入高の地域別割合(2019年)

(注)オセアニア(Oceania)

FAOSTATより作成

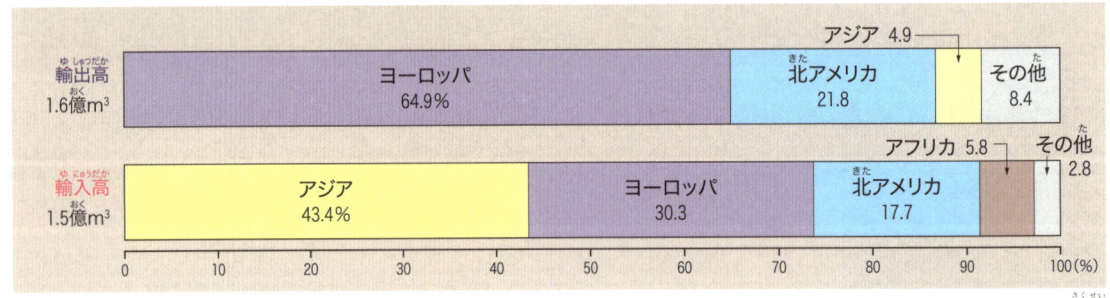

▼製材❶の輸出高と輸入高の地域別割合(2019年)

FAOSTATより作成

6 水産業

　第二次世界大戦(WWⅡ)後、漁船の大型化と道具の進歩にともない、世界の漁獲量は大きく増加した。これにより、水産資源が枯渇するという懸念が強まり、1970年代に入ると、国際的な水産資源の管理❷や、排他的経済水域の設定(→p.84)による外国船の漁業の制限などの対策がとられるようになった。

---

❶ 製材とは、丸太や原木を加工して作られた板や角材のことで、建物や家具などに用いられる。
❷ 1948年、鯨類(クジラ)資源を国際的に管理する機関として国際捕鯨委員会(IWC)が設立された。日本は1951年にIWCに加盟したが、反捕鯨国の反対により商業捕鯨の再開(商業捕鯨は1982年に一時停止された)の見通しが立たないことから、2019年に脱退した。

それでも水産資源は減少傾向にあるため、近年は水産資源を人工的に育てる養殖業が盛んに行われている。養殖業の生産量は中国とインドネシアの伸びが著しく、特に中国の生産量は世界の約6割を占めている(2018年)。

▼漁業生産量上位5か国(2018年)

	漁業生産量(千t)	割合(%)
中国	14,831	15.2
インドネシア	7,261	7.5
ペルー	7,208	7.4
インド	5,343	5.5
ロシア	5,117	5.3
世界計	97,398	100.0

(注)ペルー(Peru) 矢野恒太記念会編『世界国勢図会2020/21年版』より作成

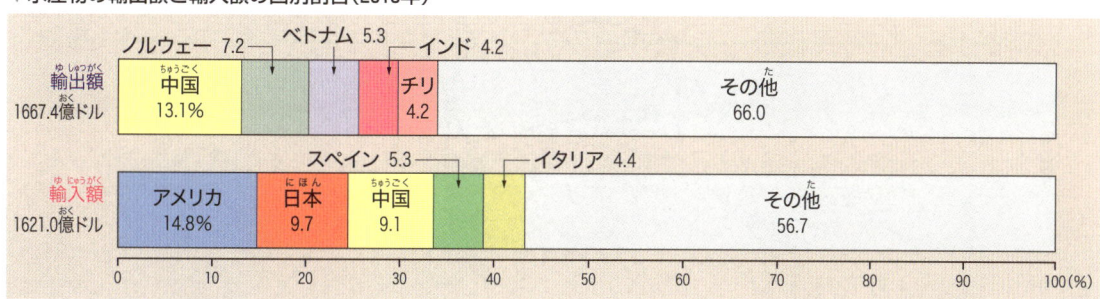

▼水産物の輸出額と輸入額の国別割合(2018年)

(注)ノルウェー(Norway)、チリ(Chile)　FAO "Commodities 1976－2018" より作成

7 食料自給率

一国の食料消費が国内の農業生産によって、どの程度まかなえているのかを示す指標として、**食料自給率**がある。

日本の食料自給率は、長い間40％程度を推移している。このように、食料の多くを輸入している国は食料自給率が低くなる。自国の食料を過度に輸入に依存することは、食料安全保障(国民が最低限必要とする食料はどのような場合であっても確保されなければならないということ)の観点からは望ましいことではない。

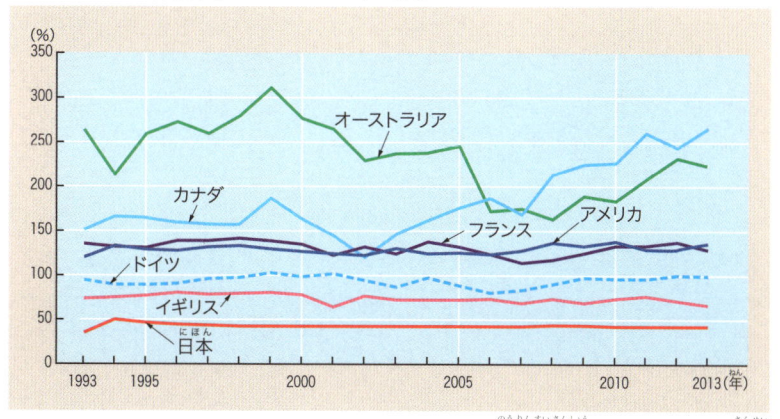

▼主な国の食料自給率(カロリーベース)の推移

農林水産省ウェブサイトより作成

▼主な国の品目別の自給率(2017年)

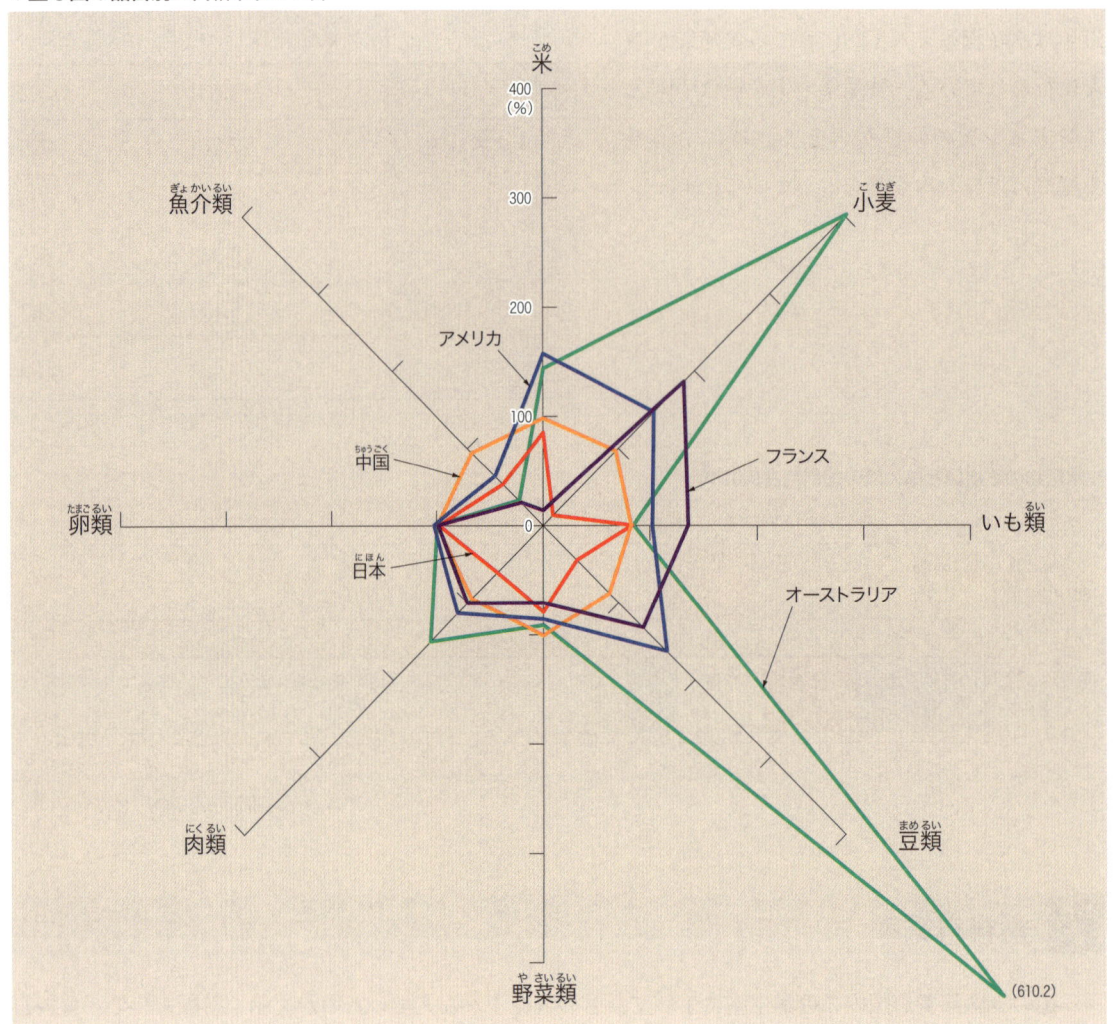

総務省統計局『世界の統計2020』より作成

第4章 練習問題

解答 ➡ p.336

問1 次の表は，2019年における小麦，大麦，大豆，カカオ豆の生産量上位5か国を示したものである。表中のA～Dに当てはまる農産物の組み合わせとして最も適当なものを，下の①～④の中から一つ選びなさい。

	A	B	C	D
1位	ブラジル	ロシア	コートジボワール	中国
2位	アメリカ	フランス	ガーナ	インド
3位	アルゼンチン	ドイツ	インドネシア	ロシア
4位	中国	カナダ	ナイジェリア	アメリカ
5位	インド	ウクライナ	エクアドル	フランス

(注) ブラジル(Brazil)，アメリカ(USA)，アルゼンチン(Argentina)，中国(China)，インド(India)，ロシア(Russia)，フランス(France)，ドイツ(Germany)，カナダ(Canada)，ウクライナ(Ukraine)，コートジボワール(Cote d'Ivoire)，ガーナ(Ghana)，インドネシア(Indonesia)，ナイジェリア(Nigeria)，エクアドル(Ecuador)

FAOSTATより作成

	A	B	C	D
①	大豆	大麦	カカオ豆	小麦
②	小麦	大豆	大麦	カカオ豆
③	カカオ豆	小麦	大豆	大麦
④	大麦	カカオ豆	小麦	大豆

第4章 練習問題

解答 ➡ p.336

問2 次の表は、2019年における牛肉、豚肉、鶏肉、羊肉の生産量の、いずれかの上位5か国を示している。この畜産物に該当するものとして最も適当なものを、下の①〜④の中から一つ選びなさい。

		生産量(千t)
1位	中国	42,553
2位	アメリカ	12,543
3位	ドイツ	5,232
4位	スペイン	4,641
5位	ブラジル	4,126

(注) スペイン(Spain)

FAOSTATより作成

① 牛肉

② 豚肉

③ 鶏肉

④ 羊肉

第5章 工業・産業

Point
① 中国の工業　粗鋼，自動車，産業用ロボットの生産量は世界1位
② 三角グラフ　国の経済発展とともに点は下に移動する

1 アメリカ(USA)の工業

アメリカでは，19世紀末から工業が急速に発展した。20世紀に入ると，自国で産出される鉄鉱石や石炭などの豊富な鉱産資源が水上運送され，五大湖(Great Lakes)周辺に大きな工業地域が形成された。中でも，デトロイト(Detroit)は自動車産業の中心地になった。そして，五大湖沿岸から北東部に至る地域が工業の中心となり，アメリカは多くの工業部門で世界の首位に立った。しかし，第二次世界大戦(WWⅡ)後は日本やヨーロッパ(Europe)諸国の工業力の発展にともない国際競争力が低下し，五大湖沿岸から北東部に至る地域の工業は衰退した。

1970年代以降は，北緯37度付近から南の地域の工業が発展した。アメリカのサンフランシスコ(San Francisco)郊外には先端技術産業が集積している地域があり，**シリコンバレー**(Silicon Valley)と呼ばれている(➡p.291)。また，ヒューストン(Houston)は，宇宙開発産業の拠点として知られている。

2 中国(China)の工業

中国では1980年代から輸出指向型❶の工業化が図られ，海沿いの都市に巨大な工業地域が形成された。近年の中国は「世界の工場」と呼ばれるほど，工業が盛んである。工業化は中国国民の所得を増大させ，国内需要の増加にもつながった。

中国が生産量世界1位の品目には，**粗鋼**❷(2018年)，アルミニウム(2017年)，造船(竣工量，2018年)，**自動車**(2018年)，産業用ロボット(2017年)がある。

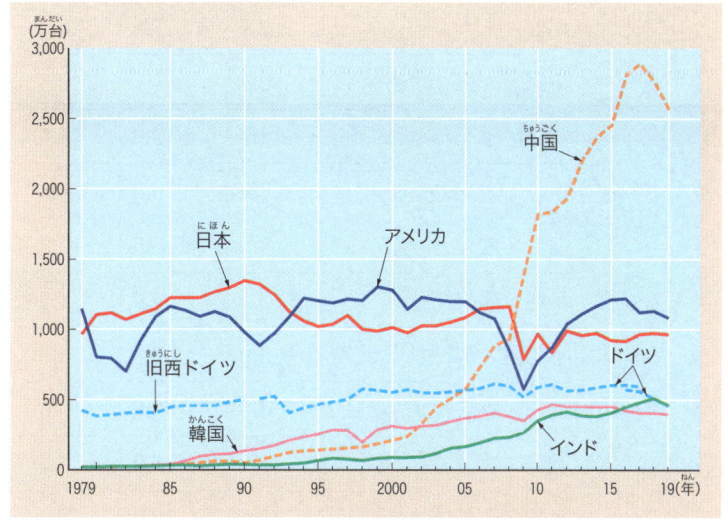

▼主な国の自動車生産量の推移

(注)西ドイツ(West Germany)，ドイツ(Germany)，韓国(South Korea)，インド(India)
ドイツは2016年以降統計の方法が変更されている。

矢野恒太記念会編『日本国勢図会2020/21年版』より作成

---

❶ 輸出指向型とは，外国企業を積極的に誘致して輸出を目的とする商品を加工・生産することである。
❷ 粗鋼とは，加工をしていない製造したままの鋼のことである。

3 産業別人口構成

産業別人口構成とは，国の就業人口を産業別に分類し，その比率を表したものであり，各国の経済の発展段階を読みとることができる。産業別人口構成は，産業構造の高度化(産業の重心が第一次産業から第二次産業，さらに第三次産業へと移動すること)❶にともなって変化する。

国の産業構造は，三角グラフを作成すると分かりやすい。一般的に，三角グラフの左辺が第一次産業の目盛，右辺が第二次産業の目盛，底辺が第三次産業の目盛である。この場合，産業構造を示す点は国の経済発展とともに下に移動し，最終的には底辺の左側に向かう。したがって，第一次産業の割合が高い発展途上国は三角グラフの上の方に点が位置し，第三次産業の割合が高い先進国は三角グラフの下の方に点が位置する。

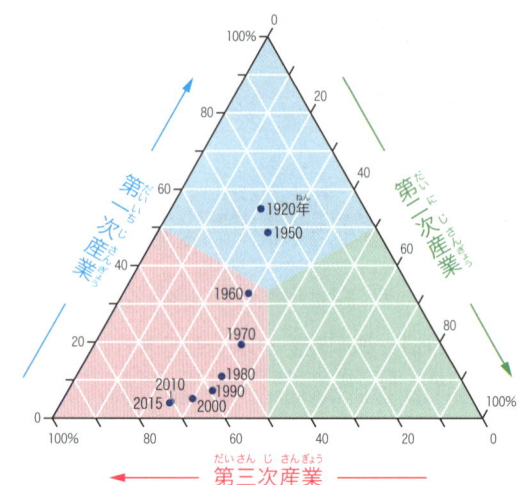

▼日本の産業別人口構成の推移

総務省統計局『平成27年国勢調査最終報告書「日本の人口・世帯」』より作成

▼主な国の産業別就業人口の割合(2018年)　　　　　　　　　　　単位：%

		日本	アメリカ	中国	ドイツ	フランス	ケニア	ブラジル
第一次産業	農林水産業	3.5	1.4	26.1	1.2	2.5	55.1	9.3
第二次産業	鉱業・採石	0.0	0.4	0.4	0.2	0.1	0.7	0.4
	製造業	16.2	10.7	20.3	19.1	11.9	2.7	11.5
	建設	7.7	7.5	6.9	6.7	6.8	3.5	7.3
第三次産業	電気・ガス・水道	0.4	1.3	0.6	1.4	1.6	0.3	0.9
	卸売・小売	14.7	13.0	14.5	13.9	12.9	16.0	19.1
	運輸・情報通信	7.9	9.8	4.6	8.2	8.4	2.5	6.4
	宿泊・飲食	5.5	6.6	5.3	3.8	4.0	1.8	5.8
	金融・保険	2.5	5.0	1.4	3.0	3.3	0.4	1.4
	不動産・専門サービス	8.9	12.3	2.9	11.2	11.5	1.7	8.4
	公務・社会保障	4.6	3.6	5.6	6.9	9.2	2.3	5.5
	教育	6.2	8.9	4.6	6.7	7.3	2.8	6.9
	医療・福祉	16.1	13.9	2.3	13.0	14.8	2.0	5.0

(注)フランス(France)，ケニア(Kenya)，ブラジル(Brazil)

矢野恒太記念会編『世界国勢図会2020/21年版』より作成

❶ 第一次産業には農林水産業が，第二次産業には製造業などが，第三次産業にはサービス業などが含まれる。

第5章 練習問題

解答 ➡ p.336

問1 次の表は、日本、中国(China)、アメリカ(USA)、ドイツ(Germany)、インド(India)の自動車生産量の推移を示したものである。表中のA～Dに当てはまる国の組み合わせとして最も適当なものを、下の①～④の中から一つ選びなさい。

単位：千台

	1990年	2000年	2010年	2019年
日本	13,487	10,141	9,629	9,684
A	364	801	3,557	4,516
B	4,977	5,527	5,906	4,661
C	9,785	12,800	7,743	10,880
D	470	2,069	18,265	25,721

矢野恒太記念会編『世界国勢図会2020/21年版』より作成

	A	B	C	D
①	インド	ドイツ	アメリカ	中国
②	中国	インド	ドイツ	アメリカ
③	ドイツ	インド	アメリカ	中国
④	インド	ドイツ	中国	アメリカ

問2 次の文章中の空欄 a , b に当てはまる国の組み合わせとして最も適当なものを、下の①～④の中から一つ選びなさい。

2000年以降の産業用ロボットの稼働台数の推移を見ると、2016年までは a が世界1位であったが、2017年に b が a を上回り、世界1位になった。

	a	b
①	日本	中国
②	日本	アメリカ
③	中国	アメリカ
④	アメリカ	日本

第6章 資源・エネルギー

Point

1. **石炭** 主な生産国は中国
主な輸出国はインドネシア，オーストラリア
2. **原油** 主な生産国・輸出国はサウジアラビア，ロシア，アメリカ
3. **発電エネルギー源** 日本，アメリカ，中国は火力発電の割合が高い
カナダ，ブラジルは水力発電の割合が高い
フランスは原子力発電の割合が高い

1 一次エネルギーと二次エネルギー

人類は古くからさまざまなエネルギー資源を利用してきた。エネルギー資源は，石炭・石油・天然ガスなどの化石燃料や，太陽光・地熱・風力・水力などの，自然界に存在するエネルギーをそのまま利用する**一次エネルギー**と，電力やガソリンなど一次エネルギーを加工して作られる**二次エネルギー**に分けられる。

▼主な国の一次エネルギー自給率（2017年）

	自給率（％）
アメリカ	92.5
日本	9.6
ドイツ	36.9
ロシア	195.2
中国	80.0
オーストラリア	318.9

（注）オーストラリア（Australia）
矢野恒太記念会編『世界国勢図会2020/21年版』より作成

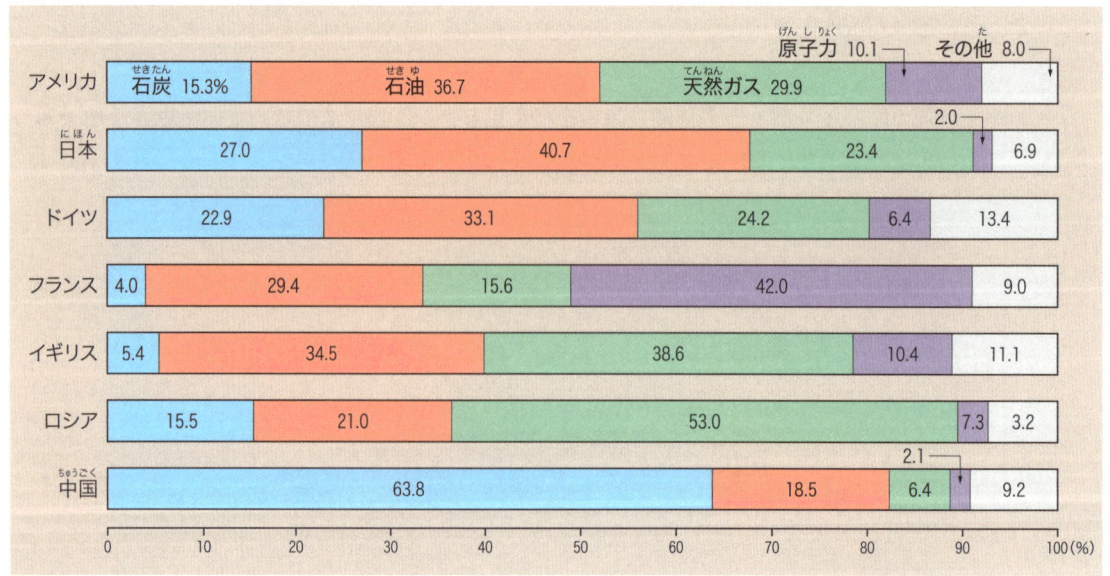

▼主な国の一次エネルギー供給構成（2017年）

（注）アメリカ（USA），ドイツ（Germany），フランス（France），イギリス（UK），ロシア（Russia），中国（China）
矢野恒太記念会編『世界国勢図会2020/21年版』より作成

2 石炭・石油・天然ガス

石炭

化石燃料の中で最も埋蔵量が多い石炭は、主に中国やロシアなどユーラシア(Eurasia)大陸や、北アメリカ(North America)大陸の古期造山帯(➡p.227)に分布し、石油に比べて分布の範囲が広い。

▼石炭の生産量・輸出量・輸入量上位5か国(2017年)

	生産量	割合(%)	輸出量	割合(%)	輸入量	割合(%)
1位	中国	54.7	インドネシア	29.2	中国	21.0
2位	インド	10.5	オーストラリア	28.4	インド	16.2
3位	インドネシア	7.2	ロシア	13.6	日本	14.5
4位	オーストラリア	6.4	コロンビア	7.7	韓国	10.0
5位	アメリカ	5.0	アメリカ	6.0	ドイツ	3.9

(注)割合は、世界全体の生産量・輸出量・輸入量に対する割合。
インド(India)、インドネシア(Indonesia)、コロンビア(Colombia)、韓国(South Korea)

矢野恒太記念会編『世界国勢図会2020/21年版』より作成

石油

石油[1]は発電の燃料、自動車の燃料、化学製品の原材料などとして、一次エネルギーの中で最も多く使われている。現在、原油の確認埋蔵量の約50%が中東(Middle East)に偏在している。

▼原油の生産量・輸出量・輸入量上位5か国

	生産量(2019年)	割合(%)	輸出量(2017年)	割合(%)	輸入量(2017年)	割合(%)
1位	アメリカ	15.3	サウジアラビア	15.5	中国	18.1
2位	ロシア	14.0	ロシア	11.3	アメリカ	17.0
3位	サウジアラビア	12.2	イラク	8.3	インド	9.5
4位	イラク	5.9	カナダ	7.7	日本	6.7
5位	カナダ	5.5	アラブ首長国連邦	5.3	韓国	6.5

(注)割合は、世界全体の生産量・輸出量・輸入量に対する割合。
サウジアラビア(Saudi Arabia)、イラク(Iraq)、カナダ(Canada)、アラブ首長国連邦(UAE)

矢野恒太記念会編『世界国勢図会2020/21年版』より作成

[1] 油田から産出されたままの石油を原油という。石油は、原油を蒸留・精製してできるガソリンや灯油などの石油製品を含めた総称である。

天然ガス

天然ガスは，石油危機(Oil Crisis)以降に消費量が増加してきたエネルギー資源で，安価で輸送しやすく，熱効率も高い。

また，天然ガスは，燃焼によって発生する二酸化炭素の量が，石炭や石油と比べて少ないという特徴を持っている。

▼天然ガスの生産量・輸出量・輸入量上位5か国(2018年)

	生産量	割合(%)	輸出量	割合(%)	輸入量	割合(%)
1位	アメリカ	21.9	ロシア	19.6	ドイツ	9.9
2位	ロシア	18.2	カタール	9.7	中国	9.7
3位	イラン	5.9	ノルウェー	9.5	日本	9.1
4位	カナダ	4.8	アメリカ	8.2	アメリカ	6.7
5位	カタール	4.3	オーストラリア	6.6	イタリア	5.6

(注)割合は，世界全体の生産量・輸出量・輸入量に対する割合。

イラン(Iran)，カタール(Qatar)，ノルウェー(Norway)，イタリア(Italy)

矢野恒太記念会編『世界国勢図会2020/21年版』より作成

3 鉄鉱石

鉄鉱石は，さまざまな産業の基礎素材である鉄鋼を生産するのに欠かせない鉱産資源❶である。鉄鉱石は産出国上位3か国(オーストラリア，ブラジル，中国)で，世界の産出量の大半を占めている。ただし，中国は主要な産出国であると同時に，世界最大の粗鋼(加工をしていない，製造したままの鋼)生産国(➡p.255)で鉄鉱石の国内消費量が多いため，輸入量が世界1位である。

▼鉄鉱石の主な生産国(2017年)

15.0億t	オーストラリア 36.5%	ブラジル 17.9	中国 14.9	インド 8.3	その他 22.4

矢野恒太記念会編『世界国勢図会2020/21年版』より作成

❶ 鉱産資源とは，地下に埋蔵されている有用な鉱物や岩石の総称である。鉄鉱石のほかに，チリ(Chile)の生産量が世界で最も多い銅鉱などが含まれる。

4 電力

主な国の発電エネルギー源の割合

主な国の発電エネルギー源の割合を見ると、その国の特色を知ることができる。石炭産出国のアメリカ、中国、ドイツでは**火力発電**の割合が高い。水資源が豊富なカナダやブラジルでは、**水力発電**が主流である。石油などの化石燃料が乏しいフランスでは、**原子力発電**が盛んである。日本は火力発電を中心に、原子力発電の割合を高めてきたが、2011年の福島第一原子力発電所での事故後は火力発電の割合が高まっている。

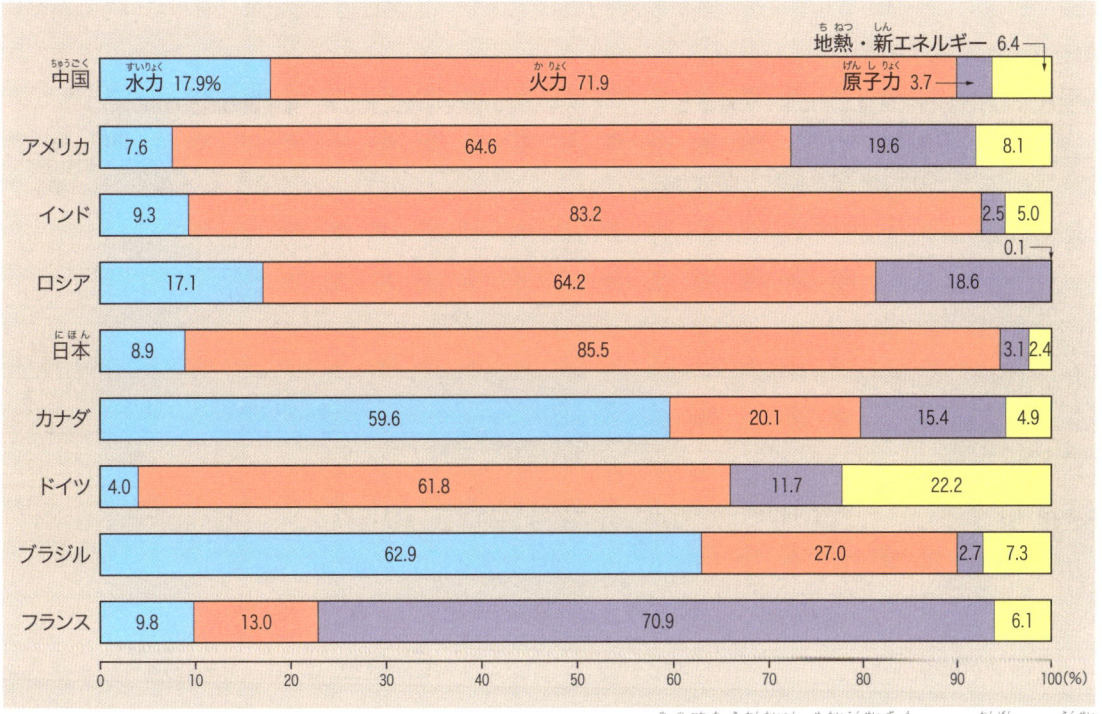

▼主な国の発電エネルギー源の割合(2017年)

矢野恒太記念会編『世界国勢図会2020/21年版』より作成

原子力発電

原子力発電は、エネルギーを安定して供給できることや、発電時に二酸化炭素の排出がないことが評価されてきた。しかし、1986年にソ連(USSR)の**チェルノブイリ**(Chernobyl)**原子力発電所**で、日本でも2011年に**福島第一原子力発電所**で、原子力発電の安全性への信頼を揺るがす事故が発生した。福島第一原子力発電所での事故を受け、ドイツ、スイス(Switzerland)、イタリアでは脱原発(原子力発電所の廃止)が決められた。一方、世界的に見れば、原子力発電の需要は大きく、新興国を中心に原子力発電所の建設が増加している。

5 再生可能エネルギー

化石燃料は，枯渇の危険性や二酸化炭素などの排出物による環境破壊など，さまざまな問題を抱えている。そこで，枯渇することがなく，地球環境への負荷が少ない**再生可能エネルギー**の活用が進められている。再生可能エネルギーには，**太陽光・太陽熱・風力・水力・地熱・バイオマス**(biomass)[1]などがある。ただし，現時点では，供給の不安定性，立地条件の制約，整備のためのコストの高さなどの課題があるといわれている。

なお，再生可能エネルギーによる発電量が最も多い国は，中国である(2017年)。また，火山の多い日本(→p.303)は地熱発電に適しているが，発電所建設候補地の多くが制約のある国立公園や国定公園内にあり，さらに開発により温泉が枯渇するおそれがあるため，地熱による発電量は有している地熱資源量に比べるとかなり小さい。

▼主な国における再生可能エネルギー発電量と総発電量に占める割合(2017年)

	発電量(億kWh)	割合(%)
日本	1,682	15.7
中国	16,624	25.1
アメリカ	7,182	16.8
ドイツ	2,163	33.1
カナダ	4,322	65.6
ノルウェー	1,449	97.0
パラグアイ	597	100.0
世界計	62,695	24.4

(注)パラグアイ(Paraguay)

▼主な国の再生可能エネルギー発電量の内訳(2017年)

単位：億kWh

	水力	風力	太陽光	地熱
日本	901	61	159	21
中国	11,898	2,950	1,307	1
アメリカ	3,251	2,572	710	187
ドイツ	262	1,057	394	2
カナダ	3,926	288	36	―
ノルウェー	1,430	29	不詳	―
パラグアイ	597	―	―	―
世界計	41,973	11,273	4,544	853

矢野恒太記念会編『世界国勢図会2020/21年版』より作成

[1] バイオマスとは「再生可能な生物由来の有機性資源で，化石資源を除いたもの」のことで，家畜の排泄物，薪，木炭，生ゴミ，木くずなどが当てはまる。たとえば，生ゴミや木くずなどを燃焼し，その際の熱を利用して電気を起こす仕組みがバイオマス発電の一つである。

第6章 練習問題

解答 ➡ p.336

問1 次の表は，2017年における日本，アメリカ(USA)，中国(China)，イラン(Iran)の原油の国内供給量と自給率を示したものである。表中のA〜Dに当てはまる国の組み合わせとして最も適当なものを，下の①〜④の中から一つ選びなさい。

	国内供給量(万t)	原油自給率(%)
A	8,538	235.3
B	15,695	0.1
C	59,347	32.3
D	81,575	56.5

矢野恒太記念会編『世界国勢図会2020/21年版』より作成

	A	B	C	D
①	中国	アメリカ	イラン	日本
②	中国	日本	アメリカ	イラン
③	イラン	日本	中国	アメリカ
④	イラン	アメリカ	日本	中国

④ インド

第6章 練習問題

解答 → p.337

問3 次の表は，2016年における日本，ドイツ(Germany)，中国，インドの石炭，原油，電力の供給量を示したものである。表中のA～Dに当てはまる国の組み合わせとして最も適当なものを，下の①～④の中から一つ選びなさい。

	石炭供給量(百万t)	原油供給量(百万t)	電力供給量(10億kWh)
A	864	255	1,431
B	187	158	1,058
C	3,785	560	6,130
D	60	94	599

総務省統計局『世界の統計2020』より作成

	A	B	C	D
①	インド	日本	中国	ドイツ
②	ドイツ	インド	日本	中国
③	中国	ドイツ	インド	日本
④	日本	中国	ドイツ	インド

第7章 貿易

Point
1. **輸出品目** 先進国・新興国は工業製品の割合が高い
2. **輸出相手国** 自国の近隣の国やアメリカ・中国であることが多い

1 主な国の輸出・輸入の上位5品目

　先進国と発展途上国の間の貿易は、かつては、先進国が工業製品を輸出し、発展途上国は鉱産資源などの一次産品を輸出するという関係であった（➡p.72）。その後、1980年代に入ると、先進国の多国籍企業（➡p.73）が中国(China)や東南アジア(Southeast Asia)の国々に工場を建設し始めたため、それらの国でも工業製品の輸出が増加し、先進国と中国・東南アジア諸国の貿易は工業製品を輸出入し合うものに変わってきている。ただし、アフリカ(Africa)や南アメリカ(South America)の国々は、特定の一次産品の輸出が多い。

▼日本(2018年) 単位：％

輸出	割合	輸入	割合
機械類	35.4	機械類	23.4
自動車	20.6	原油	10.8
精密機械	5.2	液化天然ガス	5.7
鉄鋼	4.2	衣類	4.0
プラスチック	3.1	医薬品	3.5

▼インド(India)(2018年) 単位：％

輸出	割合	輸入	割合
石油製品	14.9	原油	22.6
機械類	10.4	機械類	18.8
ダイヤモンド	7.9	金(非貨幣用)	6.3
繊維品	5.6	ダイヤモンド	5.2
自動車	5.4	石炭	5.2

▼中国(2018年) 単位：％

輸出	割合	輸入	割合
機械類	43.8	機械類	34.0
衣類	6.3	原油	11.2
繊維品	4.8	精密機械	4.5
金属製品	3.8	自動車	3.8
自動車	3.3	鉄鉱石	3.5

▼ナイジェリア(Nigeria)(2018年) 単位：％

輸出	割合	輸入	割合
原油	82.3	石油製品	29.5
液化天然ガス	9.9	機械類	20.0
船舶	2.4	船舶	9.4
石油ガス	0.8	自動車	6.0
液化石油ガス	0.5	プラスチック	3.6

▼イギリス(UK)（2018年）　単位：%

輸出	割合	輸入	割合
機械類	21.0	機械類	22.2
自動車	10.8	自動車	11.0
金(非貨幣用)	6.6	医薬品	4.6
医薬品	6.4	衣類	3.9
原油	5.6	金(非貨幣用)	3.9

▼スイス(Switzerland)（2018年）　単位：%

輸出	割合	輸入	割合
医薬品	25.5	金(非貨幣用)	23.1
金(非貨幣用)	20.6	機械類	12.6
機械類	12.3	医薬品	11.3
精密機械	10.3	貴金属製品	5.9
有機化合物	5.0	自動車	5.4

▼ドイツ(Germany)（2018年）　単位：%

輸出	割合	輸入	割合
機械類	28.2	機械類	24.5
自動車	16.5	自動車	9.8
医薬品	6.3	医薬品	4.7
精密機械	4.3	原油	3.5
金属製品	3.2	有機化合物	3.4

▼フランス(France)（2018年）　単位：%

輸出	割合	輸入	割合
機械類	20.0	機械類	21.7
自動車	9.6	自動車	11.0
航空機	9.1	医薬品	4.5
医薬品	6.1	原油	4.3
精密機械	2.7	衣類	3.9

▼ロシア(Russia)（2017年）　単位：%

輸出	割合	輸入	割合
原油	26.0	機械類	31.8
石油製品	16.7	自動車	9.2
天然ガス	10.8	医薬品	4.9
鉄鋼	5.5	野菜・果実	3.4
石炭	4.0	金属製品	3.2

▼アメリカ(USA)（2018年）　単位：%

輸出	割合	輸入	割合
機械類	23.9	機械類	28.9
自動車	7.6	自動車	11.6
石油製品	6.2	原油	6.2
精密機械	4.3	医薬品	4.6
医薬品	3.2	衣類	3.6

▼ブラジル(Brazil)（2018年）　単位：%

輸出	割合	輸入	割合
大豆	13.8	機械類	22.9
原油	10.5	自動車	7.6
鉄鉱石	8.4	石油製品	7.4
機械類	7.7	有機化合物	5.9
肉類	6.0	船舶	5.4

▼オーストラリア(Australia)（2017年）　単位：%

輸出	割合	輸入	割合
鉄鉱石	21.1	機械類	23.6
石炭	18.8	自動車	13.0
液化天然ガス	8.5	石油製品	6.9
金(非貨幣用)	5.9	医薬品	3.8
肉類	3.9	原油	3.3

矢野恒太記念会編『世界国勢図会2020/21年版』より作成

2 主な国の貿易相手国・地域

上位の貿易相手国・地域には，アメリカや中国のような経済大国，自国の近隣諸国や地域，FTA（自由貿易協定）やEPA（経済連携協定）を結んでいる国や地域が多く見られる。

▼日本（2018年）　　　　　　　　　　　　単位：％

輸出	割合	輸入	割合
中国	19.5	中国	23.2
アメリカ	19.1	アメリカ	11.2
韓国	7.1	オーストラリア	6.1
（台湾）	5.7	サウジアラビア	4.5
（香港）	4.7	韓国	4.3

（注）韓国（South Korea），台湾（Taiwan），香港（Hong Kong），サウジアラビア（Saudi Arabia）

▼中国（2018年）　　　　　　　　　　　　単位：％

輸出	割合	輸入	割合
アメリカ	19.2	韓国	9.5
（香港）	12.1	日本	8.5
日本	5.9	（台湾）	8.3
韓国	4.4	アメリカ	7.3
ベトナム	3.4	ドイツ	5.0

（注）ベトナム（Viet Nam）

▼ドイツ（2018年）　　　　　　　　　　　　単位：％

輸出	割合	輸入	割合
アメリカ	8.7	オランダ	14.1
フランス	8.0	中国	6.9
中国	7.1	フランス	6.3
オランダ	6.9	ベルギー	6.1
イギリス	6.2	イタリア	5.6

（注）オランダ（Netherlands），ベルギー（Belgium），イタリア（Italy）

▼フランス（2018年）　　　　　　　　　　　　単位：％

輸出	割合	輸入	割合
ドイツ	14.5	ドイツ	18.3
アメリカ	7.8	ベルギー	10.3
スペイン	7.8	オランダ	8.2
イタリア	7.4	イタリア	8.1
ベルギー	7.1	スペイン	7.2

（注）スペイン（Spain）

▼アメリカ（2018年）　　　　　　　　　　　　単位：％

輸出	割合	輸入	割合
カナダ	18.0	中国	21.2
メキシコ	15.9	メキシコ	13.6
中国	7.2	カナダ	12.5
日本	4.5	日本	5.6
イギリス	4.0	ドイツ	5.0

（注）カナダ（Canada），メキシコ（Mexico）

▼オーストラリア（2018年）　　　　　　　　　　　　単位：％

輸出	割合	輸入	割合
中国	34.1	中国	24.4
日本	16.2	アメリカ	10.3
韓国	6.9	日本	7.4
インド	4.6	ドイツ	5.0
アメリカ	3.8	タイ	4.9

（注）タイ（Thailand）

矢野恒太記念会編『日本国勢図会2020/21年版』より作成

第7章 練習問題

解答 ➡ p.337

問1 次の表は，2018年における日本，イタリア(Italy)，メキシコ(Mexico)，南アフリカ(South Africa)の輸出相手国・地域を上位5位まで示したものである。表中のA〜Dに当てはまる国の組み合わせとして最も適当なものを，下の①〜④の中から一つ選びなさい。

	A	B	C	D
1位	中国	ドイツ	中国	アメリカ
2位	ドイツ	フランス	アメリカ	カナダ
3位	アメリカ	アメリカ	韓国	中国
4位	イギリス	スペイン	台湾	ドイツ
5位	日本	イギリス	香港	スペイン

(注)中国(China)，ドイツ(Germany)，アメリカ(USA)，イギリス(UK)，フランス(France)，スペイン(Spain)，韓国(South Korea)，台湾(Taiwan)，香港(Hong Kong)，カナダ(Canada)

矢野恒太記念会編『世界国勢図会2020/21年版』より作成

	A	B	C	D
①	イタリア	日本	メキシコ	南アフリカ
②	南アフリカ	イタリア	日本	メキシコ
③	メキシコ	南アフリカ	イタリア	日本
④	メキシコ	日本	南アフリカ	イタリア

第7章 練習問題

解答 ➡ p.337

問2 次の表は、2018年におけるドイツ、ギリシャ(Greece)、マレーシア(Malaysia)、チリ(Chile)の輸出額の上位5品目とその割合を示したものである。ギリシャに当てはまるものとして最も適当なものを、下の①〜④の中から一つ選びなさい。

単位：％

A		B		C		D	
品目	割合	品目	割合	品目	割合	品目	割合
銅鉱	24.8	石油製品	33.1	機械類	42.2	機械類	28.2
銅	23.8	機械類	7.6	石油製品	7.3	自動車	16.5
野菜・果実	9.5	野菜・果実	6.2	液化天然ガス	4.0	医薬品	6.3
魚介類	8.3	アルミニウム	4.8	原油	3.8	精密機械	4.3
パルプ・古紙	4.8	医薬品	4.4	精密機械	3.6	金属製品	3.2

矢野恒太記念会編『世界国勢図会2020/21年版』より作成

① A

② B

③ C

④ D

第8章 人口・宗教

Point

①	合計特殊出生率	近年の日本は1.40前後
②	人口ピラミッド	多産多死から少産少死への移行にともない，富士山型→釣鐘型→つぼ型の順に変化する
③	キリスト教	ヨーロッパ諸国に信者が多い
④	イスラム教	中東や北アフリカなどに信者が多い

1 世界の人口

世界の人口の増加

1950年に約25億人であった世界の人口は現在，75億人を超え，急速に増加している。地域別では，アジア(Asia)が最も多い。

▼地域別の人口と世界全体の人口に対する割合(2019年)

	人口(百万人)	割合(%)
アジア	4,601	59.7
アフリカ	1,308	17.0
ヨーロッパ	747	9.7
ラテンアメリカ	648	8.4
北アメリカ	367	4.8
オセアニア	42	0.5

(注)アフリカ(Africa)，ヨーロッパ(Europe)，ラテンアメリカ(Latin America)，北アメリカ(North America)，オセアニア(Oceania)

UN"World Population Prospects 2019"より作成

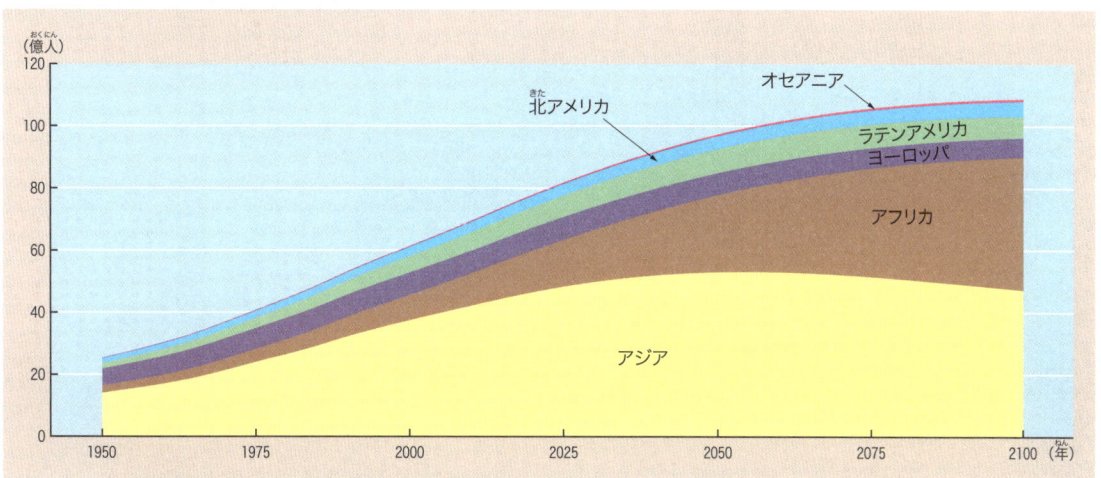

▼地域別の人口の推移(1950～2100年)

(注)各年7月1日現在の推計人口及び将来推計人口(中位推計値)。

UN"World Population Prospects 2019"より作成

人口の多い国と人口密度

世界で人口が最も多い国は中国(China)で、2位はインド(India)である。ただし、インドの人口は近い将来、中国の人口を追い越すことが予測されている。日本は10位または11位で推移している。

人口密度(ある国・地域における1km²当たりの人口)は、自然環境や社会・経済の状態が反映されるため、偏りが大きい。

▼人口が1億人以上の国(2020年)　　　　単位：千人

順位	国	人口
1	中国	1,439,324
2	インド	1,380,004
3	アメリカ	331,003
4	インドネシア	273,524
5	パキスタン	220,892
6	ブラジル	212,559
7	ナイジェリア	206,140
8	バングラデシュ	164,689
9	ロシア	145,934
10	メキシコ	128,933
11	日本	126,476
12	エチオピア	114,964
13	フィリピン	109,581
14	エジプト	102,334

(注)アメリカ(USA)、インドネシア(Indonesia)、パキスタン(Pakistan)、ブラジル(Brazil)、ナイジェリア(Nigeria)、バングラデシュ(Bangladesh)、ロシア(Russia)、メキシコ(Mexico)、エチオピア(Ethiopia)、フィリピン(Philippines)、エジプト(Egypt)
UN "World Population Prospects 2019" より作成

▼主な国の人口密度

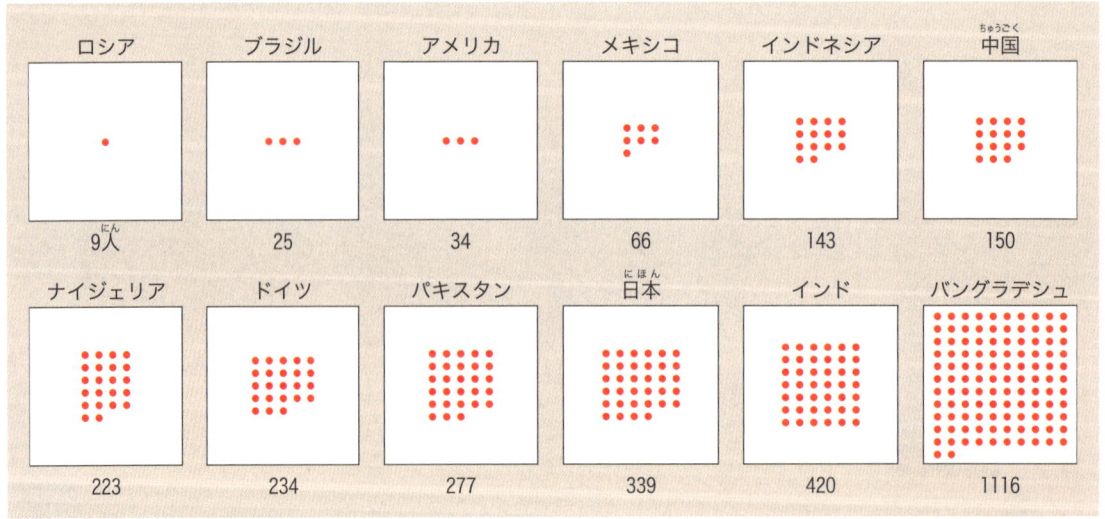

(注)ドイツ(Germany)

矢野恒太記念会編『世界国勢図会2020/21年版』より作成

人口問題

人口問題は，発展途上国と先進国で様子が大きく異なる。発展途上国では第二次世界大戦(WWⅡ)後，医療の普及や衛生環境の改善などによって死亡率が低下した。そのため，**人口爆発**と呼ばれる急速な人口の増加が起きた。また，発展途上国の中には，地方から都市に多くの人々が職を求めて移動し，都市の人口が急激に増加している国もある❶。

一方，先進国では，**合計特殊出生率**(一人の女性が一生の間に生む子どもの数)が急速に低下した。合計特殊出生率がおよそ2.1の場合，人口は増減しないとされるが，1970年代に入ると，多くの先進国では2.1を下回るようになり，少子化が進んでいった。日本の2019年の合計特殊出生率は，1.36である。

▼主な国の合計特殊出生率の推移

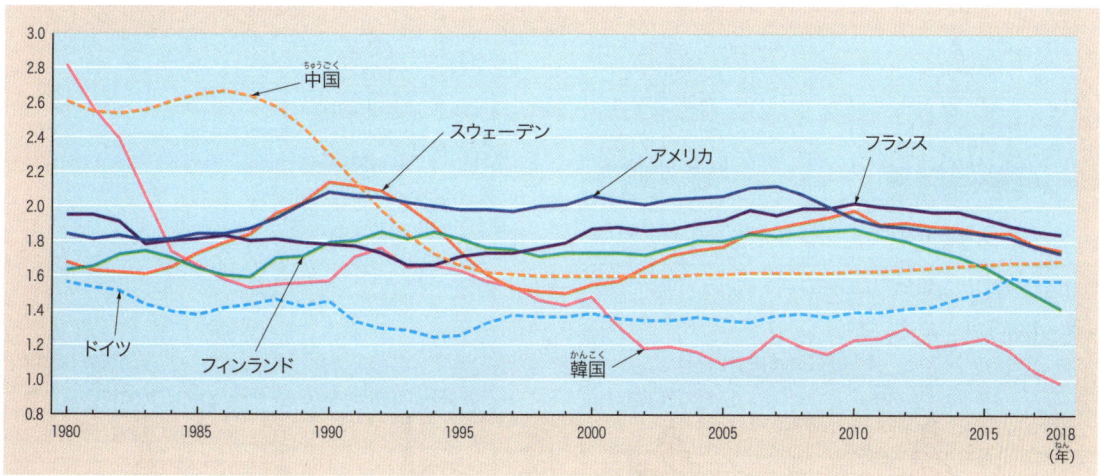

(注)フランス(France)，フィンランド(Finland)，スウェーデン(Sweden)，韓国(South Korea)

OECD "Family Database" より作成

▼日本の合計特殊出生率の推移

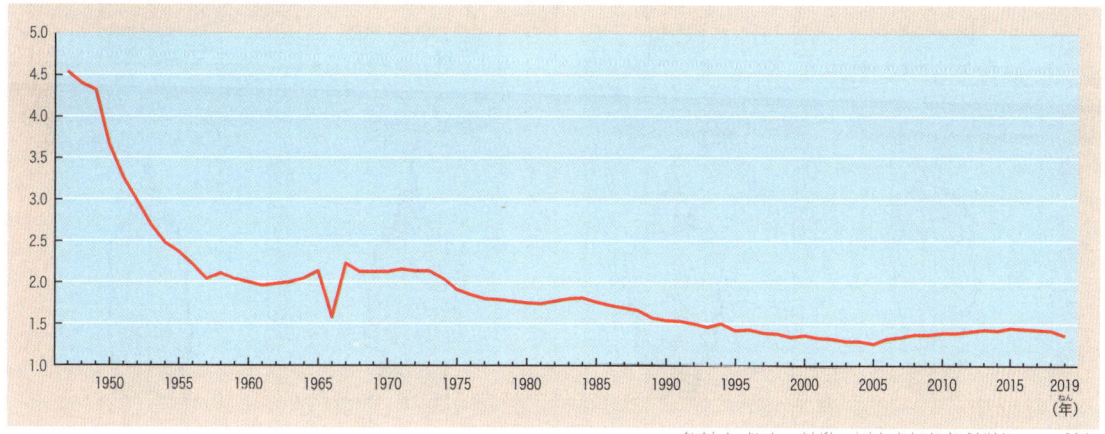

内閣府『令和2年版　少子化社会対策白書』より作成

---

❶ 都市の人口が増加すると，郊外に住宅や工場が無秩序に拡大していく**スプロール**(sprawl)**現象**や，都市中心部の人口が周辺部に流出する**ドーナツ化現象**が起こりやすくなる。

人口ピラミッド

人口の構成を年齢別・性別に分けてグラフ化したものを、**人口ピラミッド**と呼ぶ。一般的に、各国の人口構成は、生活が豊かになり医療が進歩するにつれて、多産多死型から多産少死型を経て、少産少死型へと変化する。たとえば、発展途上国の人口ピラミッドは、出生率・死亡率がともに高い多産多死の富士山型になる。これに対して、先進国の人口ピラミッドは、出生率・死亡率がともに低い少産少死の釣鐘型(ベル型)やつぼ型(釣鐘型よりさらに出生率が低くなった国の型。紡錘型とも呼ぶ)になる。つまり、一国の人口ピラミッドは、経済が発展するにつれて、富士山型→釣鐘型→つぼ型へと変わっていく。

▼人口ピラミッド

富士山型	釣鐘型(ベル型)	つぼ型(紡錘型)
多産多死	少産少死	少産少死

(注)図の数値は、年齢を示している。

▼主な国の人口ピラミッド

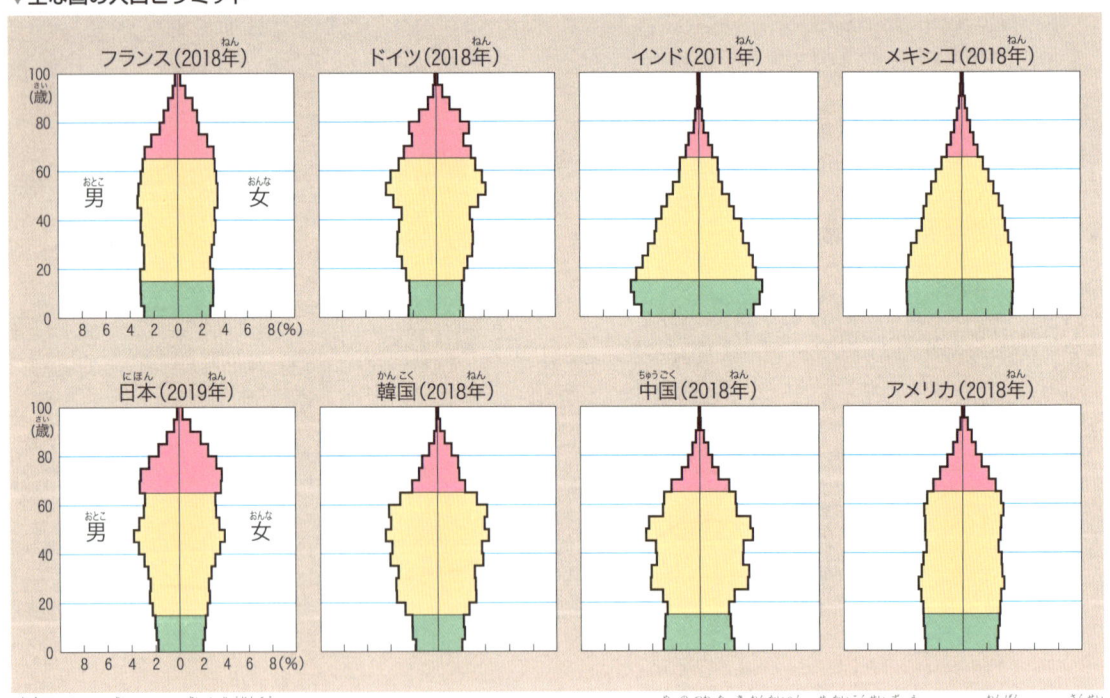

(注)95〜100歳は、95歳以上人口。

矢野恒太記念会編『世界国勢図会2020/21年版』より作成

2 宗教

世界宗教と民族宗教

　キリスト教(Christianity)，**イスラム教**(Islam)，**仏教**(Buddhism)の三つの宗教は，人種・民族・国家・言語などの境界を越えて広がっていることから，**世界宗教**(三大宗教)と呼ばれる。一方，ユダヤ教(Judaism)やヒンドゥー教(Hinduism)などは，特定の民族と強く結びついているので**民族宗教**といわれる。また，信仰する神が単一の宗教を一神教，複数存在する宗教を多神教とする分類もある。

キリスト教

　キリスト教は，1世紀に，パレスチナ(Palestine)でイエス(Jesus)により開かれた。聖典は『旧約聖書』，『新約聖書』である。イエスは，神の愛は無差別・無償に人々に対して降り注ぐのであるから，人々も同じように隣人に愛を注ぐべきと説いた。

　キリスト教は4世紀にローマ帝国(Roman Empire)から公認され，ヨーロッパ各地に普及した。15世紀以降は，ヨーロッパ諸国の世界進出にともなってラテンアメリカなどにも広まった。

　宗派は，**カトリック**(Catholic)，**プロテスタント**(Protestant)，**正教**(Orthodox)の三つに大きく分かれる。

カトリック	ローマ教皇(Pope)を最高の指導者とする。スペイン(Spain)，ポルトガル(Portugal)，イタリア(Italy)などのヨーロッパ諸国や，ラテンアメリカの国々に信者が多い。
プロテスタント	16世紀の宗教改革[1]により誕生した。ドイツ，スウェーデン，ノルウェー(Norway)，アメリカなどに信者が多い。
正教(正教会)	ギリシャ正教，ロシア正教などがある。1054年にローマ・カトリック教会から分裂して誕生した。

---

[1] ドイツではルター(Martin Luther)が，スイス(Switzerland)ではカルヴァン(John Calvin)が中心となって改革を進めた。

イスラム教

イスラム教は，7世紀前半に**ムハンマド**(Muhammad)により開かれた。聖典は『**クルアーン**』(Qur'an)である。『クルアーン』は，ムハンマドに啓示された，神の教えの記録とされる。信者(ムスリム(Muslim)と呼ばれる)には，**六信五行**[1]という具体的な信仰やつとめが厳しく求められる。また，**偶像崇拝**(神をかたどった像を崇め，敬うこと)，豚肉を食べること，酒を飲むことが禁じられているなど，イスラム教にはさまざまな禁忌がある。

イスラム教は商人らの活動を通して，トルコ(Turkey)，中央アジア(Central Asia)，北アフリカ(North Africa)，中東(Middle East)，東南アジア(Southeast Asia)など広い地域に伝わった。

現在のイスラム教は，西アジアや北アフリカを中心に広く世界に分布するスンニ派(Sunni)と，イラン(Iran)やイラク(Iraq)南部で信仰されているシーア派(Shia)とに大きく分かれている[2]。

仏教

仏教は，紀元前5世紀頃にインドで**ブッダ**(Buddha)により開かれた。ブッダは，この世に永遠不滅のものはないという思想を基に，永遠不滅を望む煩悩(心身を悩ます欲望)を捨てて心が清らかになった者は涅槃(苦しみや迷いのない安らぎの境地)に至ることができると説いた。

仏教は，ブッダの死後，出家修行を重視する上座部仏教と，命あるすべてのものの救済を重視する大乗仏教に大きく分かれた。上座部仏教はスリランカ(Sri Lanka)やタイ(Thailand)などで盛んになり，大乗仏教はインドから北方の中国や日本などに広がった。

---

[1] 六信とは，神(アッラー(Allāh))，天使，聖典，預言者，来世，天命の六つを信じることである。五行とは，信仰告白，礼拝，断食，喜捨，巡礼の五つを行うことである。

[2] スンニ派では，ムハンマドの言行(スンナ(Sunnah))が生活の規範とされる。シーア派では，ムハンマドの血統を受け継ぐ指導者だけが正統な後継者であると主張される。

主な民族宗教

　ヒンドゥー教は、特定の教祖や経典を持たず、宗教というよりも、人間の行動の規範となる伝統的な制度・文化・慣習が総合されたものであり、インドを中心とした地域で信仰されている。インドにおける階級制度であるカースト制(caste)は、ヒンドゥー教の教えに基づくもので、職業の選択、飲食、結婚など人々の生活全体を厳しく規定している。カースト制の下では、職業は世襲され、同一の階級の人と結婚しなければならない[1]。また、ヒンドゥー教では、牛は神聖なものであり、一般に、ヒンドゥー教徒は牛肉を食べない。

　ユダヤ教は、唯一絶対の神ヤハウェ(Yahweh)を信じるユダヤ人(Jewish people)の民族宗教である。ユダヤ人は、自らを神によって選ばれた民族であるとし、律法(神から与えられた命令)を守れば神から永遠の救済を約束されると考えた。この考えを、選民思想という。なお、ユダヤ教、キリスト教、イスラム教の神は同一である。

▼世界の宗教分布

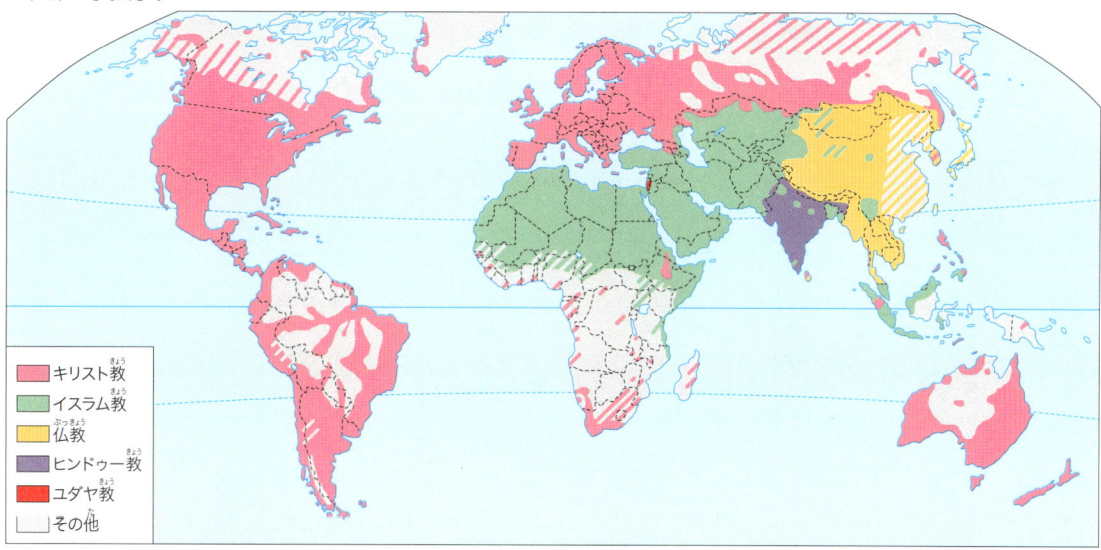

[1] カースト制は差別や社会問題を生む原因にもなるため、現在のインドではカーストによる身分差別は憲法で禁止されている。ただし、憲法はカースト制そのものの廃止は規定していない。

第8章 練習問題

解答 ➡ p.337

問1 次の表は，ある3か国A〜Cの人口の推移を示したものである。表中のA〜Cに当てはまる国の組み合わせとして最も適当なものを，下の①〜④の中から一つ選びなさい。

単位：千人

	A	B	C
1950年	50,616	6,077	13,733
1960年	52,371	8,120	17,847
1970年	55,573	11,301	21,374
1980年	56,209	16,417	24,417
1990年	57,134	23,725	27,541
2000年	58,923	31,965	30,588
2010年	63,460	42,031	34,148
2020年	67,886	53,771	37,742

総務省統計局『世界の統計2020』より作成

	A	B	C
①	スペイン	ケニア	ベトナム
②	スペイン	ナイジェリア	カナダ
③	イギリス	ケニア	カナダ
④	イギリス	ナイジェリア	ベトナム

(注) スペイン(Spain)，イギリス(UK)，ケニア(Kenya)，ナイジェリア(Nigeria)，ベトナム(Viet Nam)，カナダ(Canada)

第8章 練習問題

解答 ➡ p.337

問2 次のグラフは，日本，ドイツ(Germany)，韓国(South Korea)，パキスタン(Pakistan)における65歳以上の人口が全人口に占める割合の推移を示したものである。グラフ中のA～Dに当てはまる国の組み合わせとして最も適当なものを，下の①～④の中から一つ選びなさい。

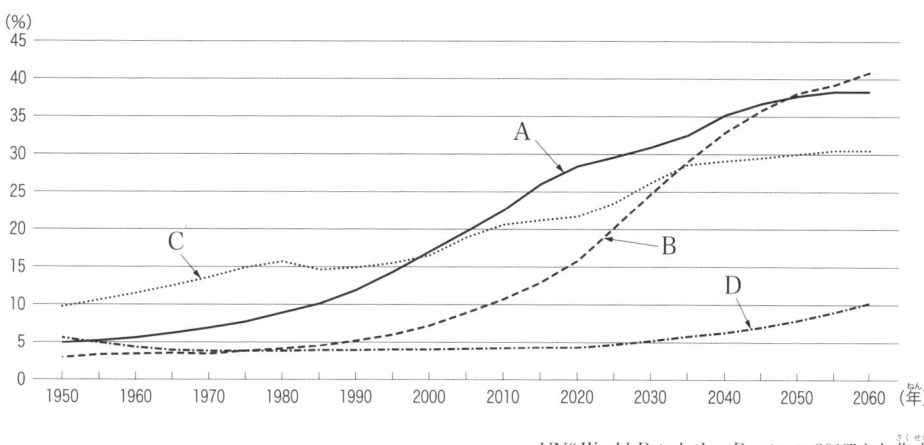

UN "*World Population Prospects 2019*" より作成

	A	B	C	D
①	日本	パキスタン	ドイツ	韓国
②	韓国	日本	パキスタン	ドイツ
③	日本	韓国	ドイツ	パキスタン
④	パキスタン	日本	韓国	ドイツ

第8章 練習問題

解答 ➡ p.337

問3 次の表は，フランス(France)，トルコ(Turkey)，韓国，タイ(Thailand)の宗教別の人口割合を上位2位まで示したものである。タイに当てはまるものとして最も適当なものを，下の①〜④の中から一つ選びなさい。

単位：%

A		B		C		D	
宗教・宗派	割合	宗教・宗派	割合	宗教・宗派	割合	宗教・宗派	割合
イスラム教	99.8	仏教	94.6	キリスト教	63〜66	プロテスタント	19.7
その他	0.2	イスラム教	4.3	イスラム教	7〜9	仏教	15.5

CIA "The World Factbook" より作成

① A

② B

③ C

④ D

第9章 世界の国々

Point

① **中国**
人口世界1位
GDP（国内総生産）世界2位，BRICSの一国
石炭の産出量世界1位，米と小麦の生産量世界1位

② **インド**
人口世界2位，BRICSの一国
ヒンドゥー教を信仰する人が多い

③ **イスラエル**
ユダヤ教を信仰する人が多い

④ **ドイツ**
ヨーロッパ最大の工業国
再生可能エネルギー（地熱・風力）の利用が進んでいる

⑤ **ロシア**
国土面積の大きさ世界1位
鉱産資源（原油，天然ガス，石炭，金など）が豊富
BRICSの一国

⑥ **アメリカ**
GDP世界1位，世界有数の工業国・農業国

1 アジア（Asia）

（注）中国（China），フィリピン（Philippines），ベトナム（Viet Nam），インドネシア（Indonesia），タイ（Thailand），マレーシア（Malaysia），シンガポール（Singapore），バングラデシュ（Bangladesh），インド（India），パキスタン（Pakistan），サウジアラビア（Saudi Arabia），トルコ（Turkey），イスラエル（Israel）

中国

中国は、国土面積が世界4位、人口は世界1位である。1970年代末から急速に工業化が進み、「世界の工場」と呼ばれる工業国（➡p.255）になった。そして、2010年にはGDP（国内総生産）がアメリカに次いで世界2位となり、**BRICS**の一国として、世界経済への影響力を強めている。

鉱産資源の産出量が多く、**石炭**の産出量（➡p.259）は世界1位である(2017年)。また、米、小麦、トウモロコシなど農産物の生産量（➡p.244）も多く、米と小麦の生産量は世界1位である(2019年)。さらに、漁業や養殖業の生産量も世界1位である(2018年)。

ベトナム

ベトナムは社会主義国であるが、経済が行きづまったため、1986年から**ドイモイ**（Đổi Mới）と呼ばれる市場開放政策が始められた。これにより、機械類が輸出額で1位(2018年)になるなど工業化が進んだ。また、農業が発展し、米の輸出量（➡p.244）が世界3位(2018年)、**コーヒー豆**は生産量、輸出量（➡p.246）がともに世界2位(2019年)の規模に達した。

シンガポール

シンガポールは中継貿易❶で繁栄してきたが、工業化の進展と合わせて加工貿易❷に転換するとともに、先端技術産業を発達させてきた。今日では、多国籍企業や世界の大銀行が進出し、世界の金融センターの一つとなっている。また、**貿易依存度**（➡p.57）が世界1位の国である。

タイ

タイは米の輸出量（➡p.244）が世界2位(2018年)であるなど、農業国である。1980年代以降には工業化が進み、現在では自動車産業の集積地となっている❸。仏教(Buddhism)の信者が多い。

インドネシア

インドネシアは群島国で、東南アジア(Southeast Asia)で最大の2億人を超える人口を持つ。国民の多数が**イスラム教**(Islam)を信仰している。石炭、原油、天然ガスなど鉱産資源が豊富で、石炭の輸出量（➡p.259）は近年、世界1位または2位である。農業では、パーム油の生産量・輸出量（➡p.247）が世界1位である(2018年)。

---

❶ 中継貿易とは、輸入したものをそのまま、もしくは多少の加工を行って再び輸出する貿易の形態である。中継貿易をする国は、保管料や手数料などで利益を得る。

❷ 加工貿易とは、原料を輸入し、その原料を用いて工業製品を生産して輸出する貿易の形態である。

❸ 1990年代以降、タイ、マレーシア、インドネシアなどのASEAN(東南アジア諸国連合)諸国では、新しい工業地域が形成されるようになった。これらの国々では、雇用の増加や技術移転を期待して輸出加工区などの工業団地を設けることにより、積極的な外国企業の誘致が行われた。輸出加工区とは、関税の免除や法人税の減免のような優遇措置が認められた外国の複数企業が、輸出向けの生産を行う、主に発展途上国に設置されている工業団地のことである。

マレーシア

マレーシアは，マレー半島(Malay Peninsula)の南部とボルネオ島(Borneo)の北部を領有している。マレーシアでは，1970年代に入ると，マレー系(Malay)住民を雇用や教育などの面で優遇するブミプトラ政策(Bumiputera)がとられるようになった。

植民地時代の20世紀初頭に天然ゴムを生産するプランテーション(plantation)農業が始められ，第二次世界大戦(WWⅡ)後もしばらく続いていたが，近年では油ヤシの生産に急速に変わってきている。

フィリピン

フィリピンは，キリスト教(Christianity)のうち，**カトリック**(Catholic)を信仰する人が多い。農業では，稲作と，バナナなどを生産する輸出向けのプランテーション農業が盛んである。

インド

インドの人口は2020年現在，中国に次いで世界2位であり，近いうちに中国を抜いて人口世界1位になると予測されている(➡p.272)。人口のおよそ8割は**ヒンドゥー教**(Hinduism)の信者で，インド社会には，ヒンドゥー教と関連して，カースト制(caste)と呼ばれる身分制度がある(➡p.277)。

インドは農業国で，近年の小麦と米の生産量は世界2位，**米の輸出量**(➡p.244)は世界1位または2位である。また，綿花の生産量も多く，近年は世界1位または2位となっている。

1990年代初めの本格的な経済自由化以降，インドでは**ICT(情報通信技術)産業**が発展した。英語(English)を話す労働者を供給できるため，インドにはアメリカ(USA)の企業が多く進出し，インド南部のバンガロール(Bangalore)は「インドのシリコンバレー("Silicon Valley of India")」(➡p.255)と呼ばれるようになった。**BRICS**の一国である。

バングラデシュ

バングラデシュは，東経90度線が国土の中央を通過している。**イスラム教**を信仰する人が多い。**人口密度**が非常に高いことで知られている(➡p.272)。

産業は米の生産など農業が中心であるが，賃金が他国より相対的に低いため，多国籍企業が進出し，工業化が進み始めている。

サウジアラビア

サウジアラビアはアラビア半島(Arabian Peninsula)の約8割を領有しており，イスラム教の聖地メッカ(Makkah)がある。世界有数の産油国(➡p.259)で，輸出額の大半は**原油・石油製品**である。

イスラエル

イスラエルは，国際連合(UN)の決議に基づき，1948年に独立した(➡p.206)。19世紀以降に多くのユダヤ人(Jewish people)が世界各地からパレスチナ(Palestine)に移住し，そこにイスラエルが建国されたため，現在も**ユダヤ人・ユダヤ教徒**(Jewish)が人口の多数を占める。公用語はヘブライ語(Hebrew)である。エルサレム(Jerusalem)を首都としているが，アメリカを除き国際的には承認されていない。

トルコ

トルコはアジアとヨーロッパ(Europe)の二大陸にまたがる国で，アジアのアナトリア半島(Anatolia)とヨーロッパのバルカン半島(Balkan Peninsula)東端を領有する。アジアとヨーロッパを隔てるボスポラス海峡(Bosporus)の両岸にまたがるイスタンブール(Istanbul)は，トルコ最大の商業都市である。

イスラム教を信仰する人が多いが，政府は政治と宗教の分離を行っている。政治的・経済的にはヨーロッパとの関係が深く，NATO(北大西洋条約機構)の加盟国である(➡p.201)。ただし，EU(欧州連合)には加盟できていない(➡p.68)。

2 アフリカ(Africa)

(注)エジプト(Egypt)，エチオピア(Ethiopia)，ケニア(Kenya)，ナイジェリア(Nigeria)，ガーナ(Ghana)，リベリア(Liberia)，南アフリカ(South Africa)，ナイル川(Nile)

エジプト

エジプトは国土のほとんどが砂漠である。エジプトでは，原油や石油製品の輸出による収入，スエズ運河(Suez Canal)の通航料，ピラミッド(pyramid)やスフィンクス(sphinx)など古代遺跡の観光収入が国の主要な財源となっている。

ナイジェリア

ナイジェリアは，アフリカで**最も人口の多い国**である。アフリカ最大の**原油輸出国**でもある。

ケニア

ケニアは茶の生産が盛んで，生産量は世界3位(2017年)，輸出量は世界2位(2016年)である。キリスト教を信仰する人が多い。

エチオピア

エチオピアは、アフリカ最古の独立国である(➡p.174)。国際連合からLDC(後発発展途上国)に指定されているが、2013～2017年の実質経済成長率は7～11％台である。コーヒー豆の原産地としても知られ、コーヒー豆の輸出が盛んである。首都のアディスアベバ(Addis Ababa)には、アフリカ諸国の団結と統一をめざして2002年に設立されたAU(アフリカ連合)の本部が置かれている。

ガーナ

ガーナはカカオ豆[1]の生産(➡p.246)で有名であり、日本で消費されるカカオ豆の多くがガーナから輸入されている。

リベリア

リベリアは、アメリカからの解放奴隷によって1847年に建国された。便宜置籍国[2]の代表国の一つである。近年は内戦や疫病により経済が低迷している。

南アフリカ

南アフリカはアフリカ最大の工業国で、BRICSの一国である。また、プラチナ(白金)、金、ダイヤモンドなどの鉱産資源を産出する国でもある。第二次世界大戦後、白人を優遇して有色人種を差別するアパルトヘイト(Apartheid)が導入されたが、1991年に廃止された。

---

[1] カカオの樹の果実の中にある種子のことをカカオ豆という。カカオ豆はココアやチョコレートの原料である。カカオの樹は年平均気温27℃以上、年降水量2,000mm以上で、排水の良い土壌の地域が栽培に適する。この条件を満たすのは赤道の南北緯度20度以内のみであることから、アフリカ諸国で栽培が盛んである。

[2] 税負担や人件費を減らすことを目的に外国籍で登録した船舶のことを便宜置籍船といい、便宜置籍船を受け入れている国のことを便宜置籍国と呼ぶ。パナマ(Panama)、マーシャル諸島(Marshall Islands)、リベリアは、便宜置籍国として有名である。

3 ヨーロッパ(Europe)

(注) アイルランド(Ireland)，イギリス(UK)，ポルトガル(Portugal)，スペイン(Spain)，フランス(France)，ドイツ(Germany)，イタリア(Italy)，スイス(Switzerland)，オーストリア(Austria)，ベルギー(Belgium)，オランダ(Netherlands)，デンマーク(Denmark)，ルーマニア(Romania)，ブルガリア(Bulgaria)，ギリシャ(Greece)，ノルウェー(Norway)，スウェーデン(Sweden)，フィンランド(Finland)，ロシア(Russia)，エストニア(Estonia)，ラトビア(Latvia)，リトアニア(Lithuania)，バルト三国(Baltic states)，リスボン(Lisbon)，マドリード(Madrid)，パリ(Paris)，ロンドン(London)，ボン(Bonn)，ブリュッセル(Brussels)，ジュネーブ(Geneva)，ウィーン(Vienna)，ローマ(Rome)，イベリア半島(Iberian Peninsula)，バルカン半島(Balkan Peninsula)，スカンジナビア半島(Scandinavian Peninsula)，ルール(Ruhr)工業地帯，黒海(Black Sea)，ライン川(Rhine)，ドナウ川(Danube)，フィヨルド(fjord)

ドイツ

ドイツはヨーロッパ最大の**工業国**である。**ルール工業地帯**は，豊富な石炭とライン川の水運に恵まれて発達したが，主要燃料が石油へと移行したことなどにより，20世紀半ば以降は停滞している。近年では，南部の工業地域を中心に，自動車や電機などの機械工業や先端技術産業が成長している。また，**地熱発電**や**風力発電**などの再生可能エネルギーの開発が急速に進んでいる。ドイツの経済・金融の中心地である**フランクフルト**(Frankfurt)には，ユーロ圏の金融政策を担うECB(欧州中央銀行)が置かれている。

イギリス

イギリスは、イングランド(England)・スコットランド(Scotland)・ウェールズ(Wales)・北アイルランド(Northern Ireland)からなる連合王国である。EU(欧州連合)発足時の加盟国(➡p.68)であるが、共通通貨ユーロは使用していなかった。2016年の国民投票の結果でEUからの離脱が決まり、2020年に離脱した。

イギリスは、豊富な石炭と鉄鉱石を背景に、世界で初めて産業革命が起こった国である(➡p.147)。また、1970年代になると、近隣の国とともに北海油田の開発を進め、1980年には石油輸出国となった。しかし、2000年代以降、北海油田の産出量は減少傾向にある。

首都のロンドンは、産業革命以降、世界の経済、金融の中心として発達した。

海外領土として、ケイマン諸島(Cayman Islands)、イギリス領ヴァージン諸島(British Virgin Islands)、バミューダ諸島(Bermuda)、ジブラルタル(Gibraltar)などがある。

フランス

フランスは、EU最大の農業国である。主要農産物は、小麦、トウモロコシ、ブドウ、ワイン、肉類、牛乳などで、特に穀物と牛肉の生産量はEUの中で最も多い。工業も発達しており、食品、化学製品、情報通信機器、航空機、自動車などの生産が多い。国内発電量に占める原子力発電の割合が高いことでも知られている(➡p.261)。また、観光地が多く、観光収入が大きい。

なお、ピレネー山脈(Pyrenees)はフランスとスペインの国境❶となっている。

イタリア

イタリアは、国土の大部分が地中海性気候(Cs)に属し、南部には大きな火山が複数ある。

ミラノ(Milan)やトリノ(Turin)など工業化が進んでいる豊かな北部と、貧しい農村地域が残る南部との経済格差の是正が、長年にわたる大きな課題となっている。

イタリアには歴史的な遺産が多く残されており、「水の都」と呼ばれるヴェネツィア(Venice)などには観光客が多く訪れる。なお、イタリアの中には、バチカン市国(Vatican City)やサンマリノ(San Marino)という小さな国家がある。

---

❶ 国境は自然的国境と人為的国境に大きく分けられる。自然的国境では、山岳・河川・湖沼・海洋などの自然物が国境線として利用される。たとえば、ピレネー山脈はフランスとスペインの自然的国境である。人為的国境は、緯度・経度や、人工的築造物などに基づき引かれた国境である。たとえば、東経25度は、リビア(Libya)とエジプトの人為的国境である。

スペイン

イベリア半島に位置するスペインは、国土の大部分が地中海性気候(Cs)に属している。農業が盛んで、オリーブ油[1]の生産量は世界1位である(2014年)。また、オレンジ類の生産量はヨーロッパ1位で、輸出量は世界1位である(2017年)。

ベルギー

ベルギーは、南部で産出される石炭資源を基に工業国として発展してきた。石炭産業が衰退した後は、外国資本の導入による産業構造の転換と、近くの国々との経済統合を進めた。首都ブリュッセルにはEUの本部がある。

ベルギーでは、国内で使われている言語が地域により異なる。そのため、公用語はオランダ語(Dutch)、フランス語(French)、ドイツ語(German)の三つである[2]。中でも、北部に多く住むオランダ語を話す人々と、南部に多く住むフランス語を話す人々の対立が大きな政治問題になったため、1993年の憲法改正によって連邦制を採用し、地方政府の権限を大幅に強化した。

オランダ

オランダは北海(North Sea)に接し、ライン川の支流や多くの運河が流れている。国土の約4分の1は海抜高度0m以下の干拓地であり、園芸農業と酪農が行われている。園芸農業では、チューリップの栽培が有名である。酪農では、外国への輸出用として、チーズやバターなどの乳製品を生産している。

スイス

国土の東西には、アルプス山脈(Alps)が横断している。永世中立国であり、EUやNATOには加盟していない。ただし、2002年に国際連合に加盟した。首都はベルン(Bern)であるが、最大の人口を持つ都市はチューリヒ(Zurich)である。また、ジュネーブにはWTO(世界貿易機関)など多くの国際機関の本部が置かれている(➡p.136)。

輸出品目は、精密機械・医薬品の割合が高い。農業は酪農が盛んである。なお、日本とEPA(経済連携協定)を締結している(➡p.72)。

公用語は、ドイツ語、フランス語、イタリア語(Italian)、ロマンシュ語(Romansh)の四つである。

---

[1] スペインなど地中海沿岸の地域には、石灰岩が風化してできた土壌であるテラロッサ(terra rossa)が広がっている。テラロッサは、オリーブの栽培に適している。

[2] オランダ語、フランス語、ドイツ語、英語などヨーロッパで使われている多くの言語は、インド・ヨーロッパ語族(Indo-European languages)に属する。ただし、ハンガリー語(Hungarian)、フィンランド語(Finnish)はウラル語族(Uralic languages)に属する。

ノルウェー

ノルウェーは**スカンジナビア半島**に位置し，多くの**フィヨルド**がある（➡p.230）。水資源が多く，水力発電の割合が非常に高い。漁業では日本が主な輸出相手国である。

また，原油と天然ガスの輸出国であり，ヨーロッパで消費される原油と天然ガスの多くを供給している。

ロシア

ロシアではスラブ系(Slav)[1]のロシア人(Russian)が人口の約80％を占める。国土面積は世界1位で，11の標準時がある。多民族国家であり，連邦内には共和国もある。

ロシアは，原油，天然ガス，石炭，金など鉱産資源が豊富である。貨物は主に鉄道で輸送されており，貨物の輸送量は世界有数の多さである。一方，国土が広大なため，長距離移動の手段として，鉄道ではなく飛行機を利用する人が多い。

現在は，経済の発展により**BRICS**の一国になっている。

✓確認 面積の大きい国上位10か国（2019年）

順位	国	面積(千km²)
1位	ロシア	17,098
2位	カナダ	9,985
3位	アメリカ	9,834
4位	中国	9,600
5位	ブラジル	8,516
6位	オーストラリア	7,692
7位	インド	3,287
8位	アルゼンチン	2,796
9位	カザフスタン	2,725
10位	アルジェリア	2,382

(注)カナダ(Canada)，ブラジル(Brazil)，オーストラリア(Australia)，
アルゼンチン(Argentina)，カザフスタン(Kazakhstan)，
アルジェリア(Algeria)

UN"*Demographic Yearbook 2019*"より作成

---

[1] ヨーロッパの民族は，大きく三つに分けられる。北西部ではゲルマン系(Germanic)民族，南部ではラテン系(Latin)民族，東部ではスラブ系民族が，それぞれ多数を占めている。

4 北アメリカ(North America)

(注)メキシコ(Mexico)，キューバ(Cuba)，コスタリカ(Costa Rica)，アラスカ(Alaska)，ケベック州(Quebec)，ワシントンD.C.(Washington, D.C.)，ニューヨーク(New York)，サンフランシスコ(San Francisco)，ロサンゼルス(Los Angeles)，バンクーバー(Vancouver)，オタワ(Ottawa)，モントリオール(Montreal)，シリコンバレー(Silicon Valley)，グレートプレーンズ(Great Plains)，プレーリー(prairie)，五大湖(Great Lakes)，ミシシッピ川(Mississippi River)，カリブ海(Caribbean Sea)

アメリカ

アメリカは，50州からなる連邦国家である。工業・農業がともに盛んで，経済大国として世界一のGDP(国内総生産)を誇っている。

さまざまな人種・民族から構成されるアメリカは，地域によって住民の構成が大きく異なる。最も多いのはヨーロッパ系白人である。少数派(マイノリティ(minority))の中では，アフリカ系の人々は南東部に多く住み，ラテンアメリカ(Latin America)出身でスペイン語(Spanish)を話す**ヒスパニック**(Hispanic)は，西部・南西部に多く住んでいる。

西経100度付近からロッキー山脈(Rocky Mountains)(➡p.228)の東側にかけて，丈の低い草原地帯である**グレートプレーンズ**が広がり，牧畜や小麦の生産が盛んに行われている。また，ミシシッピ川流域には，黒色の豊かな土壌からなる**プレーリー**と呼ばれる大草原が広がり，世界的な農産物(小麦やトウモロコシなど)・畜産物(豚や牛など)の産地になっている。

貨物は主に鉄道で輸送され，貨物の輸送量は世界有数の多さである。しかし，移動の手段としては，鉄道を利用する人よりも自動車や飛行機を利用する人の方が圧倒的に多い。

🖊 カナダ

　カナダは世界2位の広大な国土を持つ(➡p.290)。国土の約3分の1は森林で，木材，パルプ，紙類が大量に生産，輸出されている。鉱産資源(ウラン，ニッケル，原油，亜鉛，鉄鉱石)の一大供給国でもある。五大湖北岸では工業が盛んで，主な輸出品目に自動車や機械類がある。**NAFTA(北米自由貿易協定)**（現在はUSMCA(米国・メキシコ・カナダ協定)）での結びつきが強いアメリカが，輸出・輸入ともに最大の相手国である。

　カナダはイギリス系住民が多いが，フランス系住民も**ケベック州**を中心に住んでいる。そのため，公用語は英語とフランス語である(ただし，ケベック州の公用語はフランス語のみである)。また，北部の北極海沿岸には，先住民の一つであるイヌイット(Inuit)が住んでいる。カナダでは，**多文化主義**[1]がめざされている。

🖊 メキシコ

　メキシコは**原油**や**銀鉱**など鉱産資源が豊富で，銀鉱の生産は世界有数である。主な農産物は，トウモロコシ，サトウキビ，コーヒー豆，綿花である。1994年に加盟したNAFTAでは関税を原則撤廃していたため，多国籍企業によるアメリカ市場向けの自動車や自動車部品，電子機器を製造する工場の建設が相次いだ。しかし，2020年に発効したUSMCAでは，特に自動車分野において，関税を撤廃する条件がNAFTAよりも厳しくなったため，メキシコでの生産に影響を与えると見られている。

🖊 パナマ

　パナマはパナマ運河(Panama Canal)を有し，商船船腹量[2]は世界1位(2018年)である。**便宜置籍国**(➡p.286)として知られており，運輸業，金融業が盛んである。

🖊 キューバ

　キューバはカリブ海(Caribbean Sea)に位置する島国である。1959年に革命が起こり，社会主義国になった(➡p.204)。サトウキビの輸出が国の経済を長く支えてきたが，近年では観光にも力を入れている。

🖊 コスタリカ

　コスタリカは，バナナ，コーヒー豆，パイナップルなどの生産が多く，農業が主な産業である。1949年に制定された憲法では，常設の制度としての軍隊の放棄が規定されている。

---

[1] 多文化主義とは，さまざまな文化の共存を認め，それらの文化間の違いを尊重し合う共生の関係をめざすという考え方である。
[2] 船腹量とは，積み込める貨物の量を示したものである。一般に，船腹量が大きいほど船の量も多い。

5 南アメリカ(South America)

(注)ベネズエラ(Venezuela)，ペルー(Peru)，チリ(Chile)，
ブラジリア(Brasilia)，ブエノスアイレス(Buenos Aires)，
アマゾン川(Amazon River)，ラプラタ川(Río de la Plata)，
セルバ(selva)，パンパ(pampas)，
マゼラン海峡(Strait of Magellan)

ブラジル

　ブラジルは，南アメリカ諸国の中で最大の人口を持つ国である。また，1822年に独立するまでポルトガル領であったため，南アメリカ諸国の中で唯一，**ポルトガル語**(Portugues)を公用語にしている。
　ブラジルには，赤道付近を流れる**アマゾン川**流域に熱帯雨林の**セルバ**が広がっている。
世界有数の**鉄鉱石**産出国であるが，現在は鉄鉱石などの資源だけでなく，自動車などの生産が増加し，工業化が進んでいる。**BRICS**の一国として，世界経済への影響力を強めている。
　農業も盛んであり，**コーヒー豆**の生産量・輸出量(➡p.246)はともに世界1位(2019年)で，サトウキビの生産も世界1位(2019年)，砂糖の輸出も世界1位(2017年)である。また，大豆，トウモロコシ，牛肉，鶏肉の輸出量も多い。

アルゼンチン

1816年に独立するまでスペイン領であったため（→p.159），公用語は**スペイン語**である[1]。ラプラタ川の流域に広がる温帯草原の**パンパ**では，小麦，トウモロコシの栽培や，牛の放牧が盛んに行われている。

ベネズエラ

ベネズエラは世界有数の**産油国**で，埋蔵量では世界1位とされる。輸出額の約3分の2を原油が占めている。

チリ

チリは南北の長さが約4,300kmの細長い国土を持ち，砂漠やフィヨルド（→p.230）などさまざまな自然環境が見られる。**銅鉱**の生産量は世界1位（2015年）である。

---

[1] 南アメリカの国は，ほとんどがスペインの植民地であった（→p.159）。そのため，スペイン語を公用語にしている国が多い。また，キリスト教徒も多い。

6 オセアニア(Oceania)

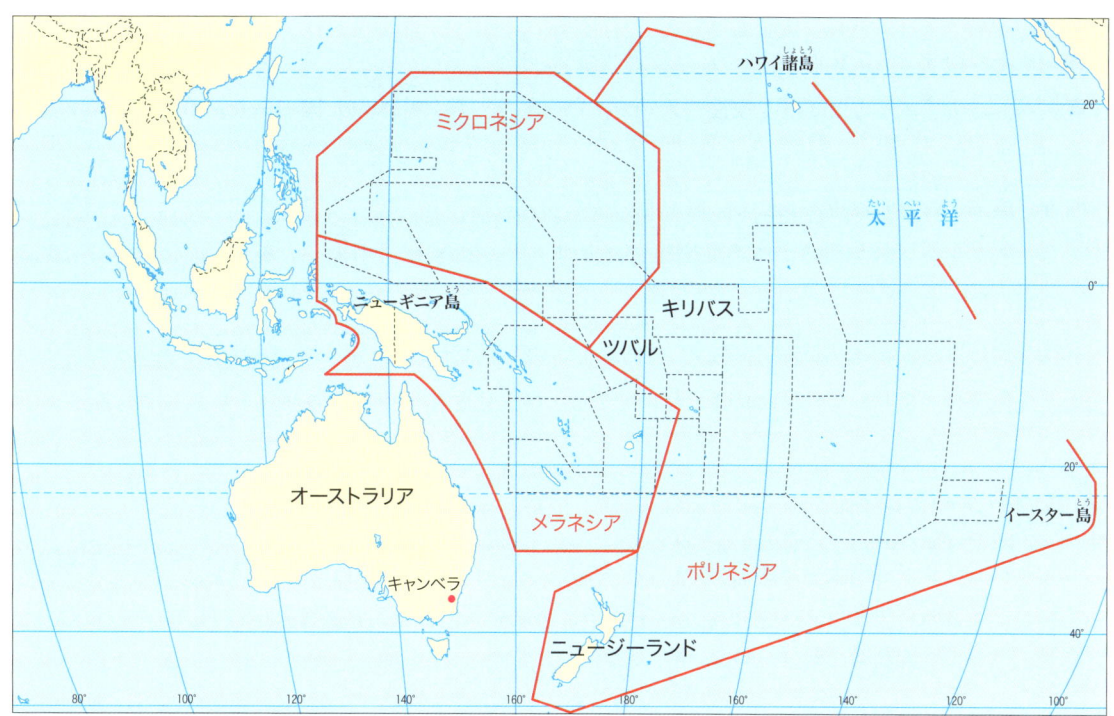

(注)ニュージーランド(New Zealand)，ツバル(Tuvalu)，キリバス(Kiribati)，キャンベラ(Canberra)，ミクロネシア(Micronesia)，メラネシア(Melanesia)，ポリネシア(Polynesia)，ハワイ諸島(Hawaiian Islands)，ニューギニア島(New Guinea)，イースター島(Easter Island)

オセアニアとは

　オセアニアとは，一般的にオーストラリア大陸と太平洋に分布する島々からなる地域をさす。太平洋に分布する島々は，ミクロネシア・メラネシア・ポリネシアの三つの区域に分けられる。おおむね赤道以北，東経180度線以西の区域は**ミクロネシア**と呼ばれる。おおむね赤道以南，東経180度線以西の区域が**メラネシア**と呼ばれ，島として世界2位の面積を持つニューギニア島がある。おおむね東経180度線以東の区域(ハワイ諸島，ニュージーランド，イースター島を結ぶ大きな三角形の内側の区域)は**ポリネシア**と呼ばれる。

　ポリネシアに属するツバルやキリバスなどのサンゴ礁の国では，地球温暖化による海面水位の上昇で，国土の水没が心配されている。

オーストラリア

オーストラリアは，冷帯，寒帯以外のすべての気候区が見られるが，年降水量500mm以下の草原や砂漠が国土の約3分の2を占めており，「**乾燥大陸**」と呼ばれる。

鉄鉱石，**石炭**，ボーキサイト，原油，天然ガスなど鉱産資源に恵まれた国であり，ボーキサイトの生産量は世界1位(2017年)，石炭の輸出量も世界で一二を争う規模である(➡p.259)。

また，農業，牧畜の規模が大きく，降水量の少ない内陸部や東部では羊や牛が放牧され，南東部では小麦や大麦が生産されている。**羊毛**の輸出量は世界1位(2017年)で，小麦，大麦，牛肉はいずれも世界有数の輸出量である。

1970年代に白豪主義(白人以外の移民を厳しく制限する政策)を撤廃し，世界各地から移民や難民を受け入れ，また，先住民のアボリジニ(Aborigine)とも共生する，**多文化主義**(➡p.292)の社会をめざしている。

ニュージーランド

ニュージーランドは**環太平洋造山帯**(➡p.228)に属しているため，火山や地震が多い。イギリス系白人が多数を占めるが，先住民のマオリ(Māori)の文化を尊重する取り組みがなされている。

畜産が盛んで，**乳製品**，羊毛，羊肉，牛肉が主な輸出品となっている。

第9章 練習問題

解答 ➡ p.337

問1 パリ(Paris)の位置として最も適当なものを，次の地図中の①〜④の中から一つ選びなさい。

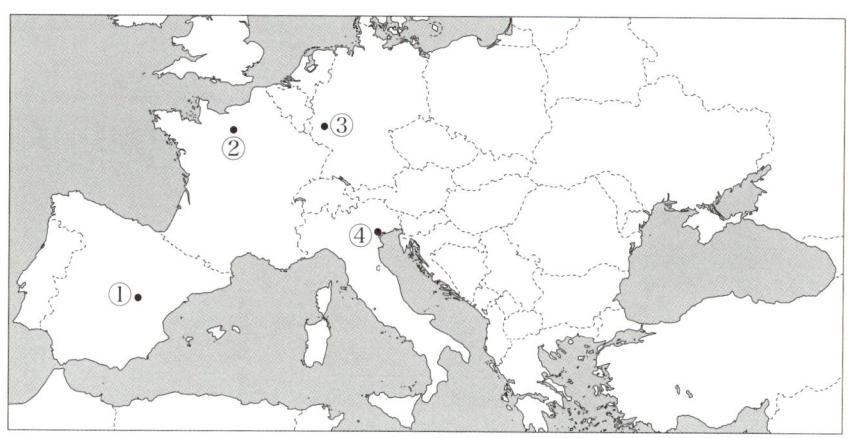

問2 オランダ(Netherlands)の位置として最も適当なものを，次の地図中の①〜④の中から一つ選びなさい。

第9章 練習問題

解答 ➡ p337

問3 次の文章中の空欄 a , b に当てはまる語の組み合わせとして最も適当なものを，下の①〜④の中から一つ選びなさい。

ニューギニア島(New Guinea)は，グリーンランド(Greenland)に次ぐ世界2位の面積を持つ島で， a の経線を国境線として， b とパプアニューギニア(Papua New Guinea)が領有している。

	a	b
①	東経25度	インドネシア
②	東経25度	オーストラリア
③	東経141度	インドネシア
④	東経141度	オーストラリア

(注)インドネシア(Indonesia)，オーストラリア(Australia)

第10章 日本

Point

❶	過疎と過密	東京圏への人口一極集中の傾向が見られる
❷	山脈・山地	東側は南北に連なり，西側は東西に連なっている
❸	リアス海岸	三陸海岸，若狭湾岸，志摩半島などで見られる
❹	梅雨・台風	6～7月には梅雨前線が日本付近に停滞する 夏から秋にかけてたびたび台風が襲来する
❺	太平洋ベルト	関東地方南部から九州地方北部にかけての臨海部に工業地帯・工業地域が分布する
❻	主な輸入先と輸入品	アメリカからは肉類，小麦，トウモロコシ オーストラリアからは鉄鉱石，石炭，液化天然ガス

1 日本の領域

日本の範囲

日本は，ユーラシア(Eurasia)大陸の東に位置する島国で，4つの大きな島と約7,000の小さな島々から成り立っている。4つの島を大きい順に並べると，**本州**，**北海道**，**九州**，**四国**となる。

国土面積は約37.8万km²で，北海道から沖縄までの全長は約3,000kmある。日本の東端は南鳥島（東京都），西端は与那国島（沖縄県），南端は沖ノ鳥島（東京都），北端は択捉島（北方領土）である。

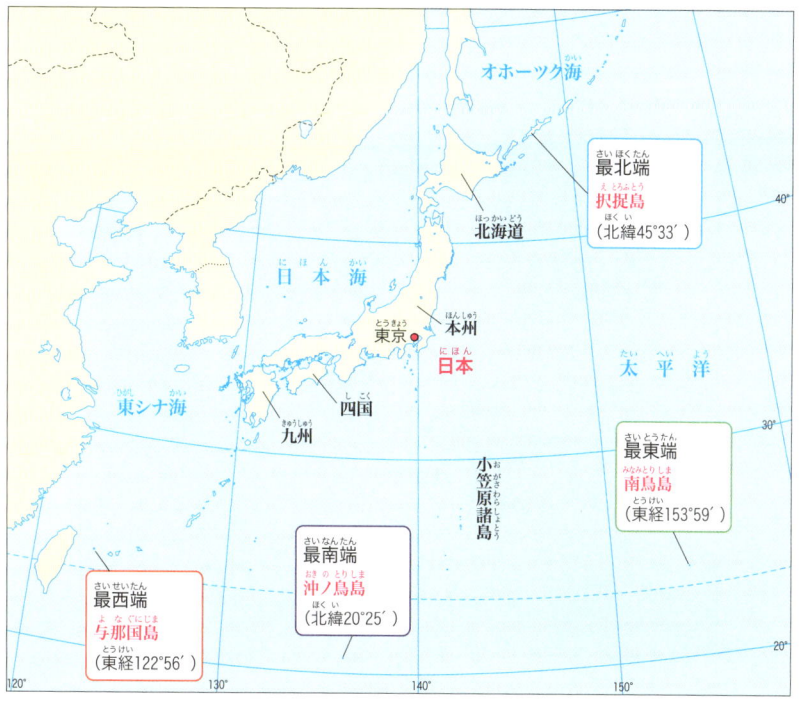

▼日本と主な国の面積の比較(2019年)

順位	国	面積(千km²)
48位	フランス	552
50位	タイ	513
51位	スペイン	506
61位	日本	378
62位	ドイツ	358
65位	ベトナム	331
71位	イタリア	302
79位	イギリス	242

(注)順位は,世界における面積の大きさ。
フランス(France), タイ(Thailand), スペイン(Spain),
ドイツ(Germany), ベトナム(Viet Nam), イタリア(Italy),
イギリス(UK)

UN"*Demographic Yearbook 2019*"より作成

📝 日本の地域区分

　日本は47の都道府県(1都(東京都), 1道(北海道), 2府(京都府, 大阪府), 43県)から成り立っている。この都道府県を地域ごとに区分するにはさまざまな方法があるが, 東日本と西日本の二つに大きく分ける方法と, 北海道, 東北, 関東, 中部, 近畿, 中国, 四国, 九州の八つの地方に分ける方法が一般的である。

日本の主な都市

札幌	北海道最大の人口を持つ、北海道の中心都市。ビール・乳製品などの食品工業が盛ん。「札幌」という名は、アイヌ語に由来するとされる。
東京	日本の首都。東京都の人口は約1,300万人で、世界最大級の都市人口を持つ。
横浜	日本の市町村で最大の人口を持つ。1859年の開港以来、国際貿易港として発展した。京浜工業地帯(➡p.310)の中核的な都市である。
名古屋	東京圏、大阪圏に次ぐ名古屋圏の中心都市で、中部地方最大の人口を持つ。中京工業地帯(➡p.310)の中核とされるが、市内ではサービス業が最も盛んである。
京都	1000年以上にわたり日本の宗教、芸術、学問の中心として栄えた。
大阪	西日本の経済・交通の中心地。商業・工業(製造業)が盛ん。
神戸	神戸港は日本の代表的な貿易港の一つである。19世紀後半以降、外国人の商人が多く住んだため、外国の雰囲気を色濃く残す地域がある。
広島	中国地方の経済・文化の中心地。1945年8月6日に史上初めて原子爆弾が投下された。
福岡	九州地方の中心都市。朝鮮半島(Korean Peninsula)や中国(China)に近いという地理的・歴史的背景から、「アジア(Asia)の玄関口」といわれている。
長崎	日本が「鎖国」していた期間(17世紀前半〜1854年)、外国貿易港として繁栄した(➡p.177)。1945年8月9日、原子爆弾が投下された。造船業・水産業が盛ん。
那覇	琉球王国(1429〜1879年)の首都が置かれていた。沖縄県の中心地である。沖縄県の経済は、主にアメリカ軍基地関連の収入、公共事業、観光産業で成り立っている。

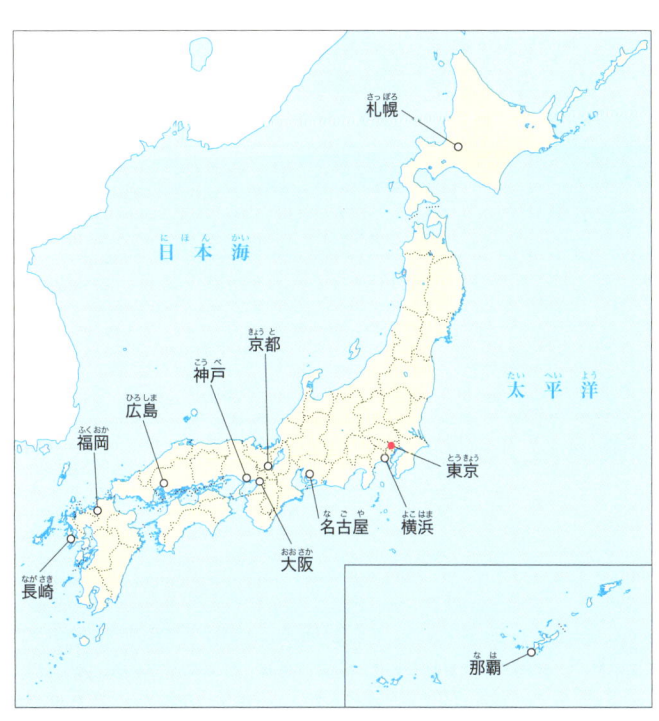

2 日本の人口

日本の総人口

　2019年10月現在，日本の総人口は約1億2,617万人である。日本の総人口は1946年以降では，2005年に初めて減少し，2008年からは減少が続いている。将来人口推計では，2060年には1億人を割るだろうと予測されている。

三大都市圏

　三大都市圏とは，東京圏(東京都・神奈川県・埼玉県・千葉県)・大阪圏(大阪府・京都府・兵庫県・奈良県)・名古屋圏(愛知県・岐阜県・三重県)の三つの都市圏[1]のことをいう。
　高度経済成長期以来，日本では三大都市圏に人口が集中して過密化が進んだ一方で，地方では人口流出による過疎化や高齢化が進行した。三大都市圏には2017年現在，日本の人口のおよそ50%が住んでいる。また，近年は，人口の東京圏への一極集中が進んでいる。

▼三大都市圏の人口が総人口に占める割合(2019年)

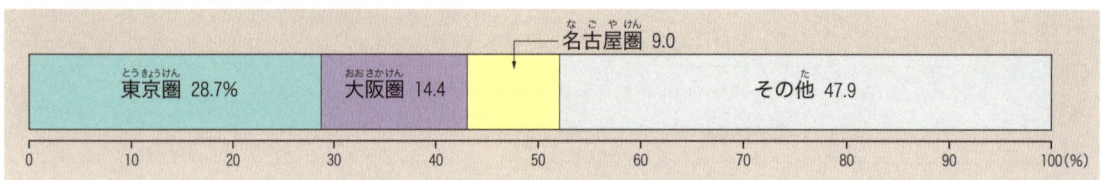

東京圏 28.7%　大阪圏 14.4　名古屋圏 9.0　その他 47.9

総務省統計局『住民基本台帳に基づく人口，人口動態及び世帯数』より作成

▼主な都道府県の年齢別人口割合(2019年10月1日現在)　　単位：%

	0〜14歳	15〜64歳	65歳以上
北海道	10.8	57.4	31.9
東京	11.2	65.8	23.1
愛知	13.1	61.8	25.1
大阪	11.8	60.5	27.6
島根	12.3	53.4	34.3
沖縄	16.9	60.9	22.2
全国	12.1	59.5	28.4

矢野恒太記念会編『日本国勢図会2020/21年版』より作成

[1] 都市部では，郊外に比べて気温が上がるヒートアイランド現象(heat island)が問題になっている。この現象は，エアコンや自動車などから放射される人工的な熱や，建物のコンクリート化，アスファルト舗装などで地面が人工物で覆われることにより起こる。人工的な熱が放射されると気温が上がり，地面が人工物で覆われていると風通しが悪くなり，熱がこもったままになるため，夜間でも気温が下がらない。

3 日本の自然環境

山

日本は環太平洋造山帯(➡p.228)に属し、その国土の約4分の3は山地及び丘陵地である。国土のほぼ中央を背骨のように山地・山脈が連なり、国土を太平洋側と日本海側に分けている。一般に、日本の山地は傾斜が急で険しく、山地が海岸近くまで迫っているところが多い。

本州の中央部にある飛驒山脈、木曽山脈、赤石山脈には、標高3,000m前後の山々が並んでいることから、日本アルプスと呼ばれている。日本アルプス付近を境に、山脈・山地が東側は南北に連なり、西側は東西に連なっている。

日本は活火山❶の多い国であり、北海道、東北地方、中部地方、九州地方を中心に、111の活火山がある(2017年現在)。これは世界の活火山の約7％を占める。

▼日本の主な山地・山脈、主な活火山

▼日本の主な活火山

山名	場所	概要
富士山	静岡県と山梨県の間	標高3,776mで日本最高峰。1707年の噴火以来、目立った火山活動はない。
桜島	鹿児島県	日本で最も活発な活火山の一つ。
阿蘇山	熊本県	世界最大級のカルデラ(caldera)❷がある。

川

日本は南北に細長い島国で、国土の多くを山脈・山地が占めている。そのため、世界の主な川と比べると、日本の川は標高の高い上流から河口までの距離が短く、勾配が急で流れが速い。さらに、川の流域面積❸が狭い。

また、日本は降水量が地域や季節によって大きく異なる。そのため、ダムによって水資源を確保するとともに、洪水時の水量調節を行っている。ダムは水力発電にも利用されている。

---

❶ 活火山とは、おおむね、過去1万年以内に噴火した火山や現在も活発な活動を続けている火山のことである。
❷ カルデラとは、火山の噴火によって形成された窪地のことである。
❸ ある河川に対して、降水(雨や雪)が流れ込む範囲を流域といい、その面積を流域面積という。日本で最も流域面積の大きい川は、関東地方を流れる利根川である。

日本の海岸

日本列島の海岸は，湾や岬が多く複雑な形をしているため，海岸線の総延長は 3 万 km を超える。太平洋側の海岸線は比較的複雑であるのに対し，日本海側の海岸線は単調で直線的である。

三陸海岸，若狭湾岸，志摩半島などではリアス海岸(ria coast)(➡p.230)が，九十九里浜，鳥取砂丘などでは砂浜海岸が見られる。また，沖縄の島や小笠原諸島では，サンゴ礁の海岸が見られる。

海流

日本の近海では，寒流である千島海流(親潮)とリマン海流，暖流である日本海流(黒潮)と対馬海流が日本列島を取り巻くように流れている。

日本の太平洋沿岸には，日本海流と千島海流がぶつかる潮目がある。潮目はプランクトンが大量に発生し，それをえさにする魚が数多く集まるため，豊かな漁場になる。

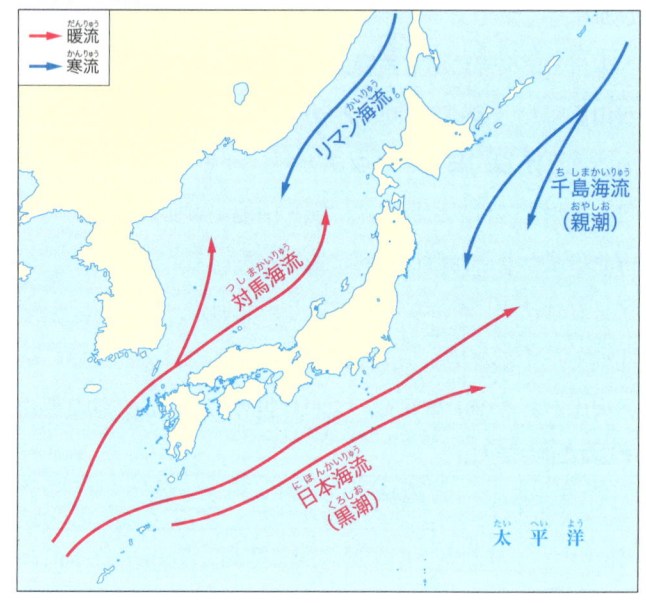

▼日本の海流

プレート(plate)

日本列島は，北アメリカプレート(North American Plate)，太平洋プレート(Pacific Plate)，フィリピン海プレート(Philippine Sea Plate)，ユーラシアプレート(Eurasian Plate)という四つのプレートがぶつかり合う場所に位置するため，火山活動や地震など地殻の変動が激しい。

▼日本の周辺のプレート

4 日本の気候

1年間の日本の気候

　ケッペン(Wladimir Peter Köppen)の気候区分では，日本は北海道や本州の一部が冷帯(亜寒帯)に，それ以外の地域は温帯に区分される(沖縄や小笠原諸島などの気候は亜熱帯とも呼ばれる)(➡p.236)。また，四季(季節の変化)がはっきりしている。

　冬は，北西からの季節風が吹く。この季節風は，日本海を通過する時に，海面から大量の水蒸気の供給を受ける。水蒸気を含んだ空気は，山脈・山地にぶつかると上昇気流を起こし，雲ができ，日本海側に大雪を降らせる。その後，水分を失った寒気が太平洋側に吹き出し，太平洋側では乾燥した晴天となる。

　春になると，移動性高気圧と温帯低気圧が日本列島を交互に通過し，天気が変わりやすくなる。

　初夏の6〜7月には梅雨前線が日本付近に停滞し，梅雨となって曇りや雨の日が多くなる❶。なお，北海道には梅雨がない。

　夏は，熱帯気団が北上して日本列島を覆い，南東から季節風が吹くため，蒸し暑い晴天の日が続く。

　秋は，9月中旬から10月上旬にかけて秋雨前線が日本付近に停滞するため，雨の日(秋雨と呼ばれる)が多くなる。また，この時期は台風(Typhoon)が日本に近づくことも多い❷。いくつかの台風は日本に上陸し，大雨や強風による被害をもたらすこともある。10月中旬になると移動性高気圧に覆われて，秋晴れの日が続く。

日本の気候区分

　日本の気候は，季節による気温と降水量の変化から，以下のように区分することができる。

	区分	主な特徴
A	北海道の気候	冬は寒さが厳しく，夏は涼しい。
B	日本海側の気候	冬は雪が多く，夏は晴天が多くて暑い。
C	太平洋側の気候	冬は乾燥して晴天が多く，夏は雨が多くて蒸し暑い。
D	内陸性の気候	冬は寒さが厳しく，夏は暑い。
E	瀬戸内の気候	一年を通して晴天が多く，温暖。
F	南西諸島の気候	一年を通して気温が高く，雨が多い。

❶ 夏にオホーツク海気団が停滞すると，「やませ」と呼ばれる冷たく湿った北東風が東北地方の太平洋側に流れ込み，冷害を引き起こすことがある。

❷ 台風の風は左回り(反時計回り)に吹き，台風の接近により気圧が低くなると海面が上昇して高潮が発生する。なお，秋の台風は，偏西風の影響を受けて日本付近で東寄りに進路を変える。

▼日本の気候区分と主な都市のハイサーグラフ（hythergraph）

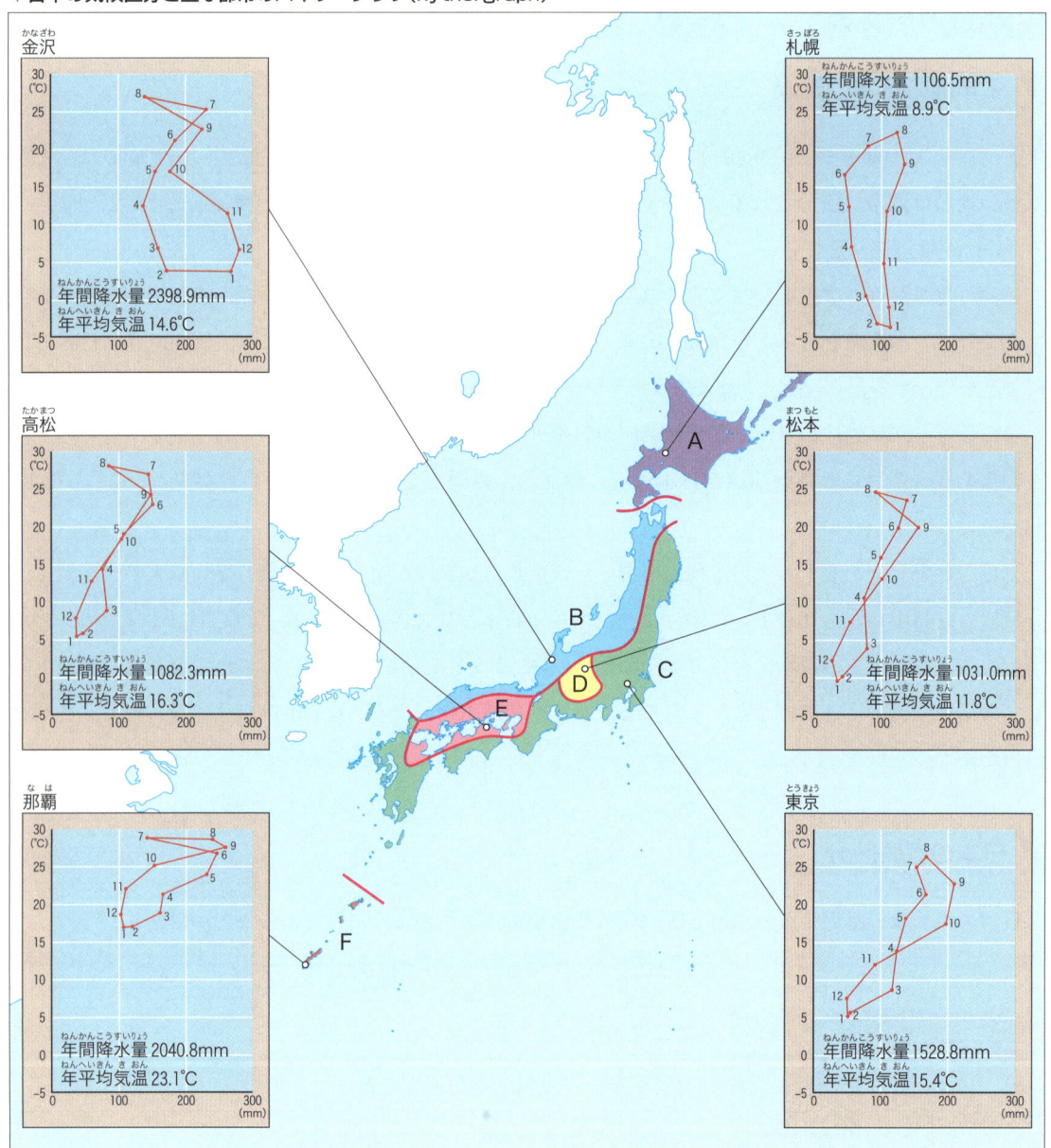

気象庁ウェブサイトより作成

5 日本の農業

日本の農業の特徴

　日本の農家は個人経営(自作農)が多く，経営規模が小さい❶。日本では，狭い耕地に肥料や農薬などを大量に使用して高い生産量を上げる，集約的な農業を行ってきた。しかし，高度経済成長期以降，若者を中心に都市や他産業への流出が増加した結果，農業従事者の高齢化や後継者不足，農家数の減少❷が進行した。また，ほかの仕事と兼業する農家の割合が高くなった。2016年の日本の農業のGDP(国内総生産)は，全産業の約1％である。

　日本の農業は，北海道や東北地方をはじめ，日本各地で行われている稲作が中心であるが，それぞれの土地に適した野菜や果物作りも盛んである。

▼主な農産物・畜産物の生産地

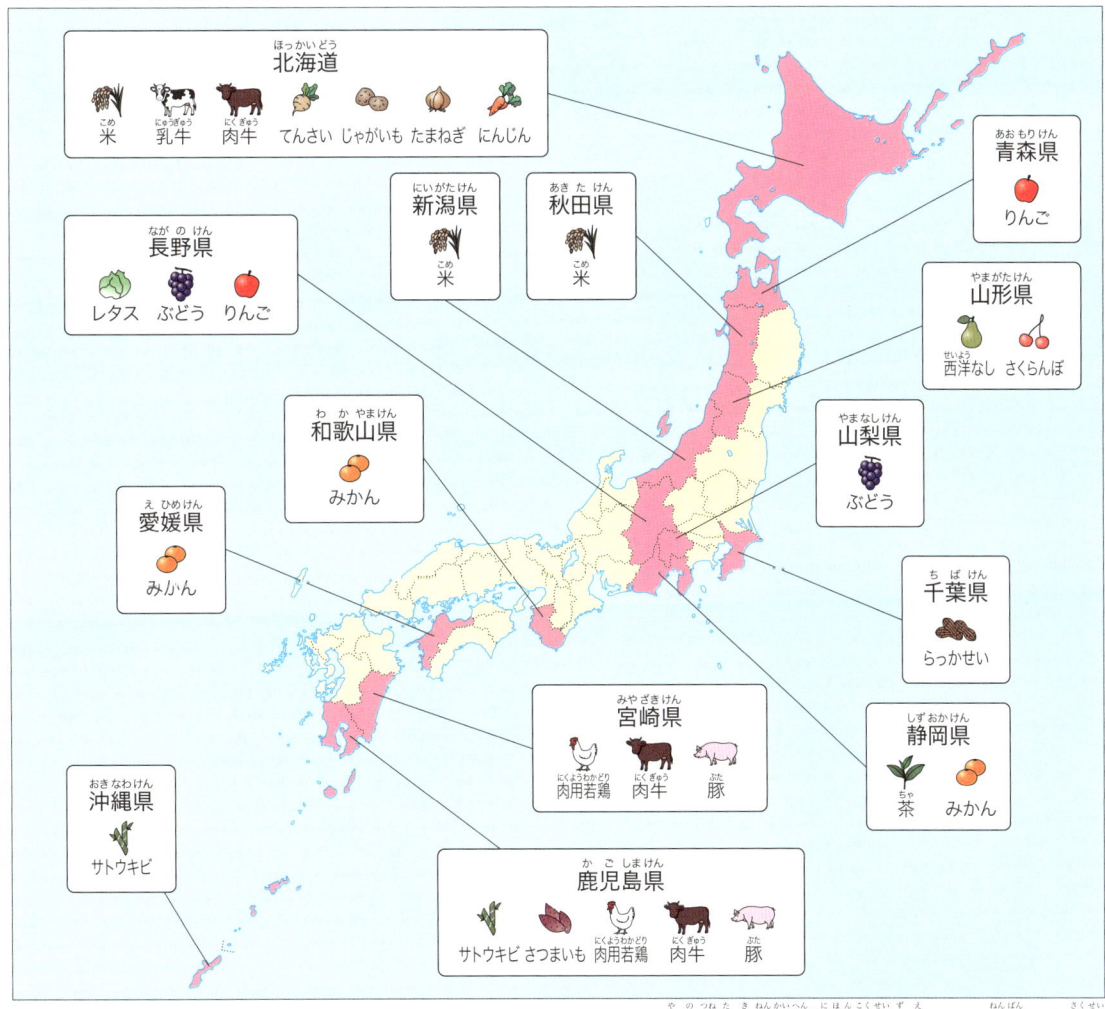

矢野恒太記念会編『日本国勢図会2020/21年版』より作成

---

❶　1952年に制定された農地法により，農地の取引は厳しく制限された。しかし，2000年代になると農地法が改正され，農業の振興を目的として株式会社による農地取得・農業参入が条件つきで認められるようになった。これにともない，わずかながら経営規模は大きくなりつつある。

❷　農家数の減少にともない，耕作放棄地が増加している。

食料自給率

日本の食料自給率(カロリーベース)は，1960年度には79%であった。しかし，農産物の輸入自由化(外国産の農産物は国内産に比べて安いことが多い)や食生活の変化，農家の減少などによりしだいに低下し，近年は40%前後を推移している。主要国に比べるとかなり低い水準である(➡p.251)。

品目別では，国民の主食として政策的に保護されてきた米の自給率は高い。一方，小麦，大豆は日本では生産コストが高いため，自給率が低い。現在の日本は，世界有数の農産物輸入国となっている。

▼日本の品目別食料自給率の推移　　　　　単位：%

年度	1965	1975	1995	2015	2018
米	95	110	104	98	97
小麦	28	4	7	15	12
大豆	11	4	2	7	6
野菜	100	99	85	80	77
果実	90	84	49	41	38
肉類	90	77	57	54	51
牛乳・乳製品	86	81	72	62	59
魚介類	100	99	57	55	55
総合	73	54	43	39	37

農林水産省ウェブサイトより作成

米の輸入

日本政府は米の輸入について長く許可制をとり，米の国内市場を保護していた。しかし，ウルグアイ・ラウンド(Uruguay Round)での交渉の結果，1993年に米の部分的な国内市場開放を受け入れた。1999年には，関税化による米の輸入自由化に踏みきった。ただし，日本に米を輸入する際にかかる関税は，非常に高率(米の関税は従量税であるが，これを従価税に換算した場合[1])である。

[1] 従量税は輸入品の数量を基準として課される税で，従価税は輸入品の価格を基準として課される税である。

6 日本の漁業

第二次世界大戦(WWⅡ)後の日本では，主に200海里までの海域で行われる沖合漁業と，太平洋やインド洋など遠くの海域で行われる遠洋漁業が盛んになった。しかし，1970年代になると，第一次石油危機(Oil Crisis)の影響(➡p.206)で燃料代が大きく値上がりし，さらに，排他的経済水域(➡p.84)の設定によって漁場が制限されたため，遠洋漁業の漁獲量は急速に減少した。1990年代に入ると，乱獲などにより日本近海の魚が減少したため，沖合漁業も大きく落ちこんだ。漁獲量の減少にともない，人工的に魚介類を育てる養殖業に力が入れられるようになったが，それだけでは需要をまかないきれず，魚介類の輸入が急増した。近年は，漁業で働く人の減少と高齢化，日本人の魚離れによる需要の減少が問題になっている。

▼日本の漁業種別漁獲量・魚介類輸入量の変化

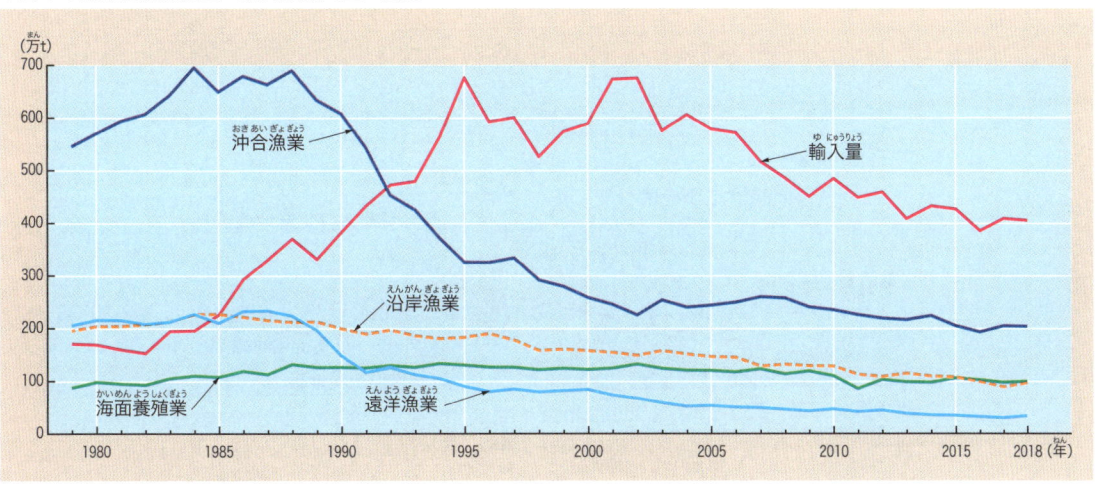

(注)輸入量は年度の値である。

総務省統計局ウェブサイト，農林水産省ウェブサイトより作成

7 日本の工業

日本は，高度経済成長期に工業を大きく発展させた。日本の主な工業地帯・工業地域は，関東地方南部から九州地方北部に至る臨海部を中心に分布しており，**太平洋ベルト**といわれる。中でも，**京浜工業地帯，中京工業地帯，阪神工業地帯**は三大工業地帯と呼ばれている。臨海部は，内陸部に比べて，鉄鉱石や原油などの輸入品や製造後の完成品を輸送するのに便利であるため，工業地帯・工業地域が発達した。1970年代になると，交通網の整備にともない，内陸部にも工業地域が形成された。

高度経済成長期の日本の工業は，鉄鋼や石油化学のような重化学工業が中心であったが，石油危機後は，自動車工業や先端技術産業などの機械工業が盛んになった。**自動車工業**は現在の日本の基幹産業である。なお，1980年代後半になると，円高の進行，貿易摩擦，割安な輸入品の増加などにより，製造拠点を外国に移す企業が増えた。

▼三大工業地帯

京浜工業地帯	東京や横浜を中心とする東京湾沿岸の工業地帯。機械、鉄鋼、造船に加え、印刷、出版関連工業も発達している。
中京工業地帯	愛知県の豊田、名古屋を中心に、岐阜県や三重県に広がる工業地帯。石油化学、自動車工業、綿織物工業が盛んである。工業出荷額は日本1位。
阪神工業地帯	大阪や神戸を中心とする工業地帯。金属、鉄鋼、伝統的な繊維工業が盛んである。

▼日本の主な工業地帯・工業地域

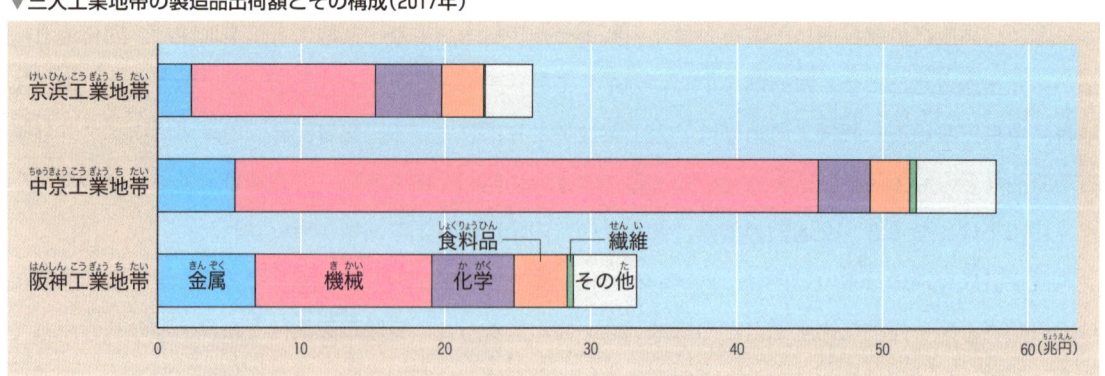

▼三大工業地帯の製造品出荷額とその構成(2017年)

矢野恒太記念会編『日本国勢図会2020/21年版』より作成

8 日本の交通

陸上交通

　日本では，第二次世界大戦前は鉄道の整備が優先されていたが，第二次世界大戦後は道路の整備が進んだ。1960年代後半になると自家用車が普及し，自動車の台数が大幅に増加した。また，この時期には，**高速道路**の整備が進んだ。現在では，旅客，貨物ともに**自動車**が多く利用されている。特に，地方では自動車が重要な移動手段となっている。なお，現在，本州と北海道，本州と九州，本州と四国は，橋またはトンネルでつながっている。

　鉄道は，現在でも都市部を中心に需要が大きい。貨物輸送においては自動車が主流ではあるが，鉄道は自動車より二酸化炭素の排出量が少なく環境への負荷を軽減できることから，利用が増加しつつある。また，高速鉄道である**新幹線**の路線の拡張が，現在も続けられている。

海上交通

　船舶は重量や容積の大きな貨物を安く運搬できるという利点や，日本が島国であるという地理的条件を基に，日本の海上交通は古くから盛んであった。明治時代（➡p.178）になると，政府は民間の海運会社を保護し，発展を援助した。船舶は現在も，原油や石炭などの輸送に重要な役割を果たしている。

航空交通

　第二次世界大戦で壊滅状態になった日本の航空交通は，1950年代に整備が始まった。現在では，成田国際空港（成田空港）や東京国際空港（羽田空港）を中心に，多くの都道府県に空港が整備されている。また，対馬や種子島など，主な島にも空港が設置されている。

9 日本の貿易

高度経済成長期の日本は，原油や鉱産資源など原料を輸入して鉄鋼や船舶を輸出する，加工貿易(➡p.282)が中心であった。

1970〜80年代には，電気機器，自動車など加工組立型の製品の輸出が主力になった。1980年代は，特にアメリカ(USA)との**貿易摩擦**が深刻になったことなどから(➡p.42)，日本企業による海外での現地生産が積極的に進められるようになった。

1990年代以降は，中国やASEAN(東南アジア諸国連合)などアジア諸国との分業が進展した。量産品をアジア諸国で生産し，日本国内では最先端の技術を用いた製品を作る分業体制が形成されている。

第二次世界大戦後の最大の貿易相手国は，長年，アメリカであった。しかし，2007年に中国が最大の貿易相手国になり，アメリカが2位になった。これ以降は，1位は中国，2位はアメリカという順位が続いている。なお，3位は韓国(South Korea)になる年が多い。

▼日本の主な輸入品の輸入先(2019年)

(注)カナダ(Canada)，ブラジル(Brazil)，チリ(Chile)

▼日本の貿易相手国・地域上位10か国の推移（年ベース）

	1995年	2000年	2005年	2010年	2019年
1位	アメリカ	アメリカ	アメリカ	中国	中国
2位	中国	中国	中国	アメリカ	アメリカ
3位	韓国	台湾	韓国	韓国	韓国
4位	台湾	韓国	台湾	台湾	台湾
5位	ドイツ	ドイツ	タイ	オーストラリア	オーストラリア
6位	香港	香港	香港	タイ	タイ
7位	シンガポール	マレーシア	オーストラリア	インドネシア	ドイツ
8位	タイ	シンガポール	ドイツ	香港	ベトナム
9位	マレーシア	タイ	サウジアラビア	サウジアラビア	香港
10位	インドネシア	インドネシア	アラブ首長国連邦	マレーシア	アラブ首長国連邦

(注)台湾(Taiwan)，香港(Hong Kong)，シンガポール(Singapore)，マレーシア(Malaysia)，インドネシア(Indonesia)，オーストラリア(Australia)，サウジアラビア(Saudi Arabia)，アラブ首長国連邦(UAE)

財務省貿易統計より作成

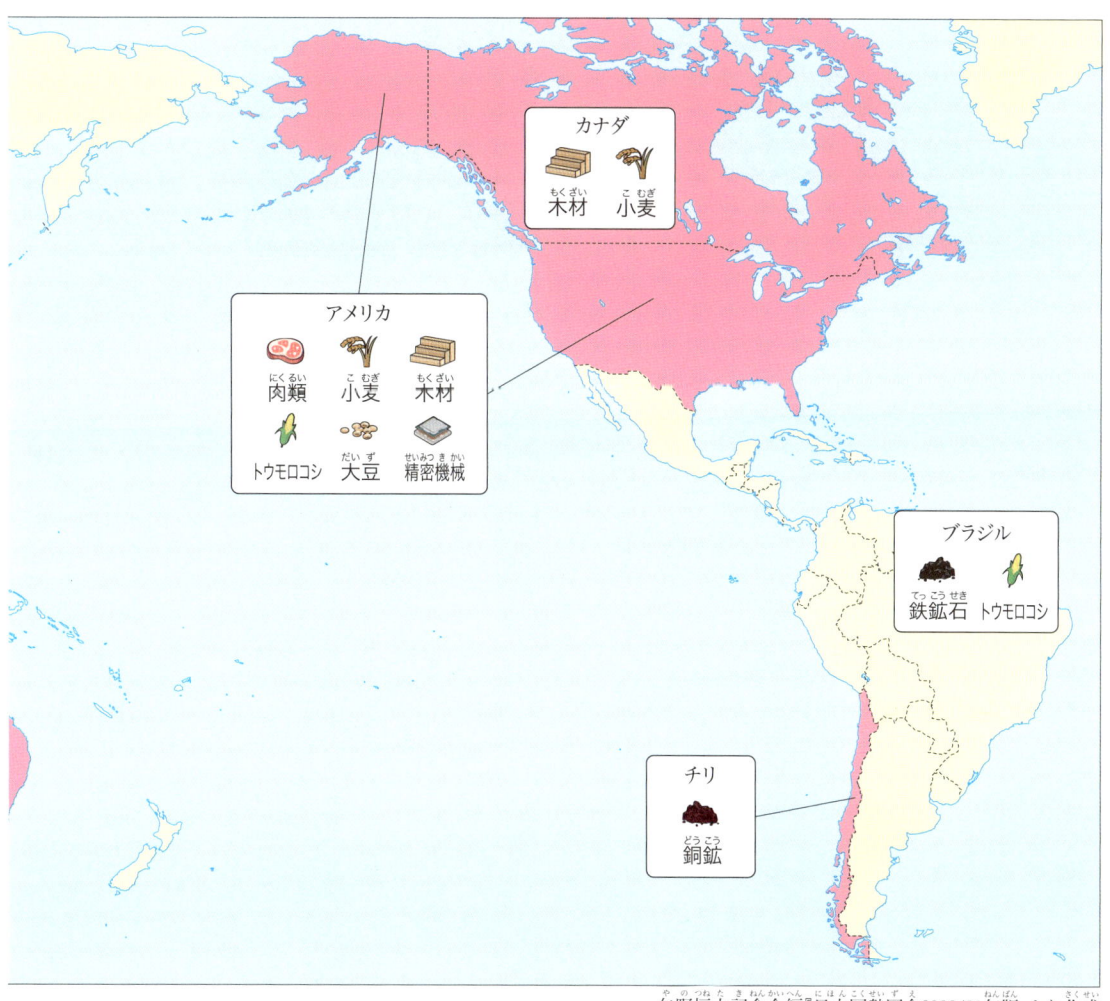

矢野恒太記念会編『日本国勢図会2020/21年版』より作成

第10章 練習問題

解答 ➡ p.337

問1 りんごの生産量が多いことで有名な青森県の位置として最も適当なものを，次の地図中の①〜④の中から一つ選びなさい。

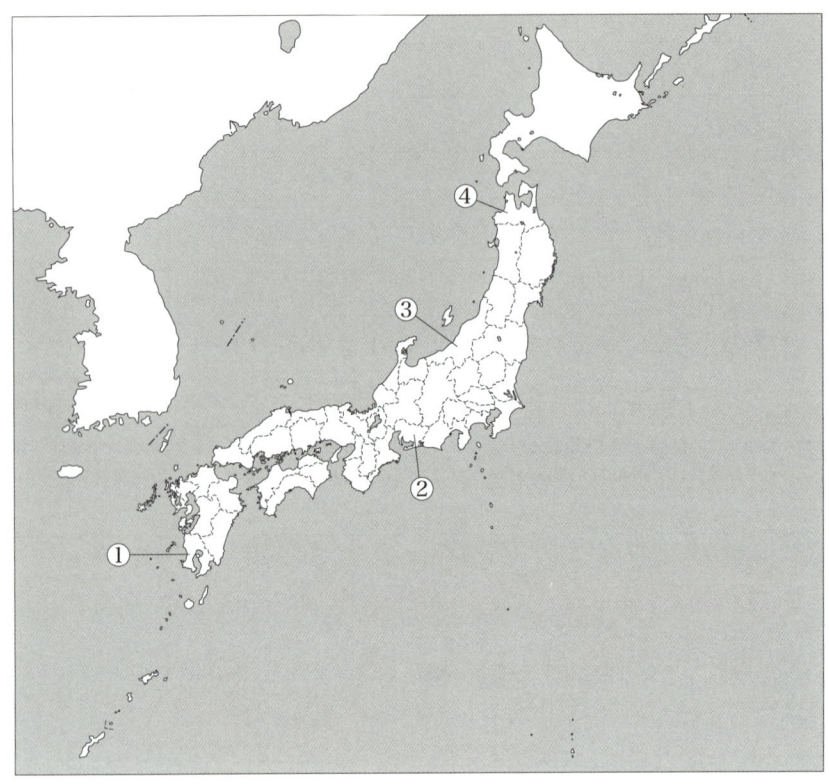

第10章 練習問題

解答 ➡ p.337

問2 日本の都道府県に関する記述として最も適当なものを，次の①〜④の中から一つ選びなさい。

① 北海道は果樹の栽培が盛んで，みかんやぶどうの生産量は日本で最も多い。

② 沖縄県には，梅雨が見られない。

③ 愛知県などが含まれる中京工業地帯では，航空産業や自動車産業が盛んである。

④ 65歳以上人口が総人口に占める割合は，すべての都道府県において30％を超えている。

問3 次の表は，2019年における日本の木材，鉄鉱石，原油の輸入先上位3か国を示したものである。表中のA〜Cに当てはまる品目の組み合わせとして最も適当なものを，下の①〜④の中から一つ選びなさい。

	A	B	C
1位	オーストラリア	カナダ	サウジアラビア
2位	ブラジル	アメリカ	アラブ首長国連邦
3位	カナダ	ロシア	カタール

(注)オーストラリア(Australia)，ブラジル(Brazil)，カナダ(Canada)，アメリカ(USA)，ロシア(Russia)，サウジアラビア(Saudi Arabia)，アラブ首長国連邦(UAE)，カタール(Qatar)

矢野恒太記念会編『日本国勢図会2020/21年版』より作成

	A	B	C
①	鉄鉱石	木材	原油
②	鉄鉱石	原油	木材
③	木材	鉄鉱石	原油
④	木材	原油	鉄鉱石

第10章 練習問題

解答 ➡ p.337

問4 次の表は、日本の2019年におけるドイツ(Germany)、韓国(South Korea)、ベトナム(Viet Nam)、オランダ(Netherlands)からの輸入品目を上位5位まで示したものである。ドイツに当てはまるものとして最も適当なものを、下の①〜④の中から一つ選びなさい。

	A	B	C	D
1位	機械類	機械類	機械類	機械類
2位	医薬品	衣類	自動車	石油製品
3位	肉類	はきもの	医薬品	鉄鋼
4位	チーズ	魚介類	科学光学機器	プラスチック
5位	プラスチック	家具	有機化合物	有機化合物

矢野恒太記念会編『日本国勢図会2020/21年版』より作成

① A

② B

③ C

④ D

第5部

付録
APPENDIX
부록

1 世界と日本の主な出来事

年代	南・北アメリカ, アフリカ	ヨーロッパ, 西・東アジア	日本
1700	73 ボストン茶会事件		
	75 アメリカ独立戦争(〜1783年)		
	76 アメリカ独立宣言		
	87 アメリカ合衆国憲法の制定		
		89 フランス革命(〜1799年)	
		89 フランス人権宣言	
1800		04 ナポレオン皇帝即位	
		06 大陸封鎖令	
		14 ウィーン会議(〜1815年)	
		15 ワーテルローの戦い	
	23 モンロー宣言		
		29 ギリシャ独立	
		32 イギリス, 第一回選挙法改正	
		40 アヘン戦争(〜1842年)	
		48 「諸国民の春」	
		53 クリミア戦争(〜1856年)	
			58 日米修好通商条約
	61 南北戦争(〜1865年)	61 イタリア王国の成立(〜1946年)	
		70 プロイセン・フランス戦争(普仏戦争)	
		71 ドイツ帝国の成立(〜1918年)	
		82 三国同盟(ドイツ・イタリア・オーストリア)	
			85 内閣制度創設
			89 大日本帝国憲法の発布
			90 第一回帝国議会
			94 領事裁判権(治外法権)の撤廃／日清戦争(〜1895年)
			95 下関条約／ロシア・ドイツ・フランスによる三国干渉
	98 アメリカ・スペイン戦争(米西戦争)	98 ファショダ事件	98 第一次大隈重信内閣発足
1900		02 日英同盟	
		04 日露戦争(〜1905年)	
			05 ポーツマス条約
1910			10 韓国併合
		14 サラエボ事件	11 関税自主権の完全回復
		14 第一次世界大戦(〜1918年)	

年代	南・北アメリカ, アフリカ	ヨーロッパ, 西・東アジア	日本
		17 ロシア革命	
	19 パリ講和会議／ベルサイユ条約		
		19 ドイツ, ワイマール憲法の制定	
1920		20 国際連盟の発足	
	21 ワシントン会議(〜1922年)		
		22 ソ連の成立(〜1991年)	
		23 トルコの成立	25 普通選挙法成立(男子普通選挙)
		25 ロカルノ条約	
	28 不戦条約		
	29 世界恐慌		
1930			31 満州事変
	33 ニューディール政策の開始	33 ドイツ, ヒトラー首相就任／全権委任法の制定／国際連盟から脱退	33 国際連盟から脱退
		36 スペイン内戦(〜1939年)	
		38 ドイツがオーストリアを併合	
		39 独ソ不可侵条約／ドイツがポーランドに侵攻／第二次世界大戦(〜1945年)	
1940			40 日独伊三国同盟
	41 太平洋戦争(アジア太平洋戦争, 〜1945年)		
		43 イタリアが降伏	
	44 ブレトンウッズ会議		
	45 ヤルタ会談		
		45 ドイツが降伏	45 広島・長崎に原子爆弾／ポツダム宣言を受諾／五大改革指令／新選挙法(男女普通選挙)
	45 サンフランシスコ会議(国際連合の成立)／ポツダム宣言		
		46 チャーチル元首相「鉄のカーテン」演説	46 日本国憲法公布／傾斜生産方式を閣議決定
	47 トルーマン・ドクトリン／マーシャル・プラン		47 日本国憲法施行
	48 GATT(関税及び貿易に関する一般協定)の発足		
		48 イスラエルの建国	
		48 ベルリン封鎖(〜1949年)	
	48 世界人権宣言の採択		
	49 北大西洋条約機構(NATO)の発足	49 西ドイツ, 東ドイツの成立	49 ドッジ・ライン
1950		50 朝鮮戦争(〜1953年)	51 サンフランシスコ平和条約／日米安全保障条約調印

年代	南・北アメリカ, アフリカ	ヨーロッパ, 西・東アジア	日本
			52 主権を回復／IMF(国際通貨基金)，IBRD(国際復興開発銀行)に加盟
			54 自衛隊を創設
		55 アジア・アフリカ会議(バンドン会議)	55 自由民主党(自民党)結党／55年体制
			56 日ソ共同宣言／国際連合に加盟
	57 パグウォッシュ会議		
1960	60 「アフリカの年」	61 ベルリンの壁の構築／第一回非同盟諸国首脳会議	60 国民所得倍増計画を閣議決定
	62 キューバ危機		
	63 PTBT(部分的核実験禁止条約)の調印(1963年発効)		63 GATT11条国に移行
	64 公民権法の制定		64 IMF 8条国に移行／OECD(経済協力開発機構)に加盟
	65 アメリカ軍がベトナム北爆開始		
	66 国際人権規約の採択(1976年発効)		
		67 ASEAN(東南アジア諸国連合)結成	67 公害対策基本法制定
		68 「プラハの春」	68 GNP(国民総生産)が資本主義国2位になる
	68 NPT(核拡散防止条約)の調印(1970年発効)		
1970	71 ニクソン・ショック		71 沖縄返還協定の調印
	71 スミソニアン協定		
	72 国連人間環境会議		
			72 沖縄が日本に復帰／日中共同声明
		73 第四次中東戦争／第一次石油危機	73 変動相場制に移行
			74 戦後初のマイナス成長
	75 第1回サミット		
	76 キングストン合意		78 日中平和友好条約
		79 イラン革命／第二次石油危機／ソ連がアフガニスタンに侵攻	
1980		80 イラン・イラク戦争(〜1988年)	
		85 ソ連，ゴルバチョフが共産党書記長就任	
	85 プラザ合意		
	86 ウルグアイ・ラウンドの開始(〜1994年)		
	87 ルーブル合意		

年代	南・北アメリカ, アフリカ	ヨーロッパ, 西・東アジア	日本
	87 INF(中距離核戦力)全廃条約調印(1988年発効)		
		89 東欧革命／APEC(アジア太平洋経済協力会議)の発足／ベルリンの壁の崩壊	89 消費税導入
	89 マルタ会談(冷戦終結)		
1990		90 イラクがクウェートに侵攻／ドイツ統一	
	91 湾岸戦争		
	91 南アフリカでアパルトヘイト政策廃止	91 ユーゴスラビア紛争／バルト三国が独立／ソ連の解体	
	92 国連環境開発会議		
			92 PKO協力法制定／自衛隊をカンボジアのPKO(平和維持活動)に派遣
		93 EU(欧州連合)発足	93 55年体制崩壊
	94 NAFTA(北米自由貿易協定)発足		
	95 WTO(世界貿易機関)の発足		
	96 CTBT(包括的核実験禁止条約)の採択		
		97 アジア通貨危機	
		98 ECB(欧州中央銀行)の発足	98 金融再生法の制定
		99 EUの共通通貨ユーロの導入	99 ゼロ金利政策を初めて導入
2000	01 アメリカでの同時多発テロ		
			02 シンガポールとのEPA(経済連携協定)が発効
		03 イラク戦争	
	08 リーマン・ショック		
		09 リスボン条約の発効	
2010			10 GDP(国内総生産)が中国に抜かれ世界3位になる
		11 「アラブの春」	11 東日本大震災
		14 クリミア問題	15 選挙権年齢を18歳以上に引き下げ
		16 イギリスがEU離脱を決定(2020年に離脱)	16 マイナス金利を導入
			18 TPP11が発効
	19 EUとのEPAが発効		

(注)年表では英語表記は原則として省略した。

2 世界地図

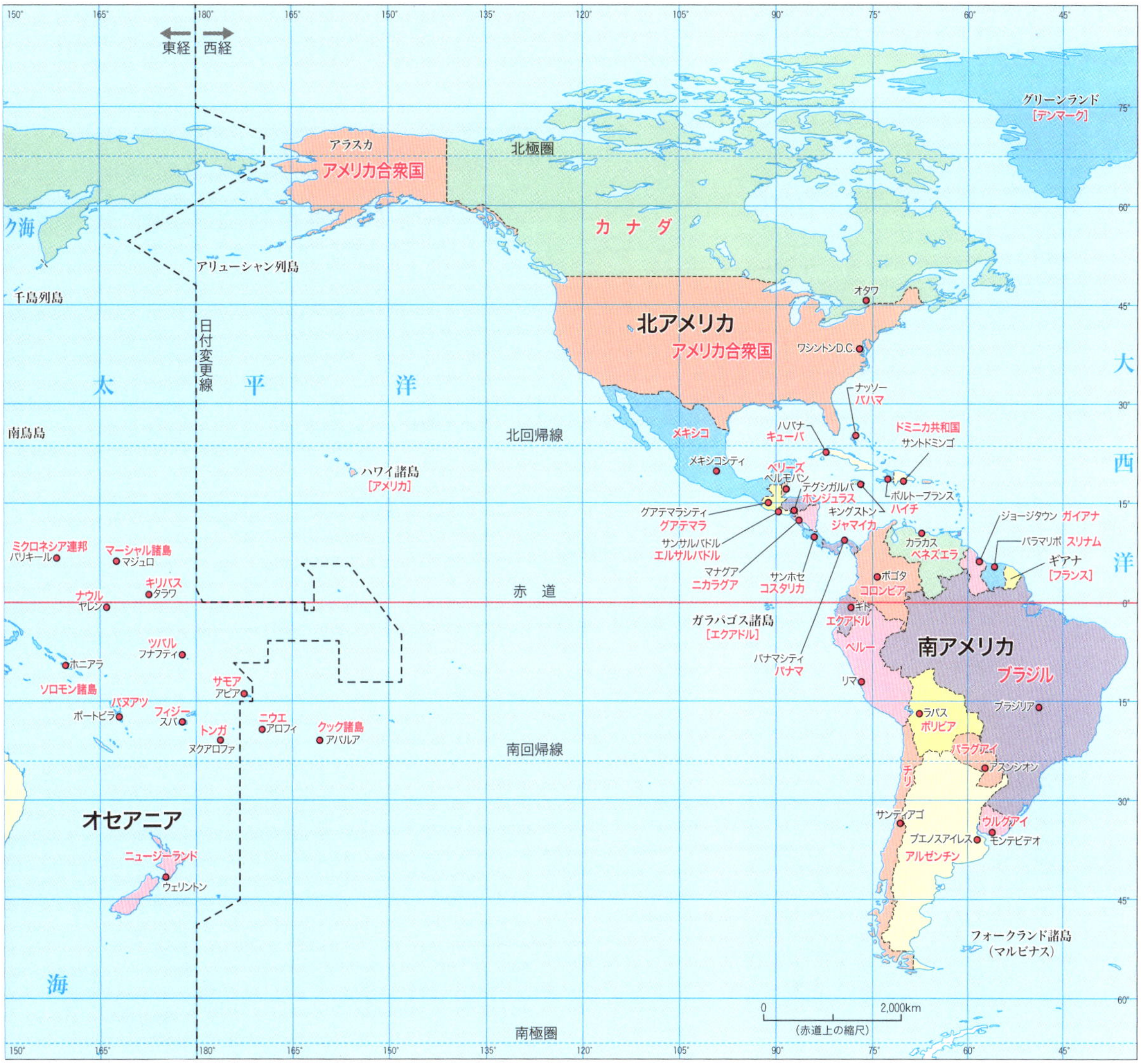

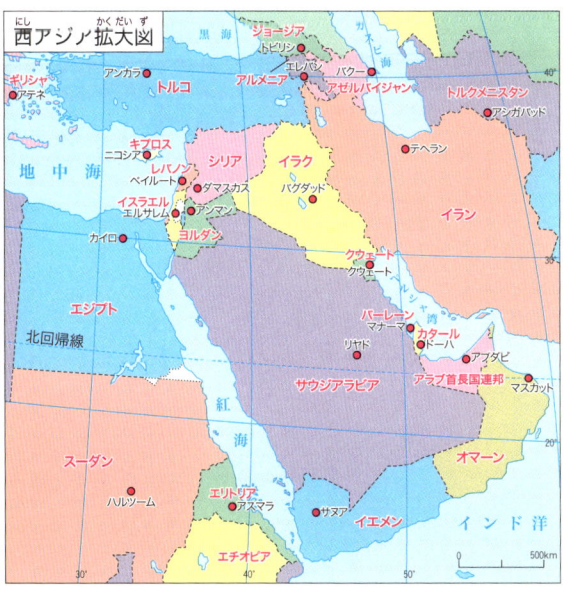

3 日本地図

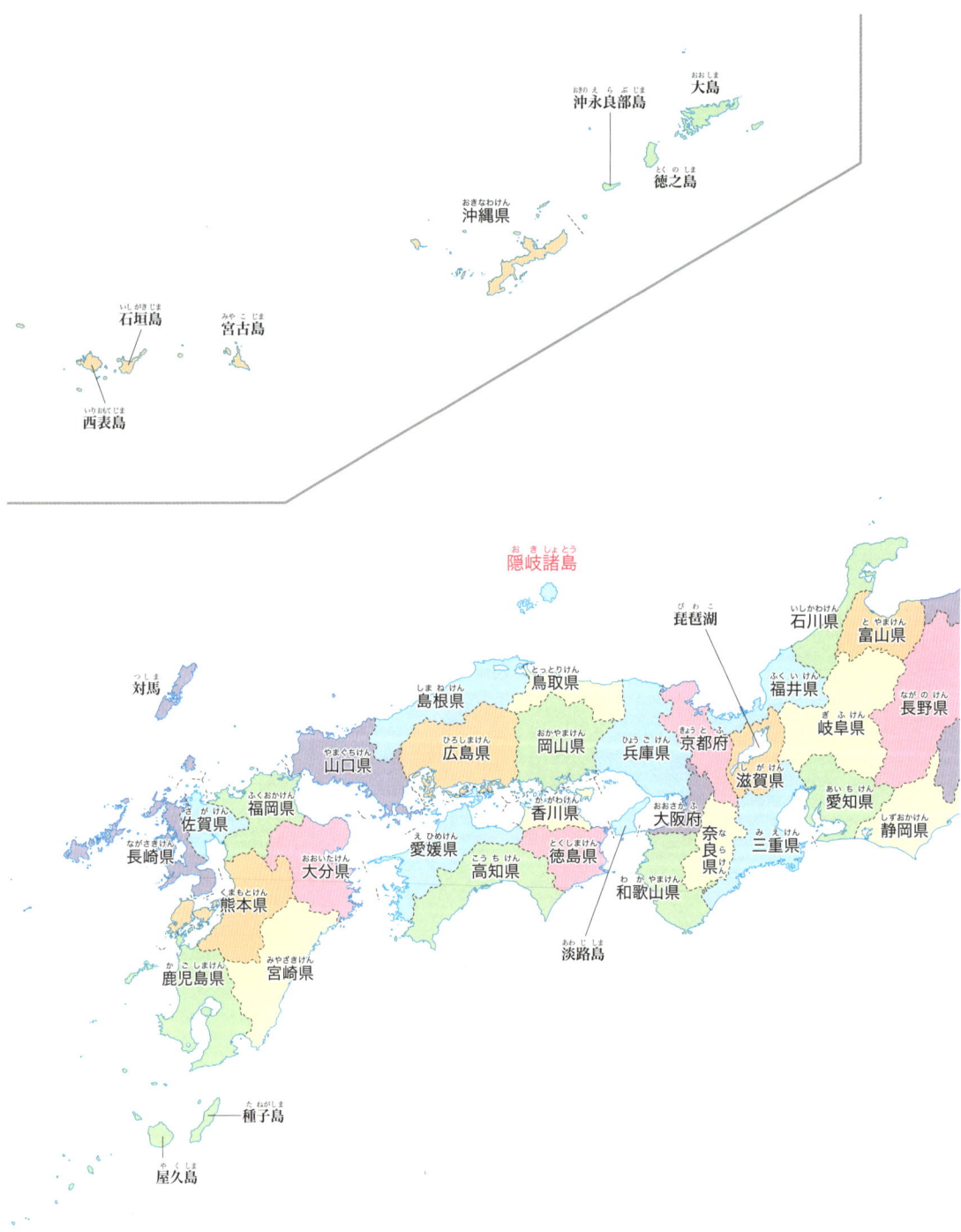

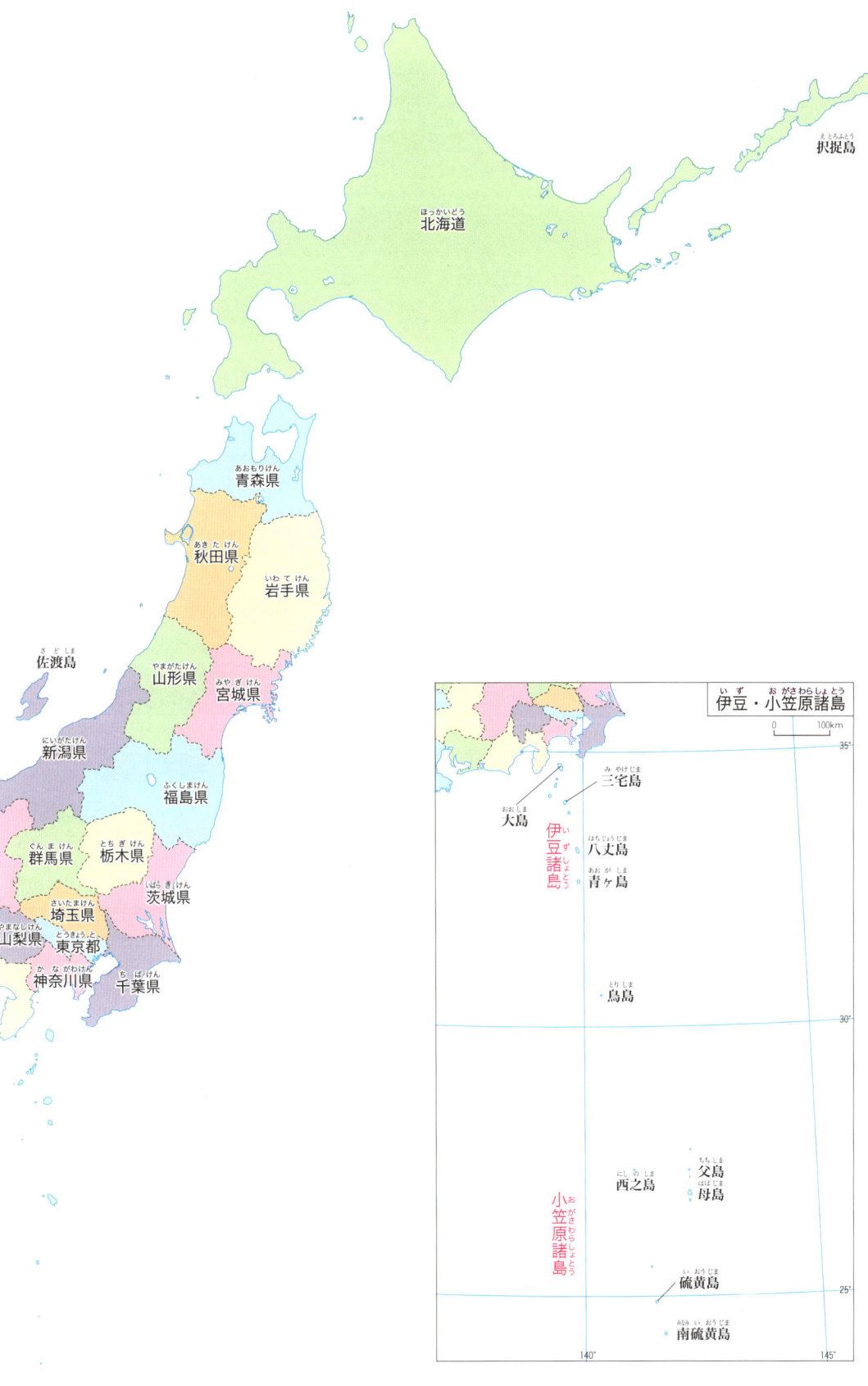

4 世界の主な湖

湖は，火山活動や氷河による侵食，断層運動（地中の岩盤が壊れてずれる現象）などの要因で形成される。

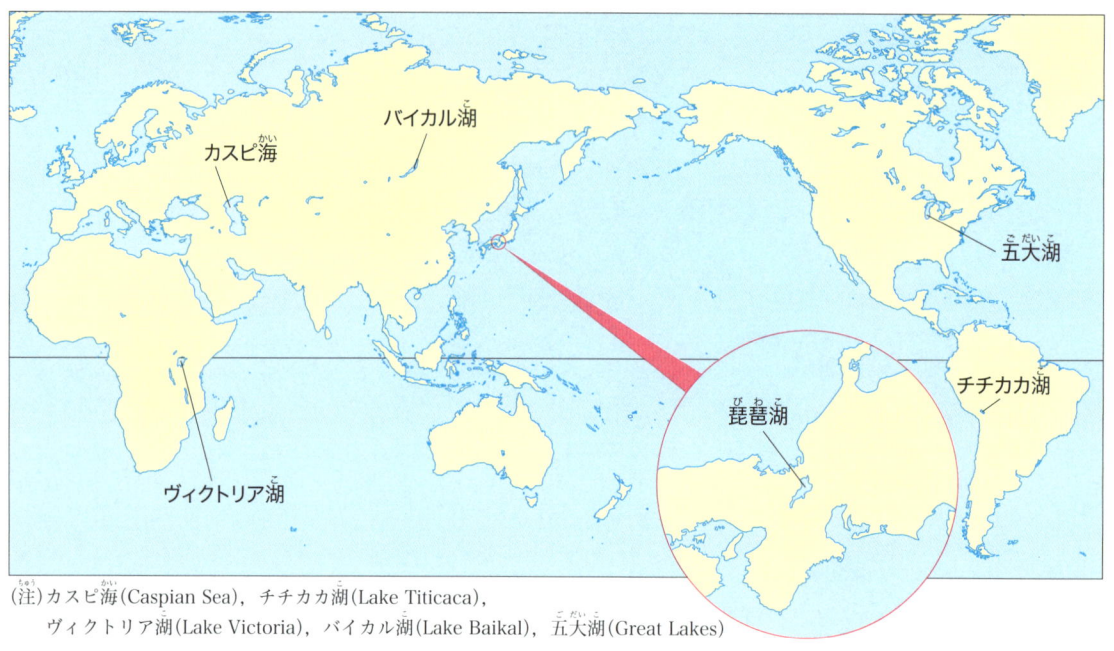

（注）カスピ海(Caspian Sea)，チチカカ湖(Lake Titicaca)，
ヴィクトリア湖(Lake Victoria)，バイカル湖(Lake Baikal)，五大湖(Great Lakes)

ヴィクトリア湖	ケニア(Kenya)，ウガンダ(Uganda)，タンザニア(Tanzania)の3か国に囲まれた，アフリカ(Africa)大陸最大の湖である。湖面標高は約1130m。
カスピ海	世界で最も大きな面積を持つ湖。ロシア(Russia)，カザフスタン(Kazakhstan)，トルクメニスタン(Turkmenistan)，アゼルバイジャン(Azerbaijan)，イラン(Iran)に囲まれた塩湖である。流入河川は多いが，流出河川はない。
バイカル湖	ロシアにある湖で，断層運動により形成された。最大水深は約1700mあり，世界最深の湖として知られている。
五大湖	アメリカ(USA)とカナダ(Canada)の国境に位置する。氷河の侵食によって形成された。
チチカカ湖	ペルー(Peru)とボリビア(Bolivia)の国境に位置している。湖面標高が約3,800mで，標高が非常に高いことで知られている湖である。
琵琶湖	日本最大の面積を持つ湖で，断層運動により形成された。下流域の京都や大阪などに住む人たちの飲料水を供給している。流入河川は多いが，流出河川は少ない。

5 世界の新しい動き

プラスチックごみ問題

プラスチックは使い捨て食器やペットボトルなど、さまざまなものに使われている。ある研究によると、使用されたプラスチックのうち、毎年約800万tがごみとして海に流れ込むという。プラスチックごみは、自然環境で分解されることがほとんどないため、海の中に半永久的にたまっていく可能性がある。このペースで海のプラスチックごみが増え続けると、2050年には、海にいるすべての魚の重量よりも、プラスチックごみの方が重くなるといわれている。また、マイクロプラスチック（大きさが5mm以下の微細なプラスチックごみ）が、海の生態系や環境に与える影響も心配されている。

このような状況に対処するため、国際社会は以下のような取り組みをしている。

国際連合(UN)は2015年採択の「持続可能な開発目標」(SDGs)の中で、2025年までにプラスチックごみなどのあらゆる種類の海洋汚染を防止し、大幅に削減することを目標の一つとして掲げている。EU（欧州連合）では、2019年5月、使い捨てプラスチック製品の流通を2021年までに禁止する法案が採択された。また同月に、バーゼル条約(Basel Convention)（→p.81）が改正され、2021年1月からは、汚れたプラスチックごみは国内処理を原則とし、輸出には相手国の同意が必要となった。日本など先進国は、リサイクルのコストが割高で採算が取れないため、プラスチックごみの多くを発展途上国に輸出してきた。しかし、その中には汚れていてリサイクルしにくいものが含まれており、それが不適切に処理され、環境汚染を招いていた。この問題は輸出国の不正で生じたことでもあるから、輸出国に対する規制の強化として、バーゼル条約の改正が行われた。さらに2019年6月に大阪で開催されたG20では、2050年までに海洋プラスチックごみによる追加的な汚染をゼロにすることをめざすと決められた。

▼海洋に流出したプラスチックごみ発生量（2010年推計）

1位	中国	132万〜353万t／年
2位	インドネシア	48万〜129万t／年
3位	フィリピン	28万〜75万t／年
4位	ベトナム	28万〜73万t／年
5位	スリランカ	24万〜64万t／年
20位	アメリカ	4万〜11万t／年
30位	日本	2万〜6万t／年

(注) 中国(China)、インドネシア(Indonesia)、フィリピン(Philippines)、ベトナム(Viet Nam)、スリランカ(Sri Lanka)

環境省ウェブサイトより作成

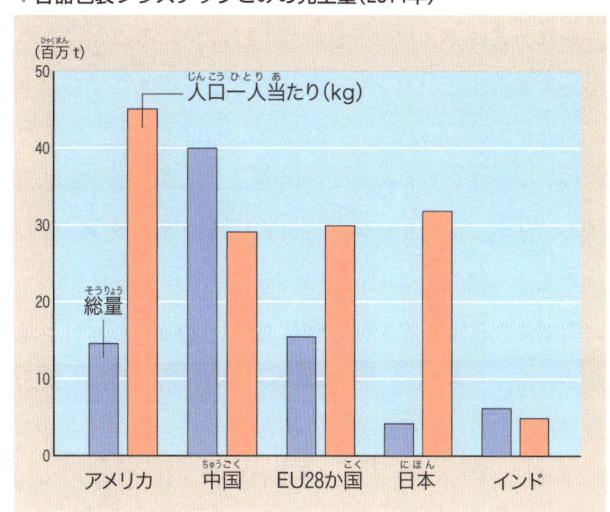

▼容器包装プラスチックごみの発生量（2014年）

UNEP "SINGLE-USE PLASTICS : A Roadmap for Sustainability" より作成

沖縄の基地問題

沖縄県の面積は日本の国土面積の約0.6%に過ぎないが、沖縄には在日アメリカ軍施設・区域の約70%が集中している（以下、「施設・区域」を「基地」と呼ぶ）。沖縄に駐留するアメリカ軍は、兵士の個人的な消費や、基地での日本人の雇用などで、沖縄の経済に貢献している面もある。しかし、県内に多くの基地があることや、軍用機の騒音や事故、アメリカ軍兵士の犯罪などがたびたび起こり、沖縄の基地負担は非常に大きくなっている。

太平洋戦争(Pacific War)中の1945年4月、アメリカ軍は沖縄（沖縄本島）に上陸し、日本軍と戦いながら基地の建設を進めた。沖縄での戦い（沖縄戦）は激しい地上戦となり、軍人・民間人合わせて18万人余りが犠牲となった。

1945年8月の日本の降伏後は、沖縄は本土とは異なり、アメリカの直接統治下に置かれた（→p.215）。講和条約の発効によって日本は1952年に主権を回復したが、一方で

▼沖縄のアメリカ軍基地

辺野古

普天間飛行場

■アメリカ軍基地

沖縄県ウェブサイトより作成

沖縄は正式にアメリカの施政権下に置かれることになった。冷戦が激しくなると、アメリカは沖縄の住民から強制的に土地を取り上げることを可能にする命令を出してまで、基地の建設を進めた。アメリカは沖縄を「太平洋の要石」("Keystone of the Pacific")と呼ぶほど、戦略的に重要視していた。

1964年に発足した佐藤栄作内閣は、政策の重要課題の一つとして沖縄の施政権の返還に取り組んだ。その結果、1972年に沖縄は日本に返還された（→p.217）が、アメリカ軍基地はそのまま沖縄に残された。

沖縄は、朝鮮半島(Korean Peninsula)や台湾海峡(Taiwan Strait)など日本の安全保障に影響を及ぼしやすい地域や、日本の海上輸送路にも近いことから、日本政府は沖縄を安全保障上きわめて重要な場所と捉えている。そのため、日本政府は沖縄の負担軽減と安全保障の両立ができる範囲で、アメリカ政府とともに基地の整理・縮小に取り組んでいる。

2006年、日本とアメリカの両政府は、住宅街の中にあって危険な普天間飛行場（普天間基地）を日本に返還し、代わりの基地を沖縄北部の辺野古に建設すると発表した。しかし、県外への移設を求めてこれに反対する沖縄県民も多く、2020年になっても、辺野古への移設手続きを進めようとする政府に対し、沖縄は県外移設を主張して抵抗するという構図が続いている。

第6部

解答解説

ANSWERS AND EXPLANATIONS

해답해설

第1部　経済分野

第1章　資本主義経済　p.6

問1 ④　**問2** ③　**問3** ①

解説

問1　ケインズは有効需要の増大が不況対策に有効と説いた。②はリストの主張である。

問2　新自由主義的な政策とは「小さな政府」をめざす政策のことであるから、政府の役割を小さくする③が正解である。

問3　シュンペーターは、イノベーションが経済発展の原動力であると唱えた。そのイノベーションは、新しいものや仕組みが、既存のものや仕組みに取って代わる創造的破壊が起こることで成り立つと主張した。依存効果とは、消費者が企業の広告・宣伝活動の影響を受けて商品を購入することである。

第2章　経済理論　p.15

問1 ①　**問2** ③

解説

問1　株式会社の最高意思決定機関は、取締役会ではなく、株主総会である。③一人につき一票ではなく、原則として一株につき一票である。④株式の発行により調達された資金は資本金に組み込まれるという記述は原則として正しい。しかし、株主は出資金の返済を要求することはできない。

問2　技術革新が起こると、生産のためのコストが低下する。したがって、供給曲線が右（下）にシフトする。

第3章　国民所得と経済成長　p.21

問1 ②　**問2** ③　**問3** ③

解説

問1　ストックは長い期間の積み重ねであるから、②が正解。①③④はフローの例である。

問2　デフレーション下では貨幣の価値が上昇するので、預金の価値も実質的に上昇する。なお、インフレーションは好況時に起こりやすいので、名目賃金は上昇する。

問3　この問題では、GDPは、生産額の合計から原材料費を差し引くことで求められる。生産額の合計は、農家の10万円と製粉業社の20万円とパン屋の50万円を足した額なので、80万円である。原材料費は、製粉業社が農家から仕入れた額の10万円と、パン屋が製粉業社から仕入れた額の20万円を足した額なので、30万円である。よって、80万円－30万円＝50万円になる。

第4章　金融　p.27

問1 ①　**問2** ④　**問3** ①

解説

問1　通貨の価値が安定しやすいことは、金本位制の長所の一つである。管理通貨制度の下では、中央銀行は金融政策を行うことで流通通貨量を調節することができる。

問2　デフレーションから脱するために行う金融政策は、買いオペレーションである。②増税は政府の財政政策であり、日本銀行（中央銀行）の金融政策ではない。

問3　公的資金の注入により、金融機関は不良債権の処理を進めることができた。②金融持株会社とは、銀行・信託・証券・保険などの金融機関を子会社とする会社のことで、独占禁止法改正により設立が可能になった。

第5章　財政　p.34

問1 ①　**問2** ②　**問3** ③

解説

問1　①は財政の機能の一つである所得再分配の説明である。

問2　2009年度は、リーマン・ショック後の景気対策のために国債が大量に発行され、国債依存度が50％を超えた。なお、日本の国債を最も多く保有しているのは、日本銀行である（2020年6月末現在）。全体の5割近くを占めており、買いオペレーションが盛んに行われていることが分かる。

問3　プライマリーバランスは、（歳入総額－公債金）－（歳出総額－国債費）で求めることができる。この式を問題に当てはめると、

(650−250)−(650−170)＝−80になる。マイナスは赤字を示すから，③が正解である。

第6章 日本経済の歩み　p.45・46

問1 ④　問2 ③　問3 ③　問4 ④　問5 ④

解説 問1　横浜税関によると，生糸は開港以来83年連続で横浜港の輸出品目1位であった。①の綿織物は，貿易開始初期の主な輸入品である。

問2　自作農とは，自分の土地を持つ農家のことである。

問3　「過疎化・過密化」は高度経済成長期のキーワードの一つである。②国内旅行での鉄道の利用者数は，航空機の利用者数に比べてはるかに多い。

問4　貿易摩擦の対象品目は，おおむね，繊維製品，鉄鋼，カラーテレビ，自動車，半導体の順番で変化した。

問5　Aは高度経済成長を象徴する出来事の一つで1964年，Bはバブル経済崩壊後の出来事で1999年，Cは高度経済成長末期の出来事で1973年，Dは復興期の出来事で1947年である。

第7章 労働問題と社会保障　p.54

問1 ②　問2 ③　問3 ①

解説 問1　男女雇用機会均等法により，雇用における男女の機会均等が進められてきた。また，企業に対し，65歳までの定年引き上げ，65歳までの継続雇用制度の導入，定年の廃止のいずれかを義務づける法律が制定されている。

問2　社会保障法が制定されたのは，ドイツではなくアメリカである。

問3　家族の介護の負担を軽減し，社会全体で介護を支えるために，2000年に介護保険制度が導入された。②公的年金の財源は，政府が税などにより拠出する分と，国民などが現役時代に納めた保険料からなる。

第8章 国際経済　p.76〜78

問1 ④　問2 ①　問3 ③　問4 ③　問5 ②
問6 ③　問7 ③

解説 問1　A国は毛織物に比較優位があり，B国はワインに比較優位がある。よって，A国は毛織物の生産に特化し，B国はワインの生産に特化すれば，毛織物の生産量は2.2単位，ワインの生産量は2.25単位となり，両国全体で両財の生産量が増加する。

問2　商品を売った日本の企業は，円で支払いを受ける。その場合，円を求めるアメリカの企業が増加するから，円高ドル安になる。④日本国内の物価が上昇すると，外国の商品よりも相対的に価格が上がるので，日本からの輸出が減少する。その場合，円を求める外国の企業は減少するので，円安に向かう。

問3　貿易収支とサービス収支が分かれている場合の経常収支は，貿易収支＋サービス収支＋第一次所得収支＋第二次所得収支で求めることができる。この式を問題に当てはめると，200−100−500＋200＝−200になる。よって，200の赤字となる。

問4　国際収支(経常収支)の赤字国は，IMFから一時的な融資を受け，経済の立て直しを図る。なお，2019年時点でIMFへの出資比率が最も高いのはアメリカで，2位が日本，3位が中国である。

問5　プラザ合意とは，G5が外国為替市場に協調介入を行い，ドル高を是正することへの合意である。

問6　Aは2004年，Bは2002年，Cは1993年，Dは1998年の出来事である。

問7　BRICs(BRICS)の構成国は，ブラジル・ロシア・インド・中国(・南アフリカ)である。

第9章　地球環境問題　p.82

問1 ②　問2 ①

解説 問1 「持続可能な開発」は1990年代以降、地球環境問題における重要な概念となった。「アジェンダ21」は、リオ宣言の行動計画。生物多様性条約は、生物の多様性を保全するための条約で、1993年に発効した。砂漠化対処条約は、特にアフリカの国々における砂漠化・干ばつに対処することを定めた条約で、1994年に採択され、1996年に発効した。

問2 モントリオール議定書の発効後、締約国はフロンなどのオゾン層破壊物質に対する規制を強めている。

第2部　政治分野

第1章　民主政治の基本原理　p.91

問1 ④　問2 ④　問3 ④

解説 問1 自由と平等を自然権とするルソーの『社会契約論』は、フランス革命に影響を与えた。②ボーダンはフランスの思想家で、主権の概念を提唱したことで知られる。

問2 国家権力から国民の自由や権利を守ることは、法の支配の主要な目的の一つである。③は法治主義と呼ばれる考え方で、19世紀のドイツで確立した。

問3 モンテスキューは主著『法の精神』において、国家権力を立法権、行政権、司法権の三権に分け、相互の抑制と均衡を図るべきであると主張した。①ミルは功利主義（質的功利主義）の立場をとる思想家。

第2章　世界の政治体制　p.95

問1 ①　問2 ②　問3 ④

解説 問1 イギリスでは、原則として、議会下院で多数を占める政党の党首が首相に選ばれる。なお、かつては上院議員と最高法院（最高裁判所）の裁判官を兼任する人がいたが、2009年に議会から独立した最高裁判所が設置され、兼任の制度は廃止された。

問2 アメリカでは厳格な三権分立が採用されているため、連邦議会は大統領に対する不信任決議権を持たず、大統領は連邦議会を解散することができない。

問3 ドイツの大統領は、ワイマール憲法の下では強大な権限を持っていた。しかし、このことが国内の混乱を招いたため、現在のドイツの憲法では、大統領は儀礼的な権限のみを有するとされた。①フランスの大統領は国民の直接選挙で選出され、議会下院の解散権や首相の任免権など広範な権限を持つ。

第3章　日本国憲法の基本原理　　p.106

問1 ③　問2 ④　問3 ④

解説　問1　出題された自由権のうち，信教の自由，学問の自由，表現の自由が精神の自由に，奴隷的拘束及び苦役からの自由，黙秘権，法定手続きの保障が身体（人身）の自由に，財産権，職業選択の自由が経済（経済活動）の自由に，それぞれ分けられる。

問2　④の労働者の団結権は，労働基本権の一つである。

問3　生存権は社会権の一つで，日本国憲法に定められている。

第4章　日本の政治機構　　p.118・119

問1 ③　問2 ①　問3 ④　問4 ③　問5 ①

解説　問1　③は不逮捕特権の説明である。④国政調査権は，衆議院も参議院も行使することができる。

問2　内閣の主な権限・職務として，一般行政事務，外交関係の処理，条約の締結，予算の作成，政令の制定がある。②③憲法改正の発議や条約の承認を行うのは，国会である。

問3　裁判所の違憲審査権は，法律だけでなく政令や条例も対象とする。

問4　「地方自治の本旨」とは地方自治の理念であり，根本の趣旨であると解釈されている。

問5　衆議院議員の選挙では小選挙区と比例代表区の両方に立候補する重複立候補が認められているため，小選挙区で落選した候補者が比例代表区で復活当選することがある。②中選挙区制は大選挙区制の一種で，一つの選挙区で3～5名を選出する制度である。かつて衆議院の選挙制度として採用されていた。

第5章　政党と選挙制度　　p.130

問1 ①　問2 ①　問3 ②

解説　問1　単独政権が成立しやすい点は，二大政党制の特徴の一つである。二大政党制の代表的な国は，イギリスとアメリカである。

問2　池田勇人内閣は1960～1964年。GATT11条国への移行は1963年である。

問3　2015年の公職選挙法改正により，日本の選挙権年齢は18歳以上とされた。

第6章　国際政治　　p.142～144

問1 ④　問2 ①　問3 ④　問4 ②　問5 ④
問6 ④

解説　問1　グロティウスは1625年に『戦争と平和の法』を著した。③サンピエールはフランスの聖職者で，18世紀初頭に永久平和論を説いた。

問2　国際連盟の問題点の一つに，侵略国に対する軍事制裁が事実上不可能だったという点がある。

問3　国際連合の安全保障理事会の常任理事国は，アメリカ，イギリス，フランス，中国，ロシアである。

問4　①WTOと②ILOの本部はジュネーブ，③UNESCOの本部はパリ，④IMFの本部はワシントンD.C.にそれぞれ置かれている。

問5　アメリカとソ連は核抑止論に基づき，核兵器の開発を進めた。その結果，核兵器による恐怖の均衡が成立した。世界の科学者が核兵器と戦争の廃絶について討議する会議は，パグウォッシュ会議である。

問6　まず，Cは難民の認定数が他国に比べて非常に少ないことから，日本と分かる。次にAは，UNHCRへの拠出額が非常に多いことから，国際連合など国際機関への拠出額が多いアメリカであると判断できる。残ったBは，UNHCRへの拠出額が多いのは先進国であることから，シリアではなくドイツであると判断できる。

第3部 歴史分野

第1章 市民革命と産業革命　p.155

問1 ④　問2 ①　問3 ③

解説 問1　蒸気機関は、綿工業だけでなく交通機関にも利用された。産業革命期に用いられるようになった機械は、熟練した技術がなくても使うことができた。また、当時のイギリスでは石炭が大量に生産されていた。

問2　アメリカの初代大統領はワシントンである。②合衆国憲法制定後も黒人の奴隷制は廃止されなかった。

問3　第三身分には重い税が課されていた。①政府の財政改革は失敗した。②第二身分は貴族である。④三部会は1615年から1789年5月まで招集されなかった。

第2章 国民国家の形成　p.170・171

問1 ②　問2 ④　問3 ①　問4 ②

解説 問1　ドイツ連邦はオーストリアを盟主として発足した。①ウィーン体制下では、自由主義とナショナリズムは抑圧された。③イタリア王国の成立は1861年、④アイルランドが独立したのは第一次世界大戦後である。

問2　Aは1853年、Bは1870年、Cは1848年、Dは1815年の出来事である。

問3　ハイチは1804年に独立を達成したが、フランスは承認しなかった。さらに、イギリス、アメリカ、スペインなども黒人奴隷の独立運動が自国に波及することをおそれ、独立を承認しなかった。この情勢を打開するため、ハイチは多額の補償金の支払いを約束して、フランスに1825年に独立を承認させた。しかし、その支払いに長年苦しむことになった。

問4　アメリカの北部は、人道的な考え方などから奴隷制の廃止を主張していた。そして、奴隷制の拡大に反対していたリンカーンが大統領選挙に勝利すると、奴隷制の存続を主張していた南部はアメリカから離脱し、南北戦争が始まった。なお、トラファルガーの海戦やワーテルローの戦いなど、ナポレオンが実権を握っていた期間に指揮した戦争を、ナポレオン戦争と総称することがある。

第3章 帝国主義の成立　p.176

問1 ①　問2 ②　問3 ②

解説 問1　イギリスは海峡植民地を成立させ、マレー半島を植民地化した。②ジャワ島を支配したのはオランダである。③フィリピンをアメリカに奪われたのはスペインで、④ベトナムを植民地化したのはフランスである。

問2　1884年から1885年にかけて開かれたベルリン会議では、アフリカは「無主の地」とみなされ、最初に占領した国が領有できるとする先占権が認められた。これが、ヨーロッパ列強によるアフリカ分割が激化するきっかけとなり、コンゴ自由国はベルギー国王の所有地とされた。③④パン・アフリカ会議は、世界中のアフリカ系の人々の地位向上と連帯をめざす「パン・アフリカニズム」の思想の下に開かれた会議で、1919年の会議ではアフリカの自治を訴えた。

問3　20世紀初めのアフリカにおいて独立を維持していたのは、リベリアとエチオピアだけであった。

第4章 日本の近代化　p.180

問1 ③　問2 ④

解説 問1　日米修好通商条約において、日本は関税自主権を持たず、領事裁判権をアメリカに認めた。

問2　Aは1895年、Bは1904年、Cは1902年、Dは1894年の出来事である。

第5章　第一次世界大戦　p.189

問1 ①　問2 ③

解説　問1　20世紀初めのバルカン半島は、「ヨーロッパの火薬庫」と呼ばれるほど不穏な情勢にあった。サラエボ事件で殺害されたのは、オーストリアの帝位継承者夫妻（皇太子夫妻）である。第一次世界大戦では、戦車や毒ガスなどの新兵器が使用された。

問2　Aは1922年から1923年、Bは1928年、Cは1917年、Dは1919年の出来事である。

第6章　世界恐慌から第二次世界大戦へ　p.197・198

問1 ③　問2 ①　問3 ②　問4 ④

解説　問1　公共事業を行って雇用を増やすことが、ニューディール政策の目的の一つであった。①消費者の四つの権利とは安全の権利、知らされる権利、選ぶ権利、意見を聞いてもらう権利のことで、アメリカのケネディ大統領が1962年に発表した。

問2　Aは1933年、Bは1936年、Cは1940年、Dは1941年の出来事である。

問3　ド・ゴールはドイツへの降伏を拒否してイギリスに逃れ、ロンドンで自由フランス政府を組織して、ドイツへのレジスタンスを呼びかけた。③ノルマンディー上陸作戦の最高司令官はアメリカの軍人アイゼンハワーである。④1943年11月から12月にかけて、アメリカ、イギリス、ソ連の首脳により開かれたテヘラン会談では、連合国軍の北フランス上陸作戦などが協議された。なお、ド・ゴールは、カイロ会談、テヘラン会談、ヤルタ会談など一連の連合国首脳会談に招かれていない。

問4　1945年2月のヤルタ会談は、アメリカ、イギリス、ソ連の首脳により開催された。戦後の体制の構想や、ソ連の対日参戦などについて協議された。

第7章　冷戦と冷戦後の世界　p.213・214

問1 ④　問2 ②　問3 ①　問4 ①　問5 ④

解説　問1　アメリカは1947年にマーシャル・プランを発表した。①アルジェリアの独立は1962年、②北爆の開始は1965年、③第四次中東戦争は1973年である。

問2　ソ連がキューバにミサイル基地を建設したことにアメリカは強く反発し、1962年にキューバ危機が起こった。①ベルリンの壁は東ドイツが建設した。③「プラハの春」が起こったのはチェコスロバキアである。④エジプトは「アフリカの年」よりも前に独立した。

問3　アジア・アフリカ会議には29か国が参加し、平和十原則が採択された。この会議に参加した国の多くは、西側にも東側にも属さない方針をとった。

問4　チトー大統領が率いるユーゴスラビアは、ソ連による内政干渉を拒んで1948年にコミンフォルムから除名された。その後は独自の社会主義路線をとり、非同盟諸国の中心となった。

問5　Aは2011年、Bは1993年、Cは2001年、Dは1991年の出来事である。

第8章　第二次世界大戦後の日本　p.218

問1 ②　問2 ③

解説　問1　日本はサンフランシスコ平和条約の発効により、主権を回復した。

問2　Aは1956年10月、Bは1956年12月、Cは1947年、Dは1972年の出来事である。日ソ共同宣言調印後、日本の国際連合加盟が実現した。

第4部 地理分野

第1章 地図と時差　p.226
問1 ①　問2 ④　問3 ④

解説　問1　図上のロンドンの位置から、ニューヨークはロンドンよりも西(左)にあることが分かる。また、図上のシンガポールの位置から、赤道の線が判断できる。ニューヨークは北半球に位置し、図上ではロンドンより西(左)であるから、①と分かる。
問2　メルカトル図法における2地点間の直線は等角航路といい、航海に利用されてきた。
問3　1月13日午後1時30分の11時間35分後は、1月14日午前1時5分である。時差は9時間なので、日本の方が9時間進んでいる。したがって、日本到着の日時は、日本時間で1月14日午前10時5分となる。

第2章 地形　p.232・233
問1 ②　問2 ④

解説　問1　ロッキー山脈は新期造山帯に属する山脈で、②のウラル山脈は古期造山帯に属する。
問2　A～Cはすべて平野の海岸地形なので、エスチュアリーが正解である。③カールは、氷河(山岳氷河)の侵食作用によって山頂部にできる、すり鉢状の窪地のことである。

第3章 気候　p.242・243
問1 ①　問2 ③　問3 ④

解説　問1　①は典型的な地中海性気候(Cs)のハイサーグラフである。②は西岸海洋性気候(Cfb)、③は温暖冬季少雨気候(Cw)、④は温暖湿潤気候(Cfa)のハイサーグラフである。
問2　イギリスやアイルランドは、暖流の北大西洋海流と偏西風の影響で、冬でも温暖な気候である。
問3　アマゾン川流域に広がっているのは、セルバと呼ばれる熱帯雨林である。

第4章 農業と食料問題　p.253・254
問1 ①　問2 ②

解説　問1　カカオ豆が収穫できるのは赤道の南北緯度20度以内であるため、アフリカ諸国での栽培が盛んである。したがって、Cはカカオ豆である。大麦はヨーロッパで生産量が多いのでBが、大豆は南北アメリカで生産量が多いので、Aが当てはまる。
問2　中国は豚肉の生産量が、他国よりもはるかに多い。牛肉と鶏肉の生産量世界1位はアメリカである。なお、羊肉の生産量は中国が世界1位で、アメリカは上位5か国に入っていない(2019年)。

第5章 工業・産業　p.257
問1 ①　問2 ①

解説　問1　Dは2019年で最も生産台数が多いので、中国である。Cは生産台数が1990年から多めで推移しているのでアメリカ、Aは中国ほどではないが大きく増加しているので、インドが当てはまる。残ったBがドイツである。
問2　産業用ロボットの稼働台数は、日本が長く世界1位であったが、中国が稼働台数を急速に増やし、2017年に日本を上回った。

第6章 資源・エネルギー　p.263～265
問1 ③　問2 ④　問3 ①

解説　問1　Aは原油自給率が非常に高いので、中東のイランである。Bは原油自給率が非常に低いので、日本が当てはまる。Dは国内供給量が多いので、経済大国のアメリカが当てはまる。残ったCが中国である。
問2　Aは3つの項目すべてで上位6か国に入っているので、資源が豊富なロシアが当てはまる。Bは石炭が世界1位なので中国が、Dは鉄鉱石が世界1位なので、オーストラリアが当てはまる。よってCはインドである。

問3　Cは3つの項目すべての値が高いので，中国である。Aは，Cの次に各項目の値が高いので，経済発展が進むインドが当てはまる。Dは3つの項目すべての値が低いので，省エネルギー化が進んでいるドイツが当てはまる。残ったBが日本である。

第7章　貿易　p.269・270

問1 ②　問2 ②

解説　問1　Bはヨーロッパの国が並んでいるので，イタリアが当てはまる。Cは東アジアの国や地域が多いので，日本が当てはまる。Dは1位と2位がNAFTA(北米自由貿易協定)(現在はUSMCA(米国・メキシコ・カナダ協定))の加盟国なので，メキシコが当てはまる。残ったAが南アフリカである。

問2　ギリシャはEU加盟国であるから，ある程度は経済発展していることが推測できる。よって，BとDに絞れる。Dは全品目が工業製品なので，先進国のドイツである。Bは機械類や医薬品が入っているから，これがギリシャと判断できる。Aは銅鉱と銅の割合が非常に高いので，チリである。Cは工業製品と一次産品があるので，マレーシアが当てはまる。

第8章　人口・宗教　p.278～280

問1 ③　問2 ③　問3 ②

解説　問1　スペインとイギリスでは，人口が多いのはイギリスなので，Aはイギリスである。ナイジェリアは2020年時点で人口が1億人を超えているため，Bはケニアである。Cは人口増加のスピードが緩やかなので，先進国のカナダが当てはまる。

問2　Aは2020年時点で，高齢化率(総人口に占める65歳以上人口の割合)が最も高く30％近いので，日本が当てはまる。Bは2050年にはAを上回るほど高齢化のスピードが速いので，韓国である。Cは高齢化のスピードはAやBに比べて緩やかであるが，2060年では30％を超えているので，先進国のドイツである。Dは高齢化率が非常に低く推移しているので，発展途上国のパキスタンが当てはまる。

問3　タイは仏教が盛んな国なので，Bがタイである。Aはイスラム教の割合が非常に高いので，トルコである。Cはキリスト教の割合が高いので，フランスである。よってDは韓国である。

第9章　世界の国々　p.297・298

問1 ②　問2 ②　問3 ③

解説　問1　パリはフランスの首都なので，②がパリである。①はマドリード，③はボン，④はヴェネツィアである。

問2　①はベルギー，②はオランダ，③はデンマーク，④はチェコである。

問3　ニューギニア島は東経141度線を国境線として，インドネシアとパプアニューギニアが領有している。①②東経25度線を国境線としているのは，エジプトとリビアである。

第10章　日本　p.314～316

問1 ④　問2 ③　問3 ①　問4 ③

解説　問1　青森県は本州の最も北にある。①は鹿児島県，②は愛知県，③は新潟県である。

問2　中京工業地帯は愛知県，三重県，岐阜県の三県にまたがる日本最大の工業地帯で，航空産業や自動車産業が盛んである。①みかんの生産量が最も多い都道府県は和歌山県，ぶどうの生産量が最も多い都道府県は山梨県である(2018年)。②梅雨が見られないのは，北海道である。④65歳以上人口の総人口に占める割合が20％台の都道府県もある。

問3　Aは1位がオーストラリアなので，鉄鉱石が当てはまる。Bは国内の森林面積が大きいカナダが1位なので，木材が当てはまる。Cは中東の国が上位を占めているので，原油である。

問4　ドイツからは自動車の輸入が多いので，Cがドイツである。Aはオランダ，Bはベトナム，Dは韓国である。

索引

1. この索引は，本文中の用語を五十音順に並べて示したものです。
2. 本文中に赤字で示した用語は，索引でもそのページを赤字で示しています。
3. 欧文略語については，わ行の次に「欧文略語索引」としてまとめ，アルファベット順に並べて示しています。
4. 書名には『　』を，引用句などには「　」を付しています。

あ

- アイヌ　177
- アイヌ民族　101
- 「赤狩り」　201
- 赤字国債　31
- アジア・アフリカ会議　203
- アジア太平洋経済協力会議　70
- アジア太平洋戦争　195
- アジア通貨危機　43, 74
- アジェンダ21　80
- アダム・スミス　2, 5
- 「新しい人権」　102
- 圧力団体　121
- アパルトヘイト　286
- アフリカ統一機構　205
- 「アフリカの年」　205
- アフリカ分割　174
- アフリカ連合　205, 286
- アベノミクス　44
- アヘン戦争　173
- アボリジニ　296
- アマゾン川　293
- アメリカ合衆国憲法　151
- アメリカ・スペイン戦争　172, 175
- アメリカ独立革命　149
- アメリカ独立宣言　86, 89
- アメリカ独立戦争　150
- アラブ石油輸出国機構　206
- 「アラブの春」　209
- アラブ連盟　206
- アルザス・ロレーヌ地方　185
- アルバイト　48
- アルプス山脈　228, 234, 289
- アルプス・ヒマラヤ造山帯　227, 228
- アロー戦争　173
- 『アンクル・トムの小屋』　167
- アンシャン・レジーム　151

い

- 安全保障理事会　134
- 安定陸塊　227
- 安保闘争　216

- イエス　275
- 違憲審査権　88, 94, 114
- 異常気象　235
- イスラエル　206
- イスラミック・ステート　209
- イスラム教　247, 275, 276, 277, 282, 284
- 緯線　220
- イタリア王国　162
- 一次エネルギー　258, 259
- 一次産品　72, 266
- 一神教　275
- 一党制　120
- 一般意志　86
- 一般会計予算　28
- 一票の格差　128
- 緯度　220
- 伊藤博文　96, 121, 178
- イノベーション　5
- イベリア半島　289
- イラク戦争　209
- イラン・イラク戦争　207
- イラン革命　207
- 医療保険　52
- 印紙法　150
- インフレーション　4, 20, 23
- インフレターゲット　26

う

- ウィルソン　133, 169, 185
- ヴィルヘルム1世　163, 164
- ヴィルヘルム2世　181
- ウィーン会議　153, 156, 157, 162
- ウィーン議定書　156

- ウィーン条約　81
- ウィーン体制　156, 160
- ウェーバー　85
- ウェストファリア条約　131
- ウォール街　187
- ウォルポール　147
- 雨季　237, 238
- 「失われた10年」　43
- ウラル山脈　228
- 売りオペレーション　24
- ウルグアイ・ラウンド　66, 308
- 運搬　227, 228

え

- 永世中立国　157, 289
- 英仏協商　175, 182
- 営力　227
- 英露協商　182
- 液状化現象　231
- エスチュアリー　229, 230
- 江戸幕府　177, 178
- 択捉島　299
- エルサレム　206
- エルニーニョ現象　235
- エンゲル係数　7
- 円高　62
- 円安　62
- 遠洋漁業　309

お

- 王権神授説　86, 146
- 欧州共同体　67
- 欧州経済共同体　67
- 欧州自由貿易連合　70
- 欧州中央銀行　67, 287
- 欧州連合　67, 288
- 横断政策　174
- 大きな政府　3

338　日本留学試験対策　完全マスター　総合科目

大隈重信	121, 178
大阪圏	302
沖合漁業	309
沖縄返還協定	125, 217
沖ノ鳥島	299
オスマン帝国	188
オゾン層	80, 81
オバマ	169
親潮	304
オランダ領東インド	172
温室効果ガス	79, 81
温帯	236, 239, 244, 305
温暖湿潤気候	239
温暖冬季少雨気候	239
オンブズマン制度	116

か

買いオペレーション	24, 26
外貨準備	59
海峡植民地	172
海溝	227
海溝型地震	231
「開国」	177
外国為替市場	61
外国為替相場	61
介護保険	52
外的営力	227
開発援助委員会	73
開発独裁	202
外部経済	13
外部効果	13
外部不経済	13
海流	235
価格の下方硬直性	13
核拡散防止条約	139, 207
閣議	110
核兵器	139, 196
革命権	86
家計(経済主体)	7
「影の内閣」	92
加工貿易	282, 312
火山活動	227
可処分所得	7
カースト制	277, 283
カストロ	204
化石燃料	258, 259, 261
寡占	3, 13
過疎化	40, 302
カーター	169

活火山	303
カトリック	275, 283
カブール	162
株式	8
株式会社	8, 9
株式市場	3
株主	8, 9
株主総会	8
過密化	40, 302
カリスマ的支配	85
ガリバルディ	162
カリフ制	188
火力発電	261
カルヴァン	275
カルデラ	303
カルテル	14
為替レート	61
乾季	237, 239
環境権	102
環境省	111
環境庁	40
韓国併合	179
慣習法	85
関税及び貿易に関する一般協定	66
関税自主権	35, 178
関税同盟	67
間接金融	22
間接税	29, 30
間接選挙	93
間接統治	215
間接民主制	88, 98
完全競争市場	10
乾燥帯	236, 238
寒帯	236, 239, 241
環太平洋造山帯	227, 228, 296, 303
環太平洋パートナーシップ	70
干拓地	289
ガンディー	188
干ばつ	235
管理通貨制度	23, 37
寒流	235, 304
官僚制	85

き

気圧	234
生糸	36
議院内閣制(イギリス)	92, 147
議院内閣制(日本)	110
気温	234, 239, 240

企業(経済主体)	7
企業統治	9
企業別組合	48
気候	234
気候区分	236
気候変動枠組条約	81
技術革新	5, 11, 19
季節風	234, 239, 305
北アイルランド	212
北回帰線	220
北大西洋海流	235
北大西洋条約機構	201
北ドイツ連邦	164
キチンの波	19
基本的人権	99
基本的人権の尊重	97
九カ国条約	186
球戯場の誓い	151
九州	299, 300
キューバ危機	139, 204
『旧約聖書』	275
教育を受ける権利	101
供給	10, 11, 12
供給曲線	10, 11, 12
恐慌	19
共産主義	127
共産党(ソ連)	184
教書	93
協商国	183
行政	87
行政(日本)	107
行政委員会	110
行政権	110
行政国家	112
強制栽培制度	172
共通農業政策	67
協定世界時	223
京都議定書	81
共和党(アメリカ)	94
局地風	234
居住, 移転及び職業選択の自由	100
拒否権	93, 115, 134
ギリシャ正教	275
キリスト教	275
義和団事件	179
キングストン合意	65
均衡価格	10, 11
金本位制	23, 37
金融緩和政策	24

索引項目	ページ
金融再生法	25
金融収支	57, 59
金融政策	24
金融引き締め政策	24
勤労権	47, 101
勤労の義務	103

く

索引項目	ページ
偶像崇拝	276
クオータ制	128
クズネッツの波	19
熊本地震	231
クラウディング・アウト	33
グリニッジ標準時	223
クリミア戦争	161, 165
クリミア半島	210
クリミア併合	210
『クルアーン』	276
クルド人	211
グレートディバイディング山脈	228
グレートプレーンズ	291
黒潮	304
グロティウス	131

け

索引項目	ページ
計画経済	5
景気変動	19
経済安定九原則	215
『経済学及び課税の原理』	5
『経済学の国民的体系』	5
経済協力開発機構	73
経済主体	7
経済成長率	18
経済相互援助会議	200
経済の自由	99, 103
『経済発展の理論』	5
経済連携協定	67, 268, 289
警察予備隊	215
刑事裁判	113
傾斜生産方式	38, 125
経常収支	57, 58
経線	220
経度	220
京浜工業地帯	301, 309, 310
ケインズ	3, 4, 5, 191
ケープ植民地	174
ケッペン	236
ゲティスバーグの戦い	168
ケネディ	169, 204

索引項目	ページ
ケベック	149
ケベック州	292
「ゲルニカ」	192
検閲	99
限界効用	5
減価償却費	16
原告	113
原子爆弾	139, 196, 201, 301
原子力発電	261, 288
建設国債	31
原油	259
権利章典	89, 147
権利請願	89, 146
権力分立	87

こ

索引項目	ページ
五・一五事件	122
高圧帯	234
豪雨	235
公害	13, 40
公開市場操作	24
公害対策基本法	40, 125
好況	19
公共財	13, 28
公共の福祉	99
合計特殊出生率	273
公債	31
公債金	29
鉱産資源	260
公衆衛生	52
公職選挙法	127
洪水	235, 236
公正取引委員会	14, 110, 111
交戦権の否認	104
公定歩合	42
公的扶助	52
合同会社	9
高度経済成長	39, 309
後発発展途上国	286
幸福追求権	102
合法的支配	85
公民権運動	201
広葉樹	239
硬葉樹	239
古期造山帯	227, 228, 259
コーク	87
「国王は君臨すれども統治せず」	92, 147
国債	31, 32

索引項目	ページ
国債依存度	32
国際刑事裁判所	136
国際原子力機関	136, 139
国際司法裁判所	134, 135
国際収支	57
国際収支(日本)	60
「国際収支の天井」	39
国際人権規約	90, 131
国際通貨基金	64, 136
国際復興開発銀行	64, 136
国際法	131
国際連合	134, 199
国際連合加盟(日本)	216
国際連合憲章	134, 135, 199
国際連盟	132, 133, 185
国際連盟除名(ソ連)	194
国際連盟脱退(ドイツ)	192
国際連盟脱退(日本)	195
国際労働機関	136
国事行為	98
国税	29
国政調査権	109
国内総生産	16, 17
『国富論』	2, 5
国民	84
国民議会	151
国民主権	88, 97, 98
国民純生産	16, 17
国民所得	16, 17
「国民所得倍増計画」	39, 125
国民審査	98, 112
国民総所得	16
国民総生産	16, 17
国民投票	98
国民の義務	103
国民負担率	53
国連開発計画	136, 138
国連環境開発会議	80
国連環境計画	80, 136
国連教育科学文化機関	136, 137
国連児童基金	136
国連食糧農業機関	136
国連難民高等弁務官事務所	136, 141
国連人間環境会議	80
国連貿易開発会議	73, 136
55年体制	123
弧状列島	227
個人情報保護法	102
護送船団方式	25

項目	ページ
五大改革	215
五大湖	255, 292
国会	108, 109
国会議員	108
国家社会主義ドイツ労働者党	192
国家の三要素	84
固定資産税	29
固定資本減耗	16
固定相場制	64
子どもに普通教育を受けさせる義務	103
個別的自衛権	105
コーポレート・ガバナンス	9
コミンフォルム	200
『コモン・センス』	150
コモン・ロー	87
雇用保険	52
『雇用・利子及び貨幣の一般理論』	3, 5
孤立主義	187
ゴルバチョフ	140, 207, 208
混合経済	3
混合農業	248
混合林	239, 240
コンゴ自由国	174
コンツェルン	14
コンドラチェフの波	19
コンプライアンス	9
棍棒外交	175

さ

項目	ページ
サイクロン	236
最恵国待遇の原則	66
債権国	37, 187
最高裁判所	113
最高法規	114
財産権	100
歳出	28, 31
財政	28
再生可能エネルギー	245, 262, 287
「最大多数の最大幸福」	160
歳入	28, 29
財閥	38
財閥解体	38
裁判員裁判	114
裁判所	112, 113
債務国	37
「鎖国」	177
砂嘴	229

項目	ページ
砂州	229
サッチャリズム	4
砂漠気候	238
サバナ	237
サバナ気候	237
サービス収支	58
サブプライム・ローン問題	44, 65
サマータイム制度	223
サミット	41
サラエボ事件	183
サルデーニャ王国	162
三角グラフ	256
三角州	228
三角貿易	173
参議院	108
産業革命	2
産業革命(アメリカ)	167
産業革命(イギリス)	147, 148, 149, 288
産業革命(日本)	36
産業構造の高度化	256
産業資本主義	2
産業別人口構成	256
三権分立(アメリカ)	94
三権分立(日本)	108
三国干渉	179
三国協商	182
三国同盟	182, 183
3C政策	181
三審制	113
酸性雨	80
参政権	88, 99, 101
三大工業地帯	309
三大穀物	245
三大宗教	275
三大都市圏	302
山地	303
3B政策	181
三部会	151
サンフランシスコ会議	134, 199
サンフランシスコ平和条約	123, 125, 216
「三位一体の改革」	117
山脈	303
三面等価の原則	17

し

項目	ページ
シーア派	207, 276
J.S.ミル	160
自衛隊	104, 105, 125

項目	ページ
ジェファーソン	150
ジェームズ1世	146
シオニズム	206
潮目	304
四カ国条約	186
資源ナショナリズム	73
四国	299, 300
自己資本	8
時差	223, 224, 225
資産効果	43
支出国民所得	17
市場	2, 10, 13
市場の失敗	13, 28
市場メカニズム	10
地震	227, 231, 304
自然権	86, 89
自然的国境	288
「持続可能な開発」	80
「持続可能な開発目標」	81
七月革命	158
自治事務	116
市中消化の原則	31
実質経済成長率	18, 19, 44
実質GDP	20
質的功利主義	160
自転	235
自動車工業	309
支払準備率	25
死票	126
シベリア	240
シベリア鉄道	179
司法	87
司法(日本)	107
司法権の独立	112
資本移転等収支	57
資本主義経済	2, 3
『資本論』	5
市民革命	86
市民革命(イギリス)	146
『市民政府二論』	86
自民党	123, 124, 125
下関条約	179
シャウプ勧告	30
社会契約説	86
『社会契約論』	86
社会権	51, 89, 101, 103
社会主義経済	5
社会主義者鎮圧法	164
社会党	123

社外取締役	9
社会福祉	52
社会保険	52
社会保険制度	51
社会保険制度(ドイツ)	164
社会保障	51
社会保障制度	53
社会保障制度(日本)	52
社債	22
シャルル10世	158
ジャワ島	172
周恩来	203
重化学工業	309
衆議院	108
衆議院の優越	108, 216
宗教改革	275
自由権	89, 99, 103
州権主義	167
13の植民地	149
重商主義	2, 146, 147
終身雇用制	48
修正資本主義	3
集団安全保障	132
縦断政策	174
集団的自衛権	105
自由党(イギリス)	93, 160, 187
自由党(日本)	123
自由貿易	55, 167
自由貿易協定	67, 268
自由放任	2
自由民権運動	121, 178
自由民主党	123
住民税	29
住民投票	98
14か条の平和原則	133, 185
ジュグラーの波	19
主権	84
主権国家	131
首長	115
ジュネーブ	289
ジュネーブ四巨頭会談	204
需要	10, 11, 12
需要曲線	10, 11, 12
『純粋経済学要論』	5
シュンペーター	5
蒸気機関	148
上座部仏教	276
少産少死型	274
少子化	273

上場	8
小選挙区制	92, 124, 126
小選挙区比例代表並立制	108, 124, 125
小地形	227
小ドイツ主義	163
常任理事国	134
消費者保護基本法	41
消費税	29, 30
情報公開法	102
情報通信技術産業	283
常緑広葉樹	237, 239
条例	115
殖産興業	36, 178
植生	237, 238, 239, 240, 241
食料自給率	251, 308
諸国民戦争	153
「諸国民の春」	160
所得税	29, 30
所有と経営の分離	9
ジョンソン	201, 205
シリコンバレー	255
知る権利	102
清	173, 177, 179
新安保条約	105, 216
人為的国境	288
新幹線	311
新期造山帯	227, 228
人権宣言	152
人口	271
新興工業経済地域	73
人口爆発	273
人口ピラミッド	274
人口密度	272, 283
『人口論』	5
新国際経済秩序樹立に関する宣言	73
新自由主義	4
真珠湾	195
侵食	227, 228
身体の自由	99, 100, 103
「人民の,人民による,人民のための政治」	88
『新約聖書』	275
針葉樹林	240
信用創造	25

水半球	220

水力	258, 262
水力発電	261, 303
枢軸国	194, 195
スエズ運河	285
スエズ運河会社	161
スカンジナビア半島	290
スタグフレーション	4, 20, 41, 206
スターリン	187
スターリン批判	204
ズデーテン地方	193
ステップ	238
ステップ気候	238
ストウ	167
ストック	16
砂浜海岸	229, 304
スプロール現象	273
スペイン内戦	192
スミソニアン協定	65
スルタン制	188
スンニ派	207, 276

せ

正角図法	221
西岸海洋性気候	239
請求権	99, 102
正教	275
政教分離の原則	99
正距方位図法	222
西経	220
政策金利	24
生産国民所得	17
精神の自由	99, 103
生存権	51, 89, 101, 102
政党	120
正統主義	156
政党政治	120
政党内閣	120, 121, 122
政府開発援助	74
政府(経済主体)	7
成文法	85
勢力均衡	132
政令	112
セオドア・ローズベルト	169, 175, 179
世界恐慌	3, 23, 190
世界金融危機	63, 65
世界宗教	275
世界人権宣言	90
「世界の工場」(イギリス)	148

「世界の工場」(中国)	255, 282
世界貿易機関	66, 136
世界保健機関	136
潟湖	229
石炭	258, 259, 296
石油	258, 259, 260
石油危機(第一次)	4, 41, 206, 309
石油危機(第二次)	42, 207
石油輸出国機構	206
絶対王政	86, 146
セルバ	237, 293
ゼロ金利政策	26
選挙区制	108
選挙法改正(第一回)	160
選挙法改正(第四回)	187
全権委任法	192
全国産業復興法	191
扇状地	228
先進国首脳会議	41
前線	236
『戦争と平和』	153
『戦争と平和の法』	131
戦争の放棄	104
全体主義	192
『選択の自由』	5
先端技術産業	255
1848年革命	160
選民思想	277
戦力の不保持	104

そ

総会	134
争議権	47, 101
造山帯	227
相続税	29
総力戦	183
租税	29, 30
ソビエト	184
ソビエト社会主義共和国連邦	187
ソ連	187
ソ連解体	209

た

第一次五か年計画	190
第一次産業	256
第一次所得収支	58
第一次世界大戦	183, 185, 188
第一次戦略兵器削減条約	140
第一次戦略兵器制限条約	140, 207

第一帝政	153
第一身分	151
タイガ	240
大気の大循環	234, 235
大圏航路	221
第三次産業	256
第三勢力	203
第三世界	203
第三身分	151
大乗仏教	276
大西洋憲章	134, 194
大西洋三角貿易	148
堆積	227
対蹠点	220
大選挙区制	126
代替財	11
大地形	227
大ドイツ主義	163
大統領制	93
第二次産業	256
第二次所得収支	58
第二次世界大戦	193, 195
第二次戦略兵器削減条約	140
第二次戦略兵器制限条約	140
第二帝政	161
大日本帝国憲法	96, 97, 121, 178
第二身分	151
「代表なくして課税なし」	150
台風	236, 305
太平洋戦争	195
太平洋ベルト	40, 309
大洋	220
太陽光	258, 262
太陽熱	262
大陸	220
大陸横断鉄道	168
大陸封鎖令	153
代理戦争	202, 205
高潮	305
多国籍企業	266, 292
多国籍軍	209
多産少死型	274
多産多死型	274
多神教	275
多党制	120
他人資本	8
多文化主義	292, 296
単一為替レート	39
単一市場	67

弾劾裁判所	109, 112
団結権	47, 101
男子普通選挙(日本)	127
男女雇用機会均等法	50, 101, 125
炭素税	79
団体交渉権	47, 101
団体行動権	47, 101
暖流	235

ち

治安維持法	127
地域紛争	208
「小さな政府」	2, 4, 112
チェチェン共和国	211
チェルノブイリ原子力発電所	261
地殻変動	227
地球温暖化	79, 295
地球儀	221
地球サミット	80
地形	227
千島海流	304
地図投影法	221
地租改正	178
地中海性気候	239, 248
チトー	211
地熱	258, 262
地熱発電	262, 287
血の日曜日事件	179
地方公共団体	115
地方交付税	117
地方債	31, 117
地方自治	114, 115
地方自治体	115
地方税	29, 117
チャウシェスク	208
チャーチル	200
チャーティスト運動	88, 160
茶法	150
チャールズ1世	146, 147
中央銀行	24, 31
中京工業地帯	301, 309, 310
中距離核戦力全廃条約	140, 208
中小企業	9
沖積平野	228
中東戦争(第一次)	206
中東戦争(第三次)	206
中東戦争(第四次)	41, 206
超過供給	10, 11
超過需要	10, 11

超均衡予算	39
超然主義	121
朝鮮戦争	39, 104, 202, 215
直接金融	22
直接税	29, 30
直接請求権	116
直接選挙	115, 126
直接民主制	86, 88, 98
勅令	96
貯蓄	7
直下型地震	231
直間比率	30
地理情報システム	222
沈水海岸	229
『沈黙の春』	81

つ

通貨	26
通信の秘密	99
対馬海流	304
津波	231
つぼ型	274
梅雨	305
釣鐘型	274
ツンドラ	241
ツンドラ気候	241

て

低圧帯	234
低気圧	236
抵抗権	86, 150
帝国議会	121, 178
帝国主義	3, 174
ディスクロージャー	9
デタント	207
鉄血政策	163
鉄鉱石	260, 296
「鉄のカーテン」	200
テニスコートの誓い	151
テネシー川流域開発公社	191
デフレーション	20
デフレスパイラル	20
テラロッサ	289
伝統的支配	85
天然ガス	258, 260
天然ゴム	283
天皇大権	96

と

ドイツ関税同盟	163
ドイツ帝国	164
ドイツ統一	208
ドイツ連邦	157, 163, 164
ドイモイ	282
等角航路	221
東京圏	302
東経	220
島弧	227
銅鉱	260, 294
同時多発テロ	209
統帥権	96
統治行為論	114
『統治二論』	86
東南アジア諸国連合	70, 203, 282, 312
東北地方太平洋沖地震	231
同盟国	183, 188
統領政府	152, 153
特需	39
独占	3, 13
独占禁止法	14, 38
独占資本主義	3
独ソ不可侵条約	193, 194
特別会計予算	28
独立国家共同体	209
独立宣言	150
ド・ゴール	194, 202, 205
特恵関税	73
ドッジ・ライン	39, 215
ドーナツ化現象	273
トマス・ペイン	150
トラスト	14
取締役	9
取締役会	9
ドル危機	64
トルコ共和国	188
トルストイ	153
トルーマン	169, 199
トルーマン・ドクトリン	199
奴隷解放宣言	168
トンボロ	229

な

内閣	110, 112
内閣制度	121, 178
内閣府	110
内閣不信任決議権	109

内的営力	227
内部留保	8
内陸型地震	231
中継貿易	282
名古屋圏	302
ナショナリズム	153
ナチ党	192
ナポレオン	152, 153, 154
ナポレオン1世	153
ナポレオン3世	161
『ナポレオン法典』	153
南緯	220
南下政策	165
南南問題	73
南米南部共同市場	70
南北戦争	168
南北問題	72
難民	141
難民条約	90, 141

に

二院制（日本）	108
二月革命	160
ニクソン	41, 64, 169, 205, 217
ニクソン・ショック	41, 64
二次エネルギー	258
西ドイツ	200
二大政党制	120
二大政党制（アメリカ）	94
二大政党制（イギリス）	93
日英同盟	179, 186
日較差	234
日独伊三国同盟	194, 195
日米安全保障条約	105, 123, 125, 216
日米修好通商条約	35, 177, 178
日米貿易協定	72
日米和親条約	177
日露協約	182
日露戦争	179
日清戦争	179
日ソ共同宣言	125, 216
日ソ中立条約	195, 196
日中共同声明	125, 217
日中戦争	195
日中平和友好条約	217
日本銀行	24, 26
日本アルプス	303
日本海流	304
日本国憲法	97, 215

日本社会党	123
日本的経営	48
「日本版金融ビッグバン」	25
「日本列島改造論」	41
ニューディール政策	3, 51, 191
ニューヨーク証券取引所	190
人間環境宣言	80

ね

「ねじれ国会」	124
熱帯	236, 237, 239, 244
熱帯雨林	237
熱帯雨林気候	236, 237
熱帯季節林	237
熱帯低気圧	236
熱帯モンスーン気候	236, 237
ネルー	203
年較差	234, 239, 240
年金保険	52
年功序列型賃金	48

の

農業調整法	191
納税の義務	103
農地改革	38
農地法	307
農奴解放令	165
ノルマンディー	196
ノン・ルフールマンの原則	141

は

梅雨前線	305
バイオエタノール	245
バイオマス	262
バイオマス発電	262
ハイサーグラフ	237
排他的経済水域	84, 250, 309
配当	8
パグウォッシュ会議	139
派遣労働者	48
バージニア権利章典	150
バージニア植民地	149
バスティーユ牢獄	151
バーゼル条約	81
ハーディング	169
パートタイマー	48
パナマ運河	292
バブル経済	43
パーム油	247, 282

原敬	122
パリ協定	81
ハリケーン	236
パリ講和会議	185
バルカン半島	164, 182
バルト三国	194, 209
バルフォア宣言	206
パレスチナ	206
ハンガリー動乱	204
阪神・淡路大震災	231
阪神工業地帯	309, 310
半大統領制	94
「万人の万人に対する闘争」	86
パンパ	239, 294

ひ

非営利組織	138
非核三原則	104
比較生産費説	56
比較優位	5
東ドイツ	200
東日本大震災	231
ピカソ	192
被告	113
ヒスパニック	291
ビスマルク	51, 163, 164, 174, 181
非正規雇用	48, 50
非政府組織	138
日付変更線	224, 225
ヒートアイランド現象	302
非同盟諸国首脳会議	203
ヒトラー	192
日比谷焼き打ち事件	179
非暴力・不服従	188
ヒマラヤ山脈	228
秘密選挙	126
ヒューストン	255
ピューリタン革命	146, 147
氷河	227
兵庫県南部地震	231
標準時子午線	223, 224
氷雪気候	241
平等権	99, 101, 103
平等選挙	126
ビルト・イン・スタビライザー	28
ビルマ	172
比例代表制	108, 124, 126
ピレネー山脈	288
ヒンドゥー教	247, 275, 277, 283

ふ

ファシスト党	187
ファシズム	194
ファショダ事件	175
フアレス	161
フィスカル・ポリシー	28
フィヨルド	229, 230, 287
風化	227
「封じ込め政策」	199
フーバー	169, 190
風力	258, 262
風力発電	287
フェーン	234
不況	19
福祉国家	3, 51, 89, 112
福島第一原子力発電所	261
富国強兵	178
フサイン・マクマホン協定	206
富士山型	274
不信任決議	115
フセイン	207
不戦条約	186
「双子の赤字」	42, 65
普通選挙	88, 126
物価	20
仏教	275, 276, 282
ブッシュ(子)	169, 196
ブッシュ(父)	169, 208
ブッダ	276
不平等条約	178
普仏戦争	161, 164
部分的核実験禁止条約	139, 204
ブミプトラ政策	283
プライバシーの権利	102
プライマリーバランス	33
プラザ合意	42, 63, 65, 125
「プラハの春」	208
フランクフルト	287
フランクフルト国民議会	163
フランクリン・ローズベルト	3, 51, 191
フランコ	192
フランス革命	86, 151
フランス人権宣言	89, 151, 152
フランス領インドシナ連邦	172
プランテーション	167
プランテーション農業	283
フリードマン	4, 5

ブリュメール18日のクーデタ … 152	法人税 … 29, 30	ミクロネシア … 295
不良債権 … 25, 43	紡錘型 … 274	ミシシッピ川 … 166, 291
フルシチョフ … 204	法定受託事務 … 116	ミドハト憲法 … 188
プレート … 227, 231, 304	法の支配 … 87	ミドハト・パシャ … 188
ブレトンウッズ体制 … 64	『法の精神』 … 87	「緑の革命」 … 244
プレーリー … 291	補完財 … 11	南回帰線 … 220
フロー … 16	北緯 … 220	南鳥島 … 299
プロイセン … 96, 164	北緯38度線 … 202	ミュンヘン一揆 … 192
プロイセン・フランス戦争 … 161, 164	北爆 … 205	ミュンヘン会談 … 193
ブロック経済 … 64, 191	北米自由貿易協定 … 70, 292	民事裁判 … 113
プロテスタント … 275	保護国 … 161	民主党(アメリカ) … 94
フロリダ … 166	保護貿易 … 55, 164	民主党(日本) … 124
フロン … 80	保護貿易政策 … 5	民族自決 … 184, 185, 203
分配国民所得 … 17	ポジティブ・アクション … 101	民族宗教 … 275, 277
文民 … 110	保守合同 … 123	
文民統制 … 104	保守党(イギリス) … 93, 160	**む**
	ボストン茶会事件 … 150	
へ	北海道 … 299, 300	ムスタファ・ケマル … 188
	北海油田 … 288	ムスリム … 247
ペイオフ … 26	ポツダム宣言 … 97, 196, 215	無制限潜水艦作戦 … 183
米国・メキシコ・カナダ協定 … 70	ホットライン … 204	ムッソリーニ … 187
米西戦争 … 172, 175	ホッブズ … 86	ムハンマド … 188, 276
平和維持活動 … 105, 137	ポーツマス条約 … 179	
平和維持軍 … 137	ボリシェビキ … 184	**め**
平和五原則 … 203	ポリネシア … 295	
平和十原則 … 203	本州 … 299	明治維新 … 178
平和主義 … 97, 104	本初子午線 … 220, 223, 224	名目経済成長率 … 18
ヘッジファンド … 74		名目GDP … 20
ベトナム戦争 … 64, 205	**ま**	名誉革命 … 89, 147
ベバリッジ報告 … 51		メッカ … 283
ペリー … 177	マイナス成長 … 19, 41	メッテルニヒ … 156, 160
ベルサイユ条約 … 133, 185	マクドナルド … 187	メラネシア … 295
ベルサイユ体制 … 185	マグナ・カルタ … 89	メルカトル図法 … 221
ベルリン会議 … 174	マーシャル・プラン … 199	メンシェビキ … 184
「ベルリンの壁」 … 200, 208	マーストリヒト条約 … 67	
ベルリン封鎖 … 200	マッカーサー … 97, 215	**も**
ペレストロイカ … 207	マッキンリー … 169, 175	
便宜置籍国 … 286, 292	マッツィーニ … 162	黙秘権 … 100
便宜置籍船 … 286	マニフェスト … 124	持株会社 … 38
ベンサム … 160	マネタリズム … 4	モノカルチャー経済 … 72
偏西風 … 234, 235, 239	マルクス … 5	門戸開放宣言 … 175
変動相場制 … 65	マルサス … 5	モンスーン … 234
	マルタ会談 … 208	モンテスキュー … 87, 94
ほ	マレー半島 … 172	モントリオール議定書 … 81
	満洲 … 179	モンロー … 168
貿易依存度 … 57, 282	満州事変 … 195	モンロー宣言 … 159, 169
貿易・サービス収支 … 58		
貿易収支 … 58	**み**	**や**
貿易風 … 234, 235		
貿易摩擦 … 42, 312	「見えざる手」 … 2, 5	夜警国家 … 2
包括的核実験禁止条約 … 140	「未回収のイタリア」 … 162, 182, 183	野党 … 120
		ヤハウェ … 277
		八幡製鉄所 … 36

やませ	305	
ヤルタ会談	196	

ゆ

有限責任	8, 9
有効需要	3, 5
「雪どけ」	204
ユーゴスラビア	211
輸出指向型	255
ユダヤ教	275, 277
ユダヤ教徒	284
ユダヤ人	192, 284
「ゆりかごから墓場まで」	51
ユーロ	67, 69

よ

養殖業	251, 309
預金準備率操作	25
予算	28
「四つの自由」	90
与党	120
与那国島	299
「ヨーロッパの火薬庫」	182
世論	129

ら

ライン川	287
ライン同盟	153
ラインラント	157, 185, 186, 192
ラウンド	66
酪農	248
落葉広葉樹	239
ラグーン	229
ラッサール	2
ラッセル・アインシュタイン宣言	139
ラニーニャ現象	235
ラムサール条約	81

り

リアス海岸	229, 230, 304
『リヴァイアサン』	86
リオ宣言	80
リカード	5, 56
陸繋砂州	229
陸繋島	229
陸半球	220
リコール	116
利潤	7
リスト	5, 55
リストラ	43
リスボン条約	67
立憲君主制(イギリス)	92, 147
立憲君主制(ベルギー)	158
立憲主義	88, 103
立法	87
立法権(日本)	107
リマン海流	304
リーマン・ショック	44, 63, 65
琉球王国	177, 301
柳条湖	195
領域	84
両院協議会	108
領海	84
領空	84
領事裁判権	178
両シチリア王国	162
量的緩和政策	26
領土	84
遼東半島	179
リンカーン	88, 168, 169

る

ルイジアナ	149, 166
ルイ16世	151, 152
累進課税制度	28
ルイ・ナポレオン	160, 161
ルイ・フィリップ	150
ルソー	86, 152
ルター	275
ルーブル合意	65
ルール工業地帯	287
ルワンダ内戦	212

れ

冷害	305
冷戦	200
冷帯	236, 240
冷帯湿潤気候	240
冷帯冬季少雨気候	240
レイチェル・カーソン	81
レーガノミクス	4, 65
レーガン	65, 169
レジスタンス	194
レーニン	184
レファレンダム	116
連合国	183, 194, 195
連合国軍最高司令官総司令部	97, 215
連邦議会	94
連邦主義	167
連邦制	94

ろ

労災保険	52
労働関係調整法	38, 47
労働基準法	38, 47
労働基本権	101
労働組合	49
労働組合法	38, 47
労働三権	47, 101
労働三法	38, 47
労働党	93, 187
ロカルノ条約	186
六信五行	276
ロシア遠征	153
ロシア革命	184
ローズベルト(セオドア)	169, 175, 179
ローズベルト(フランクリン)	3, 51, 191
ロッキー山脈	228, 291
ロック	86, 150
露仏同盟	182
ロンドン海軍軍縮条約	195

わ

ワイマール憲法	51, 89
ワグナー法	191
ワシントン	150, 151, 168
ワシントン会議	186
ワシントン条約	81
ワシントン体制	186
ワーテルローの戦い	153
ワルシャワ条約機構	201, 204
ワルラス	5
ワレサ	208
湾岸戦争	209

欧文略語索引

A

AAA	Agricultural Adjustment Act	農業調整法	191
AEC	ASEAN Economic Community	アセアン経済共同体	70, 71, 203
APEC	Asia-Pacific Economic Cooperation	アジア太平洋経済協力	70, 71
ASEAN	Association of South-East Asian Nations	東南アジア諸国連合	70, 71, 72, 203, 282
AU	African Union	アフリカ連合	205, 286

B

BRICS	Brazil, Russia, India, China, South Africa	ブラジル・ロシア・インド・中国・南アフリカ	73, 282, 283, 286, 290, 293

C

CAP	Common Agricultural Policy	共通農業政策	67
CIS	Commonwealth of Independent States	独立国家共同体	209
COMECON	Council for Mutual Economic Assistance	経済相互援助会議	200
CPTPP	Comprehensive and Progressive Agreement for Trans-Pacific Partnership 環太平洋パートナーシップに関する包括的及び先進的な協定		70
CSR	Corporate Social Responsibility	企業の社会的責任	7
CTBT	Comprehensive Nuclear Test Ban Treaty	包括的核実験禁止条約	140

D

DAC	Development Assistance Committee	開発援助委員会	73, 74, 75

E

EC	European Community	欧州共同体	67, 68
ECB	European Central Bank	欧州中央銀行	55, 67, 287
ECSC	European Coal and Steel Community	欧州石炭鉄鋼共同体	67, 68
EEC	European Economic Community	欧州経済共同体	67, 70
EFTA	European Free Trade Association	欧州自由貿易連合	70, 71
EPA	Economic Partnership Agreement	経済連携協定	67, 72
EU	European Union	欧州連合	67, 68, 69, 71, 72
EURATOM	European Atomic Energy Community	欧州原子力共同体	67

F

FAO	Food and Agriculture Organization of the United Nations	国連食糧農業機関	136
FTA	Free Trade Agreement	自由貿易協定	67, 268

G

GATT	General Agreement on Tariffs and Trade	関税及び貿易に関する一般協定	66
GDP	Gross Domestic Product	国内総生産	16, 17, 18, 52, 53
GIS	Geographic Information System	地理情報システム	222
GNI	Gross National Income	国民総所得	16, 17
GNP	Gross National Product	国民総生産	16, 17, 39

I

IAEA	International Atomic Energy Agency	国際原子力機関	136, 139
IBRD	International Bank for Reconstruction and Development	国際復興開発銀行	64, 136
ICC	International Criminal Court	国際刑事裁判所	136
ICT	Information and Communications Technology	情報通信技術	283
ILO	International Labour Organization	国際労働機関	136
IMF	International Monetary Fund	国際通貨基金	64, 136

INF	Intermediate-range Nuclear Forces	中距離核戦力	140, 169, 208

L

LDC	Least Developed Country	後発発展途上国	286

M

MERCOSUR	Mercado Común del Sur	南米南部共同市場	70, 71

N

NAFTA	North American Free Trade Agreement	北米自由貿易協定	70, 71, 292
NATO	North Atlantic Treaty Organization	北大西洋条約機構	201
NGO	Non-Governmental Organizations	非政府組織	138
NI	National Income	国民所得	16, 17
NIEO	New International Economic Order	新国際経済秩序	73
NIES	Newly Industrializing Economies	新興工業経済地域	73
NNP	Net National Product	国民純生産	16, 17
NPO	Non-Profit Organization	非営利組織	138
NPT	Treaty on the Non-Proliferation of Nuclear Weapons	核拡散防止条約	139, 207

O

OAPEC	Organization of the Arab Petroleum Exporting Countries	アラブ石油輸出国機構	206
OAU	Organization of African Unity	アフリカ統一機構	205
ODA	Official Development Assistance	政府開発援助	74, 75
OECD	Organisation for Economic Co-operation and Development	経済協力開発機構	73
OPEC	Organization of the Petroleum Exporting Countries	石油輸出国機構	206, 207

P

PKF	Peacekeeping Forces	平和維持軍	137
PKO	Peacekeeping Operations	平和維持活動	105, 137
PTBT	Partial Test Ban Treaty	部分的核実験禁止条約	139, 204

S

SALT	Strategic Arms Limitation Talks	戦略兵器制限条約	140, 207
SDGs	Sustainable Development Goals	持続可能な開発目標	81
START	Strategic Arms Reduction Treaty	戦略兵器削減条約	140

T

TPP	Trans-Pacific Partnership Agreement	環太平洋パートナーシップ	70

U

UN	United Nations	国際連合	90, 134, 199, 216
UNCTAD	United Nations Conference on Trade and Development	国連貿易開発会議	73, 136
UNDP	United Nations Development Programme	国連開発計画	136, 138
UNEP	United Nations Environment Programme	国連環境計画	80, 136
UNESCO	United Nations Educational, Scientific and Cultural Organization	国連教育科学文化機関	136, 137
UNHCR	The Office of the United Nations High Commissioner for Refugees 国連難民高等弁務官事務所		136, 141
UNICEF	United Nations Children's Fund	国連児童基金	136
USMCA	United States-Mexico-Canada Agreement	米国・メキシコ・カナダ協定	70, 292

W

WHO	World Health Organization	世界保健機関	136
WTO	World Trade Organization	世界貿易機関	66, 136

2021年度・行知学園 合格実績

大学	人数	大学	人数
東京大学	38名	筑波大学	14名
京都大学	27名	横浜国立大学	21名
一橋大学	28名	東京理科大学	41名
東京工業大学	39名	上智大学	46名
慶應義塾大学	57名	同志社大学	25名
早稲田大学	158名	立教大学	32名
大阪大学	34名	明治大学	46名
東北大学	22名	中央大学	47名
名古屋大学	25名	青山学院大学	19名
九州大学	35名	法政大学	52名
神戸大学	21名	立命館大学	132名
		関西大学	54名
		関西学院大学	29名
東京芸術大学	3名	京都芸術大学	19名
多摩美術大学	24名	京都精華大学	31名
		東京工芸大学	17名
		女子美術大学	6名
		日本大学芸術学部	3名
武蔵野美術大学	10名	東京造形大学	2名

统计标准：行知学园统计的合格数据均以签有入学协议并在行知学园上课为准，仅咨询、参加公开讲座未签约入学者不记录在榜。本合格榜包含留学生入试，一般入试，AO入试，SGU入试等途径合格者。

行知学園 COACH ACADEMY

新大久保校 大阪校
高田馬場校 京都校
上海总部 长沙校 天津校
西安校 武汉校 沈阳校

扫码咨询

교육으로 세계를 연결하는 회사 코치학원의 서적

유학생을 위한 진학예비교와 일본어학교 운영, 서적출판과 교재개발, 모의시험과 취직지원 사업 등, 폭넓게 사업을 전개하는 코치학원.
진학예비교는 중국인 어학연수생의 일본 국내 재학생수가 업계 탑을 자랑합니다. 장기간의 연구·분석에 의한 교재개발 능력을 강점으로 작성된 교재는 일본유학시험과 대학입시 대비에서 빼놓을 수 없는 것으로서 높은 평가를 받고 있습니다.

인기 판매 최신 서적

지도와 그래프가 컬러로 보기 쉽다!

발행 예정 서적

EJU 필수 12000어를 완전 공략!

인기서적 『일본유학시험(EJU) 모의시험 시리즈』 한국어판

EJU에 출제된 문제를 철저하게 연구·분석하여 작성한 모의시험문제 10회분 수록!

EJU 수험생 필독서

「일본유학시험(EJU) 일본어단어·어휘10000어」

온라인 테스트 10,000문제 제공!

일본 유명 진학 학원 메코시코주쿠 편저

국내 유일의 EJU 단어집

12년분 EJU 출제 단어 빈도순 수록

▶ 일본어 학습자를 위한 궁극의 단어집!

▶ EJU 중요 키워드 수록!

▶ 음성 녹음 파일로 생생한 일본어 학습 가능!

▶ 본시험에 가까운 예문 수록!

▶ 단어 암기용 셀로판지 포함!

(주)해외교육사업단 발행 | 536페이지 | 정가 20,000원

메코시코주쿠 일본유학시험(EJU) 실전문제집 시리즈

일본어 기술·독해	일본어 청독해·청해	종합과목	수학 코스1	수학 코스2

EJU는 물론
JLPT, 대학 독자 시험까지!

유명입시학원 **메코시코주쿠**에서
노하우를 담아 만든 일본어 문법 교재!

일본유학시험
일본어문법과 표현

기초에서 초일류 대학 입시 레벨까지!

▶ EJU, JLPT, 대학 본고사 대응을 위한 일본어 종합 문법
▶ 기초에서 응용, 초일류 대학 입시 레벨의 문법까지 총망라
▶ 요점 정리 노트 스타일과 일러스트로 쉽게 이해할 수 있는 해설
▶ 일본「국문법」과 외국인용「일본어 교육 문법」을 동시 취급
▶ 본시험에 가까운 예문 및 필수 문형 표현으로 실전력 향상
▶ 성우·아나운서에 의한「음성 파일」및「확인문제」테스트 제공

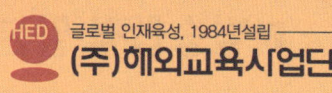

글로벌 인재육성, 1984년설립
(주)해외교육사업단

EJU 일본어 문법, 기초부터 착실하게!

국문법과 일본어교육문법 병용
일목요연한 시각적 편집
쉬운 예문에서 기출문제까지
보충해설로 상세한 설명
무료 음성파일 제공
일러스트로 시각적 이해력 UP
1,200개 이상의 확인테스트 제공

**일본어문법과 표현으로
EJU 완벽대비!**
일본어 문법 완벽 마스터해서
EJU 및 대학 독자 시험 고득점 하자!

유명 서점 절찬 판매중!

JLPT 필승합격의 길이 여기에!

필승합격 일본어능력시험 단어장 시리즈 (N1~N5)

전국 주요 서점에서 판매중! 4X6배판, 정가 16,000~14,000원 (레벨별 상이)

■ 필승합격 일본어능력시험 단어장 시리즈 특징! ■

1. 주제별, 상황별 단어 학습
JLPT에 자주 출제되고 일상생활에도 도움이 되는 단어의 주제별 정리!
각 상황에 맞는 이미지로 학습 가능!

2. 모의시험으로 실력 확인
PC나 모바일에서 온라인 모의시험으로 실시간 점수 확인 가능!
PDF 파일로도 제공하여 모의시험 출력 가능!

3. 음성의 활용
단어장의 모든 단어와 예문 음성 파일을 무료 다운로드로 제공!
단어 암기의 효율성을 높이고 듣기 훈련에도 도움!

4. 암기용 셀로판지 활용
암기용 셀로판지로 표제 단어와 예문을 가리고
학습하여 암기효과 상승!

출판사 홈페이지

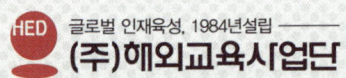

JLPT 필승합격의 길이 여기에!

필승합격 일본어능력시험 모의고사 시리즈(N1~N5)

전국 주요 서점에서 판매중! B5판, 정가 16,000원

■필승합격 일본어능력시험 모의고사 시리즈 특징■

1. 모의고사 문제 3회분 수록
일본어 전문가에 의한 실전문제 3회분이 수록되어
수시로 또는 실제 시험 직전에 자신의 실력을 체크할 수 있습니다.

2. 출제 경향과 대책 수록
문제 유형별/분야별 출제 경향과 공략법 및 공부법이 제시되어 있습니다.
고득점으로 가는 지름길을 제시합니다.

3. 충실한 해답·해설
각 문제별로 정답과 오답에 대한 해설이 있습니다.
해설은 유사한 일본어 표현을 많이 접할 수 있도록
쉬운 일본어와 한국어를 병용하여 설명하고 있습니다.

4. 자동 채점되는 엑셀 시트 제공
자신의 해답을 입력하면 자동으로 채점이 되는
엑셀 시트를 홈페이지에서 제공합니다.
간편한 채점 및 분석이 가능합니다.

출판사 홈페이지

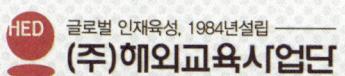

편저

일본유학시험(EJU)대비 완전마스터 종합과목

발행일	2021년 9월 10일 초판 제1쇄
편저자	코치학원 주식회사
발행인	송부영
발행처	(주)해외교육사업단
출판등록	제16-1456호
주소	서울시 서초구 강남대로 381
전화	02-736-1010
이메일	song@hed.co.kr
홈페이지	www.hedgroup.co.kr

*본사에서는 소중한 원고, 새로운 기획의 제안을 기다리고 있습니다.
*이 책은 저작권법에 의해 보호를 받는 저작물이므로 무단 전재와 복제를 금합니다.
*잘못된 책은 구입하신 서점이나 본사에서 교환해드립니다.

© 2021 Coach Academy Co.,Ltd. All Rights Reserved.